한국경제 학술총서

05

한국의 계산적 민족주의

한길수 지음 | 이문희 옮김

도서출판 해남

한국의 계산적 민족주의

초판 1쇄 인쇄 2025년 3월 24일
초판 1쇄 발행 2025년 3월 31일

저 자 한길수
역 자 이문희
발행인 노현철
발행처 도서출판 해남

출판등록 1995. 5. 10 제 1-1885호
주 소 서울특별시 마포구 마포대로8길 9 영명빌딩 405호
전 화 739-4822
팩 스 720-4823
이 메 일 haenamin30@naver.com
홈페이지 www.hpub.co.kr

ISBN 978-89-6238-198-6 93330

이 저서는 2021년 대한민국 교육부와 한국학중앙연구원(한국학진흥사업단)을 통해 K학술확산연구소사업의 지원을 받아 수행된 연구임(AKS-2021-KDA-1250002).

한국어판 서문

이 책의 영어판 원고가 탈고된 이후, 진보 정권은 물러났고 한국 사회의 풀뿌리 시민들은 윤석열 보수 정권하에 살아가고 있다. 그 풀뿌리 시민들이 문재인 진보 정권하에서 살았던 것처럼 말이다. 보수 성향의 풀뿌리 시민들은 진보 정권 시절을 불편하게 지냈을 것이고, 진보 성향의 시민들은 현재의 보수 정권하에서 불편을 겪고 있다. 민주 공화국이란 본래 정권이 바뀌며 한편으로는 진보하고, 다른 한편으로는 후퇴하는 측면이 있는 법이다. 물론 관점에 따라 다르게 생각하는 이들도 있을 것이다. 그렇다고 해서 전반적으로 사람들이 서로를 귀하게 여기는 사회로 나아간다는 보장은 없다. 하지만 전혀 불가능한 일도 아닐뿐더러, 그 희망만큼은 간직하고 싶다.

저자가 원고에서 피력하였듯이, 21세기에 진보 정치를 지향하는 이들이 원하는 대한민국의 정체성과 미래가 어떤 방향으로 나아가기를 바라는지 '순간 포착'한 것이 바로 이 책의 내용이다. 이 책의 주체는 무엇보다도 풀뿌리 시민들이다. 그러나 집필 당시, 진보 정치를 지지하던 풀뿌리 시민들 중 일부가 보수 정권을 선택하기도 하였다. 그렇다고 해서 그들이 바라는 대한민국의 정체성이나 미래 사회의 모습에 큰 변화가 있었을까? 그렇지 않다고 생각한다. 실제로는 보수 성향의 시민들과 진보 성향의 시민들이 특정 분야에서 극명하게 갈리지만, 그들이 희망하는 국가의 정체성과 미래상에는 서로 다른 모습보다 공유하는 모습이 훨씬 더 많을 것이라고 이해한다. 그러나 그 공유하는 모습을 어떻게 이룰 것이냐에 대한 의견은 또다시 갈라진다. 이를 극복하는 하나의 방법이 바로 토론을 거친 후의 투표일 것이다. 부디 이역만리 떨어진 곳에서 저자가 바라건대, 대한민국의 정치 민주화와 경제 민주화를 통해 사회 정의가 더 많이 실현되고, 그 땅에서 살아가는 모든 이들이 서로 도우며 살아가는, 지금보다 더 나은 선진 사회가 되기를 기원한다. 영어판 제1장에 서술하였듯이 풀뿌리 시민들의 촛불혁명은 앞으로 수십 년간 지속될 것이다.

저자는 오랜 시간 호주에 거주하면서, 호주의 정치와 사회에서 최고 지도자가 누구인지에 따라 민초들의 삶에 일정한 영향을 받는 경우를 보았으나, 전반적으로 크게 달라지거나 피부로 느낄 정도로 뚜렷한 변화를 겪은 기억은 많지 않다. 그런데 왜 한국의 정치와 사회는 최고 지도자가 누구인지에 따라 국가의 정체성 자체가 큰 변화를 겪는다고 느끼는 것일까? 대한민국의 민주 정치가 높은 수준에 이르렀다고 이해하였지만, 정치학자가 아닌 저자로서는 판단을 보류해야겠다는 생각이 든다. 그럼에도 불구하고 지워지지 않는 생각은, 한국의 민주주의가 아직 정착 단계에 있을 뿐만 아니라, 소득 분배를 위한 경제 정책이 여전히 매우 미흡하다는 사실이다. 여러 지표를 통해서도 이 점은 드러난다. 이렇게 심하게 기울어진 운동장을 그대로 둔다면, 큰일이 터질지도 모른다는 두려움이 있다. 한국의 정치와 경제 제도가 더 안정된 수준에 이르기까지는 더 많은 노력과 시간이 필요할 것이다.

이 책의 번역 필요성에 공감하고 출판이 가능하도록 적극적으로 도와주신 서울대학교 조영준 교수님께 감사를 드린다. 한국의 경제발전 과정과 성취, 그리고 크게 변화하는 한국의 정치와 사회에 대해 풀뿌리 시민들이 어떻게 반응하였는지에 대한 저자의 고찰이 유용하다는 그의 소견이 이 책의 출판을 가능하게 한 시작이었다. 원문의 서문에 밝혔듯이, 해외에 거주하는 학자가 놓칠 수 있는 부분에 대해 조언해 주고 가르침을 주신 한국의 학자들, 관련 분야에서 훌륭한 업적으로 저자에게 통찰력을 제공한 여러 학자들, 그리고 이 책의 주체가 되는 좌, 우, 중도 성향의 풀뿌리 시민들에게도 감사한 마음을 전한다.

해외 한국학자가 쓴 책을 한국어로 번역하는 과정은 그 나름대로 어색하고, 어려우며 복잡한 과정이라 이해된다. 저자의 부족함을 보완하며 정성껏 매끄럽게 번역해 주신 이문희 선생께 감사의 마음을 표한다. 학술서의 중요성을 고집하시며 흔쾌히 출판을 허락해 주신 도서출판 해남의 노현철 대표께도 감사드린다. 출판 준비 과정에서 여러모로 힘써 주신 서울대학교 한국경제와 K학술확산 연구센터의 박종령 선생께도 감사의 인사를 전한다.

2024년 10월

한길수

호주 멜버른, 모나쉬대학교

서문

한국 사회는 한국전쟁(1950-1953년) 이후 서구화와 근대화로 빠르게 이행하고 있다. 나는 지난 수십 년간 타국에서 살면서 한국이 정치적·경제적·문화적으로 점점 강해지는 것을 흥미롭게 지켜보았다. 압축적인 발전 과정을 거쳐 오면서 한국은 모든 영역에서 수많은 시행착오를 겪었다. 일반 시민들의 노동이 그 발전에 가장 중요하면서도 보상받지 못한 촉매제였음은 의심의 여지가 없다. 그뿐만 아니라 더 나은 민주주의를 가진 국민 국가를 건설하고 경제 민주화를 이루겠다는 그들의 의지 또한 어느 모로 보나 비범하였다. 이러한 풀뿌리 차원의 노력은 권위주의 정권뿐만 아니라 문민 정권에서도 반복적으로 억압당해 왔다. 어느 정권이나 제도적으로 기층 민중을 통세하였던 것이다. 하지만 풀뿌리 시민들은 절대 포기하지 않았다. 1960년 4.19혁명과 1987년 6월 항쟁은 한국의 풀뿌리 시민들이 말과 행동으로 단호하게 의견을 드러낸 두 번의 대사건이었다. 그들이 바란 것은 서구화보다는 근대화였고, 그래서 자유·정의·박애를 위해 싸웠다. 한국 대중이 경험한 경제발전은 수많은 죽음과 건강 악화, 경제적 복지의 불균등한 분배, 자유와 인권의 축소 등 실로 엄청난 대가를 치르고 이룬 것이었다.

2016-2017년 촛불혁명은 정치 및 경제 민주화를 향한 세 번째 풀뿌리 운동이다. 이 혁명은 한국 사회가 여전히 정치적인 민주화를 심화시키고

경제발전의 과실을 더욱 공평하게 분배하는 과정에 있음을 생생하게 보여 주었다. 촛불혁명은 부패한 박근혜 정권을 축출하기 위해 시작되었지만, 더 중요한 것은 수십 년이 지난 지금까지도 국민 대다수를 위한 복지 국가 건설 방안을 모색하기보다 엘리트 민족주의를 표방하며 자신들의 이익에만 급급한 기득권 집단의 지속적인 불공정과 악행에 대한 국민의 불만이 분출되는 계기였다는 점이다. 이 책은 풀뿌리 시민들의 삶에 중요한 몇 가지 주요 주제를 선정하여 역사적 순간을 포착하고, 현재의 사회역사적·문화적 맥락을 이해하고자 하는 시도이다. 특히 한국 사회를 개선하려는 사람들의 끈질긴 노력을 보여 주는 몇몇 영역을 골라 이를 묘사하고 분석하는 데 집중하였다. 이 책은 한반도뿐만 아니라 그 경계를 넘어 평화와 화합, 인권을 추구하는 풀뿌리 시민들의 아우성을 담아내기 위한 노력이다.

감사의 말

이 연구는 대한민국 교육부와 한국학중앙연구원 한국학진흥사업단의 한국학세계화랩사업(AKS-2018-LAB-2250001)의 지원을 받았다.

제6장과 제7장은 별도의 논문으로 작성되었으며, 그 내용 중 일부는 제2장의 요점을 반복하고 있다. 제7장은 데이비드 헌트(David Hundt)와 공동 집필한 "Nostalgic Nationalists in South Korea: The Flag-Carriers' Struggles"(*Critical Asian Studies*, 2021)를 바탕으로 하였다. 이 책에 논문을 다시 사용할 수 있도록 허락해 준 프랜시스 앤 테일러(Francis & Taylor) 측에 감사한다. 데이비드 헌트는 제6장의 내용에 대해서도 건설적인 의견을 제시해 주었다.

한국에서 여러 식위에 계신 많은 분들께 도움을 받았다. 모두 소중한 시간을 내어 정보를 제공해 주었다. 부산 국립일제강제동원역사관의 안지훈, 반선영, 김정원 선생에게 감사드린다. 정의기억연대의 한경희 총무와 현 국회의원인 윤미향 전 이사장도 일본군 '위안부'에 대한 많은 정보와 통찰을 제공해 주었다. 한국 풀뿌리 시민들의 민주주의에 대한 열정을 공유하고 알려준 와글의 이진순 박사, 전북대학교 정태석 교수, 한국외국어대학교 조영한 교수에게도 감사의 마음을 전한다.

암스테르담대학교 출판부(Amsterdam University Press)의 기획 편집자인 사스키아 길링(Saskia Gieling)이 이 프로젝트의 가치를 인정해 준 것이 출판

계약의 가능성을 열었다. 그녀가 떠난 뒤에는 출판부의 로레타 루(Loretta Lou)가 계속해서 이 프로젝트를 지지하고 관심을 유지해 주었다. 마이크 샌더스(Mike Sanders)는 꼼꼼한 퇴고 외에도 매우 전문적인 기준으로 원고를 준비하는 데 큰 도움을 주었다. 코어디자인(Coordesign)의 렘코 멀커위세(Remco Mulckhuyse)가 『한국일보』에 실렸던 이미지를 사용해서 전문적이고 사려깊게 표지를 디자인하였다. 프로젝트 매니저인 사라 드 와드(Sarah de Waard)는 책 제작의 마지막 단계에서 세심한 지원을 해 주었다. 나는 또한 익명의 원고 검토자들에게도 신세를 졌다. 그분들은 내가 잘못 이해하고 있던 세세한 역사적 사실들을 바로잡는 데 큰 도움을 주었다. 물론, 원고의 내용에 대한 책임은 전적으로 나에게 있다. 드렉셀대학교(Drexel University)의 더그 포포러(Doug Porpora)에게도 감사의 마음을 전한다. 그는 비판 실재론과 관련하여 프로젝트 초기에 나를 격려해 주었고, 원고의 이전 버전에 대해서도 피드백을 해 주었다.

이 책은 대한민국 교육부와 한국학중앙연구원 한국학진흥사업단의 한국학세계화랩사업의 일환으로 기획되었으며, 7인의 연구자와 6인의 객원 연구자가 참여한 프로젝트의 일부이다. 연구자로는 시드니공과대학교(The University of Technology Sydney) 정경자, 바사 칼리지(Vassar College) 문승숙, 존스홉킨스대학교(The Johns Hopkins University) 정 에린 애란(Chung Erin Aeran), 메리워싱턴대학교 김 노라 희정(Kim Nora Hui-Jung), 미시간대학교(The University of Michigan) 김재은, 로스앤젤레스 캘리포니아주립대학교(The California State University, Los Angeles) 임 티모시(Lim Timothy)가 참여하였다. 객원 연구자로는 배재대학교 이혜경, 전북대학교 설동훈, 경희대학교 김상준, 울런공대학교(University of Wollongong) 브라이언 이씨스(Brian Yecies), 한국학중앙연구원 고병철, 모나쉬대학교 노재경이 참여하였다. 이들은 감사하게도 내 작업에 관심을 갖고 이 책을 쓰는 여정에 함께해 주었으며, 소중한 동료가 되어 주었다. 또한 이주혜, 곽수민, 구난희, 이강한, 김종명, 김리희, 정인영, 이우정, 이금봉, 양영균 등 한국학중앙연구원의 많은 이들이 이 프로젝트에 큰 도움을 주었다.

텍사스공과대학교(Texas Tech University)의 신동희 교수는 미디어 데이터 분석에 특히 힘을 실어 주었다. 모나쉬대학교 도서관의 김정심 사서는 분석 대상으로 선정된 사건들의 사회적 맥락을 이해하는 데 도움이 되는 한국어 기반 논문들을 찾는 데 특히 많은 도움을 주었다. 다니엘 카우치(Danielle Couch)는 원고 전체를 읽어 준 덕분에 영어 표현이 훨씬 더 나아졌는데, 원고를 다듬는 마지막 단계에서 지적으로 동행해 준 그녀에게 감사할 따름이다.

지속적인 관심과 지지를 보내준 브렛 허친스(Brett Hutchins), 베브 보(Bev Baugh), 반야 라도예비치-터지치(Vanja Radojevic-Terzic), 메릴 케네디(Meryl Kennedy), 체리스 피멘타(Cherisse Pimenta), 테리 마티아스(Terri Mathias), 헤더 타야스(Heather Tyas) 등 모나쉬대학교의 다른 동료들에게도 감사의 마음을 전한다. 멜버른에 있는 '위안부의 친구들' 김하진, 김현주, 여수정, 조영애, 박설화, 최민호, 김태우, 이영배, 윤강이, 조춘제 등도 이 책의 프로젝트에 많은 관심과 지지를 보냈다.

조이(Joy)와 오스카(Oscar)에게도 감사의 마음을 전한다. 그들은 학문적 진리를 찾는 과정 내내 통찰력의 원천이었으며, 나의 지적 탐구를 처음에는 마지못해 격려하였지만 커나가면서는 점차 '적극적으로 격려'해 주는 태도의 성숙함을 보여 주었다. 의심할 여지 없이, 내 평생 친구이자 파트

너인 성숙은 내가 하는 모든 일을 끊임없이 지지해 주었다. 그녀와의 여정이 내게 얼마나 큰 의미를 지니는지는 이루 말할 수 없다.

차례

제1장

서론

대한민국은 한국전쟁(1950-1953년) 정전 이후 정치·경제·사회문화적으로 급격한 변화를 겪었다. 그간 권위주의 정부, 보수 정부, 진보 정부와 같은 몇 가지 다른 유형의 정권이 한국 국민들에게 (성공적이었든 그렇지 않았든) 관여하였다. 실제로, 헤게모니 집단들은 주어진 정치적·경제적 맥락을 자신들에게 유리하게 이용하여 한국 국민이 그들의 리더십과 지배 이데올로기에 참여하도록 자극하고 장려해 왔다.[1] 구조적·문화적 차원에서는 정부 관료들과 사회경제적 엘리트가 국민에게 하향식 또는 엘리트주의적 민족주의 정서를 적극적으로 조장하고 강요하였으며, 이때의 민족주의는 대개 동족 민족주의(ethnic nationalism) 혹은 단일민족 민족주의 정서에 기울어 있었다. 이 책에서 풀뿌리 시민은 엘리트가 아닌 보통 사람들, 즉 대한민국이라는 국민 국가의 주권의 원천으로 간주되는 평범한 사람들을 가리킨다. 풀뿌리 수준의 사람들은 모든 부문의 국가 엘리트들이 만들어 낸 이러한 선전에 적극적으로 대응해 왔지만, 이들의 노력은 일반적으로 잠식되었고 거의 보상받지도 못하였으며 제대로 평가받지도 않았다. 사실 온 국민은 수십 년 동안 개인과 국가의 번영을 갈망해 왔다. 국가의 번영과 국제적 이미지는 한국 국민의 주요 관심사였다. 1960년대부터 1980년대까지 국가 경제를 건설하는 시기에 개별 행위자들은 자기네 동료 한국인들과 더불어 '각자의 역할'을 다하도록 기대받았다. 국민 대다수는 이들 정권에 협조하였다. 그러나 엘리트들은 상호 존중, 자유로운 소통, 공동 번영이 있는 조화로운 사회를 만들기 위해 노력하기보다는 자신들이 모든

1 "Being Realist about Social Movements," Mark Carrigan, The Sociological Imagination 웹사이트(2013. 5. 15 게시).

가용 자원을 전유해 풀뿌리 시민들을 이용하고 있는 것처럼 보였고, 이는 국민 국가 안에서 많은 마찰을 일으켰다(Baker 2010 참조).

이 책에서 다루고 있는 사건과 쟁점들을 이해하기 위해서는 현대 한국 사회에 대한 사회역사적 배경지식이 어느 정도 필요할 것 같다. 일제 강점기에서 벗어난 이후 남북한은 모두 자국의 정치와 경제를 재건해야 하는 과제를 안게 되었다. 그러나 초강대국들이 이웃해 있던 한반도에서 북한은 소련의 보살핌 아래 있었고, 남한은 미국 군정청의 군사 통치를 받았다. 친일파는 일제 강점기는 물론이고 해방 이후에도 정치적·경제적으로 지배적인 집단이었다. 미군정은 문화적·경제적 자본을 가진 친일 부역자들을 정부와 새정 계획 부서의 요직에 다시 불러들였다. 종종 이데올로기적으로 진보적이고 친일파에 맞서 싸웠던 활동가들은 박해받았고 남한의 재건에서 실질적인 역할을 찾을 수 없었다. 냉전 시대에는 그들을 비롯해 반대의 목소리를 냈던 수많은 사람이 좌익 사상이나 활동에 관여하였다는 이유로 다시 소외되거나 기소되었다. 친일파와 월남한 기독교인들은 정치적으로 보수적인 집단을 이루어 남한 사회에 지속적인 영향을 미쳐 왔고 그 여파가 오늘날에도 계속되고 있다. 나중에 논의하겠지만, 보수 정당은 서구 민주주의 국가들의 관점에서 볼 때 보수주의자라기보다는 극우파에 가까웠다. 일단은 한국 정치에서 '진보'와 '보수'라는 명칭은 자유 민주주의 국가의 전통적인 '좌파'와 '우파' 구분과 완벽하게 일치하지 않는 특수한 의미를 갖게 되었다는 점을 지적해 둔다. 이는 상당 부분 냉전의 맥락에서 양당 체제의 발전이 불완전하게 이루어진 데서 기인하는데, 이는 노동자의 권리를 옹호할 수 있는 중도좌파 정당의 출현에 불리하게 작용하였다. 따라서 한국의 진보주의자들은 다른 자유 민주주의 세계의 중도좌파와 비슷하지만 상대적으로 보수적인 편이다. 한편, 한국의 보수주의자들은 민주주의 세계에서 가장 경직된 형태의 보수주의에 비견될 만하다. 이 책에서 나는 한국인들의 통상적인 용법을 따랐다.

냉전 시대 이전인 1960년에는 이승만 정권의 부패에 실망한 사람들이 들고 일어나 민주주의를 외쳤다. 이른바 4.19혁명이었다. 그러나 박정희의 쿠데타 이후 1979년 10월 26일 박정희가 시해될 때까지 국민의 정치적 권리는 무겁게 짓눌려 있었다. 하지만 권위주의 정권에 대항하는 사회 운동과 학생 운동이 계속되었고, 이는 1987년 6월 항쟁으로 절정에 이르러 극적인 대통령 직선제 발표로 이어졌다. 이는 헌법을 제멋대로 뜯어고쳤던 군사 정권에 마침표를 찍을 것으로 기대되는 것이었다. 국가 발전에 기여한 산업 노동자들은 자신들의 몫에 대해 충분한 보상을 받지 못하였다고 느꼈다. 불평등한 경제적 분배와 평범한 사람들의 정치적 권리 박탈은 계속되는 사회 운동의 주요 관심사였다.

현대 한국에서 가장 중요한 사회 운동 중 하나는 2016-2017년 촛불혁명이다. 전 인구의 32%가 참여한 이 시위는 풀뿌리 시민들의 수십 년 동안 쌓인 좌절감이 분출된 것으로(손호철 2017b: 84), 그들은 이 시위에서 "이게 나라냐?"고 물었다. 그것은 대통령이 어떤 모습이 되어서는 안 되는지, 자신들이 지도자에게 바라는 모습은 무엇인지에 대한 풀뿌리 시민들의 물음이었다. 풀뿌리 시민의 입장에서 볼 때 박근혜 대통령은 국민 국가를 계속 이끌기에 적합하지 않았고, 결국 국민은 그를 축출하였다. 그러나 박근혜 대통령의 탄핵은 촛불혁명과 풀뿌리 시민들이 제기한 물음의 의미가 일부 드러난 것에 불과하였다. 한국의 사회과학자들이 주장하는 것처럼(김상준 2017, 2019, 2021; 정병기 2017; 김용흠 2016; 손호철 2017a), 촛불혁명은 한국 사회의 정치적·경제적 민주화라는 미완의 과제를 끝까지 완수하는 것을 목표로 하였다. 즉, 풀뿌리 시민들은 1960년 4.19혁명과 1987년 6월 항쟁 때와 같이 과거에도 시도하였지만 완수하지 못하였던 그 과제를 다시 점화하고 지속하고자 하였다. 이러한 주요 운동의 대표적 특징은 서로 조금씩 다르다. 그러나 공통적인 특징은 엘리트와 기득권 집단이 자신들의 이익을 위해 권력과 지위를 독점하는 데 방해가 되는 고질적인 문제를 극복하려고 한 것이라는 점이다. 엘리트들은 자신들이 봉사해야 할 풀뿌리 시민을 착취하였고, 이는 국가의 정치적·경제적 민주화에 악영향을 미쳤다. 위의 운동들은 바로 이에 반대하여 일어났다.

한국은 특히 1988년 서울 올림픽 개최 이후 민주주의와 경제적 번영에서 괄목할 만한 발전을 이루었다. 서울 올림픽은 수십 년간의 노력이 결실을 맺는 전환점이 되었다. 한국은 제2차 세계대전 이후 민주주의와 고도의 경제적 번영을 모두 이룬 세계 유일의 국가라고 종종 언급된다(Lee 2018; Kim 2015 참조). 그러나 이러한 관점은 공직자와 관련된 수뢰와 부패, 피고용자·하급자·연소자에 대한 부당 대우가 사회 여러 부문에서 흔하게 발생하는 한국 사회를 온전히 반영하지는 못한다. 비근한 예로 한국의 대통령들과 그 일가의 부패 스캔들과 수뢰 사건이 끊이지 않았다. 불평등 대우에 대한 한국인들의 혐오감이 공공연히 표출되고 있으며, 언론 보도는 부패 경향과 이에 대한 국민의 반감을 여실히 보여 주고 있다. 『이코노미스트』의 2017년 민주주의 지수 조사는 한국을 '결함 있는 민주주의'로 규정하였다.[2] 직장과 백화점 등에서 '가진 사람'이 '못 가진 사람'을 괴롭혔다는 보도

2 *The Economist*(2018). '결함 있는 민주주의' 외의 다른 등급으로는 '완전한 민주주의', '혼합

가 계속되고 있다. 이러한 일들은 한국 민주주의 발전과 경제적 번영의 과도기적 특징 중 하나로 간주된다. 그러나 풀뿌리 시민들은 더딘 변화에 인내심을 잃었고, 그들의 분노와 좌절감은 대중 집회를 통해 표출되고 있다.

지난 30년 동안 번영하는 한국에서는 풀뿌리 운동 또는 시민 운동의 새로운 특징들이 관찰되었다. 풀뿌리 수준의 시민 운동이나 민족주의 운동의 새로운 특징에 대한 분명한 인식이 있음에도 그들이 무엇 때문에 어떻게 그러한 운동에 참여하게 되는지는 잘 알려지지 않았다. 이 책의 주요 목적은 한국 사회의 구조적·문화적 변화의 특징들을 조사하고, 몇 가지 영향력 있는 사건들을 참조하여 사회문화적·정치적 권리를 되찾기 위한 풀뿌리 행위자들의 노력을 검토하는 것이다. 이 책의 기획이 시작된 것은 2016-2017년 촛불혁명이 계기였는바 이와 관련해 이 책이 답하고자 하는 물음은 다음과 같다. 2016-2017년 한국인들을 촛불시위로 집결시킨 계기는 무엇인가? 무엇이 그것을 성공으로 이끌었는가? 이 풀뿌리 운동이 성공할 수 있도록, 그것에 영향을 주고 자극한 사회 구조적·문화적 맥락은 어떤 것들이었는가? 그리고 행위자들은 어떻게 일차 행위자에서 사회적 행위자로 성장하여 변화의 주체로 행동하게 되었는가? 이 책은 이러한 질문들을 뒤에서 이어지는 장의 주제들, 즉 일본군 '위안부', '노 아베, 노 재팬' 운동, 풀뿌리 시민들의 통일 열망, 태극기 부대의 촛불시위 반대 운동, 갑질(직장 내 괴롭힘)에 대한 풀뿌리 시민들의 대응 등에 적용한다. 이어지는 장들의 내용은 대략 다음과 같다.

형 체제', '권위주의 체제'가 있다. 최근 대한민국의 등급이 상향 조정되었는데, 이에 관해서는 책 마지막 장에서 언급하겠다.

제2장에서는 선택된 경험적 주제의 데이터 분석에 내가 활용한 이론적 관점을 폭넓게 소개한다. 민족주의는 사회 운동의 한 형태인바, 민족주의에 대한 여러 정의를 검토하고 선택하는 데서 시작해 풀뿌리 민족주의와 계산적 민족주의에 대해 자세히 설명한다. 그런 다음, 연관된 구조적·문화적 맥락들을 면밀히 검토하는 마거릿 아처의 형태발생론적 접근법을 소개한다(Archer 1995). 구조적·문화적 맥락들은 변화를 불러오기 위해 구조와 문화에 적극적으로 참여하는 개인 행위자의 속성들을 기반으로 지속적인 변화를 겪는다. 제2장 끝부분에서는 이 연구 프로젝트의 주요 자료원으로서 뉴스 보도 분석의 가치를 설명한다.

제3장에서는 제2차 세계대전 당시 군 '위안소'에 강제 징용된 일본군 '위안부'에 대한 풀뿌리 시민의 관심을 분석한다. 이러한 형태의 강제 징용 및 인권 유린 피해자가 가장 많은 곳은 경상남도였다. 경상남도 통영과 거제 시민들이 지역사회의 피해자들을 지원하기 위한 웹사이트를 개설하였다. 이 웹사이트는 일제가 저지른 범죄와 이 문제를 해결하기 위한 지역사회의 노력과 관련된 현대 시민들의 민족주의와 민족 정체성을 잘 나타낸다.

박근혜 정부는 2015년 12월 아베 신조 내각이 이끄는 일본 정부와 일본군 '위안부' 문제를 처리하기 위한 합의를 맺었다. 이 성급하고도 불충분한 합의로 박근혜 정부는 피해자와 사회적·역사적 의식이 높은 대다수 한국인에게 엄청난 타격을 주었다. 박근혜가 탄핵당하고 문재인 대통령이 당선된 후 한국 정부는 진행 중인 몇 가지 관련 법률적 사안을 다루고 문제를 해소하려 하였으나 일본의 아베 총리는 한국을 무시하는 듯한 태도를 보이며 이에 불만을 표출하였다. 아베는 일본 기업들이 한국 전자산업에 몇 가지 핵심 제품을 수출하는 데 장애물을 만들기 위해 무역 도발을 일으켰다. 이 무역 도발에 대응하여 한국인들은 '노 아베, 노 재팬' 운동을 시작하였다. 제4장에서는 이 불매 운동을 분석한다.

분단은 한반도에 파괴적인 영향을 끼쳤고, 남북한 모두에게 천문학적인 비용을 부과하였다. 남한 사람 대다수는 1980년대까지 '우리의 소원은 통일'을 부르며 망설임 없이 통일 한국을 꿈꾸었다. 남한 사람 중 많은 수가 북한에 가족이나 친척이 있었고, 단일민족 민족주의가 남한 내 민족주의의 일반적인 형태였으며 이를 통해 북한 사람들과 북한 정권을 인식하였다. 그러나 21세기 남한의 통일에 대한 소망은 사뭇 다르다. 제5장에서는 풀뿌리 시민의 통일에 대한 '비용편익적 민족주의'를 분석한다.

제6장에서는 2016-2017년 촛불혁명 당시 집회에서 각계각층의 사람들이 한 연설을 분석한다. 진보적인 사회 활동가 집단으로서 풀뿌리 연사들은 국민 국가로서의 대한민국에 대한 과거·현재·미래의 우려를 표명하였다. 그러나 그것이 국민 국가 자체의 미래에 관한 것만은 아니다. 그것은 또한 계산적 민족주의로 표현되는, 그들 개개인의 삶의 기회와 관심시에 관한 것이기도 하다.

제7장은 이 책 전체적인 맥락에서 보면 다소 이상해 보일 수도 있다. 2016-2017년 촛불혁명에 반대하는 운동을 주도한 태극기 부대가 생산한 데이터를 다루고 있다는 점에서 그렇다. 이 장은 보수 풀뿌리 시민들의 목소리를 포함시키기 위한 것이다. 나는 태극기 부대가 그들 나름대로는 진정으로 애국적인 집단을 만든다는 가정에서 데이터를 분석하였다. 그럼에도 불구하고 이 분석이 내가 가진 이론적 편견에서 완전히 자유롭다고는 할 수 없을 것이다.

제8장에서는 노동자에 대한 부당 대우를 논의한다. 이는 모든 직장에서 거의 예외 없이 발생하는, 수십 년 동안 한국 사회에 만연한 문제였는바, 특히 신자유주의 경제 맥락에서 한국 사회의 구조적·문화적 속성에 깊이 내장된 불평등한 인간관계를 표상한다. 새롭게 나타난 창발적인 구조적·문화적 속성들 아래에서 한국 사회의 개별 행위자들은 자기 나라의 역량에 대해 변화된 인식을 갖게 되었고, 그러한 인식의 변화가 자기네 일터에도 반영되어야 한다고 깨닫게 되었다. 그래서 그들은 노동자가 더 나은, 더 공정한 대우를 받는 사회를 만들기 위한 운동에 참여하고 있다.

각 장에는 관련 주제에 대한 간략한 문헌 검토가 수반된다. 각 장의 연구 결과는 구조·문화·인간의 창발적 속성들을 중심으로 구성되어 있다. 이는 사회 현상에 대한 마거릿 아처의 형태발생론적 접근의 힘과 설명력에 입각한 것이다(Archer 1995). 그 속성들은 분석적으로는 서로 다른 개념이고 과정이다. 그러나 현실에서는 그중 대부분이 동시에 발생해서 따로 분리하기 어렵다. 구조·문화 및 행위성은 긴밀하게 얽혀 있지만 이를 '분석상' 분리하는 분석적 이원론은, 이 책에서 채택한 형태발생론적 접근법의 필수적인 부분이다. 이 개념들에 대해서는 제2장에서 더 자세히 설명하겠다.

이 책을 쓴 이유는 다음과 같다. 로빈슨에 따르면(Robinson 2007: 7), "한국은 절차적 민주주의와 개인의 권리 측면에서는 민주화되었지만 그 정치 체제는 여전히 엘리트와 고도로 개인화된 정당에 사로잡혀 있다. 이 체제가 사회의 모든 주요 이익 집단의 목소리를 포함하기 위해 어떻게 진화해 나갈지는 여전히 진행형이다". 로빈슨은 이렇게 10여 년 전의 한국 정치 상황을 요령 있게 포착하였는데 이 견해는 현재에도 상당히 타당하다. 로빈슨은 더 나아가 "향후 10년 동안 한반도에서 어떤 일이 벌어지느냐에 따라 이 지역 전체가 21세기의 현실에 어떻게 적응할 것인지에 결정적인 영향을 미칠 것"이라고 주장하였다(Robinson 2007: 7). 과연 '어떤 일'이 벌어졌는가? 박근혜 대통령 탄핵, 2018년 평창 동계올림픽, 2016-2017년 6개월간 이어진 촛불시위 등이 있었다. 나는 촛불혁명이야말로 로빈슨의 말한 '어떤 일'을 가장 잘 대표한다고 생각한다. 이에 더해 직장과 국민 국가에 대한 풀뿌리 시민들의 기대는 변화하고 있으며, 이렇게 바뀐 기대감이 많은 사회 운동으로 표출되고 있다. 나는 그들의 기대와 그 기대에 긍정적인 진전이 있었던 몇 가지 예들을 이 책에서 분석하였다.

이 책은 현대 한국 민족주의를 재조명하고 분석한다. 물론 이 주제는 미디어와 학계에서 이미 많이 다루어 왔다. 이 책은 현대 한국의 민족주의, 즉 한국 풀뿌리 시민들의 국민 국가·국가 정체성에 대한 인식, 그리고 국민 국가의 미래 방향에 대한 그들의 열망을 나눈다. 당연히 다양한 관점들이 있다. 이 책도 그중 하나로, 한국 민족주의가 지금 현재 어떤 모습을 띠고 있는지 분석하는 동시에 그것들을 더 넓은 역사적 맥락 속에 놓고 이해하고자 한다.

이 책에서는 다음과 같은 과제가 수행된다. 주요 과제는 현대 한국인의 상당수를 차지하는 진보적인 풀뿌리 시민들, 예를 들어 정치적·경제적 민주화를 지지하는 촛불 시위대의 마음속에는 무엇이 들어있는지를 드러내는 것이다. 제7장에서는 보수 태극기 부대에 대해서 이 과제가 수행된다. 물론 이것은 국민 국가와 국가 정체성에 대한 그들의 인식, 그리고 그들의 마음속에 있는 것에 대한, 사회과학적 분석에 입각한 나의 해석이다. 나의 해석을 현대 한국 사람들 거의 대부분이 그렇게 생각한다는 식으로 일반화하려는 것이 아니다. 이와 관련해 나는 분석 대상 데이터 집합에 대한 서술적 분석에 특히 중점을 두면서 정치적으로 진보적인 풀뿌리 시민들의 마음을 최대한 잘 대변하려고 노력하였다.

1945년 일제로부터의 독립한 이후 한국의 사회·경제·문화는 격동의 변화를 겪었다. 앞서 언급하였듯이 한국 사회를 변화시킨 정치적으로 주목할 만한 세 가지 사건은 1960년 4.19혁명, 1987년 6월 항쟁, 2016-2017년 촛불혁명이다. 처음 두 사건 이후 한국 사회는 계속해서 주목할 만한 민주화와 경제발전을 이루었다. 그러나 지배 엘리트들이 자신들이 마땅히 섬겨야 할 국민을 억압한 것은 명백한 사실이었다. 즉, 전 지구적인 정치사적 맥락에서 볼 때, 프랑스 68혁명의 결실은 군사 정권과 착취적인 경제 구조 아래 있던 한국 사회에 도달하지 못하였던 것이다. 이러한 결핍으로 인해 한국의 풀뿌리 시민들, 특히 사회 활동가들은 좌절을 거듭하였고 결국에는 2016-2017년 촛불혁명이 일어났다. 변화를 일으키기 위한 노력은 계속되고 있고 앞으로도 수십 년 동안 계속될 것이다. 지금은 그 자체로 중요한 이행기이다. 그러므로 한국 풀뿌리 시민들이 민주주의, 삶의 질이라는 사회경제적 차원, 북한과 한반도 분단에 대한 인식, 일제 강점기의 유제에 대해 무슨 생각을 하고 사는지 이해하는 것이 중요하다. 나는 이러한 주제들을 구조와 문화의 비이행적 차원—이 비이행적 차원들은 대개 다른 차원들보다 더 변화에 저항한다는 특징이 있다—과 관련하여 검토하는데, 즉 어떤 종류의 사회 구조와 문화가 이전부터 존재해 왔고 한국 사회 형성에 지속적인 영향을 미쳤는가, 그리고 또 지배적이고 창발적인 구조적·문화적 속성들은 어떤 모습을 하고 있는가라는 점이다. 이것은 현대 한국의 특정 시점의 모습을 이행(移行)이라는 관점에서 볼 수 있게 해 준다. 또한 중요한 것은 한국 사회 구성원들이 변화의 근본적인 주체로서 각자의 역할을 수행해 오면서 사회의식의 변화를 겪고, 결국 그들이 살아가는 맥락의 변혁에 이르게 되는 과정, 이 이중의 형태발생을 고찰해 본다는 점이다.

이 책에서 민족주의는 다음과 같은 의미로 쓰인다. 나는 이 말을 넓은 의미로 쓰는데, 이는 스테이시의 정의에 입각한 것으로 대체로 국민 국가에 대한 개인의 소속감, 충성심·애국심·연대감과 관련된 인식을 의미한다(Stacey 2018: 8). 더 나아가 굿맨은 민족주의를 사회 운동의 한 유형으로 보고 있는데(Goodman 2017), 나 역시 이러한 관점에서 풀뿌리 시민들이 여러 차원의 사회적·국가적 사안들에 어떤 식으로 선별적으로 헌신하는지, 또 그들이 한국의 국가 정체성과 특징이 나아가야 할 올바른 방향이라고 생각하는 게 무엇인지를 조사하는 데 역점을 두었다. 풀뿌리 민족주의라는 개념은 새로운 것이 아니며 실제로도 관찰되는 현상이다. 이 개념은 개인적 민족주의, 범속 민족주의, 내장된 민족주의와 여러모로 공통점이 많다(Cohen 1996; Antonsich 2016; Billig 1995; Hearn 2007). 그러나 아래에서 위로 향하는 상향식 민족주의의 중요성에 대한 인식이 높아짐에도 불구하고 비서구권의 맥락에서 이러한 개념들에 대한 경험적인 연구가 이루어진 예는 드물다. 비교적 신흥 선진국인 한국은 위에서 언급한 여러 이유로 검토해 볼 만한 가치가 있는 사례이다.

이 책에서 다루는 주요 사건들을 분석하면서 나는 풀뿌리 민족주의와 계산적 민족주의라는 개념을 전개하고 있다. 그 사건들은 위에서 아래로 향하는 하향식 민족주의, 엘리트 주도의 혹은 국가가 강요하는 민족주의였기는커녕 나라의 정치와 경제의 비민주적 관행을 바꾸기 위한 풀뿌리 시민들의 노력이었다. 풀뿌리 민족주의가 한국에만 있는 것은 아니지만 정치 경제적 맥락이 다르면 그 실제 모습도 다를 수밖에 없다. 계산적 민족주의는 현대 국민 국가의 구성원들이 일상생활에서 정치적·경제적 참여를 통해 일반적으로 실천하는 민족주의의 한 형태이다. 그것은 개인의 필요만이 아니라 국민 국가를 유지하는 방법으로 필요한 것, 이 둘 다를 충족시키는 민족주의이다. 각 국민 국가에서 개인의 삶의 궤적은 그 개인들이 계산적 민족주의의 이익을 성취하고 향유할 수 있도록 돕는다. 이러한 용어들은 나중에 더 자세히 설명하겠다.

제2장

형태발생론적 관점에서 본 풀뿌리 민족주의: 한국의 경우

이 장에서는 먼저 민족주의를 둘러싼 이론적 관점을 개관하기 위해 여러 종류의 민족주의를 검토하는 것을 목표로 한다. 나는 민족주의와 국가 정체성에 대한 연구가 왜 사람됨(personhood)에 대한 적절한 이해를 필요로 하는지, 그리고 그 사람됨이 행위성(agency)과 구조 사이의 변증법적 관계 속에서 어떻게 형성되는지에 대해 논의할 것이다. 나는 또한 민족주의가 정적인 게 아니라 끊임없이 움직이는 것이라고 생각한다. 즉, 다양한 종류의 민족주의가 사회 변화 과정의 일부로서 끊임없이 생산되고 재생산되고 소비된다. 따라서 나는 민족주의를 일종의 사회 운동으로 생각하는데(Goodman 2017), 이는 국민 운동이 민족주의를 동반한다는 것을 의미한다. 나는 개별 행위자들이 어떻게 해서 사회 운동에 적극적으로 참여하는지, 그리고 그들의 사람됨이 어떻게 일차 행위자(primary agents), 집합 행위자(corporate agents)에서 자발적인 사회 활동가(social actors)로 변화하는지, 즉 풀뿌리 운동에 참여하는 과정에서 어떻게 변화의 주체가 되는지에 대해 많은 지면을 할애할 것이다.

1. 민족주의

민족주의를 구성하는 핵심 요소는 무엇일까? 민족주의의 고전적 정의에서는 "문화, 관습, 통치 구조 및 정체성의 보존" 같은 요소들이 매우 중요하다. 이러한 것들이 주권 국가의 수립과 유지에 필수적인 것으로 여겨지기 때문이다(Stacey 2018: 8). 민족주의는 "같은 나라 사람이라는 소속감"을 이르며, 이는 "같은 국민 국가의 시민권에 의해 규정되고, 대개는 국가에 대한 충성심과 애국심, 시민들 사이의 연대를 촉진하는 일과 관련된다"(Stacey 2018: 8). 통상적인 대중적 관념에서는 민족주의와 애국심은 서로 다른 것인데, 민족주의가 다른 나라에 비해 자국의 우월성을 주장하는 것이라면 애국심은 자기 나라에 헌신하는 것이다. 이러한 대중적인 관념은 민족주의와 애국심 사이에 명백한 겹침이 있다고 지적하는 스테이시(Emily Stacey)의 민족주의에 대한 정의와는 일치하지 않는다. 민족주의는 애국심을 포함하지만 그 역은 성립하지 않는다. 또한 이 책에서 나는 민족주의를 한 나라의 '독립, 자립, 통합, 영광'(김영명 2016: 230)을 추구하는 이데올로기로 간주한다. 스테이시는 민족주의를 이데올로기이자 주권 국가에 대한 정서적 소속감으로 인정한다. 또 스테이시는 민족주의가 "한 국민 또는 국가 정체성에 필요한 정치적·사회적(도덕적) 및 문화적 가치를 제공하는 동시에 국가 구성원에게 민족주의를 유지하고 발전시키기 위한 의무를 제공하는 태도, 규범 및 행동의 네트워크"라면서 그 정의를 확장한다(Stacey 2018: 8). 한 나라의 구성원들은 모두 자기 나라에 대한 정서적 소속감을 갖는 경향이 있지만, 그 구성원들이 애착을 갖는 민족주의의 종류는 다양할 것이다. 한 나라의 구성원 중 일부는 자기 나라의 사회 정치적·문화적·국가적 정체성이 침해되었다고 느낄 때 항의 그룹을 형성할 수 있으며, 이는 사회 운동이나 국민 운동으로 이어질 수 있다.

민족주의가 무엇을 의미하느냐는 민족의 어느 차원에 강조점을 두느냐에 따라 견해가 갈린다. 한때 민족이 '자의식을 가진 동족 집단(ethnic group)'(Connor 1973: 3)으로 이해되던 때에는 동족 민족주의(ethno-nationalism)가 일반적으로 받아들여진 민족주의 형태였다. 고전적 민족주의는 일반적으로 세계주의나 다문화주의를 지지하지 않는다. 이러한 고전적 민족주의는 극우파 및 도널드 트럼프(Donald Trump)의 등장, 그리고 국가 정체성을 더 나아 보이게끔 하는 국가 브랜딩을 지지하는 상업적 민족주의와 밀접하게 연관되어 있다(Stacey 2018: 9; Volcic and Andrejevic 2016). 동족 민족주의는 국가 정체성을 동족성(ethnicity)에 근거해 규정하며, 이렇게 "채택된 국가 정체성은 다른 무엇보다 상위에 놓인다"(Stacey 2018: 11). 동족 민족주의에서 중요한 역할을 하는 다른 요인으로는 공통된 유산과 공통 언어인바(Stacey 2018: 11), 이때의 민족 구성원은 확대 가족의 일부와 매우 유사하다(Muller 2008: 20). 순혈 민족주의(Han 2016b)가 그 예이다.

한편, 영토에 구애받지 않는 인터넷과 대규모 이민으로 인해 "공유된 이미지, 표상, 신화 위에 세워진 집단적 국가 정체성이 더는 유지되기 어렵게 되었다"(Eriksen 2007: 1). 한국은 급속히 다문화 국가로 변모하고 있으며, 한국의 동족 민족주의는 점점 그 영향력을 잃어 가고 있다. 강원택(2006)은 남한의 젊은 세대가 남한과 북한, 그리고 한반도 바깥에 거주하는 한국인들을 포괄하는 혈연 한국인보다는 상대적으로 좁은 대한민국이라는 국민 국가에 기반하여 자신의 정체성을 더 많이 본다고 밝혔다. 그 민족주의의 미래가 어떤 방향을 취해야 할 것인지에 관해 한국은 지금 갈림길에 서 있거나 인제 막 어떤 결정을 내린 듯하다. 이 나라는 현재, 그 구분이 깔끔히 이루어지지는 않았지만 크게는 진보 정당과 보수 정당으로 갈라져 있다. 진보와 보수, 이 두 정당 사이의 긴장은 일제 강점기(1919-1945년) 이래 계속되어 온 것으로 한국의 민족주의 운동의 복잡한 차원이다.

굿맨(Goodman 2017)이 민족주의를 자본주의적 근대의 특정 유형의 사회 운동으로 본 것은 적절하다. 굿맨은 민족주의에 대한 분석은 민족주의의 "정치적·맥락적 역동성"과 관련하여 그것의 "문화적·구조적 기원과 발전”(Goodman 2017: 18)에 초점을 맞추어야 한다고 주장한다. 이는 사회의 변화와 운동에 대한 비판 실재론의 논의와 유사하다(이에 관해서는 뒤에서 논의한다). 굿맨은 민족주의 운동을 이해하기 위해 크게 다섯 가지 접근법, 즉 “동족 민족주의적 변종, 근대화 변종, 국가 중심적 변종, 계급 중심적 변종, 불균등 발전 변종”(Goodman, 2017: 7)을 제시한다. 굿맨의 다섯 가지 접근법은 세계 여러 지역에서 민족주의가 출현하고 재생산되고 소비되었던 방식에 대한, 민족주의의 몇몇 핵심 이론가들을 참조하여 그 나름대로 그려낸 역사적 스케치에 기초하고 있다. 여기서 나는 굿맨의 접근법을 부분적으로 재해석하고, 남한(이하 한국 또는 대한민국)의 민족주의 연구에 적용할 수 있는지에 주목하고자 한다. 목표는 굿맨의 민족주의에 대한 다섯 가지 일반 이론을 참조하여 한국 국민 국가의 발전에 대한 개략적인 그림을 제시하는 것이다. 그런 다음 풀뿌리 민족주의를 연구하기 위한 몇 가지 다른 접근법들, 예를 들어 범속 민족주의, 일상적 민족주의, 내장된 민족주의를 검토한다.

첫 번째 접근법에서는 동족 정체성(ethnic identity)이 민족주의 운동의 발전에 결정적인 요소인데, 여기서 민족주의는 “동족 집단에 대한 일체성 또는 충성심, 정치 이데올로기보다는 문화적 일체감”(Goodman 2017: 7; Connor 1994; Smith 1998)을 의미한다. 동족 민족주의는 식민지 상태를 벗어나자마자 분단된 한반도에서 대중이 열망하는 목표였을 뿐만 아니라 엘리트들에게는 착취의 원천이었다(An 2018; Shin 2006). 외국 출생의 새로 정착한 한국인의 수가 크게 늘어난 이후에는 동족 민족주의를 옹호하는 ‘졸부적 민족주의’(Han 2016b)로 나아가는 큰 흐름이 있었다. 그러나 순혈 민족주의는 이제 급속히 시대에 뒤떨어진 것이 되어 가고 있고 ‘열린 민족주의’

(김귀옥 2009)에 대한 요구는 커지고 있다.

둘째, 근대 산업사회의 도래는 전근대 사회에 만연하였던 전통적 사고와 행위의 개혁 또는 폐기를 통해 가능하였다(Goodman 2017: 7; Gellner 1987). 근대화와 발전이 국가와 그 구성원 개개인의 번영을 위해 필요한 것으로 인식됨에 따라 대한민국은 이를 이루기 위해 부단히 노력해 왔으며, 노동자들은 점점 더, 예컨대 효(孝)나 연공서열에 따른 승진 문화 같은 낡은 가치들을 고수하기보다는 새롭고 수정된 가치들을 받아들이고 있다(Han 2016a, 2019). 그러나 제각기 다른 다양한 목표—예컨대 근대화, 기존 가치, 새로운 가치 등—를 지지하는 여러모로 다른 형태의 민족주의 운동들이 대립하는 상황에서 오래된 가치와 새로운 가치 사이의 긴장이 계속되고 있다.

셋째, 굿맨은 "군주제는 영토와 인민에 대해 무제한적 지배권을 주장하는바, 이러한 군주제의 권리 주장에 도전하기 위해 등장하는 것이 민족주의 운동이고" 민족주의란 바로 "이러한 민족주의 운동으로 전파되는 정치 이데올로기"(Goodman 2017: 7; Breuilly 1982에서 인용)라고 정의한다. 그러나 굿맨(Goodman 2017)이 지적하듯이 국가 중심적 정책과 민족주의는 사적 자본주의, 특히 대기업의 이해관계와 긴밀히 협력해 왔다. 군주제는 사라졌지만 그래도 한국 사회는 여전히 '적극적인' 근대화를 받아들였다. 지난 수십 년 동안의 민주화 운동은 정부와 민간 부문·자본주의적 이해관계 사이의 긴밀한 관계를 바로잡기 위한 민족주의 운동이었다. 이를테면 2016-2017년 촛불혁명도 그 한 예라고 할 수 있다.[1]

1 이 장에서는 2016-2017년 촛불혁명에 대한 언급 비중이 다소 높은데, 이는 그것이 이 연구

넷째, 에릭 홉스봄(Eric Hobsbawm)과 짐 블로트(Jim Blaut) 같은 일부 작가들은 마르크스주의 이론을 적용하여 "민족주의와 민족주의 운동을 계급 갈등의 표현"(Goodman 2017: 8)으로 보았다. 민족주의를 지배계급의 이데올로기적 장치로 보는 홉스봄의 관점에서 보면, 국가 엘리트들의 국익 증진은 주로 지배적인 자본주의 관계를 재생산하고 유지하는 데 초점이 맞추어져 있다(Hobsbawm 2012). 방금 논의와 유사하게 한국의 국가 엘리트들은 지배적인 자본가 집단의 이익을 위해, 유착이라고 해도 좋을 만큼 긴밀히 협력해 왔다.[2] 그와 같은 결과로 자본가 계급이 종종 피고용자들을 괴롭히고 착취할 수 있게 되는데, 2018년 대한항공 땅콩 회항 사건도 그 한 예이다.[3] 대한항공의 경우 국민 국가의 브랜딩을 달고 있지만 사실 국민의 이익과는 거의 무관하다. 이 항공사 부회장의 괴롭힘 행위에 대한 일반인들의 항의는 풀뿌리 차원의 전국적인 운동이 되었고 모종의 민족주의를 낳았는데, 예를 들어 '갑질'(직장 내 괴롭힘)에 대한 일반인들의 대대적인 대응이 그랬다. 이 운동은 대한민국이라는 국민 국가에서 고용주와 피고용인, 손윗사람과 아랫사람, 상급자와 하급자, 관리자와 노동자 사이의 관계가 마땅히 어떠해야 하는지에 대해 풀뿌리 시민들의 차원에서는 어떻게 생각

프로젝트 전체의 학문적 관심을 촉발한 현상이었기 때문이다. 하지만 민족주의를 하나의 사회 운동으로 보는 형태발생론적 접근법은 다른 장에서 논의되는 다른 경험적 주제들에도 똑같이 적용된다.

2 2019년 여당인 민주당의 검찰 개혁 노력은 연합 세력을 형성한 주요 보수 야당·검찰·언론의 강력한 반대에 부딪혔다. 2022년 4월 초 현재 민주당은 2022년 5월 10일 윤석열 정권이 들어서기 전에 검찰과 언론을 개혁하는 방안을 검토하고 있다.

3 뉴욕 JFK 국제공항에서 발생한 이 항공기 난동 사건은 대한항공 부사장이 승무원의 마카다미아너트 제공 방식에 불만을 표출하며 일어난 사건이다. 이에 대해서는 제8장에서 논의한다.

하고 있는지를 대표하는 것이었다.

다섯째 관점은 "전지구적 불균등 발전의 역사적 전개가 민족주의 운동의 결정적 변수"(Goodman 2017: 8)라고 지적한다. 자본주의 세계 체제는 핵심부, 주변부, 반주변부 국가들 사이에 공간적으로 불평등한 자본주의적 생산·소비 관계가 존재하는 체제이다(Wallerstein 2004). 이러한 세계 체제적 공간적 불평등 관계는 이들 각 나라의 불평등 형태에도 반영되고 이로써 자본주의적 안정이 유지된다(Goodman 2017: 8; Amin 1980). 세계화 시대가 되었지만, 산업 국가인 한국은 핵심부이기도 하고 주변부이기도 한 공간을 차지하고 있어 국익을 어떻게 지킬 것인가 하는 것은 여전히 제기되는 문제이다. 그러니까 한국은 한편으로는 다른 나라를 착취하기도 하지만, 다른 한편으로는 핵심 국가들에 의해 착취당하기도 한다. 월러스틴의 세계체제론은 핵심부, 주변부, 반주변부 사이의 불평등한 경제적 관계에 대해 많은 것을 설명해 준다. 그러나 월러스틴의 구조적 접근법을 따라가다 보면 흥미롭게도 사람들의 행위성을 완전히 무시하는 톰 네언(Tom Nairn)의 주장에 주목하게 된다. 네언에 따르면 민족주의의 진정한 기원은 "민중에도, 모종의 전체(wholeness)나 정체성을 추구하는 개인의 억눌린 열정에 있는 것도 아니고, 세계 정치경제라는 기계에 있다"(Nairn 1977: 337)는 것이다. 나는 정치경제학을 통합하면서도 사람들의 행위성을 탐구하는 데 특히 관심이 있다. 지난 수십 년 동안 괄목할 만한 경제발전과 함께 한국의 민주주의 또한 시민 개개인의 자율성과 함께 괄목할 만한 발전을 이루었다고 나는 주장한다.

나는 지금까지 모든 사회 안에 사회 운동이 존재하며, 모든 사회 운동은 하나 또는 그 이상의 민족주의를 수반한다는 것을 지적하였다. 한국인의 민족주의를 연구하고자 할 때 내가 고려하고 전개할 수 있는 일반 이론은 무엇일까? 우선, 범속 민족주의(banal nationalism)는 특히 국기(國旗)·국가(國歌)·애국단체와 같은, 당연시되는 국가 상징들과 관계가 있다. 이러한 상징들은 스포츠, 여행, 대중 매체, 음식, 일기 예보 및 가정(家庭) 같은 "일상생활과 대중문화를 통해 재생산되고 표상된다"(Knott 2015: 1,2; Edensor 2002; Billig 1995; Ichijo and Ranta 2016). 국민 국가는 사람들의 '사소한' 혹은 '범속한' 행위에 내장된 것일 수 있다(Storm 2018: 117). 그러나 범속 민족주의 학자들은 엘리트보다 보통 사람들의 참여를 더 많이 인정하면서도 보통 사람들의 '행위성'을 과소평가하는 경향이 있다(Fox and Miller-Idriss 2008: 537; Knott 2015: 2).

조너선 헌(Jonathan Hearn)은 지금 내 연구와 잠정적으로 관련이 있는 질문을 다음과 같이 제기한다. 예를 들어, 연례 에든버러 축제에서 스코틀랜드 은행은 "기관으로서 당연히 인정받고 있는 스코틀랜드다움을 확인하는 데 도움을 주었고," 은행 총재는 "1995년 여름의 마지막 군악 행진에서 대규모 파이프 군악대의 '경례'를 받았다". 여기서 문제는 스코틀랜드 은행이 직원들에게 "스코틀랜드 정체성에 대한 믿음을 강화하기 위한 범속한 맥락"을 제공하는지, 아니면 "스코틀랜드 정체성이 은행에 대한 직원들의 헌신을 강화하기 위한 자원을 제공하는지" 여부이다(Hearn 2007: 661-662). 두 주장 모두 똑같이 그럴 듯하다는 것은 인정한다. 그러나 내 주장은 스코틀랜드의 정체성 또는 스코틀랜드다움이 은행 내부의 범속한 맥락 이전에 은행 안팎에 이미 있어서 널리 퍼져 있었다는 것이며, 사실 이는 조너선 헌이 내린 결론이기도 하다(Hearn 2007: 662-663). 지금 내 연구와 관련해 말하자면, 한국인의 한국인다움과 풀뿌리 국민 정체성은 한편으로는 자율적일지언정 그것은 또한 한국 사회의 주어진 구조와 문화 속에서 해석된다는 뜻이다. 이 과정이 바로 민족주의의 창설 및 그 재생산과 유지에 관한 것이다.

일상적 민족주의는 '일상생활'의 중요성을 탐구의 중요한 부분으로 인정하고 유지한다. 노트(Knott 2015: 1)는 일상적 민족주의의 독특함은 민족주의가 "본질적으로 위로부터 구성"될 뿐만 아니라 "아래로부터," 다시 말해 "보통 사람들의 가정, 희망, 필요, 갈망 및 관심"에서부터 "분석되지 않으면 이해될 수 없다"는 홉스봄(Hobsbawm 2012: 10)의 지적을 긍정하는 것임을 확인한다. 나는 홉스봄의 민족주의에 대한 정의가, 사회 현상을 온전히 이해하기 위해 구조와 행위성을 분석하는 비판 실재론(Archer 1989, 1995)과 상당한 친화성이 있다고 주장한다. 위로부터 아래로의 민족주의와 아래로부터 위로의 민족주의를 어느 한쪽으로도 융합하지 않고 결합해야 할 필요성은 다른 학자들도 인정하고 있다(Brubaker et al. 2006). 일상적 민족주의의 관점은 대중의 관심을 끄는 데 있어 아마도 엘리트 민족주의 관점이나 운동만큼 극적이거나 선정적이지는 않을 것이다. 그러나 그것은 오랜 기간에 걸쳐 발전하여 보통 사람들의 정신 깊숙이 자리 잡았을 수 있으며, 따라서 그만큼 질기고 큰 영향력을 행사할 수도 있다. 앤서니 코엔(Anthony Cohen 1994)은 민족주의에 대한 행위자들의 목소리를 부각한 학자 중 한 명이다. 나는 코엔에 동의하면서 국민 국가에서는 민족주의가 설득력 있게 들릴 수 있고, 또 그것이 "그들의 개인적·지역적 경험"을 반영하고 "굴절"(Cohen 1996: 810)시킬 수 있다면 진정으로 의미가 있을 수 있다고 주장한다.

'아래에서 위로 향하는' 차원을 인식하려는 코엔의 시도는 칭찬할 만하다. 또한 이는 "계급, 종교, 지역, 성별 또는 민족과 관계없이 다양한 파벌"의 목소리를 "국민 전체의 목소리"로 통합하려는 빌리그(Billig 1995: 71)와도 의도를 같이한다. 하지만 그가 말하는 상향식 민족주의, 즉 '개인적 민족주의'가 사회학적으로 얼마나 타당한지는 검토해 볼 문제이다. 또한 그러한 시도가 실제로는 어떻게 나타날지, 보통 사람들의 관점을 완전하고 부지런히 반영할 수 있는지도 불분명하다(Hearn and Antonsich 2018: 595). 사실 이러한 논점은 범속 민족주의, 일상적 민족주의, 개인적 민족주의에 똑같이 적용된다. 아래로부터의 접근법에 대한 한 비판은 이러한 접근법이 맥락을 이탈할 수 있고 따라서 비정치적일 수 있다는 것이다(Hearn and Antonsich 2018: 595). 나는 일상적 접근(예컨대, 일상적 민족주의, 개인적 민족주의)이 구조적·문화적 차원을 누락시킬 가능성이 있다는 것을 인정하지만, '보통' 사람들의 행위성을 과소평가할 위험도 있다고 본다. 헌과 앤턴시크(Hearn and Antonsich 2018: 595)는 이러한 결핍이 있을 수 있지만 '아래로부터' 다원적 관점을 수용하면 그러한 결핍을 해결할 수 있다고 제안한다. 그럼에도 불구하고 이던서(Edensor 2002)의 '일상적 민족주의' 테제에 대해 확신을 갖지 못하는 헌과 앤턴시크는 (일상적 민족주의 접근법이) "그 나라가 담고 있는 민족적·인종적·종교적 다양성이 묵살된 국민 이미지"를 재생하는 데 그치고 말 수 있다면서 신중한 입장을 취한다(Hearn and Antonsich 2018: 600; Antonsich 2016도 참고). 모든 개별 행위자가 자신의 의미 형성 활동의 무대가 되는 구조적·문화적 요인을 인식하는 것은 아니다. 내 주장은 우리가 아래로부터 다원적 관점을 기꺼이 받아들인다면 그 관점 중 일부는 사회의 구조와 문화를 반영할 수밖에 없다는 것이다. 구조적·문화적 공백 상태에서는 행위자가 존재할 수 없기 때문이다.

여기에서의 가정은 사회 구조 혹은 문화와 개별 행위자 사이에는 내재적 관계가 있어야 한다는 점이다. 구조와 문화를 염두에 두고 민족주의를 분석한다고 하더라도 어떻게 분석하느냐는 여전히 문제이다. 그러나 사회적 행동이나 사회 운동으로서 민족주의는 일련의 목표를 가진 조직화된 집단의 사람들에게서 나오는 창발적 속성이기 때문에 미시적 수준의 분석으로는 해부될 수 없다(Hearn and Antonsich 2018: 597). 속성은 "아주 작은 세세한 부분들"을 다 합친 것 이상이기 때문이다. 따라서 내 목표 중 하나는 "사람들이 어떻게 민족주의와 연결되는지"(Hearn and Antonsich 2018: 597), 그리고 대한민국이라는 주어진 주권 국가 안에서, 정치와 경제라는 국가적 사안들에 관해, 주어진 구조와 행위성으로부터 무엇을 만들어 내는지를 규명하는 것이다. 이는 "개인의 사람됨이 어떻게 여러 부류의 정체성으로 '봉합'되는지, 이 과정이 얼마나 이상하고 미묘하며 기발할 수 있는지"(Hearn and Antonsich 2018: 599; Hall 1996: 5-6도 참조)를 밝히기 위한 노력이다. 이 노선을 따르는 최근 연구는 코프먼(Kaufmann 2017)의 논문인데, 그는 일상적 민족주의, 개인적 민족주의, 경쟁적 민족주의, 목소리의 복수성, 지역적 민족주의를 통합할 때의 복잡성을 옹호하면서 다음과 같이 주장한다.

> 국민 의식이 엘리트로부터 대중에게로, 중심에서 주변부로 확산된다고 보는 고전적 관점에 반대하여, 복잡성은 아래에서의 국가 정체성의 출현을 허용한다. 국가와 엘리트는 중요한 행위자이지만, 국민을 일상적으로 생산하고 소비하는 데 있어 대중의 역할은 매우 중요하다(Kaufmann 2017: 21).

코프먼은 특히 유비쿼터스 미디어 시대에 아래로부터의 접근법에 주목할 가치가 있는 이유를 다음과 같이 언급한다.

> [창발]은 왜 국민 운동이 국가 엘리트들의 의도적인 노력이 아니라 민간 단체들, 여가 활동 제공자들, 그리고 언론의 '아래에서 위로 향하는' 상호 작용에서 일어날 수 있는지를 설명한다. 가장 중앙 집권적이고 권위주의적인 국가를 제외하고는 국가 정체성은 주민들 속의 개인 안에 분포되어 있는 것이라서 공적 문서나 어떤 한 개인으로부터 국가의 집단적 대표성을 읽어 낼 수는 없다(Kaufmann 2017: 22).

거듭 말하지만, 민족주의를 보나 온전히 이해하려면 위에서 아래로 향하는 민족주의만이 아니라 아래에서 형성되어 위로 향하는 민족주의의 특징들도 다루어야 한다. 국민 국가에서는 엘리트 민족주의와 일상적 민족주의가 변증법적으로 얽혀 있기 때문이다. 리처드 젠킨스(Richard Jenkins 2004: 15-26)가 잘 지적하였듯이 자아와 사회, 행위성과 구조, 또는 내적 현실과 외적 현실 사이의 구별을 조잡하게 물상화하는 것은 피해야 한다. 헌(Hearn 2007: 650)에 따르면 젠킨스는 '자아'(Cohen 1994; Craib 1998도 참조)를 특별 취급하는 관점에 대해 확신하지 못한다. 나는 아래에서 위로 향하는 민족주의가 일반적으로 충분히 주목받지 못하였으며, 특히 민주주의와 경제에서 괄목할 만한 성과를 거둔 한국과 같이 급변하는 나라들에서는 더욱 그러해서, 더 깊이 탐구할 가치가 있다고 주장한다. 단적으로 말해 나에게는 아래에서 창발되는 것이 "엘리트들에 의한 위에서 아래로의 하향식 조율과 통합"(Kaufmann 2017: 21)보다 더 중요하거나 적어도 그만큼은 중요하다.

'아래에서 위로 향하는' 민족주의에 대한 분석이 특히 민주주의의 맥락에서 필수적이라는 것은 말할 필요도 없다(Cohen 1996). 개별 행위자들의 아래에서의 상호 작용, 헌신, 자기 나라에 대한 정서적 애착은 국민 국가의 지속 가능성에 필수적이다(Kaufmann 2017: 9). 그런데 한 나라의 국민들이 국가적 사안들에 대해 상당히 잘 알고 있고 할 말도 많은 시대에, 민족주의가 "본질적으로 아래에서 형성된다"고 하면 과연 어느 정도나 그런 것일까? 오늘날 한국인은 99.9% 이상이 문해력을 갖추고 있고, 98%가 중등교육을 이수하였고, 70%는 고등교육을 이수하였다.[4] 민족주의의 형성이 풀뿌리 시민들에 의해 거의 영향을 받지 않거나 그들과 거의 관련이 없다고 상상하는 것은, 천지 사방에 미디어가 있고 사람들의 교육 수준이 높아 아는 것도 많은 시대에는 특히나 점점 더 어불성설이 되고 있다. 그렇다고 민족주의에 대한 '위에서 아래로 향하는' 관점의 중요성을 완전히 폄하하는 것은 아니다. 사실, 최고 엘리트들과 관료들은 계속해서 모종의 민족주의를 낳고 그것을 운용한다. 최고 엘리트들을 아우르는 국가는 "논리적으로 개인의 행위성에 반대한다"(Herzfeld 1992: 21). 아래에서 위로 향하는 상향식 관점은 국가가 대중을 통제하는 데 방해가 되기 때문이다. 예를 들어, 한국의 군사 독재자들이 국가 산업화에 경주할 때나 민간인 정권이 들어서서 1997년 아시아 경제 위기 극복에 매진할 때나 풀뿌리 시민을 억압하고 엘리트주의적 민족주의를 위에서 강요하는 것은 흔히 볼 수 있는 일이었다.[5] 그러나 이러한 상명하달식 민족주의가 특정 목적을 달성하기 위해 의도된 것일지언정 풀뿌리 시민에게는 달리 이해되거나 자신들과는 무관한 것으로 인식될 수 있다(Brubaker et al. 2006 참조).[6] 민족주의와

---

4 "Education in South Korea," *World Education News+Reviews*, 2018년 10월 16일자. 나는 문해력이 상당히 중요하다고 생각한다.

5 지난 수십 년 동안 한국에서 민족주의가 겪은 간략한 변천에 대해서는 이 장 뒷부분에 있는 절을 참조하라.

6 브루베이커 등(Brubaker et al. 2006)은 클루지(루마니아 클루지주의 주도)의 평범한 헝가리

국가 정체성의 면에서 볼 때 엘리트와 풀뿌리 시민 사이의 이러한 괴리가 그 나라의 민족주의와 국가 정체성의 참모습을 이해하는 데 도움이 될 것 같지는 않다(Knott 2015: 2). 그리고 엘리트들이 국가와 국민의 이익에 반하는 하향식 민족주의를 생성시키는 것이 더 쉬울 때가 있는가 하면(김영명 2016: 233), 더 어려울 때도 있다. 마찬가지로 '아래에서 위로 향하는' 민족주의도 어떨 때는 공적 담론에 쉽게 침투할 수 있지만, 그렇지 못할 때도 있다. 그렇지 못하였던 예는 1960년대부터 1980년대 중반까지의 한국의 군사독재 시기이다. '하향식' 민족주의와 '상향식' 민족주의 사이에 공통점이 전혀 없어 보이지는 않는다. 과연 그것들은 서로 다른 것이기는 하나 어느 정도 겹치는 부분이 있을 수 있다.

노트(Knott 2015: 2)는 풀뿌리 시민들이 민족주의와 국가 정체성을 어떻게 경험하고 욕망하는지에 대한 연구가, 일부 예외가 있긴 해도, 민족주의 연구 분야에서 여전히 충분히 이루어지지 않고 있다고 지적한다(Condor 2010; de Cillia et al. 1999; McCrone and Bechhofer 2015). 특히 이 책의 탐구 대상인 아시아 사회의 맥락에서는 더욱 그렇다. 최근 한국 사회의 정치적·경제적 상황은 특히 아래에서 위로 향하는 민족주의를 이해하는 계기가 되었다. 풀뿌리 시민들은 당연히 자신들의 노동 조건, 삶의 기회, 민주주의, 통일, 인권 등의 측면에서 더 나은 변화를 희망하기 때문이다.

일상적 민족주의를 분석한다고 할 때 그 분석 대상은 무엇이어야 하는가? 노트(Knott 2015: 5)는, 민족주의와 국가 정체성을 연구하는 학자들이

인과 루마니아인은 클루지 시장(市長)의 민족주의적 정서와 헝가리의 정치적·문화적 엘리트가 제안하는 민족주의 이념에 대부분 무관심하였다고 지적한다.

대개는 아래에서 형성되는 것보다, 즉 일상생활에서 평범한 사람들이 경험하는 '실천 범주'보다는 위에서 형성된 '분석 범주'를 분석하는 데 더 초점을 맞춘다고 말한다(Brubaker and Cooper 2000). 일상적 민족주의는 개별 행위자들이 사회 운동 과정에 적극적으로 참여한다는 점에서 그 행위자들의 자율성을 인정하고 사회의 변화를 불러오는 데에 그들이 미치는 영향을 인정하려는 시도이다. 스키(Skey 2011)는 사람들이 일상적 실천과 경험을 통해 한 나라의 국민임과 국가 정체성을 경험하는 다섯 가지 영역, 즉 공간적·시간적·문화적·정치적 영역 및 우리와 남의 구별이 어떻게 이루어지는지를 측정하자고 제안한다(Knott 2015: 5에서 인용). 물론 스키가 제안한 다섯 영역은 연구자가 살펴보고자 하는 해당 사회·역사적 맥락에 따라 다르게 해석되고 적용될 수 있다는 점을 염두에 두는 것이 중요하다. 나는 브루베이커와 쿠퍼(Brubaker and Cooper 2000), 특히 스키(Skey 2011)가 발전시킨 핵심 아이디어를 특별한 가감 없이 그대로 한국 사례에 적용하여 다음과 같은 차원에 주목하고자 한다. 첫째, 한국 풀뿌리 시민의 관점에서 한국 국민과 국가 정체성이 국경 안팎에서 어떻게 표현되고 경험되는가. 둘째, 풀뿌리 시민은 어떤 것들을 그 무엇보다 중요한 한국인 정체성의 독특하고 뚜렷한 특징들이라고 보는가. 셋째, 한국 문화를 형성하는 핵심 가치와 이념, 그리고 이것이 어떻게 구현되거나 침해되는가. 그리고 넷째 한국의 정치에 대한 사람들의 기대, 좌절, 만족 등이다. 여기서 나의 의도는 제안들을 무턱대고 따르려는 것이 아니라 이 책의 경험적 사례연구의 장들을 이루고 있는 몇 개의 선택된 사건들에 관한 풀뿌리 시민들의 경험을 연구하는 것이다.

팍스와 밀러-이드리스(Fox and Miller-Idriss 2008)는 일상적 민족주의를 관찰하려면 크게 보아서 "말하기, 선택, 수행, 소비"(Knott 2015: 6에서 인용), 이 네 가지 양상을 보아야 한다고 제안한다. 나는 그중 세 가지가 특히 이 책에서 검토하고 있는 한국 민족주의 및 한국인 정체성과 관련된다고 생각한다. 첫째, '말하기' 양상은 자기 나라에 대한 개별 국민의 인식을 나타내 준다. 즉, 그 나라가 국민 개개인에게는 어떤 의미인지, 사람들이 자신들을 통치하는 자기 나라에 바라는 바가 무엇인지, 그리고 다양한 시기 다양한 사람들의 필요를 국가가 어떻게 지원해야 한다고 보는지를 나타내 준다(Fox and Miller-Idriss 2008: 539-540). 둘째, '수행' 양상은 국가가 개별 행위자의 능동적 행위 능력을 염두에 두고 그들이 일상생활에서 의미 있는 삶을 영위할 수 있도록 어떻게 잘 장려할 수 있는가에 관한 것이다(Fox and Miller-Idriss 2008: 545-546). 셋째, 민족주의의 '소비자'로서 사람들은 국가의 주요 개혁 정책 같은 "국가적 생산물과 사업"(Fox and Miller-Idriss 2008: 549)에 대한 평가, 수용 및 선호를 표현한다.[7]

다시 노트(Knott 2015: 6-7)로 돌아가서, 나는 일상적 민족주의에 대한 다음과 같은 그의 비판에 주목하였다. 첫 번째 비판은 '보통 사람들' 혹은 '일반인'이라는 범주는 너무 범위가 넓어서 사회 안에는 다양한 신분과 계급이 존재한다는 사실이 간과된다는 것이다(Smith 2010: 84에서 인용). 나는 어떤 사회 운동을 대변함에 있어 중간계급과 하층계급이 그 사회 운동의 초점과 그에 따른 분석이 무엇이냐에 따라 '한 목소리'를 낼 수도 있고 그러지 않을 수도 있다고 주장한다. 그러나 '보다 더' 국가적이고 중요한 문제일수록 이 '보통 사람들'의 범주에는 더 넓은 범위의 사람들이 포함될

7 이 세 가지 요소가 나중에 논의될 계산적 민족주의의 주요 구성 요소이다.

수 있다. 둘째, 일상적 민족주의는 주로 "민족주의의 현대적 양상들을 다루고 있으며, 이전 민족주의 학술의 '인과적·역사적 방법론'을 거부하지는 않더라도 무시하고 있다"(Smith 2008: 567; Knott 2015: 7에서 인용). 나는 이러한 비판이 부당하며, 이 비판이 오히려 일상적 민족주의가 생겨난 이유, 즉 역사를 만드는 데 있어 능동적인 영향력으로서 개별 행위자들을 통합해야 할 구체적인 필요성과 함께 생겨났다는 사실을 무시한다고 주장한다. 이것이 암시하는 바는 일상적 민족주의가 비역사적이지 않다는 것이다. 게다가 연구자는 비록 그가 특정 역사적 시점에서 사회 현상을 연구하더라도 더 긴 시간 범위 속에서 주제를 고려해야 하며, 이렇게 이루어지는 연구는 비역사적이기보다는 역사적인 것이 될 것이다(Mills 1959). 셋째, 일차적인 초점에 중점을 두는 일상적 민족주의는 행위자들의 행동에 계기를 주거나 어떤 행동은 억제할 수도 있는 기존의 제도적·정책적 맥락을 경시할 수 있다(Knott 2015: 7). 연구 현상을 이렇듯 탈맥락화할 잠재적 위험은 어쨌든 일상적 민족주의 그 자체의 문제가 아니라 연구자가 연구 주제를 온전히 맥락 속에 놓고 볼 의지가 있느냐 여부와 더 관련이 있다.

21세기 한국의 풀뿌리 민족주의에 관한 내 연구에서의 민족주의는 일상 민족주의와 일맥상통한다. 여기서 나는 노트(Knott 2015: 8)가 말한 일상적 민족주의의 기여와 특성을 재현한다.

> 일상적 민족주의는 인간의 행위성에 초점을 맞춤으로써 일상생활에서 민족주의의 우발성과 혼란스러움을 강조해 왔다. 민족주의와 한 나라의 국민임이 일상생활에서 표현되고 경험되는 방식에서의 불일치와 모순을 부각함으로써 말이다(Jones and Merriman 2009; Skey 2011 참조).

나는 한국의 풀뿌리 민족주의에 대한 지금 이 연구를 통해서도 2016-2022년의 연구 기간 동안 자신들의 민족주의와 국가 정체성을 표출하였던 사람들에게서 이러한 특징들이 관찰될 것으로 예상한다.

일상적 민족주의에 대한 논의를 마무리하기 전에, 방법론적 민족주의에 대해서도 언급하고자 한다. 방법론적 민족주의의 비판은 일상적 민족주의의 필요성을 더욱 정당화해 주기 때문이다. 버거와 콘래드(Berger and Conrad 2015), 스톰(Storm 2018), 위머와 글리크 실러(Wimmer and Glick Schiller 2002) 등의 연구에서 제기된 방법론적 민족주의 비판에 따르면, 국민 국가를 분석 단위로 하는 것은 한계가 있다. 요컨대, 방법론적 민족주의는 국민 국가를 분석의 단위로 설정하는데, 그러면 "국민 형성에 있어 자아의 행위성"(Cohen 1996: 804)의 비중이 줄어들고 개별 구성원의 능동적인 행위 능력이 들어올 공간이 거의 혹은 아예 없어진다는 점에서 "하향 융합"(Archer 1995: 33, 61)의 효과를 낳는다. 코엔은 민족주의를 이해하는 데 있어 "개인의 창의성과 행위성"(Cohen 1996: 805)을 인정해야 한다고 강력히 주장한다. 이 연구에서 나는 국민의 건설 및 재건 과정에서 국민 국가 내의 경쟁 집단과 분열의 존재 양상을 탐구할 것이다.

방법론적 민족주의에 근거해서는 '국민성'(nationality)이나 앤더슨(Anderson 2006: 13)이 '국민-됨'(nation-ness)이라고 부르는 것이 "자아 정체성의 근본 술어"(Cohen 1996: 804)가 되어버린다. '국민'이라는 거대 범주는 국가 구성원 개개인의 행위성을 경시하고 개별 구성원에 대해서는 구체적으로 말해 주는 바가 없다는 것이 문제라고 코엔은 지적한다. 대신 그는 '개인적 민족주의'를 제안하는데, 이는 "(개인적으로 형성된 국가에 대한 헌신으로서의) 민족주의가 자아 정체성의 표현"(Cohen 1996: 802-805)임을 암시한다. 예를 들어, 민족주의 정치가는 자신의 유권자를 결집시키기 위해 공용(共用) 판본의 민족주의를 만들어 낼 테지만 개별 구성원은 이를 각자 나름대로 해석해 개인적으로 받아들일 것이다. 성공한 정치인이라면 아마도 민족주의를 개인이 자신의 필요와 욕구와 연관시키게끔 할 수 있었을 것이다. 코엔은 다음과 같이 주장한다.

> 민족주의 현상을 해석함에 있어 그것에는 사람마다 다르게 해석될 수 있는 성질이 있다는 점을 인정하지 않는 것은—즉, 한 주민 전체에서의 공통적인 의미를 상정하는 것은—엄청난 단순화로서 오해를 불러일으킬 수 있다. 이는 또한 개인의 창조성과 능동적 행위 능력을 과소평가하는 게 될 것이다(Cohen 1996: 805).

나는 코엔의 개인적 민족주의 제안이 개인 행위자들의 경험과 인식의 차원을 명확하게 인정한다고 생각한다. 코엔은 개인적 민족주의를, 스코틀랜드 사람을 예로 들어 다음과 같이 설명한다.

> 내가 스코틀랜드 사람이라는 것은 **내가 정하는 것**이다. 스코틀랜드 사람임을 정의하는 것은 나의 권리이며, 인류학자나 다른 누군가가 나를 어떻게 묘사하든 그들이 나의 자아를 단지 더 큰 구조적 조건의 반사적인 표현으로 취급한다면 그것은 이 권리를 침해하는 일이다(Cohen 1996: 806, 강조는 원문의 것임).

코엔은 민족주의와 국가 정체성 형성에서 개인 행위성의 역할을 다시 주입하려고 시도하였는바, 나는 그의 노력을 인정한다. 앞서 언급한 바와 같이, 개인적 민족주의 개념이 구조에 비해 주체의 행위성을 특별 취급한다고, 또는 국가 정체성을 개인적 정체성으로 융합시켜서 둘 사이의 구분을 흐리게 한다고 인식하는 사람들도 있다(Hearn 2007: 666; Jenkins 2004). 범속 민족주의와 개인적 민족주의의 예에서 보이듯이 개인의 행위성을 과소평가하거나 과대평가하는 문제를 극복하는 하나의 수정 해석이 '내장된 민족주의'(embedded nationalism)이다. 이 해석은 일상적 민족주의나 비판 실재론의 관점에서 본 민족주의에 대한 이전의 내 논의와 서로 잘 들어맞는다. 실제로 헌은 위에서 언급한 논의에 비추어 민족주의를 이론화하는 문제는 오랫동안 지속되어 온 "거시적 과정과 미시적 과정, 구조와 행위성 사이의 관계에 대한 이론적 논쟁"(Hearn 2007: 671; Barnes 2001; Layder 2006)의 한 변종이라고 적절하게 지적한다. 헌은 내장된 민족주의를 다음과 같이 제시하는데, 이는 레이더(Layder 2006)의 비판 실재론의 관점과 일치한다.

> 국가 정체성의 개인적·사회적 차원은 구체적이고 지속적인 사회적 설정에 의해 매개된다. 사회적 설정은 권력관계가 협상되는 통로이다. 상징적 자원들—지금의 경우에는 국가 정체성—의 부각은 그것들이 자신들의 직접적인 사회적 환경을 통제하기 위한 사람들의 투쟁을 얼마나 잘 조명해 주느냐에 달려 있다(Hearn 2007: 671).

요약하자면, 나는 풀뿌리 민족주의를 가장 적절히 표상하는 민족주의 이론을 찾는 것부터 시작하였다. 몇몇 유력한 모델은 범속 민족주의, 개인적 민족주의, 일상적 민족주의, 내장된 민족주의이다. 이것들 사이에는 공통점이 많지만 몇 가지 미묘한 차이점도 있다. 개인적 민족주의와 일상적 민족주의에도 유익한 통찰이 많이 있지만, 내장된 민족주의가 현재 연구에 적합한 형태발생론적 접근에 가장 부합한다. 그렇기는 해도 이들 새로운 형태의 민족주의의 요체는 민족주의 또는 국가 정체성을 이해하는 데 있어 개인의 능동적 행위 능력을 합당하게 인식하는 것이라고 할 수 있다.

일상적 민족주의의 접근방법에 관한 현재의 논쟁을 바탕으로 더 깊이 탐구해야 할 관련 질문은 다음과 같다.

> 풀뿌리 관점을 제대로 평가하려는 의도는 좋지만 막상 현실에서 일상적 접근법을 어떻게 운용할 것인가? 이것은 "민족주의가 일상 행동에 어떻게 근거를 두고 있는지에 대한 이론적 설명"을 구하는 일이다(Hearn and Antonsich 2018: 597).

한국 및 국제 학계는 한국에서 민족주의의 출현을 일본과 중국 같은 강성한 제국주의에 의해 형성되었다고 서술해 왔다(Mitter 2013; Shin 2006). 21세기 세계화의 영향으로 많은 변화가 일어나고 또 세계화와 민족주의가 밀접하게 얽혀 있음에도 불구하고(Osterhammel 2013: 696), 현대 한국의 일상적인 정치와 경제에 관련하여, 즉 풀뿌리의 관점에서 한국 민족주의를 인식하려는 시도는 거의 없다.

2. 한국의 민족주의와 풀뿌리 민족주의

한국 현대사에서 민족주의와 국가 정체성에 지속적인 영향을 미친 두 가지 주요 사건은 바로 일본의 식민 지배(1910-1945년)와 한국전쟁(1950-1953년)이다. 독재 정권이나 민주 정권이나 국가 정책과 국가의 미래 방향을 정당화하기 위해 오랫동안 이러한 사건들의 유산을 통치의 모든 측면에서 활용해 왔다. 이것은 '위에서 아래로의' 민족주의나 엘리트 민족주의의 한 형태인 '국가 민족주의'(state nationalism)(최장집 1996; 윤건차 2000; Cho 2008: 85)인바, 대한민국 국민에게 영향을 미치고 그들을 통제해 왔던 민족주의 통치 프레임 역시 같은 것이라 할 수 있다. 한국 민족주의의 속성을 형성한 이 두 가지 주요 사건 외에도 수많은 다른 사건들이 한국 민족주의를 재구성하였는데, 1960년 4.19혁명, 1987년 6월 항쟁, 1997년 아시아 경제 위기 때 국제통화기금(IMF)의 개입 등을 예로 들 수 있다. 이러한 국가적 사건들은 집권 세력에게 새로운 형태의 민족주의를 조성하여 국민을 이끌고 통제할 정당성을 제공하였고, 이는 결국 하향식 민족주의로 이어졌다. 예를 들어, 1997년 IMF 개입과 구조조정과 같은 국가 경제 위기 동안 대통령과 집권 여당은 위기에서 국가 전체를 효과적으로 구출하는 능력으로 평가받았고 이는 정권의 정당성에도 기여하였다.

주요 국가적 사건의 한복판에서 살아 숨 쉬면서 광범위한 영향력을 행사하는 또 다른 형태의 민족주의가 '아래에서 위로 향하는' 민족주의 또는 풀뿌리 민족주의이다. 종종 폄하되고는 하지만 풀뿌리 민족주의는 사람들의 열망을 이해하는 데 대단히 중요하다. 풀뿌리 수준에 있는 사람들은 자기 나라의 정치적 안정과 경제력이 개인과 국민 국가 전체의 부와 복지를 유지할 수 있는지를 늘 생각한다. 풀뿌리 민족주의는 국민 국가에 대한 사람들의 인식, 이미지 및 기대를 가리키고 또 표상한다.

지난 수십 년 동안의 한국 민족주의를 대강이라도 살펴보면, 급속히 부상하고 있는 한국의 정치적·경제적 변화상과 아울러 민족주의에서도 급격한 변화를 볼 수 있다. 1960년대와 1970년대 박정희 독재 정권 시절, 북한을 아우르는 민족주의에 대한 진지한 논의는 이데올로기적으로 용납될 수 없는 것으로 여겨졌고, 북한의 지배 이데올로기인 주체사상도 포용할 수 없었다. 그러나 1980년대 한국의 경제발전과 외교 관계 확대는, 민주화 운동과 맞물려 학계뿐만 아니라 한국 사회 전체에서 민족주의 연구 가치를 자극하였다(김영명 2016: 218). 민주주의를 이룩하였지만 세계화와 다문화주의에 맞서 순혈 민족주의를 중심으로 전개되던 한국 민족주의는 그 배타성으로 많은 비판을 받았다(Shin 2006; Han 2016b). '열린 민족주의'(김귀옥 2009)를 요구받는 것은 이 때문이다. 그러나 김영명(2016: 218)은 열린 민족주의가 무엇인지에 대해 의문을 제기하며, 한국 민족주의에 대한 과거의 이해에 대한 탐구나 대안 제시가 거의 이루어지지 않았다고 아쉬워한다.

학계와 대중이 일반적으로 이해하는 바의 한국 민족주의란 주요 국가 지도자와 정책에 의해 만들어지고 주도되는 민족주의, 즉 '하향식 민족주의'였다. 이 지도자들은 동족(ethnicity)에 기반한 국민 통합을 제시하였고, 이에 대한 엘리트주의적이고 정치적으로 동기 부여된 해석이 한국 민족주의의 주류였다. 이러한 경향은 민족주의에 대한 한국인의 공통된 믿음, 즉 모든 한국인이 같은 조상을 공유하는 '혈연'관계라는 믿음 때문에 피할 수 없는 것이었다(Shin 2006). 나는 개인주의적이고 물질주의적인 21세기 한국의 민족주의에는 '혈연' 이상의 무엇인가가 있다고 주장한다. 이 책은 풀뿌리 수준에 있는 사람들이 1990년대 이후 주요한 정치적·경제적 변화, 눈부신 성취, 나라 안팎의 재난(일제 잔재 청산, 경제 민주화, 박근혜 대통령 탄핵 재판 및 그에 따라 새롭게 재형성된 국가 현실)에 어떻게 직면하고 대처해 왔는지를 탐구한다. 이러한 경험들은 결국 풀뿌리 민족주의와 풀뿌리 국가 정체성을 낳았을 뿐만 아니라 그에 대한 의심도 낳았다. 이 책이 그려내려고 하는 시기는 마침 이러한 풀뿌리 민족주의가 전례 없던 양상으로 나타나고 있었고, 그런 만큼 그 양상을 조사하기에 안성맞춤일 때였다.

앞서 언급하였듯이 지난 반세기 동안 북한의 침략 위협과 그에 따른 통일의 필요성, 그리고 반일 정서는 모든 한국인이 동족 민족주의를 옹호하게 한 강력한 자극제가 되었다. 우리는 이제 디지털 시대, 특히 의사소통이 그 어느 때보다 쉬워진 웹2.0 시대에 있다. 우리는 "모든 누리꾼이 출판인"이라는 생각을 맹목적으로 지지하지는 않지만, 삶의 열망과 경험을 표현할 수 있는 상당히 개방된 플랫폼이 있다는 것은 분명하다. 번영하는 한국의 '누리꾼'과 새로운 한국인들은 30년 전 권위주의 정권에 맞서 봉기하였던 과거의 대학생들만큼 전투적이지는 않겠지만, 그들에게는 자유롭고 진보한 한국의 정치 환경에서 자신의 견해를 표현할 수 있는 열린 인터넷 공간이 있다. 그리고 이는 오프라인에서도 국가에 대한 집단적인 열망 표출로 이어진다. 지금 이 시대의 대중은 자기 개인의 정체성과 국가 정체성을 찾기 위한 투쟁—이는 자신의 존재를 이해하려는, 인간에게는 근본적인 노력이다—을 이런 식으로 표출한다. 이러한 노력들이 표상하는 것이 바로 '풀뿌리 민족주의'이다.

이 책에서 '아래에서 위로 향하는' 민족주의 또는 '풀뿌리' 민족주의란 "사람들 사이에서 국민적 상상력을 재구성하고 국가를 일반 대중의 일상 경험에 밀착시키는, 상향식 민족주의 담론의 집합"(Ma 2007: 149)을 말한다. 예를 들어, 김대중 대통령은 국제통화기금(IMF)이 한국 경제를 운용하는 상황에서 신자유주의적 경제 정책을 채택하고 보호주의적·방어적 민족주의와는 거리를 두었다(전재호 2003: 48). 국가를 재정적으로 보호하고 파산으로부터 구하기 위한 민족주의가 생성되었지만 김대중 정권과 산업계, 그리고 신자유주의 옹호자들은 노동자들의 '고통 분담' 책임, 즉 장시간 노동과 불충분한 급여를 감수하는 것을 정당화하기 위해 고안된 경제적 민족주의로 치달았다(권혁범 1994: 16; 전재호 2003: 48). 1997년 경제 위기 당시 나라를 구하기 위한 '금 모으기 운동' 같은 대중적 대응(천혜정 2017)은 풀뿌리 민족주의의 일부이다.

그런데 내장된 민족주의나 풀뿌리 민족주의와는 반대로, 하향식 민족주의나 엘리트 주도 민족주의의 문제는 정치 지도자들이 "한 사회 안의, 처지가 다르고 생각도 다른 사람들이 다 편안하게 느낄 수 있는 어떤 담론을 만들어 내야"(Cohen 1996: 810) 한다는 것이다. 정치 지도자들은 사람들이 무엇을 생각하고 무엇을 원하는지 안다고 서슴없이 주장하며, 심지어 언론을 조작하여 자신들의 말을 사람들의 마음에 심어 넣기까지 하면서 자기들의 주장이 옳다는 것을 입증하려고 시도한다(Cohen 1996: 810). 그러나 하향식 민족주의는 여전히 문젯거리이다. 허즈펠드(Herzfeld 1992: 49)에 따르면 그 이유는 단순하다. "위에서 부과된 민족주의는 '지도층이 제시하는 거창한 이미지를 받아들여 이를 구체적인 경험이 녹아 있는 친숙한 술어로 다시 만들어 내는 보통 사람들의 역할을 인식하지' 못한다"(Cohen 1996: 811에서 인용). 이러한 엘리트 주도 민족주의는 단기적으로 엘리트의 정치적 목표 달성에 도움이 될 수 있지만, 사람들의 필요에 대해서나 자유·평등·박애·평화 같은 더 높은 가치를 목표로 하는 데에서는 지속되지 않을 수 있다.

한국전쟁 이후 거의 모든 정권은 북한의 위협 속에서 자신들의 정치적 정당성을 주장하기 위한 수단으로 경제 건설에 매진해 왔다(Han and Sharp 1997). 풀뿌리 시민과 공유되는 담론을 창출하는 것은 풀뿌리 민족주의의 필수 불가결한 구성 요소이지만 이러한 담론을 만들어 내려는 정치 지도자들의 노력은, 자신의 개인적·국민적 정체성을 추구하는 풀뿌리 시민의 끊임없는 정치적·경제적 민주화 요구에도 불구하고, 오히려 부족하였다.

전 연령대의 한국 사람 상당수가 한국의 민족주의, 비민주적 정권, 신자유주의 경제 정책에 대한 혐오감을 키워 왔으며, 이는 많은 대중 집회를 통해 드러났다. 한국 민족주의의 일부 형태는 시대에 뒤떨어지고 무의미한 것으로 여겨지고 있고, 이는 현대적 맥락에서 '열린 민족주의'가 제안되는 이유이기도 하다. 열린 민족주의는 분단, 수백만 명의 해외 한인 디아스포라, 새로 정착한 한국인들로 인한 문제를 극복하는 데 도움이 될 수 있다는 것이다(김귀옥 2009: 42; 윤대식 2013). 나는 수사적인 하향식 민족주의(장규식 2014)의 지배력에 의문을 제기할 필요가 있고 또 많은 사람들이 개방적인 민족주의를 요구한다고 주장한다. 한국의 민족주의는 여전히 대한민국이라는 국민 국가와 그 국민을 통합하는 강력한 힘이다. 위에서 아래로 향하는 민족주의가 때때로 관련 이데올로기가 자리 잡는 데 필수적이고 또 여전히 국가 정체성의 중요한 부분이라는 점은 의심의 여지가 없다. 그러나 관련 이데올로기나 하향식 정책이 국민의 삶 속에 스며드는 방식을 잘 이해하는 것도 매우 중요하다. 풀뿌리 민족주의에는 지속력이 있어서 그 영향력도 오래간다. 그러나 한국의 풀뿌리 민족주의에 대한 실증적 이해는 심각하게 부족하다. 즉, 한국전쟁 이후 풀뿌리 운동과 시민 운동이 끊이지 않고 계속되고 있지만 최근 몇 년 동안에 있었던 그러한 운동들에 대해서는 비판적 구명이 필요하다. 특히 정치적·경제적 민주화와 관련된 일련의 주목할 만한 사회적 사건에 대해 풀뿌리 시민이 어떻게 생각하는지 이해할 필요가 있는 것이다. 더욱이 지도자들이 풀뿌리 시민의 우려와 관심사를 잘 듣고 깊이 있게 이해하는 것은 무엇보다 중요하다. 국민의 목소리에 귀 기울이는 것은 선진 민주주의의 자연스러운 부분이다(Dobson

2014). 또한 대한민국을 응집된 국민 국가로 남아 있게 하려면 한국인이 '평소에 무슨 생각을 하고' 사는지 연구해 보는 것이 결정적으로 중요하다.

한국전쟁 종전 이후 이승만, 박정희, 노태우, 김영삼 등 한국의 대통령들은 대체로 자신들의 정권을 정당화하기 위한 수단으로 민족주의를 내세웠다(김영명 2016: 220-222). 그러나 김영명(2016: 222)이 지적하듯이, 그들이 내세운 민족주의는 어느 것이나 국가의 "독립, 자립, 통합, 확장, 영광"(김영명 2016: 230)이나 "정치적·경제적 민족주의"(김영명 2016: 222)에는 중점을 두지 않았다. 예를 들어, 박정희의 민족주의는 종종 극단적인 민족주의적 정서·문화·전통을 조장하였다(김영명: 222). 김영명(2016: 222)은 한국 역사를 통틀어 민족주의는 낮고 민족주의적 감정은 높았는데, 여기에는 두 가지 이유, 즉 첫째로 이웃 강대국과의 관계에서의 사대주의와 둘째로 순혈주의가 있다고 지적한다(김영명 2011).

한국 민족주의 연구에 대한 김영명의 비판은 민족주의라는 말의 쓰임새가 너무 넓다는 것으로, 이 문제는 부분적으로 "모두가 민족주의의 구성 성분인 민족, 국가, 시민권을 제대로 구분하지"(김영명 2016: 247) 않는 영어 낱말 'nationalism'의 채택에서 기인한다.[8] 영어의 'nationalism'은 우리말로는 민족주의, 국가주의, 또는 국민주의로 옮겨지는데, 이 번역어들은 각각 국민, 국가, 시민권에 초점이 놓인다(김영명 2016: 225).[9] 그 결과 한국 민족주의에 대한 과거의 연구들은 민족주의를 민족주의적 감정과 정서, 민족에 대한 열정과 분리하지 못한다고 김영명은 지적한다. 그러나 민족

8 이 책에서 나는 국민 국가로서의 대한민국, 한국, 남한을 혼용해서 사용하고 있다.
9 나는 한국의 민족주의·국가주의·국민주의에 대한 연구에서 영어 단어 'nationalism'을 뭉뚱그려 사용하는 것은 문제가 있다는 김영명(2016: 229)의 의견에 전적으로 동의한다.

주의를 한 민족의 '독립, 자립, 통합, 영광'을 추구하는 이데올로기로 정의한 그의 제안에 비추어 보아도 보통 사람들 사이에서 작동하는 일상적 민족주의는 민족, 국가, 시민권 이 모두를 포함하고 있을 가능성이 매우 높다. 더욱이 김영명이 바람직하다고 생각하는 민족주의는 "민족의 독립, 통일, 자립"(김영명 2016: 247)을 향한 운동을 이끄는 민족주의로서, 이는 민족주의의 실제에 대한 상향식 이해보다는 하향식 접근에 부합하거나 이에 국한된 것으로 보인다. 이런 점에서 과거의 연구들이 민족주의라는 넓은 개념을 채택한 것은 일상적 민족주의를 이해하려고 할 때 이점이 있었다.

요컨대, 김영명은 엘리트와 학자들이 민족주의를 전개한 방식의 문제점, 민족주의와 민족주의 정서의 경계가 흐려져 버린다는 문제를 제기한다. 나는 민족주의에 대한 김영명의 정의가 엘리트주의적이고, 일상적 민족주의에 대한 연구와 논의를 어렵게 만든다고 주장한다. 일상적 민족주의의 관점에서 볼 때, 민족주의는 민족주의적 감정과 정서, 문화와 전통, 그리고 민족에 대한 열정과 구별될 수 없다. 김영명의 주장은 보통 사람들의 목소리와 이른바 '풀뿌리 민주주의'의 가능성을 부지불식중에 경시하는 것으로, 이는 자칫 '빈대 잡으려고 초가삼간 태우는 격'이 될 수도 있다. 그것들은 민족주의에 없어서는 안될 구성 요소들로, 한 국민 국가 안에서도 시기에 따라 사람에 따라 다르게 나타날 수 있다. 아무튼 풀뿌리 시민의 민족주의 표현은 엘리트들보다 훨씬 더 넓고 깊게 나타난다.

3. 계산적 민족주의

비판 실재론에서는 민족주의를 어떻게 보는지를 논의하기 전에, 한국에서 풀뿌리 민족주의가 작동하는 데 있어 하나의 추동 요소에 주목하고자 한다. 그것은 바로 '계산적 민족주의'이다. 국민 국가의 경계가 모호해지고 새로운 형태의 정치적 행동이 등장하면서 시민권 개념이 유동적이게 되었다. 우리가 '시민'이라고 알고 있는 것은 최근 수십 년 동안 모순과 확장에 직면해 왔다. 예를 들어, 도너티(Donati 2016: 41)는 "초근대(사회적) 시민권은 현재 국민 국가가 아니라 이제 막 생겨난 글로벌 시민사회로부터 비롯하고 있다"고 주장한다.[10] 도너티(Donati 2016: 64)는 시민권은 '위에서' 부여하는 문제가 아니라 실제 경험, 즉 "**아래에서 위로의** 접근의 결과, 즉 피지배자(주체)의 의지에서 비롯된 것," "특정 시대와 장소에서 시민권의 주체로서 개인, 가족 및 더 넓은 사회 집단을 지배하는 수많은 관계에 속한다는 결과"(강조는 저자가 표시)라고 덧붙인다. 즉, 한국의 수많은 풀뿌리 사회·정치 운동이 예시하듯이 피지배자(주체)들은 특정한 시대와 장소에서 민족주의의 지배를 받을 뿐만 아니라 그들의 계산된 필요에 따라 그들 자신만의 민족주의를 형성하고 '실천'한다.

예술인 집단, 환경 옹호자, 성평등 지지자 등과 같이 시민 활동을 시민권의 필수 요소로 간주하는 다양한 그룹의 사람들이 있다. 그러나 시민

---

10 보다 구체적으로, "사회적 시민권은 관련된 권리의 사교성과 관계적 특성에 중점을 둔다. 이는 개인 간의 상호 관계를 규율하는 여러 일차적 및 이차적 권리와 의무로 구성되기 때문이다. 사회적 시민권은 개인의 권리와 의무의 관계적 특성뿐만 아니라 사단(社團) 형태의 결사에 관한 권리와 의무도 강조한다"고 도너티는 지적한다(Donati 2016: 63).

권이 주로 국민 국가의 존재와 운영에 필요한 권리와 의무에 기반을 두고 있고, 적어도 이와 관련되어 있다는 것은 이제 상식에서 점점 더 멀어지고 있다. 예를 들어, 가령 대한민국이 동족 민족주의에 기초하여 세워졌다고 하면 한국의 민족주의는 통상 그렇게 이해되었다. 그러나 새로 정착하거나 귀화한 '한국인'이 한국 시민권의 테두리 안으로 유입되고 국민의 경계가 확장되면서 상황은 크게 바뀌었다. 따라서 한 핏줄이기 때문에 남한과 북한이 통일해야 한다는 것은 기성세대에게는 의미가 있지만 젊은 세대에게는 이해가 되지 않는다. 이런 점에서 젊은 세대의 민족주의는 기성세대의 민족주의보다 훨씬 더 계산적이다(Han 2018). 사실 계산적인 것은 기성세대도 마찬가지이다. 정치적으로 자유롭고 경제적으로 풍요로운 한국에서 계산적 민족주의가 출현한 것은 우연이 아니라 예견된 결과이다. 맥퍼슨(C. Brough Macpherson)의 '소유적 개인주의' 개념은 계산적 민족주의의 특징이 무엇인지를 잘 보여 준다(Cohen 1996; Macpherson 1964).

> … 개인은 본질적으로 자신의 인격이나 능력의 소유자이며, 사회에 빚진 것이 없다. 개인은 하나의 도덕적인 전체인 것도 더 큰 사회라는 전체의 일부인 것도 아닌, 자기 자신의 소유자로 간주되었다. … 사회는 소유자들 사이의 교환으로 이루어진다(Macpherson 1962: 3).

한국 사회가 게마인샤프트(Gemeinschaft)에서 게젤샤프트(Gesellschaft)로 옮겨 가는 지속적인 과정에서 한국 사람들은 점점 더 스스로가 자기 자신의 기술과 능력의 소유자로서 교환의 자격을 당당히 갖추었다고 느끼게 되었다. 요컨대, 한국인들은 점점 더 개인화되고 있으며, 이 점은 주권을 가진 국민 국가의 구성원으로서의 그들의 자격과 대표성에 점점 더 반영되고 있다. 이는 그러한 대표성이 이전에는 존재하지 않았다고 말하는 것이 아니라 최근 수십 년 동안 더욱 분명해지고 있다는 것이다.

시민권에 부여된 권리와 의무 들은 제2차 세계대전 종전 이래 시민권 개념이 확립된 이후 특히 유럽과 북미에서 변화를 겪었다(Donati 2016). 국민 국가의 관점에서 볼 때, “관계적 관리를 통한 시민의 권리와 의무를 원활하게 운영”하는 것은 세계화의 영향 아래 있는 대부분의 나라에서 시급하고 지속적인 문제가 되었다(Donati 2016: 54). 다른 한편으로 시민 개개인이 자신의 시민적·정치적·사회적·인간적 권리를 어떻게 인식하는지(Donati 2016: 56),[11] 경제적 권리를 어떻게 실현하게 할 것인지, 그리고 어떻게 하면 비교적 쉽게 자신의 의무를 다할 수 있게 할 것인지 등이 중대한 문제이다. 시민권이 주로 ‘동족 민족주의’에 기반을 두고 있었을 때 한국인들은 그들의 권리를 비교적 기꺼이 양보하고 그들의 의무를 다하였다. 그러나 그들은 이제 그들의 국민 국가가 정치적·경제적·국제적으로 ‘유능’하다고 생각하며, 그들의 권리와 의무 측면에서도 국민 국가에 대해 바라는 바가 크게 바뀌었다. 이렇게 해서 나타난 것이 바로 계산적 민족주의이다.

계산적 민족주의의 의의는 무엇일까? 2008년 촛불집회는 광우병에 걸린 쇠고기를 섭취한 뒤 일어날 일 같은 당면한 개인적 우려에 대한 좌절감으로 인해 시민 운동이 일어난 전환점으로 주목받고 있다(홍성민 2017). 이것은 곧 2008년 이전의 시민 운동이 개인적인 관심사의 추구보다는 주로 국가 건설의 맥락에서 국가적 관심사나 민족주의에 관한 것이었을 수 있음을 시사한다. 2016-2017년 촛불혁명은 개인적·국가적 이해관계가 복합

11 Donati(2000). 이 대목은 Donati(2016: 55)에서 인용하였다.

적으로 작용한 결과라는 점에서 독특하다. 예컨대, 노형일·양은경(2017: 16; 정병기 2017: 261-262에서 인용)은 촛불집회 참가자들이 정체성 지향적이고 개인주의 가치 지향적인 사람들이라고 주장하였다.

다른 관련 예는 다음과 같다. 첫째, 2018년 평창 동계올림픽 당시 남북한은 공식 경기를 불과 몇 주 앞두고 북한이 올림픽 참가를 결정함에 따라 남북한 하키 단일팀을 구성하려 하였다. 이는 남북한 사이의 화목한 민족 관계를 도모하기 위해서였다. 남한의 젊은이들은 대표팀에 북한 선수들을 포함시키기 위해 남한 선수들을 빼는 것에 부정적인 반응을 보였다. 그들은 남북 관계 진전보다 남한 선수들이 올림픽 참가를 위해 기울인 지금까지의 노력을 보상받을 참여권의 행사가 더 중요하다고 평가하였다. 둘째, 2018년 아시안게임 야구대표팀 선동열 감독은 본선 진출 선수 명단을 실력에 따라 엄격하게 선발하지 않았다는 비판을 받았다. 한국인들은 이제 그런 불공평을 더 이상 쉽게 받아들이지 않게 된 것이다. 한마디로 계산적 민족주의는 문화적·경제적 이익을 얻거나 지키기 위해 민족주의, 민족감정, 개인주의를 결합하는 이데올로기를 말한다. 한국의 젊은이들은 세계화와 신자유주의 같은 새로운 구조적 속성들이 등장하는 상황에서 근대성과 초국가주의와 같은 보편적 가치를 채택하는 것이다. 이와 관련해 '계산적 민족주의'와 공통점이 많은 것이 에마 캠벨의 '세계화된 문화적 민족주의'(Campbell 2016: Ch. 4)이다. 나는 현대 한국인들이 문화적 가치만큼이나 경제적 이익을 중요하게 생각하며, 계산적 민족주의는 일반적으로 모든 연령대에 적용된다고 주장한다.[12] 조영한(Cho 2020: 187)의 '개인화된 민

12 캠벨은 젊은이들이 통일에 대해 부정적인 태도를 갖게 되었다고 주장한다(Campbell

족주의'도 같은 맥락이다. 조영한은 두 명의 체육인을 "국민적 개인"으로 제시하면서 1990년대 후반 IMF의 개입 당시 한국의 경제 위기는 한국인들에게 "민족주의와 국가 발전의 개념을 다시 생각해 볼" 기회가 되었다고 지적한다(Cho 2008: 85). 마찬가지로 2016-2017년 촛불혁명은 한국인들의 압도적 다수가 "이게 나라냐?"고 묻게 하였다. 이 물음은 또한 한국의 민족주의와 국가 정체성 개념에 근본적인 질문을 제기한다.

4. 형태발생론적 접근

민족주의가 어떻게 가장 잘 연구될 수 있고 국민 국가 사람들의 관심을 제대로 재현할 수 있는지를 검토하면서, 나는 이 논쟁에 내재된 근본적인 문제가 오히려 사회과학자들이 사회를 이해하는 데 구조와 주체를 어떻게 통합하여 다룰 수 있는지에 관한 것이라고 여러 학자들(Hearn 2007: 671; Barnes 2001; Layder 2006)이 지적하였음을 이미 언급한 바 있다. 이제 나는 구조·문화와 행위성의 관계를 풀뿌리 민족주의와 사회 운동을 검토하는 문제로 확장한다.

대규모 풀뿌리 시민 운동이 발생하는 이유에 대해서는 이론적으로 행위성에 주목하는 접근 방식과 구조적 요인에 주목하는 접근 방식, 이 두 가지로 대별된다. 첫째, 행위성에 주목하는 접근 방식은 (1) 참여자 분석을 통한 것과 (2) 정치 엘리트의 권력 및 권한 남용과 (3) 기존 시민 운동

2016). 그러나 2018년 남북정상회담은 그렇지 않다는 것을 보여 주었다.

조직의 역량에 주목하는, 세 갈래의 연구를 포함한다(허준기·윤세라 2018: 144-146). 둘째, 구조적 요인에 주목하는 접근 방식은 (1) 정치 체제의 개방성이나 배타성의 수준(예를 들어, 야당이나 군소 정당에 대한 집권 여당의 개방성), (2) 정권의 억압과 불안정 수준, (3) 지배 체제 내 갈등 수준, (4) 사회운동 집단과 다른 사회·문화·경제 엘리트 집단 간의 동맹 수준을 측정한다(허준기·윤세라 2018: 144-147). 그러나 행위자 접근 방식은 '구조적 공백'에 시달리고 구조적 관점은 사람들의 형태발생을 무시한다. 참여자의 행위성이 구조와 문화로부터 분석적으로 분리될 수 있다고는 해도(예컨대, 분석적 이원론), 다른 하나가 없는 일방적 설명은 현실에 잘 들어맞지 않는다.

예를 들어, 한국에는 경험적으로 촛불 시위의 기원을 설명하는 좋은 출판물이 많이 있었다. 2016-2017 촛불혁명 연구의 핵심 줄기는 무엇인가? 눈에 띄는 줄기 하나는 '문화적 전환'이다. 김성문(Kim 2018)은 한국의 시민사회는 사람들이 유교를 도덕적·철학적 지침으로 열심히 실천하는 공간이며, 촛불혁명은 그러한 시민사회를 복원하기 위한 시도라고 본다(Kim 2018: 3). 그는 한국 시민사회의 중심 이념이 "경제적 이익도 아니고, 소극적 자유 및 결사의 자유에 대한 권리가 중심이 되는 자유주의적 다원주의도 아닌, 민주적 자치에 대한 열정"(Kim 2018: 4)이라고 주장한다. 확실히 유교 원리는 민주적 자치를 뒷받침한다. 그러나 유교적인 민주 정부가 촛불을 든 사람들에게 사회적 행동에 나서도록 장려하였다는 식의 이해는 논쟁의 여지가 있으며 대체로 한국인 입장에서의 '문화적인' 해석이다. 달리 말해, 김성문에 따르면 '친야당적·저항적·반체제적인 시민사회'가 한국 민주화의 근본적인 원천이었고 유교가 그러한 시민사회의 이념적 엔진이라는 것이다(Kim 2018: 5). 나는 이러한 문화적 전환이 2016-2017년 촛불혁명을 충분히 설명하지 못한다고 주장한다.

여기서 나는 많은 훌륭한 연구를 활용하고 유튜브와 (소셜미디어를 포함해) 다른 언론 매체에 등록된 시위자들의 대중 연설을 분석하면서, 계산적 민족주의와 관련하여 형태발생론적 관점을 제시한다. 형태발생론적 관점은 대규모 시위가 일어나는 구체적인 맥락을 고려해야 한다는 것을 인정하려는 시도이다. 대체로 보아 한국의 민족주의 연구는 일제 강점기, 한국전쟁 이후의 분단, 급속한 서구화와 세계화를 겪은 한반도라는 특정한 지정학적 맥락으로 인해 사회과학의 중심에 있었다. 한국 민족주의의 형성에 지속적으로 영향을 미친 몇 가지 특징들을 통렬하게 다룬 비판적이고 통찰력 있는 연구들이 많이 나왔다(가령, Shin 2006; 서중석 2004; Han 2016b). 그러나 나라 안팎에서 새롭게 부상하는 힘들이 한국의 정치·경제·문화의 역동학 속으로 스며들었다. 예를 들어, 풍요로운 한국에서 자라나 높은 기대치를 가진 젊은이들이 신자유주의적 현실에서 느낀 실망과 불안은 한국 민족주의에 대한 그들의 인식에 깊은 영향을 미쳤다. 나는 현대 한국 민족주의를 사회 운동으로 이해하기 위한 체계적인 접근을 제안한다.

1) 비판 실재론과 분석적 이원론

비판 실재론에 따르면, 사회적 실재의 깊이는 존재론적으로 여러 층위로 이루어져 있으며 여기에는 세 영역, 즉 실재적(real)·현실적(actual)·경험적(empirical) 영역이 있다고 한다. 실재적 영역은 인과적으로 작동하는 구조를 표상하는데, 인과 법칙과 메커니즘이 작동하여 특정한 양상의 사회경제적 현상을 일으키는 층위이다. 현실적 영역은 인과 법칙 또는 메커니즘(즉, 실재적 영역)에 의해 생성된 사건들을 표상한다. 이러한 사건들 대개는 쉽게 관찰되지 않을 수 있지만 소수는 관찰될 수 있다. 이 소수의 사건들이 경험적 영역을 구성하고(Mingers 2004; Han 2016b: 16), 우리는 이를 측정하거나 관찰할 수 있다.

최근 몇 년 동안 풀뿌리 시민은 한국 사회에 어떤 변화를 불러오고 있을까? 이것이 내가 비판 실재론의 접근 방식(형태발생론적 접근도 이 접근 방식에 속한다)에 기초하여 이해하려고 시도하는 경험적 질문이다. 사회의 변화와 운동을 이해하기 위해 가정하는 세 가지 용어가 구조·문화·행위성인데, 이것들이 사회 변화를 설명하는 세 가지 요소이다(Porpora 2013: 27). 사회는 (물질적인) 구조와 (관념적인) 문화 두 부분으로 구성된다. 구조와 문화는 종종 융합되지만, 사회학 연구에서는 이 둘이 같은 것이 아니라 개념적으로 구별된다. 사회과학자의 이론적·방법론적 입장은 구조·문화와 행위성 사이의 매개를 어떻게 이해하느냐에 기초해 있다. 나는 여기서 구조·문화와 행위성 사이를 창발적으로 중재하는 개인들의 힘이 사회의 재생산 또는 변화로 이어진다는 비판 실재론의 입장을 따른다. 구조·문화·행위성은 각자 나름의 고유하고 다른 창발적 힘을 가지고 있다. 이러한 구조·문화·개인의 창발력은 반드시 서로 관련되어 사회적 행동을 구성하고, 서로에게 인과적으로 작용한다. 구조적·문화적 창발력은 개인들이 지닌 창발력의 사용을 가능하게 하거나 제한하여 개인 각자의 삶의 기회에 대한 그러한 영향력을 조절한다(Archer 2000; Wimalasena 2017). 아처(Margaret S. Archer)의 형태발생론적 접근 방식은 "별개이지만 서로 얽힌 과정들의 문제를 중도 융합이 안되고서도 해결할"(Clegg 2016: 501) 수 있게 해 준다. 따라서 사회적 분석은 구조·문화·개인의 창발력이라는 별개의 요소들을 각자로서 통합해야 하면서도 "그들 사이의 관계는 이해되고 설명되어야 한다"(Wimalasena 2017: 396). 다음에서는 핵심 용어인 구조·문화·행위성에 대한 이론적 가정들을 좀 더 부연해 보도록 하겠다.

구조는 사회적 지위를 차지하는 인간 행위자들 사이의 인간관계 시스템, 예컨대 권력·경쟁·착취·의존 등의 관계, 자민족중심주의, 복지 정책 등을 말한다. 따라서 구조는 엄밀하게 말해 "인간 행위자가 차지하는 사회적 지위들 간의 관계"(Porpora 2013: 27; Archer 1995: 178; Porpora 2015: 99)를 가리킨다.[13] 권한, 정치 및 경제 권력의 불균등한 관계는 부패, 수뢰 또는 (이를테면 '갑질' 같은) 그러한 권력의 남용으로 이어질 수 있다. 사회 구조에 대한 이러한 비판 실재론적 정의는 다음과 같이 '창발적인 물질적' 관계를 수용한다. 포포러(Porpora 2007: 425)에 따르면,

> … 비록 모든 인간관계가 모종의 인간 활동으로 성립되고 유지된다고 할지라도, 독자적인 효과를 가진 물질적 관계가 (행위자가 그러한 것들이 있다는 사실을 알건 모르건) 창발적으로 존재한다. 행위자가 알지 못하더라도, 이를테면 착취적이거나 행위자의 이해관계를 충돌시키는 그런 관계들이 있는 것이다.

이 정의는, 자연으로부터 자신을 보호하거나 다른 사람들과 비교하여 자신의 사회경제적 또는 문화적 위치를 높이기 위해 더 좋고 더 많은 물질적 자원을 획득하려고 경쟁하는 것이 사람들의 삶의 일부라고 인정한다는 점에서 마르크스주의 정치경제학 관점과 크게 다르지 않다. 달리 말하자

13 거칠게 말해 사회 구조에 대해서 네 가지 다른 개념이 있다. "(1) 시간이 지남에 따라 안정화된 집합적 행동 패턴, (2) 사회적 사실의 행위를 지배하는 법칙 같은 규칙성, (3) 규칙 및 자원 들, (4) 사회적 지위 간의 인간관계 체계"(Porpora 2007: 422).

면, "인간의 생존은 인간과 사물 사이의 협력 관계에 달려 있고 따라서 인간은 이러한 물질계에서의 실천 활동에 매진할 수밖에 없으며, 그 관계는 '인간의 관념 사이의' 관계들로 축소될 수 없다는 마르크스의 통찰"(Archer 1995: 291)과 거의 일치한다.

문화는 "상호 주관성, 이념, 이념적 영향 들의 영역"(Archer 1996: xiii; de Souza 2014: 146에서 인용)이다. 달리 표현하자면, 문화란 관념, 이론, 믿음 및 가치들(Horrocks 2009: 51) 또는 "누군가가 어떻게든 파악하고 해독하고 이해하고 알 수 있는, 현존하는 지식의 총체"(Archer 1996: 104)를 가리킨다.[14] 아처(Archer 1998)는 실재론 전통에 입각해 문화와 관련된 세 가지 명제를 제시한다. "첫째, 이념의 본질은 그것들이 실재적이라는 것이다. 둘째, 이념의 공유는 우연적이다. 셋째, '이념들'(문화 체계)과 '집단들'(사회문화적 상호 작용 또는 수준) 간의 상호 작용은 역동적이며 문화적 정교화(기존 이념의 수정이나 새로운 이념의 도입)는 이 상호 작용으로 설명할 수 있다"(de Souza 2014: 146에서 인용). 누군가 문화가 어디에 있냐고 묻는다면, 그것은 구조와는 달리 궁극적으로 사람들 저마다 머릿속에 가지고 있는 공유된 의식에 있다(Davies and Harre 1990; Porpora 2013: 32에서 인용).

행위성이란 어떤 사회 안의 사람들, 즉 능동적 행위자(agent) 또는 활동가(actor)를 말한다. 행위자란 힘을 행사하거나 그러한 힘을 행사할 수 있는 사람이다. 활동가는 구조나 문화에 변화를 불러오거나 재생산하기 위

14 아처는 "문화 체계와 사회문화적인 것 간의 구분을 분석적으로 중요하게" 생각한다. "문화 체계는 현존하는 지식(intelligibilia), 즉 어느 때고(실제로 표현되든 그렇지 않든 간에) 표현될 수 있는 관념들을 가리킨다"(Clegg 2016: 500). 가장 잘 알려진 예는 마르크스의 '생산관계' 개념이다. 구조에 대한 도너티(Donati 2016: 54)의 정의는 "사회의 다양한 문화적·규범적·정치적·경제적 차원"을 포함한다.

한 노력이나 상황에 참여하는 사람이다. 문화가 사람들이 함께 만들어 내는 것이라면, 행위성은 개인이 문화를 가지고 하는 개별적인 행동이다(Porpora 2013: 27).

구조·문화·행위성을 구분하지 않는 것, 문화와 구조를 융합하거나 구조와 행위성을 융합하는 것이 부르디외(Pierre Bourdieu)와 기든스(Anthony Giddens 1981, 1984, 1991)가 제시한 이론의 결점이다. 예컨대, 기든스는 구조를 '규칙들'로 재정의함으로써 구조를 행위성으로 융합해 버린다(Porpora 2013: 26). 자아와 정체성에 대한 사회구성주의적 관점(예컨대, Althusser 2000; Butler 2006; Rose 1996)은 "사람마다의 개성과 고유한 주관적 반응"을 과소평가하여 개인과 사회의 교차점에 대한 부적절한 이해를 낳는다(Layder 2006: 274; Hearn 2007: 671). 다른 갈래 이론들의 단점으로는 (사회학적 전체주의, 구조주의, 방법론적 집단주의의 예에서처럼) 개별 행위자를 구조나 문화 속으로 용해해 버리는 하향 융합,[15] 아니면 그 반대의 일이 일어나는(방법론적 개인주의의 경우) 상향 융합이 있다(Archer 1995: 34, 46; Porpora 2013: 28, 32). 코엔(Cohen 1996)은 거대 분석 단위로서의 '민족'은 국민 국가의 개별 구성원에 대해 구체적으로 말하지 않는다는 점을 지적하는데, 이는 하향 융합과 방법론적 민족주의의 문제와 크게 다를 게 없다(Wimmer and Glick Schiller 2002). 아처는 대신에 "구조와 행위성은 변증법적으로 관련되어 있지만 존재론적으로나 분석적으로 구별된다"고 주장하면서 분석적 이원론을 제안한다(Porpora 2007: 425). 구조나 행위성은 서로를 일차적으로 통제할 수 없다는 것이다. 포포러(Porpora 2013: 27)는 관념적인 것과 물질적인 것, 주관

15 다른 연구들은 대개 사회의 더 넓은 맥락과 구조에 초점을 맞춘다(허준기·윤세라 2018).

적인 것과 객관적인 것을 서로 비교함으로써 문화와 구조의 차이에 대한 설명을 더 끌고 나가는데, 각 쌍의 전자(즉, 관념적인 것과 주관적인 것)는 문화의 영역에 속하고 후자(물질적인 것과 객관적인 것)는 구조의 영역에 속한다는 점에 주목한다.

사람(persons)은 자신의 정서적 필요와 삶의 기회에 대해 반성적으로 생각할 수 있는 능력을 그저 수동적으로 점유하는 데 그치는 게 아닌 그 이상이다. 사람은 물질적 관심과 이상주의적 신념을 가지고 있으며, 이를 통해 사회적 관심사를 적극적으로 표현하여 행동으로 옮길 수 있다(Porpora 2013: 28). 즉, 사람의 속성과 능력은 내적 대화를 통해 행위성과 구조적·문화적 상황 사이를 능동적으로 중재한다(Porpora 2013: 28). 이것이 사회 변화의 발화점이다. 이제 구조·문화·주체성에 대한 비판 실재론적 정의를 도입하였다. 그렇다면 그것들은 서로 어떻게 연결되어 사회 변화를 불러오는가? 인간은 끊임없이 집단적으로 함께 일하고 있고 그러면서 의도적이든 의도적이지 않든 사회의 구조나 문화를 재생산하거나 변화시키는 데 일조한다. 이런 식으로 인간은 집단 정체성을 유지하거나 수정할 수 있고 이는 "태어날 때 물려받은 사회문화적 구조를 유지하거나 변형시키는 일"(Archer 1995: 255)의 일환이다.

이미 언급하였듯이, 구조·문화와 행위성 사이를 중재하는 개인의 창발력은 변화를 불러오거나 변화를 불러오지 않는 데 결정적인 역할을 한다. 사회 속 개인이 변화를 위해 사회에 영향력을 행사하는 정도는 저마다 모두 다르다. 그들은 다음과 같이 사람(persons), 행위자(agents) 및 활동가(actors)로 설명될 수 있다.

2) 사람, 행위자, 활동가

개별 구성원은 필연적으로 사회 구조와 문화를 물려받고 이것들은 사회적 행위자의 모든 활동을 가능하게 하거나 제약하지만, 사회의 재생산이나 변화를 심의하고 사회에 영향력을 행사하여 그 효과가 나타나게 만드는 것은 사회적 행위자이다. 아처는 이 지속적인 심의 과정을 내적 대화라고 부른다. 이 과정에서 사회의 중요한 역할은 부인할 수 없다.

사람은 사회적 존재이다. 사회는 사람이 살아가는 데 필요한 전제조건이고 사람들의 내적 심의—이것은 행위성과 사회 구조를 서로 관계 맺게 하는 핵심 메커니즘이다—의 본질적인 부분이기도 하다(Archer 2003: 117). 아처는 이를 다음과 같은 말로 강조한다. "우리의 사회성은, 우리 내면의 프라이버시를 무효화하지 않으면서, 우리 내면에 존재하므로 그들 안에도 존재한다"(Archer 2003: 117). 사람의 창발적 힘(personal emergent power: PEP)으로서의 내적 대화의 의의는 그것이 구조와 행위성 사이를 중재한다는 데, 즉 "사회의 인과적 힘"—구조의 창발적 속성들(structural emergent properties: SEP)과 문화의 창발적 속성들(cultural emergent properties: CEP)—이 행위성인 우리 각자에게 미치는 영향을 중재한다는 데 있다(Archer 2003: 118). 이 매개 과정을 뜯어보면서 우리는 행위성이 사회의 인과적 힘(구조·문화의 창발적 속성)에 어떻게 반응하고 영향력을 행사하는지 알아야 한다. 아처의 해결책은 사람들을 계층화한 모델, 즉 행위자, 활동가, 사람을 구분하는 것이다(Archer 2003: 118. 이 모델에 대해서는 아래에서 부연한다).

인간은 모두 주체와 객체를 번갈아 가며 내면의 대화에 참여한다. 즉, 자신과 대화하고, 자기 내면의 소리를 듣고, 스스로에 대해 반응한다

(Archer 2003: 121). 이 천부적으로 내재하는 능력은 인간이 사회에서 자신의 삶을 영위하는 데 관여하는 방법으로, 성찰(省察)을 통해 나타난다. 이것은 사회가 우리를 인간으로 구성하는 여일한 부분이기 때문인바, 이렇게 해서 사회는 자연스럽게 내적 대화에 들게 된다(Archer 2003: 122). "우리의 객관적인 사회적 상황과, 그러한 상황과 우리의 개인적 계획과의 관계"를 성찰하는 것은 인간의 타고난 능력이다(Archer 2003: 122). 사람마다 성격도 다르고 내적 대화에 참여하는 방법도 다르다. 아처는 각각의 궁극적인 관심사가 무엇인지에 따라 의사소통적·자율적·메타적·분열적 성찰이라는, 크게 네 가지의 성찰을 제시하였다(Archer 2003: 122). 이러한 성찰은 수동적이 아니라 능동적으로 "우리의 개인 정체성을 사회적으로 표현하는 역할을 하는, 활동가가 되는 과정"(Archer 2003: 122)이기도 하다. 사람의 정체성은 또한 인과적 효과를 유도할 수도 있다. 이를테면 초기의 행위자적 상태를 변화시키고 이후에도 자신의 자리를 일정 기간 계속 수정할 수 있는 능력이 있다. 인간으로서 우리는 또한 "활동가로서의 역할을 특유의 방식으로 스스로 떠맡기 위해, 혹은 그 역할을 점차 수정하거나 일단 어떤 역할을 맡은 다음 개인적으로 원하는 역할을 찾기 위해 인과적 힘"(Archer 2003: 122)을 동원할 수 있다.

(1) '사람들'의 계층화 모델: 행위자, 활동가, 사람

구조·문화의 창발적 속성과 행위성 간의 내적 대화를 통한 매개를 뜯어 보기 위해, 아처(Archer 2003)는 인간 개념에 계층을, 즉 사람, 행위자, 활동가라는 계층을 도입한다. 인간의 층위를 미분할 때 던질 수 있는 중요한 질문은 이렇다. 즉, "누가 어떤 사회적 역할을 특수한 방식으로 적극적으로 떠맡아 수동적인 역할 수행이 아닌 적극적인 역할 만들기에 참여하는가?"(Archer 2003: 121). 이 질문은 누군가가, 또는 서로 다른 어떤 사람들이 처음에는 비자발적인 사회적 행위자(일차 행위자)의 자리에 있다가 얼마 안 있어 자발적인 사회적 행위자(집합 행위자)의 자리에 있게 되는지, 이윽고 자발적인 사회 활동가(actors)로서 어떤 일을 하는지를 핵심적으로 묻는다(Archer 2003: 121). 기본적인 점을 다시 한 번 강조하자면, 행위자는 힘을 발휘하거나 행동할 수 있는 힘을 가진 사람이다. 활동가는 상황에 참여하는 사람이다.[16]

(2) **행위성**

우선, 복수로서의 행위자들이란 "동일한 삶의 기회를 공유하는 집단"을 말하고, 단수로서의 행위자란 사회의 희소한 가용 자원의 일부를 받은 위치를 점하고 있는 사람을 말한다. 즉, 모든 사람이 행위자이다(Archer 2003: 118).[17] 그러나 모든 행위자가 그들이 누리는 특권의 수준 면에서 같지는 않다. 한 사회의 모든 구성원은 동일한 삶의 기회를 공유하는 "집단에 비자발적으로 배치"되는데, 이들을 '일차 행위자'들(primary agents)이라고 한다(Archer 2003: 118). 시간이 지나면서 일차 행위자들이 성장하고 성숙함에 따라 그들은 조만간 권한이 가장 적은 사람부터 가장 많은 사람에 이르는 스펙트럼 어딘가에 자신이 있음을 알게 되거나 자발적으로 그 어딘가에 자신의 위치를 정한다. 일차 행위자의 출생 시의 상황이 그들의 잠재력

16 "Agent vs Actor-What's the difference?," WikiDiff 웹사이트.
17 즉, 사람은 자원의 필요 없이 존재할 수 없다.

을 좌우하는데, 어떤 유형의 활동가가 될 것인지, 특정한 유형이 되고자 선택하는 것이 자발적인 행동일지는 그들의 출생 시의 조건에 달려 있다. 그들의 목표는 어떤 역할(들)을 통해 자신의 궁극적인 관심사와 가치를 표현하고 이를 행동으로 옮기는 것이다(Archer 2003: 118-119).

'집합 행위자'들은 명확한 이해관계를 가지고 활동하며 결과적으로 모든 행위자들의 맥락을 만들어 내는 사람들이다(Archer 1995: 260). 일차 행위자들은 모든 행위자에 대해 집합 행위자들이 형성하는 맥락 속에 깃들이게 된다. 이렇게 맥락 속에 깃들이는 행위는 집합 행위자들이 통제하고자 하는 사회적 환경을 새롭게 재구성한다(Archer 1995: 260). 일차 행위자들은 수동적인 경향이 있지만 사회 운동을 추구하는 집합 행위자로 성장할 수도 있다.

행위자의 현실 인식 수준은 각자의 삶의 궤적에 따라 편차가 있다. 어떤 행위자들은 자신이 살고 있는 사회 상황에 대해 잘 알고 있지만, 또 어떤 행위자들이 가진 지식은 "불완전하고 결핍되고 왜곡되어" 있다(Archer 1995: 252). 어떤 행위자가 과연 활동가가 될 것인지, 어떤 유형의 활동가가 될 것인지에 대해서는 인식 수준이 영향을 미칠 공산이 크다.

'활동가'는 이전에 행위자였던 사람으로 이제는 자신의 노력을 투자할 가치가 있다고 생각되는 사회적 프로젝트의 어떤 역할을 자의식적으로 구상하고 맡는 사람이다. 그 역할은 필연적으로 그들이 누구인지를 나타내는 사회적 정체성을 수반할 것이다(Archer 2003: 118). 따라서 '역할'을 떠맡거나 개인 정체성을 사회적으로 표현하는 것이 활동가의 특징이다(Archer 1995: 276; 2003: 122). 사회 운동은 일반적으로 사회적 위치를 차지하고 (서로 다른 세력의 응원과 서로 다른 자원들로 지원받는) 여러 당사자를 대표하는 행위자들 간의 투쟁을 수반한다(Porpora 2013: 31).

'사람'은 그냥 보통의 인간성을 가진 인간을 가리킨다. 사람은 사회적 행위자와 사회 활동가의 기반이 되는 정박지이다(Archer 1995: 280-281). 의식의 연속성은 사람의 절대 불가결한 부분이다(Archer 1995: 283). (사회 운동의 일원이 되는) 행위자이건 (특정한 방식으로 역할을 떠맡는) 활동가이건, 그것은 자의식을 가진 '같은' 사람이다. 그는 자신이 하는 일에 무엇이 제약을 가하고 무엇이 그 일을 가능하게 해 주는지에 자의식적으로 관심을 두는 사람이고, 바로 그 '같은' 사람이 오늘 자신의 반응이 내일 처리해야 할 일에 영향을 미친다는 것을 자의식적으로 안다. 이런 식으로 그 사람은 자신이 참여하는 "사회적 행동의 의미와 설명"을 끊임없이 구한다(Archer 1995: 282).

자기 행동이 사회와 그 변화에 미칠 함의는 의식이 있는 사람들의 의식의 일부이며, 그 사람들의 기대는 "누군가는 그것에 대해 무엇인가를 해야 한다"는 책임감을 그들 자신의 것으로 만들어 낸다(Archer 1995: 283). 사람이 책임감을 갖지 않으면 사회의 변화는 일어나지 않을 것이다. 아처는 의식의 연속성을 강조하면서 인간이 된다는 것은 '육신 더하기 무엇'으로 존재한다는 것이며, 그 '더하기 무엇'이 바로 의식이라고 지적한다(Archer 1995: 287).

모든 사람은 (1) 자기 인식 외에도 (2) 사람 정체성과 (3) 사회적 정체성을 가지고 있으며, 이 세 가지 모두는 사람의 속성이자 능력이다(Archer 2003: 119). 기본적인 인간 정체성은 한 사람의 근본이며, 사람 정체성은 제일 먼저, 사회성에 앞서 형성된다. "사회적 정체성은 사람 정체성에서 나온다"(Archer 1995: 284). 아처는 사람 정체성의 선재성(先在性)를 지적하면서, 살아 있는 인간은 반드시 "비사회적 성격을 지닌 '사람'의 속성"을 필요로 하며 "호모 사피엔스는 체질적으로 자연종(自然種)이고 그러한 한 근본적으로 사회의 인쇄본으로 축소될 수 없다"(Archer 1995: 287)고 주장한다.

사람은 자연, 실천, 사회라는 세 가지 현실에 맞서면서 어쩔 수 없이 그 현실에 휩쓸리게 되는데, 사람 정체성(개인의 창발적 속성)은 이와 관련한 그들의 성취를 가리킨다(Archer 2003: 120). 사람 정체성은 "자연적 질서 안에서의 육체적 안녕, 실천적 질서 안에서의 수행적 성취, 사회적 질서 안에서의 자존감"(Archer 2003: 120)에 관한 것이다. 따라서 사람 정체성은 바로 "우리가 가장 염려하는 것과 이에 따른 우리의 현실 참여"(Archer 2003: 120)를 나타낸다. 사회적 정체성은 "사람 정체성의 하위 집합"이며 사회적 관심사와 역할에서 비롯되는 사람의 창발적 속성과 힘을 가리킨다(Archer 2003: 120).

우리는 이렇게 계층화된 사람 개념을 통해, 사회 운동을 개시하기 위해 행위성이 구조·문화를 어떻게 끌어들이느냐는 문제에 대한 통찰을 얻을 수 있다. 아처(Archer 2003: 121)의 다음 질문들은 실재론적 연구가 다시 던질 수밖에 없는 질문들이다.

> **누가** 어떤 사회적 역할을 특수한 방식으로 적극적으로 떠맡아 수동적인 역할 수행이 아닌 적극적인 역할 만들기에 참여하는가[?] 이 질문은 어떠한 사람들이 처음에는 비자발적인 사회적 행위자의 자리에 있다가 자발적인 사회 활동가가 되고 나서는 어떤 일을 하는지를 핵심적으로 묻는다(Archer 2003: 121, 강조는 원문의 것임).

요컨대, 구조와 행위성 사이를 중재하는 내적 대화를 개시하여 형태발생(사회 변화)이나 형태정체(사회 재생산)를 일으키는 것은 사람의 창발적 힘(PEP)이다(Archer 2003: 121). 다르게 표현하자면, 구조와 행위성 사이의 중재는 "외적 경험이 내적 심의와 상호 작용하여 우리의 인생행로를 공동으로 결정하는 방식"(Archer 2003: 123)을 닮았다. 우리의 수정된 삶의 기회는 개별 인간으로서의 우리를 수정하는 효과를 가질 뿐만 아니라 구조에도 영향을 미쳐, 이른바 이중의 형태발생을 일으킨다.

행위자, 활동가, 사람이라는 계층화된 사람 개념의 핵심에 있는 것이 "사회가 우리 체질의 일부이자 내적 대화의 일부가 되는 방식"(Archer 2003: 123, 124)인바, 이는 한 사람의 삶의 궤적을 예로 들어 생각해 보면 더 잘 이해된다. 사람이 일단 태어나면 성숙할 때까지는 다른 사물이나 자원, 다른 사람들과는 무관한 상태로 있다. 이때 일인칭 단수 주체로서의 나(I)라는 사람의 속성은 공적이라기보다는 사적이고, 집단적이라기보다는 개별적이다. 성숙한 자아는 자신이 가족 및 인접한 사회적 맥락에서 사회적 특성들을 획득한 방식 면에서 그것들이 비자발적인 성격을 띤 것이었음을 깨닫는다. 일인칭 단수 객체로서의 나(me)의 이러한 '객체' 속성이 비슷한 처지에 있는 집단뿐만 아니라 일차 사회적 행위자의 체질 중 일부가 된다. 일차 행위자는 아직까지는 공적이기보다는 사적이며 집단행동에 나서는 것을 꺼린다. 집합 행위자, 즉 일인칭 복수 주체로서의 '우리'(we)는 이제 집단적으로나 공적으로 사회적 행동에 기꺼이 참여할 것이다. 활동가, 즉 이인칭 단수 주체인 '당신'은 가장 시급하고 궁극적인 관심사를 표현하는 방법으로 리더 역할을 맡아 사회적 관심사를 다룬다(Archer 2003: 124). 이렇듯 계층화된 사람 개념은 지속적인 내부 대화를 통해 일단 완료되고 다시 시작되는 연속적 순환으로, 한 사람의 변화로 이어지고 또 사회에 영향력을 행사하는 이중의 형태발생을 일으킨다.

5. 사회 변화와 형태발생: 구조적·문화적·집단적 정교화

사회는 특정한 구조적 속성으로 이루어져 있고, 이 구조적 속성들은 사회 정치적·경제적 요소를 사람들의 삶의 기회에 영향을 미치는 것으로 특성화한다. (각각 구조 또는 문화를 구성하는) 구조적·문화적 속성들은 고정된 것이 아니라 계속해서 변화를 겪는다. 구조적 속성은 당대의 행위자들이 물질적 자원을 조작하거나 인공의 통치 행위를 통해 단기간에 만들어 낼 수 있는 것이 아니다(Archer 1995: 138). 당대의 행위자들이 물려받게 된 구조적 특성들은 '물질적 존재자'(가공되지 않은 자원) 또는 (규칙의 지배를 받는) '인간의 가공물' 들이 가하는 내적·외적 자극을 만날 수 있다. 그러한 자극은 의도된 것일 수도 있고 의도되지 않은 것일 수도 있다. 그렇게 해서 결과적으로 생성되는 창발적 특성은 구조적 특성을 형성하는 데 영향을 미친다. 행위자를 둘러싸고 일어나는 변화의 관점에서 구조적 변화로 나아가는 사회 변화를 이해하는 데 관심이 있는 나에게는 행위자가 현재의 구조적 속성들에 대해 비판적이어야 한다는 점이, 즉 그것들이 바람직하거나 바람직하지 않거나 아니면 '중립적인' 사회 현상으로 바뀔 수 있다고 보는 것이 대단히 중요하다. 행위자들이 사회 현상이나 그와 관련된 구조적 속성들을 문제 있다고 인식하고 결국 사회 운동에 참여하도록 촉발하는 것은 무엇인가? 활동가들에게 요구되는 역량이나 경험은 어떠한 것들인가? 대니얼 리틀(Daniel Little)에 따르면, 사회의 운동과 변화의 전반적인 과정은 다음과 같다.

> 규범, 언어 공동체, 권력관계 등을 포함하는 일군의 사회 구조 안에서 행위자가 형성된다. 행위자의 발생은 이러한 구조들의 맥락 속에서 일어난다. 더 긴 시간 범위에서는 역사 속에 터잡은 개인들이 만들어 낸 구조 자체가, 그 개인들의 활동과 선택의 결과로 변화한다.[18]

행위자의 관점에서 이를 일정 기간의 주기(週期)로 요약하면, 집단에 대한 사회문화적 조건 형성 → 집단 상호 작용 → 집단 정교화의 순으로 진행될 것이다(Archer 1995: 248). 아처는 사람의 계층화가 "이전의 구조적 조건 형성과 사람들 간의 개인차" 때문에 필연적이며, 이 계층화 덕분에 연구자는 "사회 각계각층의 요구사항 및 개인차의 규칙적인 패턴화, 그 결과 사람들에게서 유압식 기계의 반응과는 상당히 다른 행동들이 나오게 되는지" 연구할 수 있게 된다고 주장한다(Archer 1995: 252). 행위성이 집단 정교화에 관여하게 되면 본질적으로 사회적인 이 정교화에는 필연적으로 구조적·문화적 정교화가 포함되고 더해진다. 시대와 장소에 따라 달라지기는 해도 인간의 행위성은 항상 창의성으로 가득 차 있다는 점은 주목할 가치가 있다(Joas 1997; Porpora 2013: 29).

대체로 말해, 사회 변화는 인간의 행위성과 그 행위자가 놓인 맥락 사이의 변증법적 관계의 결과이다. 맥락에는 구조, 문화 및 물리적 환경이 포함된다(Porpora 2013: 29). 우리가 관찰할 수 있는 몇 가지 변화가 있다.

---

18 "The Social World as Morphogenesis," Understanding Society (Daniel Little), Blogspot 블로그 (2012. 5. 23 게시).

첫째로 컴퓨터, 자동차, 스마트폰 등 새로운 발명품은 자본과 노동의 관계, 마케팅, 유통 방식, 분업, 문화 의식 등 기존에 우세하였던 문화와 사회관계에 변화를 불러왔다. 즉, '이전'의 맥락에 놓여 있던 행위성에 의해 시작된 변화가 이제 구조적·문화적 맥락의 변화를 불러온 것이다(Porpora 2013: 30). 둘째는 문화의 변화와 함께 일어나는 변화의 유형으로, 이를테면 이념·이론·믿음·가치의 변화가 건축에 영향을 줄 수 있다. 이것은 일종의 패러다임 전환을 의미한다. 예를 들어, 프로테스탄티즘 윤리는 지금까지 그리스도인들이 일상생활에서 경제에 접근해 온 바로 그 양태를 초래하였다(Weber 1958[1930]). 세 번째 종류의 변화는 한 분야 내에서 지식과 기술이 축적됨에 따라 발생할 수 있다. 이러한 변화는 한 장르나 기존의 틀 안에서 일어날 수 있어서 그다지 극적으로 보이지 않을 수 있다. 이를테면 새로운 정보 기술의 통합에 수반해 일어난 1980년대의 포스트포드주의적 생산 체제 및 화이트칼라 직종의 증가 같은 중간 수준의 변화는 자본주의에 대한 대안으로 이어지지는 않았지만 (불평등 증가를 포함하여) 자본주의에 대한 주목할 만한 수정이 이루어지는 계기가 되었다(Porpora 2013: 30).

지금까지 우리는 (개인 행위자들이 스스로 변화를 겪으면서 사회에도 창발적 힘을 행사하는) 이중의 형태발생과 구조적·문화적 맥락에서 발생하는 변화에 대해 논의하였다. 그렇다면 이러한 사회적 변화는 어떻게 정교화될 수 있는가?

개인과 집단의 가치 정교화

사회 현상을 설명하는 주요 특징의 중심을 형성하는 것이 무엇인가에 관한 질문은 다양한 사회 이론을 낳았고 새로운 이론은 계속 만들어지고 있다. 앞서 언급하였듯이 나는 행위성과 구조에 대한 논쟁이 사회 현상을 설명하고 이해하는 열쇠라고 생각한다. 행위성과 구조에 대한 비판 실재론 논쟁은 꽤 유행해서 이 논쟁에 대한 접근 방식은 다양해도 사회과학자들에 의해 널리 받아들여지고 있다. 개인의 행위성과 사회 구조는 서로 분리되어 있는 것이 아니라 사회 현상이 형성되는 과정에 이런저런 방식에서 밀접하게 얽혀 있다. 따라서 행위자와 구조는 특정한 사회 현상을 낳는 어떤 메커니즘에 없어서는 안될 부분이다. 사회 현상은 다른 사회 현상에 영향을 미치고 영향을 받으면서 관련 사회 현상에 계속 변화를 불러온다. 개별 행위자에 대한 경험적 관찰만으로는 어떤 사회 현상의 전체 그림을 드러내는 데는 한계가 있다. 개별 행위자에 대한 완전한 구조적 통제나 주어진 구조로부터의 행위자의 완전한 독립이라는 것은 헛된 공상에 불과하다(이기홍 1994. 184). 개별 행위자의 행동은 주어진 구조에 의해 활성화되고 또 제약을 받는다(Bhaskar 1979).

행위자와 구조 간의 긴밀한 얽힘에도 불구하고, 비판 실재론자들은 사회 현상이 사회의 열린 체계 속에서 어떻게 생산되는지를 설명하기 위해 행위자와 구조를 분석적으로 분리하였다. 이 절에서는 한국의 풀뿌리 시민 또는 개별 행위자들이 집단을 이루어 사회적·정치적 관심사를 어떻게 정교화하여 새로운 사회적·경제적 질서, 즉 새로운 구조를 가져오는 데 관여하는지, 이를 비판 실재론의 관점에서는 어떻게 보는지를 2016-2017년 촛불혁명과 관련지어 설명하고자 한다.

이 책의 핵심 과제 중 하나는 박근혜 대통령 탄핵과 이를 통해 새로운 국가 건설의 모멘텀을 조성하려 하였던 한국의 사례를 연구 대상으로 하여 그 지위·실천 체계의 구조(들), 문화(들), 행위자들 사이의 (상호) 관계의 복잡성을 기술하고 분석하는 것이다. 데이터 분석의 주요 과제는 구조, 문화 및 행위자의 구성 요소와 창발적 속성을 식별하는 것이다.

- 구조의 창발적 속성들(SEPs): "물질적(물리적인 것이든 인공적인 것이든) 자원을 수반하고 관계 자체에 고유한 인과적 힘을 생성하는, 그러한 내적·필연적 관계" … "자원, 역할, 제도적 구조, 사회 시스템의 분배"(Archer 1995: 177; Horrocks 2009: 52에서 인용).
- 문화의 창발적 속성들(CEPs): 이것들은 문화 체계의 속성들, 즉 "문화의 구성 요소들 사이의 관계"(즉, 이념, 이론, 가치, 믿음 등)로서 "문화적 행위자들 간의"(Horrocks 2009: 51, 53) 사회문화적 관계와는 별개이다. 이념적 형태발생은 (실재적인 것에 근거해 생각을 펼치는 사람이든 부정행위로 인해 펼쳐진 정치적 사태의 변혁적 잠재력을 인지한 사람이든) 다양한 행위자와 활동가의 사회문화적 상호 작용 과정을 통해 일어난다(Horrocks 2009: 50).
- 사람들의 창발적 속성들(PEPs): "구성원 각자의 능력(의식과 헌신, 친밀감과 적대감에 영향을 미침) 및 다른 행위자나 집단에 대해 행사되는, 그들 간의 관계에 고유한 인과적 힘" … "자원, 역할, 제도적 구조, 사회 시스템의 분배"(Archer 1995: 177; Horrocks 2009: 54에서 인용).

개별 구성원들은 국가적 사안과 사회 운동에 왜 관여하는가? 개별 행위자들(즉, 행위자와 활동가 들)이 바라는 정치적·경제적·사회문화적 변화는 무엇인가? 재생산(현상 유지, 형태정체)이나 변화(형태발생)는 행위자와 활동가 들이 구조와 문화에 어떤 행동을 취하는지에 따라 발생한다. 다음에 제시된 그림 2-1은 구조·문화·행위성과 관련하여 발생하는 일반적인 변화를 묘사한다. 행위자에 특히 주목하면, 개별 행위자들이 어떤 식으로 스스로 변화를 겪으면서 형태발생론적 계기에 관여하는가? 다른 말로 하자면, 다양한 개별 행위자 집단들은 어떻게 정교해지는가? 아처는 단체 및 일차

그림 2-1 2016-2017 촛불혁명의 형태발생과 관련된 구조, 문화 및 행위성의 정교화

(이념 및 담론 형성으로 이어지는) 구조적·문화적·사회경제적 조건 형성: 독재와 노동자 착취의 유산이 많은 정치 및 경제 구조 (과제: 의도하지 않은 우발적인 결과로부터 내적·필연적(즉, 창발적인) 결과를 식별해 낸다; 구조적 속성 속에서 내적·필연적 및 우발적 관계를 풀어낸다; 내부 또는 외부 요인의 결과로 생기는 비양립성·모순 혹은 보완성이 있는가?)

T^1 ____

(이념 및 담론 재구성 또는 강화로 이어지는) 사회문화적·집단적 상호 작용: 활동가들이 수많은 사람들(평범한 사람들, 일차 및 집합 행위자들)을 동원함; 소셜미디어 활용; 음악과 공연이 동반되는 대규모 촛불집회; 유튜브를 통한 집회 중계방송; 정부에 압력을 가함(의도하지 않은 결과가 일부 행위자·활동가의 이해관계에 도움이 될 수도 있음; 구조적·문화적 시스템에서의 상호 작용 양태는 무엇인가? 즉, 방어적인가, 양보적인가, 경쟁적인가 아니면 기회주의적인가?)

T^2 ____ T^3

(재생산의 정교화로 이어지는) 구조적·문화적·집단적 형태발생 또는 형태정체: 박근혜 대통령 탄핵; 대통령 선거 소환; 정치 및 경제 민주화를 위한 새로운 모멘텀 구축; 국가의 미래를 재구성하려는 의도[19]

____ T^4

자료: Archer(1995: 264) 참조.

행위성의 형태발생 주기를 열 단계로 제시한다(Archer 1995: 264-265 참고). 그림 2-1에서 볼 수 있듯이 크게는 (1) 집단에 대한 사회문화적 조건 형성(T^1 국면), (2) 집단 상호 작용(T^2-T^3 국면), (3) 집단 정교화(T^4 국면)의 세 개의 국면이 있다.[20]

---

19 정교화된 구조는 "관계재로서의 공유재의 생산"(Donati and Archer 2015: 198-228; Donati 2016: 55)에 관한 것이다.

20 그림 2-1은 독자에게 단체 및 일차 행위성—이는 각 실증적 장에서 사람의 창발적 속성들(PEPs)의 일부가 될 것이다—의 형태발생 주기에 포함된 내용을 알리려는 것이다. 이 단계들을 경험적 장에서 따로 설명하지는 않겠다.

첫 번째 국면에는 초기 세 단계가 포함된다. 첫째 단계에서는 모든 행위자에게 각자 다른 정도의 구조적·문화적 속성(특혜)이 주어진다. 다만 그 몫은 사람마다 다른데, 이것이 매 주기의 출발 시에 일차 행위자와 집합 행위자[21]를 가른다. 둘째 단계에서는 집합 행위자들이 주어진 상황에 도전하고 당면한 사회문화 체계와 그 제도적인 운영을 유지하거나 개선하는 데 참여하기 시작한다. 즉, 온전한 효과가 나타날 때까지 무엇이든 해본다. 일차 행위자들은 집합 행위자들이 유지하거나 개조한 사회문화적 체계 안에서 그냥 계속 살아간다. 일부 일차 행위자들은 새로운 변화의 방향을 좋아할 수도 있고 좋아하지 않을 수도 있다. 셋째 단계에서 다른 행위자들과의 사전 상호 작용 수준이 행위자마다 다양하며, 따라서 지식 수준도 다양하다.

두 번째 국면은 한 단계가 더 있는 네 단계이다. 넷째 단계에서는 집합 행위자들의 상호 작용이 일차 행위자들의 구조적·문화적 맥락을 바꾸어 놓고, 일차 행위자들의 성향과 학습은 이전의 환경을 점진적으로 수정한다. 다섯째 단계에서는 사회 변화를 추구하는 동안 집합 행위자와 일차 행위자 간의 지속적인 상호 작용이 시간이 흐르면서 그들을 재정의한다. 어쩌면 상당수의 일차 행위자가 기존의, 혹은 '전통적인' 관계·믿음·가치들을 거부할 수도 있다. 여섯째 단계에서는 집합 및 일차 행위자들의 행동이 때때로 언론, 압력 단체, 정치권의 유명 인사 등과 협력하여 관련 지역이나 국가의 정책에 변화를 불러올 수도 있으며, 이는 사회 변화를 불러오기 위한 추가 행동을 가능하게 할 뿐만 아니라 억제할 수 있다. 즉, 사회의

21 예를 들어, 지식이 풍부한 사회 활동가나 학생 운동에 참여하는 대학생.

특정 집단이 얻을 수 없었던 정치적·경제적 이익이나 평등에 대한 접근이 이제 이루어지거나 그럴 가능성이 창출된다. 일곱째 단계에서는 점점 더 많은 일차 행위자가 문제의 상태(이를테면 불평등, 착취, 인권)를 인식하고 그들이 놓인 주어진 제도적 맥락에 따라 각각 최소한의 반응, 무질서한 협력 또는 조직화된 상호 작용을 통해 행동을 취할 수 있다. 그 결과 집합적 효과가 나타날 수도 있다.

세 번째 국면에는 더 나아간 세 단계가 포함된다. 여덟째 단계에서는 집합 행위자들의 상호 작용이 창발적 속성을 생성하며, 그리하여 예컨대 일차 행위자들이 집합적 효과를 산출한다. 아홉째 단계에서는 사회적 행위성이 사회적으로 분파적으로 정교화되어 일차 행위자 집단의 현저한 축소를 초래하는데, 이들은 "집합 행위자로 통합되거나 선환되어 이 범주를 팽창시킨다"(Archer 1995: 265). 열째 단계에서는 "일차 행위자들이 산출한 집합적 효과와 집합 행위자들이 생성한 창발적 속성들이 결집한, 따라서 어느 누구에게도 바라던 바의 꼭 그것은 아닌 집성물"(Archer 1995: 265)로서 사회 변화가 달성된다.

위에서 언급한 세 국면과 열 단계가 실제 사회 운동에서 그 순서 그대로 일어나지는 않으며 개방적인 사회 시스템에서는 훨씬 더 역동적이다. 예를 들어, 2016-2017년 촛불혁명에 이르기 전의 처음 두 국면의 몇몇 단계들이 일차 행위자와 집합 행위자 들이 개입되어 한동안 진행 중이었을 수도 있지만 다른 일차 및 집합 행위자들은 촛불혁명의 시작, 즉 세 번째 국면에서 행동에 나섰을 가능성도 있다.

6. 조사 방법

나는 지금까지 연구 활동을 하면서 한 사회의 특정 시기에 주어진 구조, 문화 및 개인 행위성을 효과적이고도 독특하게 포착하는 미디어 표현을 항상 높이 평가하였다. 어떤 종류의 데이터가 사회과학적 분석의 자료로 인정받을 수 있는지는 특정 분과 학문 안에서도 논란이 될 수 있다. 언론 보도, 특히 그것들에 표현된 시청자·청취자·독자의 관점은 인위적인 설정에서 인터뷰를 통해 작성된 데이터와 같지 않을 수 있다. 소셜미디어에 표현된 견해를 포함하여 모든 설정은 인위적이다. 그러나 유용한 것은 다양성이지, 어떤 것은 포함하고 다른 어떤 것은 배제하는 접근 방식이 아니다. 따라서 어떤 데이터 집합이건 모두 주의해서 사용해야 한다.

뉴스 보도와 언론사 사설은 주어진 맥락에서 당면한 주요 문제에 대한 미디어의 해석과 반응 방식을 대표적으로 보여 준다(Le 2010). 세상 어디에나 미디어로 넘쳐나는 시대가 됨에 따라 미디어는 이제 정보를 담는 그릇이자 (일차 행위자와 집합 행위자가 포함된) 미디어 소비자가 특정 사회 현상이나 사회 운동에 대해 머릿속에 품고 있는 생각을 표현하는 수단이 되었다. 유튜브(YouTube), 인터넷 뉴스 및 블로그와 같은 미디어 플랫폼들은 종종 많은 오프라인 활동을 기록한다. 이것들의 품질은 인터뷰 데이터만큼이나 진실하여 사회과학적 분석을 위한 중요한 데이터 원본이 된다(Bryman 2016: 558). 설문조사 또는 인터뷰 데이터는 연구자의 필요에 따라 설계된 도구를 사용하여 수집할 수 있고, 인터뷰 데이터는 사회적 요구도(social desirability)에 영향을 받을 수 있다. 그러나 인터넷을 통해 얻을 수 있는 데이터는 어떤 식으로든 편견이나 오염으로부터 자유롭지는 않으나 연구자와는 독립적이다. 인터넷 기반 데이터 및 뉴스 표현은 또한 광범위한 인구와 지리적 다양성을 망라하여 다룬다. 사회 운동 중 행해진 대중 연설과 같은 데이터 가운데 일부는 일차 데이터이고 인터넷 뉴스와 같은 다른 데이터는 반-일차(semi-primary) 또는 이차 데이터이다. 반-일차 데이터는 작성자의 편견과 사회적 요구도를 나타내기 때문에 그 나름대로 가치가 있다. 아닌 게 아니라 실제로 미디어 내러티브는 연구자들에게 분석을 위한 광범위한 데이터를 제공하여 사회 현상을 이해하는 데 필요한 창발적인 사회 구조적·문화적·행위자적 속성들에 대한 심층적인 서술을 가능하게 해 준다(Han 2016b: 4-6; Bryman 2016).

전통적인 설문조사가 민족주의 연구에 항상 적합한 것은 아니다(Malešević 2018: 556). 설문조사 방법은 상대적으로 편협한, "대중의 태도에 대한" 사회역사적 "맥락에서 유리된, 찰나의 스냅샷"(Malešević 2018: 556)에 너무 의존하는 경향이 있다. 구조와 문화에 대한 보다 심층적인 분석이 필요한 것이다. 말레셰비치가 주장하듯이 "전통적인 설문조사보다 더 많은 사회적 지표"(Malešević 2018: 556)가 필요하며, 그러므로 나는 사회역사적·경제적·정치적 맥락을 고려할 것이다. 예를 들어, 대중 집회의 연사들이나 뉴스 보도가 표현하는 것은 그 맥락에서 이해되어야 한다.

이브 들로예(Yves Deloye)는 민족주의의 '비가시적'인 특성을 강조한다. 예를 들어, 국가 정체성과 민족주의는 "쉽게 식별할 수 있는 행위자 없이 … 대체로 무의식적인 과정에 기초한 다양하고 모호한 노선들"(Deloye 2013: 617, 618; Kaufmann 2017: 12에서 인용) 안에 감추어져 있을 수 있다. 들로예에 따르면, 민족주의적 전통과 문화가 있는 환경에서 살고, 민족적 특성을 가진 음악을 듣고, 국가 브랜드의 기계를 구입하는 등의 행위가 국가적으로 중요한 기념행사에 참석하는 것보다 민족주의를 더 강하게 나타내는 것일 수도 있다(Kaufmann 2017: 12). 이는 민족주의가 겉으로 드러나 보이지는 않아도 국민 국가의 평범한 사람들의 일상생활에 내장되어 있음을 시사하는 것으로, 통일의 전망, 박근혜 정권의 불법적인 영향력 행사, 제2차 세계대전 중 일본의 조선인 노동자 강제 징용, 한국에 대한 일본 아베 정권의 무역 도발, 노동자에 대한 고용주의 부당한 대우 등에 대해 풀뿌리 시민들이 어떻게 자신들의 의견을 표현하는지 살펴봄으로써 한국 민족주의를 구명하려는 나의 접근 방식을 일부 정당화해 준다.

나는 근거 이론(grounded theory)의 방법론적 원리를 데이터 분석에 적용하여 개방 코딩, 축 코딩 및 선택 코딩을 수행하였다. 개방 코딩은 단어, 구, 문장 및 문단을 하위 단위로 분해하여 분석하고 그것들의 속성과 차원을 개발하는 것을 포함한다. 목표는 개념, 큰 사건(events, 연구 대상인 현상과 관련된 구체적인 행동이나 상황), 작은 사건(incidents, 개인이나 집단의 경험 속에서 일어나는 특정한 사건)을 식별한 다음 그룹화하여 범주를 형성하는 것이다. 범주는 개념들을 서로 비교해 유사한 어떤 현상과 밀접하게 관련되어 있다고 보일 때 발견된다(Strauss and Corbin 1990; Han 2000: 253). 엄밀한 분석의 핵심은 세심한 비교인데, 이 과정에서는 큰 사건, 작은 사건 및 현상의 다른 심급들 사이의 유사점과 차이점을 찾아야 한다.

축 코딩은 사건이 발생하는 조건과 맥락을 검토하고 사소한 것이라도 관련된 행동 및 상호 작용의 결과를 검토하여 주요 범주 간 또는 범주와 하위 범주 간의 연결을 만드는 과정이다. 실제에서는 개방 코딩과 축 코딩이 종종 양자택일로 수행되기도 하고 동시에 수행되기도 한다. 선택 코딩은 핵심 범주, 즉 연구 결과가 제시되는 각 장(chapter)에 대해 중심이 되는 현상을 선별하여 이를 다른 범주들과 체계적으로 연결 또는 통합하는 과정이다. 이를 통해 연구의 중심 문제에 대한 서술적 내러티브의 분석적 해석이 나오게 된다(Strauss and Corbin 1990; Han 2000: 254). 이 연구 프로젝트에 대해서는 집중된 기간이 아닌 장기간에 걸쳐 많은 양의 데이터를 수집하고 분석해야 하였기 때문에 체계적인 분석 목적으로는 NVivo 프로그램이 특히 유용하였다.

제3장

일본군 '위안부' 문제 해결을 위한 운동: 풀뿌리 시민의 우려와 대응

우리 스스로가 역사를 잊어버리면, 이런 사실이 있었다는 것조차 없어질 수 있다(박수남, 영화 「침묵」 감독).

1. 서론

일제 강점기의 유산은 한국 사회에 뿌리 깊게 자리 잡고 있다. '실재하는' 부정적 기억과 충격을 어떻게 극복하느냐는 한국의 중요한 국가적 과제였다. 강제 징용과 성노예는 피해자와 지지자, 그리고 국민 전체에게 트라우마와 공포를 안겨 주었다. 1932년에서 1945년 사이에 발생하였다고 추정되는 성노예 피해자는 약 20만 명에 달한다. 이 여성들은 상세로 징용되었고, 현재는 대부분 사망하였다(Hicks 1995; 요시미 1993). 1992년 이후 한국 정부에 신고된 피해자만 해도 234명이다(최현실 2010: 3). 일제 강점기 전반에 걸쳐, 그리고 그 이후에도, 다수의 친일 조선인이 동포들의 희생으로 얻은 높은 지위와 부를 유지하며 부유하고 강력한 세력을 형성하였다. 이는 수십 년간 국민적 우려였고 친일 청산을 위한 자극제가 되었다.[1] 북한을 제외하면 일본은 한국과 지리적으로 가장 가깝지만 감정적으로는 가장 먼 나라이다. 19세기 이후 일본인들의 한반도에 대한 오만한 인식과는 대조적으로 한국인들은 일본을 경제·기술·스포츠 측면에서 대적할 경쟁자로 생각해 왔다. 한일 축구 라이벌전에 전 국민이 감정적으로 집착하는 것만 보아도 알 수 있다(Mangan et al. 2018; Kwon and Mangan 2018). 한국 언

1 「'친일파 청산'을 반대하는 10가지 '궤변'들」, 민족문제연구소 웹사이트(2016. 3. 23 게시).

론, 특히 보수 언론[2]은 대부분의 분야에서 한국이 이룬 성취를 일본과 비교하여 깎아내렸고, 이에 따라 한국인의 심리는 수십 년 동안 주로 사대주의에 기반한 열등감에 잠식되었다고 한다.

그러나 일본에 대한 한국인의 인식은 점차 변화해 왔다. 이 장에서는 아시아의 피해자들이 합의한 용어인 일본군 '위안부'(일본에 의한 군사 성노예)와 관련하여 현대 한국의 민족주의와 정체성을 고찰한다. 특히 한국인들이 '위안부'에 대한 태도를 재형성한 사회역사적 맥락에 주목하고, 이에 대한 현대 한국인들의 문제의식을 좀 더 꼼꼼하게 검토한다. 이론적으로 말하자면, 국가적·구조적 맥락이 변화하여 문화의 창발적 속성을 발생시켰고, 그 과정에서 행위자들이 힘을 얻어 이 변화를 정교화하고 재정교화하면서 적극적으로 그 이상의 구조적·문화적 변화를 추구하게 되었다.

현재 한일 간 '위안부' 문제 해결이 어려운 이유에는 크게 두 가지 쟁점이 핵심적이다. 하나는 소녀들이 집을 떠나 결국 만주, 중국, 미얀마, 말레이시아, 인도네시아, 태평양 제도, 일본, 한국의 '위안소'로 가게 된 것이 강제적이었는가의 문제이다. 다른 하나는 일본 정부와 군이 '위안소' 운영에 관여한 사실을 인정하면서도 인신매매 등 불법 행위를 직접 저지른 것은 '위안소' 관리자와 모집인이라고 주장하고 있다는 점이다(서현주 2016: 212-214). 이러한 강제성 여부의 의혹이 제기되면서 많은 논쟁이 있었다. 군 '위안부'의 적법성과 관련하여, 이 '서비스'가 일본의 국내법뿐만 아니라 제2차 세계대전 당시 일본이 가입한 관련 국제협약을 위반한다는 사실은 명백하다(한국여성정책연구원 2016).

---

2 『조선일보』와 『동아일보』는 일제 강점기 때부터 보수·친일 성향이었다.

안타깝게도, 일본 정부가 법적인 문제를 제기하였던 의도는 단순히 책임을 회피하고 문제의 중심 쟁점을 희석하기 위한 것이었다. 일본 정부는 여성들이 받은 돌이킬 수 없는 피해에 주목하기보다는 그 합법성을 제기함으로써 논점을 놓치고 있다(서현주 2016: 214). 가와타 후미코(Kawata Humiko)는 '위안부' 피해자들에게 공감해 온 일본 작가이자 활동가로, 피해자들의 존엄성 회복을 위한 일본 정부의 진정성 있는 노력을 촉구해 왔다. 그는 제국주의 일본이 '위안소'를 운영하는 데 모종의 역할을 하였는지 여부는 중요한 문제가 아니며, '위안소'가 일본 정부의 지원 아래 있었기 때문에 강제적이었던 것이라고 주장한다.[3]

'위안부' 문제는 민감하고 복잡해서 이를 이해하고 해결하려는 시도에는 인종주의, 민족주의, 인권, 남성성, 전쟁, 식민주의 등 다양한 주제에 대한 고려가 수반되어 왔다. 즉, 이 문제는 한두 가지 요인으로 축소될 수 없는 것이다. 그러나 그중에서도 가장 비극적인 것은 자주적인 행위자의 존엄성이 폭력적으로 짓밟혔다는 점이다. 제2차 세계대전이 끝나면서 '위안부'는 살해당하거나 전장에 버려졌다. 일부는 다양한 이유로 그곳에 남았고 일부는 한국으로 돌아갔다. 귀국한 많은 이들이 고향으로 돌아가지 못하고 자신이 당한 이야기에 관해 침묵을 지켰다. 피해자들은 전쟁에서 얻은 질병과 심적 고통, 사회적 편견 등을 안고 살았다. 여기서 다음과 같은 중요한 질문들이 생겨난다. 왜 피해자들이 목소리를 내기까지 반세기나 걸렸을까? 왜 피해자 개개인이 일본에 사과를 요구하기까지 그렇게 오랜 시간이 걸렸을까? 현대 한국의 풀뿌리 시민들은 이들의 어떤 점에 관

3 「가와타 후미코 일본전쟁책임자료센터 공동대표」, 『신동아』, 2017년 5월 15일자.

심을 보이는가? 당장 추측건대, 한국의 대중은 피해자들을 동정하고 제국주의 일본에 대해 분노할 것이다. 특히 일본 정부가 '위안부'에 관한 책임과 배상을 거부하고 한국 정부가 이를 별것 아닌 문제로 치부할 때, '위안부 여성들'을 사회역사적으로 중요하게 다루어야 할 문제로 제기한 것은 1990년대 이후 지속된 '위안부' 문제 해결을 위한 풀뿌리 운동이었다(이나영 2017: 80; 김명희 2018: 120; Son 2018). 이 운동은 서울의 주한일본대사관 앞에서 열린 수요 집회를 통해 유지되었는데, 평화의 소녀상을 세우고 위안부의 역사를 교과서에 기록하는 등의 성과로 이어졌다(정희선 2013). 이 장에서는 이 현상에 대한 풀뿌리 시민들의 관점, 즉 대중의 인식이 국민경제가 발전하고 한국의 국제적 위상이 높아지면서 어떻게 변화하였는지를 논의한다.

2. 문헌 검토

그동안 일본군 '위안부'에 관한 연구는 다음 네 가지 핵심 주제를 둘러싸고 진행되었다(이완수·배재영 2019). 첫째, 추모박물관과 인터뷰를 통해 묘사된 피해자들의 삶의 궤적(김은경 2010; 최현실 2010; 손영미·조원일 2009). 둘째, 한국 및 일본의 '위안부' 관련 사회 운동에 대한 대중 매체의 보도 프레임(이유민·민영 2011; 김희범·우형진 2016). 셋째, 다큐멘터리, 학교 교과서, 평화의 소녀상에 나타난 기억과 담론(정민아 2016; 김명희 2018). 넷째, 일본과 한국의 외교 관계와 관련된 피해자 배상 문제(김창록 2018; 곽진영 2006; 도시환 2008; 최현실 2005).

우선, '위안부'에 대한 초기의 연구는 피해자들의 삶의 여정을 기술하려는 시도에서 시작되었는데, 이들은 가장 고통스러운 사건으로 성노예로 강제 동원된 것을 꼽았다. 박물관에서 '위안부'와 관련된 사건을 전시함으로써 이 기억은 현재의 맥락에서 재현되어 널리 배포된다. 이 과정에서 기억은 현재 안에 재맥락화되어 현재 사회문화적 맥락의 영향을 받을 수도 있다(김은경 2010: 179; 김상준 2005). 김은경(2010: 183-184)은 독립기념관이 아래로부터의 민족주의를 자극하기 위해 정치 지도자들이 위로부터의 민족주의를 실행한 특별한 결과이며, 이는 정치적 정당성을 강화하는 데 도움이 된다는 점을 언급한다. 김은경(2010: 183-184)은 또한 독립기념관이 '성과 계급의 차원'을 더 잘 대변할 필요가 있고, 가부장적인 성의식도 바로잡을 필요가 있으며, 다른 나라의 '위안부' 생존자들과도 평화적으로 연대해야 한다고 주장한다. 과거와 현재의 문제적 관행을 시정하기 위해 "과거사 전시를 현재에 관찰"하는 것에 많은 관심이 쏠리고 있다. 이는 부분적으로, 사건에 대해 오늘날 젊은 세대를 비롯한 일반 대중이 어떤 견해를 가지고 있는지 분석함으로써 저자가 깊이 탐구하고자 하는 것이기도 하다.

김은경(2010: 181)은 '위안부' 문제에 관한 전시가 제한적이거나 아예 없어서 관련 전시에 대한 더 이상의 연구도 제한적이라는 점을 우려하였다. 2012년 전쟁과 여성 인권박물관이 개관하면서 이에 대한 추가적인 연구가 진행되었다(천경효 2018; 박정애 2014; 김동희 외 2013). 전시 연구는 반드시 과거의 사건을 현대의 한국인과 연결시키게 된다. 하지만 현대 한국인을 상기시키기 위해 재창조되는 이 기억이, 20세기 초와 달리 21세기 한국 민족주의에 어떤 방식으로 영향을 미치는가?

두 번째 범주의 연구들은 한국 및 일본의 '위안부' 관련 사회 운동에 대한 언론 보도 프레임을 살펴본다(이유민·민영 2011; 김희범·우형진 2016). 이유민과 민영(2011: 42)은 '위안부' 관련 사회 운동에 관한 언론 보도를 연구하면서, '집단행동 프레임'의 개념(Benford and Snow 2000; Snow 2007; 이유민·민영 2011에서 모두 인용)을 사용하여 정치·역사적 맥락을 고려함으로써 언론 텍스트 분석의 한계를 극복하고자 하였다. 이러한 접근의 목적은 사회 상황의 심각성, 불공정성, 부도덕성의 수준을 밝히고, 문제의 기원이 누구 또는 무엇인지 확인하며, 문제를 해결하는 방법을 찾는 것이다(Snow and Benford 1992; 이유민·민영 2011: 43 인용). 요컨대, 사회 운동의 강도와 그에 대한 언론의 효과적인 보도는 사회 운동의 성공에 영향을 미칠 수 있다는 것이다(Gamson 2007; Cooper 2002; 이유민·민영 2011: 46). 이러한 연구 결과는 '위안부' 문제가 피해자들만의 문제가 아니라 사회적·국가적·국제적 맥락에서 이해될 필요가 있음을 거듭 강조한다.

박명희(2014)는 일본 신문의 '위안부' 관련 보도들이 공통적으로 민간 모집업체가 당시 강제로 여성을 성노예로 끌어들였다는 점을 인정하면서도 일본 정부의 직접적인 개입은 부인하는 프레임을 보인다는 점을 지적하였다(김희범·우형진 2016: 85). 일본 언론은 특히, '위안부' 문제를 해결하기 위한 일본의 외교적 노력이 의도치 않게 제2차 세계대전 당시 모든 비인간적 행위를 유발하는 데 일본 정부가 핵심적인 역할을 하였다는 인상을 주었다고 우려하였다(남상구 2014). 나는 일본 언론이 역사적 사건을 계속 부정하는 것은 일정 부분 한일 간의 불평등한 권력관계에서 비롯되었다고 생각한다. 여기에는 변화의 조짐이 보이고 있는데, 이는 이 책의 관심사로 이에 대해서는 이 장에서도 부분적으로 다룰 것이다. 김희범과 우형진(2016: 112)은 한국 신문이 문제의 기원 및 일본의 적절한 사과와 보상에 일차적인 초점을 두는 반면, 일본 신문은 문제가 지속되는 것에 대한 피로감과 앞으로 나아가야 할 필요성을 강조한다는 점을 지적하였다. 그리하여 이 문제를 둘러싼 두 국민 국가 간의 긴장이 지속되고 있다. 이번에도 양국 간 불평등한 권력관계가 해결의 걸림돌로 작용하고 있는 것으로 보인다.

세 번째 주제로, 정민아(2016)는 '위안부' 피해자들의 기록과 서사를 가지고 1990년대 이후 제작된 다큐멘터리와 영화 및 이들이 대중 담론에 미치는 영향을 분석한다. 정민아는 제작자와 피해자의 긴밀한 관계로 인해 다큐멘터리 작품들이 이 주제에 대한 대중의 인식을 상당히 고취시켰고 심지어 대중이 일본 정부에 사과를 요구하도록 이끌었다고 주장한다(정민아 2016: 160). 1987년 6월 항쟁은 한국의 대중이 '위안부'에 대한 젠더화된 시각(이를테면 여성의 권리)에 훨씬 더 많이 노출되면서 가부장제의 문제점에 대한 인식이 높아지게 된 전환점이기도 하였다(정민아 2016: 168; 정희진 2013). 이러한 작품들이 이 주제에 대한 대중 담론과 사회 운동의 발전이라는 측면에서 영향력을 발휘하게 된 또 다른 중요한 요인이 1990년대 한국의 광범위한 정치적·경제적 발전이라는 점은 덧붙이고 싶다.

김명희(2018)는 역사적 사건이 대중의 트라우마로 전환된 후, 일본 정부에 항의하는 시민과 고등학생들의 대규모 풀뿌리 운동으로 이어지는 과정을 살펴본다. 이 운동은 여성의 권리를 옹호할 뿐만 아니라 다른 나라의 희생자들과 연대하여 세계적으로 퍼져 나갔다. 김명희(2018)는 피해자와 대중의 상호 작용, 평화의 소녀상에 표현된 피해자 서사의 기억, 대중적·사회적 기억의 형성이 거대한 풀뿌리 운동이라는 결과를 낳았다는 점을 지적한다. 그렇다면 이러한 운동들이 왜 그 이전이 아닌 1990년대 이후에야 생겨났는가? 나는 그것이 계산적 민족주의의 운동과 표현이 가능해진 구조적·문화적 맥락이 국내외적으로 새롭게 대두되었기 때문이라고 주장한다.

네 번째 주제와 관련하여, 김창록(2018: 231)은 '위안부' 문제의 복잡성이 해결을 어렵게 한다는 점에 주목한다. 이 범죄가 행해진 당시와 그 이후 '위안부'를 둘러싼 문제에는 일본 제국주의, 한국 사회의 가부장제와 권위주의, 한일 간의 역사적·외교적 갈등, 전쟁 중 여성의 인권 침해 등이 포함된다. 1980년대 후반 한국 여성들이 공개적으로 문제를 제기하고 해결을 촉구하기 시작하기까지 무려 40년이 넘는 시간이 걸린 이유가 바로 이것이다. 2015년 한일 간의 '위안부' 협정은 피해자들의 고통과 요구사항이 고려되지 않은, 성급하고 준비되지 않은 협정이었다. 이 협정은 "당시 일본군은 위안소의 설치와 관리에 직간접적으로 관여하였다"(김창록 2018: 234)는 1993년 8월 4일 고노 담화의 내용을 반복 진술한 것에 불과하다. 지지부진한 해결 상황에 실망한 활동가 및 피해자들은 국제 사회에 호소하기 시작하였다. 2007년 7월 미국 의회는 일본 정부가 피해자의 존엄과 인권을 회복하고 사과와 보상을 제공해야 한다는 결의안을 채택하였다. 네덜란드와 캐나다, 유럽연합의 의회 결의안 채택도 이어졌다. 하지만 일본 정부는 계속해서 전면적인 사과나 법적 배상을 거부하고 있다. '위안부'는 이제 관련 초국적 기구들과 연대하여 "인간의 존엄성과 인권의 보편적 가치를 지키기 위해" 해결해야 할 초국적 사명이 되었다(도시환 2008: 67). 엘리자베스 손(Elizabeth Son 2018: 19, 21)의 작업은 생존자들의 '기억 행위'를 분석함으로써 생존자들에 대한 '보상 과정, 치유 행동'에 초점을 맞추고,

초국가적 맥락에서 피해자들이 여성의 권리에 얼마나 깊이 헌신하고 있는지 강조하고 있다.

지금까지 많은 연구들은 '왜, 무슨 일이 일어났는지'를 좀 더 잘 이해해야 한다는 의미에서 다소 '과거 지향적'이거나 '정태적'이었고, '위안부'가 전시·영화·교과서 등에서 어떻게 묘사되는지에 주목하였다. 이들은 모두 어느 정도는 일본에 반대하는 한국의 민족주의를 드러내는 일에 관심을 보인다. 기념관이나 '위안부' 관련 사회 운동에 관한 언론 보도, 또 '위안부'에 대한 대중의 기억 등을 다루는 과거의 연구는 일반 대중의 관심이나 민족주의적 정서를 상당 수준 반영하고 있다. 하지만 과거의 연구가 대중의 인식보다는 학문적 관심사를 더 많이 대변한다는 것이 정당한 지적일 것이다. 이러한 과거의 연구 토대 위에, '위안부' 문제에 대한 현대 한국인의 인식이라는 관점에서 연구해야 할 주제가 아직도 많이 남아 있다

다나카 유키(Tanaka 2002)는 제2차 세계대전 당시 남성 군인들의 집단 강간 행위 속에는 일본의 인종주의와 민족주의가 상징적으로 얽혀 있었음을 보여 준다(Damousi 2003: 1122). 이들의 행위는 종속 국가의 구성원들에 대해 민족주의적 우월성을 행사하는 하나의 형태이며, 졸부 민족주의(Han 2016b)의 전형적인 예이다. 그렇다면 피해자와 이들의 동포가 오랫동안 겪어 온 경험은 어떻게 설명할 수 있을까? 이는 단순히 피해자와 가해자 간의 긴장이라는 주제에 그치고 마는 것이 아니라 국내외적 관계와 맥락을 포함한 질문이다. 이는 바로 다무시가 제기한 질문이기도 하다.

시간에 따른 변화를 더 고려할 수 있었을 것이다. 정치적 지배와 성적 지배가 서

로 연결되어 있다는 것에는 논쟁의 여지가 없다. 어느 시점에서, 어떤 상황에서 이 문제에 이의를 제기하고 도전하고 의문을 제기하기 시작하였는가? 어떤 자극이 이러한 비판을 낳았는가?(Damousi 2003: 1123).

이러한 질문에 대한 대답은 피해자의 국민 국가가 국제 사회에서 상당한 힘과 영향력을 갖게 되었을 때 복잡해진다. 이 장에서 제기하는 구체적인 질문은 제2차 세계대전 당시 일본군의 한국 여성에 대한 집단 성범죄에 대해 현대 한국인은 어떻게 대응하는가이다. 이러한 질문에 답하려면 새로운 국제 질서의 맥락에서 한국의 민족주의가 어떻게 변화하는지, 특히 일본에 대한 한국인의 인식과 관련하여 살펴보는 것이 필요하다.

정리하면, 지금까지 살펴본 문헌들의 한계로 인해 다음과 같은 몇 가지 질문들이 제기될 수 있다. (1) 어떤 상황에서 피해자와 동료 한국인들이 문제를 제기할 수 있었는가? 즉, 현대 한국인들이 '위안부' 관련 문제를 제기할 수 있었던 사회역사적 맥락은 무엇이었는가? (2) 현대 한국인들은 일본군 '위안부'를 한국 민족주의와 국가 정체성과 관련해 어떻게 이해하고 있는가? 이러한 질문들은 현대의 한국과 일본에 여전히 유의미하다. 일본은 '위안부'에 대해 공식적인 사과를 한 적이 없다. 영화와 같은 수많은 현대 문화 예술에서 볼 수 있듯이, 최근 수십 년간 한국의 경제 및 정치 발전과 높아진 인권 의식으로 인해 많은 한국인들이 피해자가 경험한 고통을 인식하고 있다.

3. 조사 방법

다음이나 네이버 같은 인터넷 포털에는 '위안부' 관련 온라인 카페가 많이 있지만 회원 수는 5명에서 70명에 이르기까지 비교적 적다. 「일본군 '위안부' 기억의 터」[4]와 「'위안부' 할머니들께」[5] 등이 그 예이다. 「정의기억연대」(정의연)[6]는 피해자의 존엄을 회복하기 위해 전국적으로 조직된 비영리단체이며 선도적이고 중요한 역할을 해왔다. 「정의연」의 홈페이지는 많은 정보를 제공하고 있다. 한국 정부와 후원 회원으로부터 약간의 지원을 받아 운영되는데, 그동안 「정의연」은 중요한 성과를 냈고 많은 연구자들이 이들의 성취에 대해 글을 썼다. 「정의연」을 비롯한 온라인 사이트의 문제는 이들이 정말 풀뿌리 시민들의 견해를 대변하는지 여부이다.

1992년부터 2006년 사이에 234명의 '위안부' 생존자가 한국 정부에 등록되었다. 2001년 통계에 의하면, 당시 등록된 192명 중 56.5%는 경상도 출신이고, 전체의 31%는 경상남도 출신이었다. 통영과 거제는 경상남도의 도시이다. 한반도의 남단에 위치하여 일본과 가까운 이들 지역은 가장 피해가 심했던 지역에 속하였다. 나는 「일본군 '위안부' 할머니와 함께하는 통영거제시민모임」(http://dagagagi.org)을 분석 대상으로 선정하였는데, 이 사이트가 현대 풀뿌리 시민의 관점을 가장 잘 대변하는 중요한 사이트 중 하나라고 판단하였기 때문이다.[7] 이 단체는 지역 언론에는 자주 등장하였지만, 사

4 일본군 '위안부' 기억의 터, 네이버 카페.
5 위안부 할머니들께, 네이버 카페.
6 정의기억연대 웹사이트.
7 경상북도의 '위안부' 피해자 지원을 위한 유사한 웹사이트로는 「정신대 할머니와 함께하는 시민모임」이 있다.

회 운동이 덜 활발한 지역에서 풀뿌리 민족주의를 대변할 수 있는 잠재력이 있음에도 불구하고 학계의 관심은 받지 못하였다. '다가가기'라는 이 커뮤니티는 2002년 8월 15일 생존자들의 고통을 덜어 주고 존엄성을 회복하는 것을 목적으로 결성되었다. 당시 통영에는 4명, 거제에는 2명의 생존자가 있었다. 이들은 모두 80대의 할머니였고 커뮤니티는 이들에게 생일파티, 나들이, 인권 캠프 등 복지 지원을 제공하고 일본 정부에 범죄 피해구제와 피해보상을 요청하였다. 홈페이지는 온라인 커뮤니티에 대한 내용으로 이루어져 있다. 커뮤니티 소개, 지역 생존자 6명의 이름, 존엄 회복 활동, 정보와 공유를 위한 커뮤니티 게시판, 자료, 지지와 후원 방법 등이 표시되어 있다. 커뮤니티 게시판에는 2020년 5월 18일 현재 280여 개의 게시물이 올라와 있으며, 이 중에는 일본의 피해자 배상을 촉구하며 일본 국회의원들에게 보내는 고교생들의 탄원 엽서도 있다. 피해자들이 일본을 직접 방문해 학생들의 엽서를 전달하기도 하였다. 게시판의 첫 게시물은 2010년 10월 15일에 작성되었으며 2019년 6월 24일까지 지속되었다. 나는 2020년 2월부터 3월 1일까지 전체 웹사이트의 내용을 내려받았다. 데이터의 양은 행간 여백 없이 A4 용지 360쪽에 달하였다. 커뮤니티 웹사이트에는 통영과 거제에 거주하는 지역 활동가뿐만 아니라 '위안부'와 관련된 다른 지역 및 전국 협의체의 게시물도 포함되어 있다. '외부' 게시물은 거기에 지역의 활동가나 행위자의 생각이 반영되어 있으므로 홈페이지에 게시된다. '다가가기' 웹사이트를 더 구체적이고 객관적으로 이해하기 위해 학술문헌과 언론, 그리고 관련된 다른 웹사이트 등을 참고하였다.[8] '위안부'와 관련된 공식 사이트들은,

8 참고한 웹사이트는 「디지털 기념관 위안부 문제와 아시아여성기금」, 「여성가족부 일본군

비록 상당 부분 중복되기는 하지만, 대부분 풀뿌리 시민이 아닌 정부와 지식인 혹은 연구자의 관점을 대변한다. 따라서 '다가가기'의 웹사이트는 풀뿌리 관점을 대변한다는 점에서 특히 유의미하다.

개방 코딩, 축 코딩, 선택 코딩을 포함하는 근거 이론 방법론의 원리를 바탕으로 데이터에 대한 기술적·이론적 해석을 수행하였다. 개방형 코딩은 문장과 문단을 분석하는 것으로, 이를 통해 개념과 범주가 개발된다. 축 코딩은 하위 범주와 더 큰 범주 사이의 연관성을 파악하는 것으로, 더 큰 범주에는 구조와 사회적 맥락이 있을 수 있다. 선택 코딩은 주로 주요 범주를 다루며, 그것이 어떻게 하위 범주에 의해 지지받는지를 밝힌다 (Glaser and Strauss 1967; Strauss and Corbin 1990).

4. 일본군 성노예의 형태발생론적 배경

1930년대 후반 제2차 중일전쟁을 묘사한 1965년 영화 「사르빈강에 노을이 진다」(정창화 감독)는 중국 내 두 한국인의 짧은 대화를 담고 있는데, 이들은 각각 일본군 '위안부'와 '자원한 것으로 되어 있는' 학도병이다. 군인은 여자에게 어떻게 중국에 오게 되었는지 묻는다. 여자는 "간호사가 되는 줄 알고 속아서 왔다"고 말한다. 군인은 "그럴 리가 없다"며 일본이 그런 속임수를 쓰지 않을 거라고 대답한다. 여자는 "아직 속아본 적 없냐"고, "일본 제국주의가 아주 신사적인 줄 아세요?"라고 반문한다. 박유하

'위안부' 피해자 e-역사관」, 「동북아역사재단」, 「일본군 '위안부'문제 연구소」 등이다.

교수는 이 여성의 지적이 정확하다는 점에 주목한다. 군인은 자신이 강제 징집되지 않았다고 생각하지만, 실은 자신도 모르는 사이에 이미, 당시 일본 제국에 확립된 구조의 영향하에 있었던 것이다.[9] 1960년대의 사회 풍토는 대다수 한국인이 일상적이고 기본적인 필요를 충족시키는 데 몰두하여 그 이상의 어떤 것과도 거리를 두던 시기였다. 인간의 존엄성도 마찬가지였다. 1965년 6월 22일 체결된 한일기본조약은 일제 강점기에 비롯된 양국의 긴장 관계를 보완하려는 시도였다. 그러나 박정희 대통령의 주된 관심사는 일본으로부터 국가 경제 재건 자금을 조달하는 것이었는데(Hicks 1995), 이는 군사 쿠데타를 통해 획득한 자신의 리더십을 정당화하는 방법이었다. 당시 한국 정부는 일제 강점기에 고통받은 강제 징용 피해자들에 대해서는 거의 관심을 보이지 않았다.

윤정옥 교수는 어린 시절 친구 몇이 일본군 '위안부'로 끌려가는 것을 목격하였다. 윤 교수는 1990년 1월 『한겨레신문』에 '위안부'에 대한 자신의 연구 결과를 4회에 걸쳐 실었다(윤미향 2015: 124).[10] 이 보도는 굴욕적인 충격이었으며 한국에 국가적인 분노의 물결을 일으켰다. 이후 일본 정부가 전쟁범죄가 있었음을 부인하자 김학순 여사가 1991년 8월 14일 최초로 자신의 피해 경험을 언급하고 일본 정부를 비난하였다(최현실 2010: 18). 이러한 공개적인 보도와 비난은 1945년 해방 이후 45년 만에 이루어진 것이다. 나는 그동안 새로운 구조적·문화적 요소들이 작동하여 일종의 확립된 맥락을 조성하였으며, 이로 인해 피해자들이 목소리를 내지 못하게 되었

9 「제국의 위안부 2」, 유튜브(2015. 6. 5 게시).
10 기사 제목은 「정신대 원혼 서린 발자취」이다.

다고 생각한다.[11] 우선, 한국의 산업발전을 위한 일본의 협력과 기술 지원이 한국의 지속적인 경제발전에 자극제가 된 것은 사실이다. 그러나 1970년대와 1980년대에는 기생관광이 외화벌이의 중요한 원천이었다. 강준만은 1971년 한국을 방문한 일본인 관광객이 10만 명에 달하였고 1979년에는 65만 명으로 증가하였으며, 이 중 85%가 남성이었다고 보고하였다(강준만 2017; Lie 1995; Bishop and Robinson 1998; Norma 2019). 완전히 같은 성격은 아니지만, 이는 '위안부'의 새로운 버전이 작동한 것이라고 주장할 수도 있을 것이다.

둘째, 한국의 독재 정권은 자신의 이익을 위해 국가의 산업화와 현대화를 우선시하였는데, 이러한 정책이 군사독재의 리더십을 정당화하는 중요한 요소이기 때문이었다(윤미향 2015: 214; 최현실 2010: 13 참조; Han and Sharp 1997). 이렇듯 한국 정부와 가부장적 한국 사회 모두 이 문제를 회피하였으며, 이를 제기할 사회적 동력이 없었다(이유민·민영 2011: 46). 그러나 1990년대 초 한국 정부는 주거와 의료를 제공하면서 피해자들을 적극적으로 지원하기 시작하였다.[12] 1997년에서 1998년 사이 정부는 일본 총리에게 피해자 개개인에게 공식 사과문을 보내 줄 것을 요청하였다(Choi 2005: 21). 이러한 국가 정책의 변화는 피해자가 자신의 피해 서사를 공유할 수 있는 통로를 제공하고, 개인의 인생 궤적을 공공·국가 담론으로 승격시킴으로써 사회 환경을 더욱 변화시켰다(최현실 2010: 21, 22; 김수아 2000). 이

11 중국의 '위안부' 피해자들이 자신의 피해 사실을 공개적으로 밝히지 못한 것은 바로 관련된 구조적 이유 때문이었다.

12 이들은 각각 한국 정부로부터 21,000달러, 민간 기금으로부터 4,344달러를 받았다(Min 2003: 946).

유민과 민영(2011:50)에 따르면, 2000년 이전에 「한국정신대문제대책협의회」(정대협)[13]의 소식지에는 '위안부'들이 일제 식민지의 국민이었고, 제국주의 군인들의 강간 피해자였다고 기술되어 있다. 즉, 2000년대 이전에는 피해자들이 불행하였던 주된 원인이 한국이 무력한 국민 국가였던 탓이라는 데 초점을 맞추고 있었다. 피해 국가에 비난이 쏟아진 것이다. 이후 '위안부'의 해석을 확장하여, 페미니즘, 한국 정부가 뻔뻔한 가해자인 일본과 문제를 해결하지 못하는 무능력, 미국의 무관심, 그리고 더 넓은 세계 체제 속의 불평등한 관계까지 고려하게 되었다(이유민·민영 2011: 52-53). 피해자들의 존엄성을 회복하려는 움직임은 몇몇 나라의 의회에까지 손을 뻗치며 국제적인 이슈를 만들어 냈다. 예를 들어, 미국 하원에서는 일본이 공식적으로 사과하고 책임을 인정해야 한다는 결의문을 채택하였다. 2008년 4월에는 일본의 지속적인 거부에도 불구하고 프랑스, 네덜란드, 북한, 중국, 필리핀 등 다른 국가들이 일본의 사과를 요구하며 미국의 선례를 따랐다(최현실 2010: 22).[14]

셋째, 일제 강점기 동안 한국의 민족주의자들은 여성을 경시하는 유교적 유산의 폐지를 주장하는 등 어느 정도 여성의 인권을 지지하였다(Kim 1996). 그러나 1980년대 한국은 급격한 서구화를 겪고 있었고 특히 엘리트의 관점에서 페미니즘에 대한 시각이 엇갈렸다. 풀뿌리 수준에서는 여성의 권리가 비교적 제한적인 형태로만 대변된 것으로 보인다. 1970년대와 1980년대의 한국 사회는 지금보다 훨씬 보수적이었고, 피해자들로 하

13 한국정신대문제대책협의회(2004).

14 "Japan Rejects US Calls for Apology over 'Comfort Women'," *The Guardian*, 2007년 7월 31일자.

여금 자신들이 겪은 일을 털어놓도록 조장하는 분위기가 절대 아니었다. '공개적으로 말하기', 혹은 그 경험을 고백하는 것은 피해자들에 대한 비난만 불러일으켰을 것이다. 예를 들어, '위안부' 피해자인 김학순 여사의 남편은 아들 앞에서 그녀의 삶을 조롱하였다(윤미향 2015: 92; 김은경 2010: 189). 중요한 것은, 무엇이 가장 이득인지 명확하게 '계산'할 수 있었던 개별 행위자들은 당연히 주어진 문화적 맥락에서 목소리 내기를 꺼렸을 것이라는 점이다. 그렇게 계산적 민족주의가 작동하고 있었다. 한 조사에 의하면, 1945년 해방 이후 '위안부' 피해자 6명 중 4명이 귀국하였으나 고향으로는 돌아가지 않았다(윤미향 2015: 89, 92). 어떤 이들은 사회문화적 맥락을 고려하였을 때 자신에게 겪게 될 수치심이나 공동체의 비난으로 고향을 떠날 수밖에 없었다. 일세의 잔혹한 '위안소' 안에서의 싱 익입에서는 빠져나왔지만, 한국의 가부장적 이념이 피해자들의 고통을 연장시킨 것이다(Min 2003: 948).

넷째, 2007년에는 일본군 '위안부'가 학계의 관심을 끌기 시작하였고, 2013년에는 깊이 있고 폭넓은 학문적 논의가 시작되었다(가령, 박정애 2013; 윤미향 2013).

2000년대 이후 한국 경제는 크게 성장하였고, 한국은 국제 사회에서 주목할 만한 중견국으로 부상하였다. 이러한 한국 사회의 구조적 변화로 인해 '위안부'에 대한 정부의 재정적 지원이 확대되었고 사회 운동 또한 보다 적극적으로 진화하며 피해 여성들의 존엄성을 회복시킬 수 있었다. 이는, 특히 1997년부터 2007년까지, 여성의 권리가 점차 제도화되는 문화적 풍토 속에서 가능한 것이었다(Kim and Kim 2011). 사회 활동가들은 맥락적 변화를 인식하게 되었고 한국과 일본 정부가 나서 각각 그리고 협력하여 이 문제를 해결할 것을 요구하였다. 일본 정부는 무대응으로 일관하고 있다.

5. 연구 결과

마거릿 아처(Archer 1995)의 비판 실재론적 접근은 사회 변화와 사회 운동을 이해함에 있어서 구조·문화·행위성의 교차점을 분석한다. 구조적 속성은 불평등한 관계, 예를 들어 기업주와 종업원 사이의 관계 또는 일본제국과 합병된 조선 사이의 관계를 반영한다. 관계의 불평등 수준은 정적인 것이 아니라 늘 출렁이면서 창발적인 '문화적' 속성에 영향을 준다. 그러면 활동가들은 이념을 동원하여 구조나 문화에 변화를 불러오거나 재생산한다. 즉, 사회를 변화시키거나 현상 유지를 하는 것이다.

'위안부' 문제와 관련하여, 변화를 불러오기 위해 구조·문화·행위성이 어떤 식으로 광범위하게 상호 작용하였는지 간략하게 설명해 보겠다. 2015년 일본군 '위안부'에 대한 한일 합의는 '위안부' 문제를 인정하거나 해결하려는 노력 없이 양국의 외교 구조와 관계를 원활하게 하려는 시도였다. 이는 부분적으로 피해자의 권리를 희생시키면서 경제적 이익을 도모하기 위한 것이었다. 2015년은 마침 '페미니즘 리부트'의 열기가 한창이었던 시기로, 당시의 사회 환경이나 문화는 명백히 어떠한 성희롱도 참아주지 않는 분위기였다(Lee 2017: 89). 게다가 평화의 소녀상 건립을 계기로 일본 정부에 대항하는 한국 전역의 풀뿌리 시위에 많은 시민들이 참여하였다. 전국 각지에 100여 개의 동상이 세워지면서, 특히 고등학생들이 풀뿌리 운동에 참여하게 되면서 일차 행위자들이 사회 활동가로 변화하는 계기가 되었다. '평화의 소녀상'은 풀뿌리 시민들의 기부와 예술가들의 재능 기부로 제작되었으며, 정부가 세운 기념 동상보다 훨씬 영향력이 컸다 (김명희 2018b: 127-128, 136).

1) 구조의 창발적 속성들

(1) 조선과 제국주의 일본의 세력 불균형: 과거를 돌아보며 현재를 논하다

1965년 체결된 한일기본조약은 한편으로는 과거에 일제가 저지른 위법 행위를 일본이 한국에 시인한 것이지만, 다른 한편으로는 이 위법 행위를 지우려는 시도이기도 하였다.[15] 일본 제국주의와 한국전쟁이 낳은 파괴와 인명 손실을 극복하는 과정에서, 상처투성이의 한국 국민 국가와 그 지도자들은 일본에 대해 종속적인 위치에 있었다. 일본군 '위안부'와 같은 피해자들에게도 불만을 제기하거나 보상을 요구할 공간이 주어지지 않았다. 앞서 주장한 바와 같이, 희생자들의 존엄성 회복을 위한 사회 운동의 궤적을 추적해 보면, 과거에는 힘없고 가난한 나라의 국민으로서 겪은 피해자들 불행을 자신의 슬픔의 일부로 공감하였지만, 국가 발전을 이룬 상황이 되자 늘어난 부와 힘에 상당한 것을 국민 국가가 국민에게 제공할 것을 기대하였다는 점을 알 수 있다(한국정신대문제대책위 2004: 8). 따라서 국

15 평화를 만드는 여성회 등(2005. 8. 26), 일본군 '위안부' 할머니와 함께하는 통영거제시민모임(이하 '다가가기') 웹사이트(2005. 8. 29 게시)에서 인용.

가에 대한 피해자들의 비난은 가능한 한 오랫동안 침묵되다가 최근 수십 년 동안 공개적으로 표출되고 있다(한국정신대문제대책위 1996: Ch. 2).[16] 한국인 피해자 및 국민들이 목소리를 내는 데 반세기가 걸렸고, 이는 한국이 이들이 목소리를 낼 수 있을 만큼 정치적·경제적으로 충분히 발전하는 데 걸린 시간이기도 하였다. 즉, 구조의 창발적 속성이 문화의 창발적 속성을 발생시킬 만큼 영향력이 커졌고, 이는 다시 일차 및 집합 행위자들이 사회적 행동을 취할 수 있게 한 것이다. 피해자들이 목소리를 내기까지 반세기가 걸렸던 이유는 비판 실재론의 역행추론에 기반하여 생각해 보면 자명하다. 게다가 가추법을 통해서는 발전된 한국의 피해자와 일차 및 집합 행위자들이 일본 정부에 의견을 내고 사과를 요구하는 방식을 알 수 있다. 이것이 이 장의 중요한 과제이다.

분석 대상인 커뮤니티 웹사이트(다가가기)에는 지적으로 유익한 내용이 많고, 여성과 국가의 존엄성을 회복하려는 열정이 가득하다. 강제 성노예는 과거에 실제로 일어난 일이고, 이는 일본의 "폭력과 억압, 약육강식에 기반한 야만적인 지배이자 반인도적 범죄의 전형"이었다. 과거의 범죄를 언급하는 것은 그 범죄의 결과를 바로잡으려는 현재 운동의 일환으로 불가피한 것이다. 실제로 일제 강점기에는 "국가적 억압과 차별, 정치적 억압, 경제적 착취, 모든 인권의 파괴"가 만연하였다.[17] 한국인의 독립을 쟁취하기 위한 어떤 종류의 운동이나 사소한 비판을 동반한 저항 운동도 끊임없

16 「최봉태 변호사, 이용수 할머니의 분노, 위안부 청구권에 소홀한 정부 탓」, 『한국일보』, 2020년 5월 12일 게시.

17 진실과미래, 국치100년사업공동추진위원회(2009. 4. 24), 다가가기(2009. 4. 24 게시)에서 인용.

는 폭력과 끔찍한 통제에 직면하였다. 한국인의 정체성을 지우기 위한 기만적인 동화 정책이 추진되었으며, 일본 주도의 제2차 중일전쟁(1937-1945년)과 태평양전쟁(1941-1945년)으로 인해 한국에서 가용한 모든 물자와 인적 자원이 전장으로 끌려들어 갔고 한반도는 폐허가 되었다. 일본군 '위안부'는 강제 징발 물자의 일부였던 것이다(Min 2003: 945).[18]

일단 과거의 범죄가 오늘날 제기되면 그것은 현재의 문제가 되어 한국과 일본의 과거 및 현재 구조, 그리고 양국의 정적치·경제적 관계에 대한 고찰을 필수적으로 요구하게 된다. 현대 한국인, 즉 일차 및 집합 행위자가 '여성의 인권 유린'을 자신의 문제로 파악함으로써 과거의 범죄를 '지금 여기의 문제'로 만든다.[19] 구조의 창발적 속성은 행위자의 속성이 과거의 잘못에 대항할 수 있게 해 주는 기반 요소였다. 즉, 한국 경제가 충분히 발전하고 국제 경제에서 한국의 발언권이 강해지자, 과거의 문제는 단순히 과거의 문제가 아니라 현재의 문제가 된 것이다. 한국의 시민과 학자들은 피해자들이 처음 목소리를 낸 1990년대 이후 '위안부'의 존엄을 회복하기 위해 진정성 있는 노력을 기울여 왔으며 상당한 진전을 이룬 것도 사실이다. 그러나 일본 정부는 제국주의 침략에 대해 공식적인 사과를 하지 않고 있고 심지어 과거 역사와 침략 전쟁을 정당화하였는데, 이는 한일 양국 간의 긴장을 악화시켰다.[20] 일본의 계속되는 역사 왜곡이 양국의 조화로운 관계를 발전시키는 데 여전히 장애물이다.[21]

---

18 진실과미래, 국치100년사업공동추진위원회(2020. 4. 24), 다가가기(2009. 4. 24 게시)에서 인용.

19 다가가기(2004. 7. 20 게시).

20 다가가기(2009. 4. 25 게시).

21 일본은 제국주의 관련 역사를 오랫동안 왜곡해 왔다. 이민진의 동명 역사소설을 원작으

일본은 '위안부' 문제의 해결을 위해서는 일본 제국의 군 '위안부' 계획과 운영의 전모를 드러내고, 사과와 함께 법적 배상, 향후 재발 방지 계획 등을 발표하는 것이 핵심적이라는 사실을 도외시해 왔다.[22] 요컨대, 사회 활동가들과 피해자들은 한국과 일본 및 양국 관계의 창발적 구조의 속성들을 인식하고 '위안부'의 존엄을 회복시키라고 요구하는 것이다.[23] 그러나 일본은 이러한 창발적인 구조적 속성의 새로운 현실을 받아들이기를 꺼리고 있다.

(2) 일본은 사과도, 새로운 구조와 관계를 받아들이는 것도 꺼린다

일본 정부는 독도의 영유권을 주장하는 한편, 동아시아의 무고한 희생자 수천 명의 위패가 있는 야스쿠니 신사에서 전범들에게 참배하였다. 일본의 현역 정치인들에게 위험한 제국주의적 사고방식이 여전히 작동하고 있는 것이다.[24] 이는 새로운 구조와 관계에 대한 적극적인 거부 반응으로 나타난다. 일본은 피해국에 대해 지속적으로 힘을 행사함으로써 권력 불균형을 만연시켰고, 이는 과거의 범죄를 해결하고 여성의 존엄성을 회복하는 데 걸림돌이 되고 있다. 피해자를 지지하는 사회 활동가들은 일제하에 피해를 입은 많은 아시아 국가들과 일본 사이의 경제적 격차를 잘 알고

로 미국에서 제작한 드라마 시리즈인 「파친코」는 2022년 초 전 세계적으로 인기를 끌고 있으며, 아이러니하게도 제국주의 일본이 재일조선인을 얼마나 비인간적으로 대하였는지, 그리고 조선인들이 어떻게 그 잔혹성에 용감하게 맞서 싸웠는지를 전 세계에 알리고 있다.

22 평화를 만드는 여성회 등(2006. 1. 3), 다가가기(2009. 4. 24 게시)에서 인용.

23 다가가기(2011. 8. 31 게시).

24 진실과미래, 국치100년사업공동추진위원회(2020. 4. 24), 다가가기(2009. 4. 24 게시)에서 인용.

있다. 이들은 제2차 세계대전 이후 유럽에서 벌어진 일을 예시로 피해를 입은 모든 아시아 국가들이 일본 정부에게 군 '위안부' 문제의 해결에 적극적으로 참여할 것을 요구해야 한다고 주장한다. 독일의 주변 국가들은 나치 전범들을 적극적으로 색출하여 법의 심판을 받게 하였다. 그러나 전쟁 피해자가 있는 아시아 국가들은 전범을 고발하는 일조차 적극적으로 피하였다. 일본군 '위안부' 문제를 자국 내에서 제기하는 것은 특히 금기시되었다. 불행하게도, 이는 일본이 전범에 대한 논의를 묵살하고 일본의 법적 책임을 방기하도록 부추겼다. 실제로 일본은 과거에 가졌던 우월한 군사력과 제국으로서의 힘을 되찾기 위해 애쓰고 있는데, 이는 세계 평화에 잠재적인 위협이 되고 있다.[25] 한국의 활동가들은 경제력 있는 일본이 군 '위안부'에 대해 사과하고, 재빌 방지를 위한 입법과 배상안을 마련하라고 요구하였다. 여고생 김보윤은 일본에 집단 탄원 엽서 보내기 캠페인에 참여하여 일본 국회의원에게 보내는 글을 쓰면서, 국가의 위상은 경제력뿐만 아니라 잘못을 인정하고 시정할 수 있는 능력으로도 표현된다고 하였다.[26] 나는 이러한 청원 캠페인이 가능하였던 것은 부분적으로 한국의 경제적 위상과 국제적인 영향력이 높아져서 청년들까지 참여시킬 수 있었기 때문이라고 주장한다. 한국의 사회 활동가들은 다른 아시아 국가의 피해자들과 연대하여 활동하고 있지만, 경제적 성취가 낮은 국가들은 한국만큼 적극적이지 못하다. 사실 한국 정부조차도 일본에 대해서는 신중한 행보를 보이며, '위안부' 피해자들의 이해를 적극적으로 대변하지는 못하였다.

---

25 「2006년 3월 15일 세계 각국에서 일본군 '위안부' 문제 해결을 위한 700차 수요 시위에 참가하고 연대하는 단체와 시민들」(2006. 3. 15), 다가가기(2006. 3. 17 게시)에서 인용.

26 다가가기(2010. 10. 31 게시).

한국 정부는 평생을 한스럽게 살고 이제 죽음을 눈앞에 둔 피해자들을 외면하는 방관자가 되어서는 안됩니다. 2006년 새해, 정부는 '위안부'를 외교의 핵심 과제로 정하고 적극적으로 문제 해결에 나서야 합니다.[27]

한국 정부는 피해자들의 비통한 절규를 완전히 무시하고 자국민을 보호하지 않습니다. 실리 외교는 피해자의 인권과 존엄성을 무시하고 국제 사회에서 조롱거리가 될 것입니다.[28]

한국 정부가 문제 해결에 미온적인 태도를 보이는 것은 부분적으로 피해자들의 출신 배경이 열악하여 정치적·경제적 영향력이 적기 때문이다 (Min 2003). 노무현 대통령이 2004년 7월 고이즈미 준이치로 일본 총리와의 정상회담에서 아무런 진전도 끌어내지 못한 것을 보면서, '위안부' 피해자들은 노 대통령에게 "한국의 대통령이냐 아니면 일본인들 대통령이냐"며 절규하였다. 사회 활동가들은 노무현 대통령이 무너진 인권을 또다시 깔아뭉갰고, 이는 "위안부 할머니들을 두 번 죽이는 것"이라며 비판하였다.[29] 한국 정부의 해결 의지가 부족하였을 뿐만 아니라 일본 정부 역시 이 문제의 해결에 우선순위를 두지 않았기 때문에 활동가와 피해자들의 실망은 반복되었다.[30] 통영시와 거제시의 활동가들은 한국 국회가 일본과 연계하여 이 문제를 해결하기 위한 법안을 심의조차 하지 않는 것에 실망하였다.[31] 지역 활동가들과 거제시의회 의원들은 고령의 피해자들이 임종을 앞

---

27 평화를 만드는 여성회 등, 다가가기(2006. 1. 3 게시)에서 인용.

28 송도자, 다가가기(2009. 10. 30 게시).

29 한국정신대문제대책협의회(정대협), 다가가기(2004. 7. 23 게시)에서 인용.

30 평화를 만드는 여성회 등, 다가가기(2006. 1. 3 게시)에서 인용; 「'위안부' 피해자 125명, 정대협, 제700차 수요 집회에 참가한 시민들」(2006. 3. 15), 다가가기(2006. 3. 17 게시)에서 인용.

31 송도자, 다가가기(2008. 1. 7 게시). 이는 한국 국회의원 중 상당수가 반일 입장을 취하는

두고 있어서 특히 걱정이 컸다.[32] 활동가들은 지역의 '위안부' 피해자들과 긴밀한 관계를 유지하며 한국과 일본 정부에 해결책을 요구하고 있지만, 그들의 요구는 외면당하고 있다.[33]

(3) 일본은 공식 사죄와 함께 새로운 기준을 법으로 제정해야 한다

통영시와 거제시는 비교적 일본과 가깝다. '다가가기'에 참여하는 일반인과 활동가들은 지역의 '위안부' 피해자들과 긴밀한 관계를 맺고 있으며, 일본 의회에 서한을 보내기 위한 캠페인을 주최하기도 하였다. 다시 말하지만, 이러한 캠페인은 국제 사회에서 한국의 힘과 위상, 그리고 구조의 향상을 전제로 한다. 그러나 일본은 피해자들의 존엄을 회복하기 위해 일본이 법을 제정하고 배상하라는 한국의 요청을 무시해 왔다. 일본이 새로운 현실과 관계를 받아들이고 새로운 관계로부터 잠재적 이익을 실현할 수 없다면, 일본은 그 해결책을 내놓지 못할 수도 있다.

고등학교 3학년인 지예진 학생도 일본 의회에 간곡히 호소한다. 평소 '위안부' 피해자들과 친분을 맺고 지내오던 지예진 학생은 이들이 겪은 고통과 슬픔에 깊은 관심을 갖고 있다고 말하였다. 자신의 나이 때 성노예가 되어 타국으로 떠나야 하였던 할머니들을 생각하면 눈물을 흘리지 않을 수 없다는 것이다. 그녀는 다음과 같이 말을 이었다.

것에 반대하기 때문에 복잡하다. 여기서 주요 초점은 웹사이트 내용을 분석하는 것이므로 이 문제와 관련한 자세한 논의는 생략한다.

32 다가가기(2009. 11. 2 및 2009. 12. 24 게시); 「일본군 '위안부' 문제 해결 촉구 결의안 채택」, 『거제인터넷신문』, 2009년 12월 25일자.

33 다가가기(2009. 12. 24 게시).

저는 일본 사람을 싫어하지 않습니다. 조상이 한 일 때문에 현대 일본인을 싫어하는 것은 잘못된 일입니다. 그러나 과거의 잘못을 부정하고 은폐하는 것도 잘못된 일입니다. 딸이 해외로 끌려가 강제 성노예로 일해야 한다면 어떻겠습니까? 그것이 바로 일본군 '위안부'에게 일어난 일이며, '위안부' 할머니들의 후손인 우리의 심정입니다. 할머니들이 항의하고 계신 이유는 돈이나 복수가 아니라 진심 어린 사죄를 받고 싶어서입니다. 역사적 사실은 지울 수 없습니다. … 일본 의회가 이 문제를 해결해서 할머니들이 여러분을 용서하고 편히 눈 감을 수 있게 되기를 바랍니다.[34]

일본 정부는 여전히 군 '위안부' 문제에 대한 의미 있는 논의와 해결을 위한 협상 테이블에 나오지 않고 있다. 그러나 한국의 입장에서 보면, 한국의 사회 활동가들이 과거의 과오를 바로잡고 피해자들에게 사죄와 배상을 할 것을 집요하게 요구하고 있다. 이는 문화의 창발적 속성이 표현된 것이다.

2) 문화의 창발적 속성: 지배적인 이념의 투영

한국 정부는 '위안부' 피해자들에게 생활비와 의료비를 지원하였고 피해자들은 이를 감사히 받았다. 하지만 이들의 상처 입은 존엄성은 물질적인 것이 아니라 사죄와 용서로만 회복될 수 있는데, 이는 아직 풀어야 할 숙제이다. 다양한 문화 활동이 인권과 평화를 증진하기 위한 이념과 가치의 중요성을 재정립하고자 진행 중인데, 이는 국내외적으로 일어난 경제적이고 문화적인 변화를 반영하는 것이다. 나아가 경제발전과 함께 여성

34 다가가기(2010. 10. 15 게시).

의 권리도 신장하여 1980년대 이후 관련 정부 부문의 신설과 2005년 여성가족부의 구성으로 이어졌다. 1990년대 초 이른바 제3의 물결 페미니즘과 같은 국제 페미니스트 운동 역시 이러한 배경의 일부였고 문화적 가치를 일깨우는 원동력이었다.

(1) 평화와 비폭력주의를 촉진하는 이념과 가치

새로운 구조와 관계의 발전에 따라 보편적인 이념과 가치관, 그리고 이와 관련된 문화 활동에 개혁이 일어났고 그 결과가 정착되었다. 이러한 문화 활동은 행위자들의 지속적인 항의에 의해서도 뒷받침된다. 또한 국가적으로나 세계적으로 더 넓은 문화적 환경과 관련하여 인권의 가치는 수십 년 전보다 훨씬 더 엄격하게 수호되고 있다. 항의의 핵심은 '위안부'의 희생이 역사 속에서 잊히지 않기를 바라며 미래 세대는 이러한 희생을 겪지 않을 것이라는 희망이다.[35] 폭력적인 위법 행위를 숨기려 하고 사죄 요구에는 침묵하며 오히려 또 다른 전쟁에 불을 붙일 수 있도록 준비하는 일본 정부에 대항하지 않을 수 없었던 피해자들에게 용기를 주는 것이, 앞에서 논의한 구조적 변화 외에도, 바로 이러한 새로운 속성들의 문화적 맥락이다.[36] 일본은 과거 침략의 역사를 왜곡하고 전쟁에 불붙이는 데는 적극적이면서, 이러한 악행을 씻어 내기 위해 야스쿠니 신사에 참배한다.[37] 이러한 태도는 현재 작동 중인 새로운 문화의 창발적 속성을 받아들이지

---

35 다가가기(2004. 10. 28 게시).
36 「700차 수요 시위에 참가한 '위안부' 피해자들」(2006. 3. 15), 다가가기(2004. 3. 17 게시)에서 인용.
37 진실과미래, 국치100년사업공동추진위원회(2009. 2. 26), 다가가기(2009. 4. 24 게시)에서 인용.

않으려는 일본의 끈질긴 거부를 드러낸다.

불의와 인권 침해에 초점을 맞춘 사회 운동이 있는가 하면, 소위 친일파, 즉 한국의 수구 세력도 존재하는데, 이들은 사회 운동가들의 의견에 완강히 반대한다. 이들은 한국의 근대화가 일제 식민주의 덕분이며 일본군 '위안부' 역시 강제가 아니라 자원한 것이라고 주장한다(이영훈 2019). 나는 이 수구 세력의 생각이 시대에 뒤떨어진 것이며, 그들이 새로운 시대의 창발적 문화 속성을 따르는 것을 거부하고 있다고 생각한다(이영훈 2019). 또한 중요한 것은, 한국 사회가 일본 제국주의와 완전히 화해하지 못하였다는 점이다. 예컨대, 일제 강점기 동안 동포 조선인들에게 무지몽매하고 배신적인 행위를 한 데 대해 친일파의 책임을 묻지 못하였고 그들이 해방 후에도 기득권을 이어오고 있다. 그들 중 상당수가 현대 한국에서 기득권 집단의 일부를 형성하고 있다.[38] 결과적으로 한국인 대다수와 친일파로 태어나거나 친일파의 후손인 사람들 사이의 파괴적이고 소모적인 긴장이 계속되었다. 이는 새로운 문화, 새로운 가치, 새로운 구조를 거부하거나 수용할 능력이 없는 세력의 존재가 한국 사회 내에서 지속되는 문제임을 의미한다.[39]

일제 강점기 동안 일제가 한국인을 어떻게 대우하였는지 알게 된 한국인들은 '위안소'를 통해 침해받은 인권이 회복되어야 하며, 일본의 사죄와 배상을 통해 정의와 평화의 세계가 재건되어야 한다고 확신한다.[40] 사

38 박정희와 백선엽 장군이 그 예이다.
39 진실과미래, 국치100년사업공동추진위원회(2020. 2. 26), 다가가기(2009. 4. 24 게시)에서 인용.
40 다가가기(2004. 3. 17 게시).

회 활동가들과 피해자들은 전 세계에서 계속되는 전쟁에 대해 고민한다. 전쟁에서 가장 취약한 것은 여성과 아이들이다. 그들은 일본군 '위안부'가 경험한 슬픔을 그 누구도 겪지 않기를 바라고 누구도 그러한 상처를 받지 않기를 바란다.[41] 받아들일 준비가 되어 있는지 여부를 떠나 인권의 존엄성을 높이 평가하는 새로운 문화가 도래한 것이다. 이는 분명 사회 활동가들로 하여금 피해자들의 상처가 다시는 반복되어서는 안된다고 말하고 계속해서 일본 정부에 항의하도록 만든다.[42] 이 새로운 문화 환경 속에서 고이즈미 준이치로 전 일본 총리(2001-2006년)는 희생자들에게 보내는 서신에서 "일본 총리로서 헤아릴 수 없는 고통스러운 경험을 겪고 위안부로서 치유할 수 없는 신체적·정신적 상처를 입은 모든 여성에게 다시 한 번 진심 어린 사과와 반성의 말씀을 드린다"고 쓴 바 있다.[43] 안타깝게도 피해자들은 이것이 입발림에 지나지 않는다고 본다. 그들이 원하는 것은 "개인이 아닌 일본 정부를 대표하는 진심 어린 사죄와 배상·진실 규명·교육·역사 인식 등 진정성을 보여 주는 행동"이다.[44] 중요한 것은, 이 말이 일본의 활동가 단체인 「전쟁과 여성에 대한 폭력에 반대하는 일본 네트워크」(Violence Against Women in War-Network, Japan)에 의해 작성되었다는 점이다.

---

41 「700차 수요 시위에 참가한 '위안부' 피해자들」(2006. 3. 15), 다가가기(2004. 3. 17 게시)에서 인용.

42 다가가기(2010. 10. 15 게시).

43 VAWW-NET Japan(2004. 7), 다가가기(2004. 8. 9 게시)에서 인용; 일본 외무성 웹사이트(2001 게시; 2020. 7. 14 접속).

44 VAWW-NET Japan(2004. 7), 다가가기(2004. 8. 9 게시)에서 인용.

(2) 문화 플랫폼: 영화·연극·전시를 통한 이념 홍보

영화, 연극, 전시회는 비교적 최근에 등장하여 대중에게 새로운 문화를 보여 주고 소통할 수 있는 플랫폼으로 널리 퍼져 있다. 이러한 플랫폼은 현재의 관심사가 된 과거의 사건을 다루는 현대 문화 활동의 일부이다. 이러한 활동은 대중에게 역사적·문화적 성찰을 제공한다. 일본군 '위안부' 문제의 해결, 특히 세계 평화를 위해서도 이러한 활동이 기획되었다. 2007년 11월 24일과 25일에는 통영국제음악재단 콘서트홀에서 인권영화제가 개최되어 '위안부'와 일제 잔재를 주제로 한 가장 성공적이고 대중적인 다큐멘터리들이 상영되었다. 「낮은 목소리」(1995), 「안녕, 사요나라」(2005), 「우리 학교」(2006), 「아직도 아물지 않는 상처들」(2003), 「지울 수 없는 역사」(2005) 등이 여기에 포함되었다.[45]

다큐멘터리 영화 「낮은 목소리」는 나눔의 집을 중심으로 '위안부' 피해자 여섯 명의 삶을 그린다. 영화는 과거 '위안소'에서의 경험, 그리고 주한 일본대사관 앞에서 열리는 수요 집회를 비롯하여 많은 시위와 집회 속에서 털어 내는 그들의 아픈 기억을 마주한다. 또 다른 영화 「안녕, 사요나라」는 불행한 과거를 뒤로하고 평화로운 미래를 맞이하고자 분투하는 이야기이다. 제2차 세계대전의 많은 희생자들이 '강제로' 야스쿠니 신사에 합사되는 치욕을 당하였다. 이 다큐멘터리는 한국인 희생자의 후손이 조상의 위령비가 야스쿠니 신사에 합사된 것을 취하하기 위해 싸우는 이야기와 '위안부'에 가해진 불의에 대해 일본 정부의 배상을 끌어내기 위해 분투하는 일본 활동가의 이야기를 다룬다. 슬픔은 희생자에게 끝나는 것이 아니

45 다가가기(2007. 11. 15 게시).

라 그들의 후손에게도 계속되지만 이 슬픔은 은폐된다. 보편적 가치로서 정의를 추구하는 일본인들도 많이 있다.

다큐멘터리 영화「우리 학교」에 나오는 조선학교는 홋카이도에서 유일하게 재일조선인 1세들이 설립한 학교이다. 일본에서 자랐음에도 불구하고 학생들(그리고 그들의 부모)은 여전히 한국인에게 적대적인 일본에서 한국인의 정체성을 유지하기 위해 조선학교에서 공부하기로 결심한다.

이 다큐멘터리 영화들은 성인 13,000원, 학생 5,000원의 입장료를 받고 상영되었다. '위안부'들이 그린 작품 전시회도 열렸다. 2008년에는 8월 23일과 24일 이틀간 통영해양탐방공원에서 지역사회운동단체인 '다가가기'의 주최로 '위안부'을 주제로 한 영화제(2007년 영화제 상영작과는 다른 8편의 영화 상영)와 사진전이 열렸다.[46] 2008년에 개최된 이 인권영화제는 거제·통영 지역사회에서만 여섯 번째로 열린 인권영화제였다.

이 인권영화제는 상영작들의 내용이 많은 이들의 삶을 파괴한, 쉽게 치유될 수 없는 깊은 상처를 다루고 있다는 점에서 각별하였다. 이 영화제는 폭력 없는 미래에 대한 바람을 표현한다. 영화제를 통해 마련된 기금은 모두 '피해자 할머니'들의 복지를 위해 사용되었다.[47] 상영된 영화와 전시된 예술작품은 문화적 매개체로서 관객을 폭넓게 끌어모았고 인권과 평화의 가치를 전파하고 실현하는 데 상당한 효과를 거두었다.[48] 인권영화제를 주최하는 지역 주민과 행위자, 사회 활동가들은 일본 정부의 공식적인 사죄와 배상이 왜곡된 역사를 바로잡고 피해자들의 상처를 치유할 것이라는

---

46 다가가기(2008. 8. 10 게시).
47 다가가기(2007. 11. 15 게시).
48 다가가기(2008. 8. 10 게시).

입장이 확고하였다.[49] 피해자들이 지역사회에서 성적 학대의 상처를 지니고 사는 모습을 보는 것 자체가 지역의 행위자들과 활동가들에게는 상당한 고통임이 틀림없다. 그러나 지역 주민들과 특히 어린 학생들에게 이를 알리는 문화 활동이 아픔을 극복하고 다음 세대를 위해 평화로운 세상을 열어 갈 수 있도록 지원하는 방법일 것이다.[50]

'다가가기'가 매년 개최하는 '평화인권문화제'는, 홈페이지에서 밝힌 바와 같이, 국민주권·독립·인권·인간다운 삶의 가치를 지속적으로 상기시키고 있다.[51] 사회 활동가인 송도자는 다음과 같이 한탄한다.

> 1945년 일제로부터 독립한 한국인들은 36년 동안 일본의 압제에서 비롯된 모든 고통이 제거될 것을 바랐습니다. 그러나 민족의 독립은 한국인들의 피와 눈물의 결과가 아니었습니다. 성노예로 고통받은 소녀들의 피눈물, 강제 징용으로 끌려간 광부들이 죽어 가면서 흘린 신음, 전장의 최전방에서 죽어 가야 하였던 학도병들의 비명, 일제의 조직적 차별로 인한 조선인들의 슬픔, 히 로시마와 나가사키의 원폭 피해로 인한 유전병으로 고통이 해방 후 65년 동안 사라지지 않고 남아 있습니다.[52]

그러나 송도자는 '다가가기'와 같은 범국민적 운동이 결국 정의·인권·민주주의·평화의 회복을 보장할 것이며, 소녀들과 할머니들 역시 웃음을 되찾게 될 것이라고 믿는다.[53] '소녀'는 '위안소'에서 고통받던 소녀들과 평

---

49 다가가기(2008. 8. 10 게시).
50 다가가기(2008. 8. 10 게시).
51 정식 명칭은 「일본군 '위안부' 피해자 기금 마련 평화인권문화제」이다.
52 다가가기(2010. 7. 28 게시).
53 다가가기(2010. 7. 28 게시).

화로운 미래의 소녀들을, '할머니'는 사과와 배상을 기다리는 '위안부' 피해자들을 가리키는 것일 테다.

1992년 1월 8일, 미야자와 기이치 일본 총리의 방한이 임박한 가운데 주한일본대사관 앞에서 첫 수요 집회가 열렸다. 한국의 각 지역 운동단체가 연대한 이 시위는 2022년 3월 11일 1,534회를 맞이하였고 지금도 매주 수요일에 진행되고 있다. 수요 집회는 전 세계적으로도 유례없이 오래 지속하는 평화와 인권을 옹호하는 운동이 되었다. 이 집회는 미래 세대를 교육하기 위한 문화 행사이기도 하다. 성노예와 같은 인권 침해의 고통이 심각한 상태로 지속되고 있는데도 불구하고 피해자와 동시대 한국인들이 '문화 활동'을 통해 자신의 문제의식을 분명하고 평화롭게 표현하고자 한다는 의미에서 문화 행사이다. 예를 들어, 대학생 이태희는 "5년 동안 서는 이 장소에서 김복동, 길원옥, 이용수 할머니의 목소리를 통해 평화와 인권이 무엇인지 배웠다"고 하였다.[54] 수천 명의 항의자들이 동참해 30년 동안 한 주도 거르지 않고 정의와 평화를 외쳤다. 이들이 옹호하는 가치는 그만큼 중요하고 근본적인 것이다. 항의자들의 열정은 그들의 요구가 묵살되고 있음에도 불구하고 계속해서 강해지고 있다. 모든 항의 집회는 다른 누구도 아닌 바로 늙고, 아프고, 고통받는 피해자들을 위한 투쟁이었다. 항의자들의 외침과 평화를 위한 메시지는 일본대사관과 일본 정부, 그리고 모든 전범들을 향하고 있다.[55] 하지만 그동안 일본 측의 의미 있는 대응은 없었다. 이를테면 일본의 오쿠노 세이스케 의원은 '위안부'는 강제된

---

54 「사설: 수요시위, '초심' 기억하며 앞으로 나가야 한다」, 『한겨레』, 2020년 5월 13일자.
55 다가가기(2004. 11. 17 게시).

것이 아니라 자발적이었으며 일본군은 이들을 '위안소'로 수송하였을 뿐이라고 주장하였고, 이는 결과적으로 일본의 역사 교과서 왜곡으로 이어졌다.[56] 하지만 일본군에서 근무하던 한 일본인 산부인과 의사가 '위안소'의 여성 100명을 검사한 결과, 이 가운데 20명은 일본인 매춘부, 80명은 '한국인 처녀'였다. 이 한국 여성들은 자신이 공장에서 일하게 될 것이라는 말을 듣고 따라온 것이었다.[57]

통영·거제시는 전국의 다른 많은 항의 시위와 연대하여 지역사회에서는 1,000번째 수요 집회를 공동 개최하였다. 2011년 12월 8일 통영과 거제 시민 수천 명이 일제 강점기 피해자('위안부')들이 강제로 끌려와 배에 실렸던 강구안 해변에 모였다. 1,000명의 시민들이 항의 글과 그림으로 채워진 현수막을 직접 준비하거나 미리 인쇄된 현수막을 받았다. 1,000명의 시민들은 각각 현수막을 들고 나란히 서서 정의와 평화를 추구하는 그들의 단결된 마음을 U자 모양의 인간 띠로 만들어 담아냈다. 시위 참가자들의 U자 인간 띠 중 500번째 자리는 생존 '위안부' 김복득 할머니가 맡았다.[58] 언론에서는 참가자들이 소년과 소녀, 그리고 청년과 노인을 대표한다고 보도하였다. 이 문화 행사를 미친 사회 활동가 송도자 씨는 행사 비용을 어떻게 충당해야 할지 고민이 많았지만, 당시 지역에 유일하게 생존해 있던 94세 김복득 할머니의 슬픈 눈망울을 바라보며 진행해야겠다는 마음을 먹었다고 회상하였다. 이러한 행사를 개최하는 가장 중요한 이유는 피해자

---

56 다가가기(2006. 3. 17 게시).

57 「일본은 더 이상 학교에서 위안부 문제를 가르치지 않는다|영화 주전장」, 허프포스트, 유튜브(2019. 7. 26 게시) 중 영화 「주전장」의 감독 미키 데자키의 발언에서 인용.

58 다가가기(2011. 12. 8 게시); 「통영거제 1000명 정의의 인간띠 잇기 화보」, 『한산신문』, 2011년 12월 15일자.

들의 기본 인권이 가능한 한 빨리, 그분들이 살아계시는 동안 회복되기를 바라기 때문이다.[59] 한 사람의 기본적인 인간 존엄성보다 더 신성한 것이 무엇인가? 같은 행사가 2015년 3월 광복 70주년을 기념하는 행사로서 98세의 김복득 할머니가 참여하는 가운데 반복되었다.[60]

수요 집회와 같은 문화 행사는 집합 활동가들은 물론 풀뿌리 시민들까지 인권과 평화를 인류사의 보편적 가치로 재검토하도록 꾸준히 독려하고 있다. 춥고 바람부는 날에도, 습하고 더운 날에도, 비가 오나 눈이 오나, 활동가들과 건강이 좋지 않은 '위안부' 피해자들은 서울의 주한일본대사관 앞 혹은 다른 장소에서 시위를 계속하고 있다. 어린 소녀들과 여자들을 속이고 강제로 연행하여 성노예로 전락시키는, 인간의 존엄과 행복, 자유를 완전히 박탈하는 문화가 한때 만연하였다는 사실을 생각하는 것만으로도 잠시도 참을 수 없다는 것이다. 이 모든 반인도적 범죄 행위를 뒷받침한 것은 일제와 일본이 자행한 침략 전쟁이었다. 사회 활동가와 공동체 구성원들은 여전히 일본 정부에게 사과와 배상을, 한국 정부에게는 일본에 대해 적극적인 조처를 할 것을 촉구하고 있다. 실제로 활동가들은 1945년 독립 이후 '위안부' 문제 해결 차원에서 한국 정부가 일본과의 외교 관계에서 종종 활용하였던 굴욕과 밀약의 문화를 잘 알고 있다.[61] 2011년 8월 30일, 한국 헌법재판소는 "한국 정부는 '위안부' 문제를 해결하기 위한 체계적인 방법을 마련하기 위한 어떠한 조치도 취하지 않아 피해자들의 기본

---

59 다가가기(2012. 1. 7 게시).

60 「'위안부' 일본 정부 배상 촉구 1000명 인간띠 잇기 개최」, 『거제뉴스광장』, 2015년 3월 31일자.

61 다가가기(2011. 12. 26 게시).

권이 침해받은 채로 방치한” 사실에 대해 위헌 결정을 내렸다. 활동가들은 피해자들의 삶이 얼마 남지 않아 기본적인 존엄성을 회복하기 위해 기다릴 시간이 부족한 절박한 상황을 한국 정부가 인식하고 정부의 의무를 수행해야 한다고 단호하게 촉구하였다. 나는 이것이 한국 정부가 이 문제를 처리할 새로운 해법을 찾기 위해 노력하지 않는 것에 대한 사회 활동가들의 한탄을 대변한다고 생각한다. 애초에 정부에 등록된 234명의 피해자 중 2011년 8월에 생존해 있던 피해자는 63명에 불과하였다.[62] 2020년 5월 26일 현재 생존자는 17명이다.[63]

(3) 이념 홍보를 위한 다른 문화 프로그램: 장학 사업과 동상 건립

커뮤니티 웹사이트인 ‘다가가기’를 분석한 결과, ‘위안부’ 문제의 해결을 위한 지역사회의 지지가 폭넓게 있었음을 알 수 있다. 통영과 거제의 사회 활동가들이 벌인 활동은 유엔(UN), 국제노동기구(ILO), 미국 의회, 한국 및 일본 정부에 영향을 미치기 위한 전국적인 운동의 일부였으며, 이는 2007년 7월 30일 미국 하원에서 종군 ‘위안부’ 결의안(HR 121)이 채택되는 등 중대한 성과를 냈다(Lee and Halpin 2020). ‘다가가기’는 통영·거제시의회, 경상남도의회에서도 유사한 결의를 채택하도록 하는 운동을 시작해 이를 성취하였다.[64] 언급한 바와 같이, 지역에서 발의하여 진행 중인 다른 일들도 있다. 통영·거제 지역의 학생들이 ‘다가가기’의 지역 활동을 지원하기 위한 모금 활동을 벌이고 있다.[65] ‘다가가기’는 2012년 4월 27일 10주년을

62 다가가기(2011. 12. 26 게시).
63 「일본군 ‘위안부’ 피해자 별세… 생존자 17명」, 『한겨레』, 2020년 5월 26일자.
64 다가가기(2009. 12. 24 게시).

맞이하였으며, 기념식은 시 낭송, 통영 플루트 앙상블 공연, 통영여자고등학교 학생들의 춤과 노래 공연 등으로 진행되었다. 특히, 피해자 김복득 할머니는 연설을 통해, 개인과 지역 상공인 및 노동조합이 다가가기의 활동에 기금과 재능을 기부한 것에 감사의 마음을 전하였다. 사실상 지역사회 전체를 총동원한 기념식은 일본군 '위안부'의 존엄성을 회복하고 언젠가 정의와 평화의 날을 열어 가자는 취지로 마련되었고, 이날 저녁 많은 참석자들이 눈시울을 붉혔다.[66] 또한 시민들의 모금을 통해 통영에는 '정의비'가, 거제에는 평화의 소녀상이 세워졌다.[67] 동상 건립은 희생자를 추모하고 역사를 기록하여 인권과 정의, 평화를 위한 길을 닦기 위한 것이었다.[68] 동상 건립에 이어 홍보를 위한 3분짜리 UCC 제작 청소년 공모전도 열렸다. 이 공모전은 전국의 모든 청소년들을 대상으로 하였으며, "일본군 '위안부' 정의, 우리 손으로!"라는 주제로 진행되었다.[69] 대상을 수상한 고등학생들은 인상적인 디지털 기술을 도입하여 '위안부' 문제 해결을 향한 그들의 열정과 역사적 지식을 담아 영상을 제작하였다.[70]

2013년 11월 4일 김복득 할머니(96세)는 자신이 모은 돈 2,000만 원을 통영여자고등학교 장학기금으로 기부하였다. 그는 "어려운 형편에 놓인 학생들에게, 자아실현의 꿈을 이룰 수 있도록" 보탬이 되고자 한다며 장

---

65 다가가기(2007. 4. 16 게시).
66 다가가기(2012. 5. 3; 2012. 8. 23 게시).
67 다가가기(2012. 7. 17 게시).
68 다가가기(2012. 11. 6 게시).
69 다가가기(2012. 9. 5 게시). 대상 수상작은 「꽃이 핀다」(통영거제시민모임, 유튜브[2014. 1. 3 게시])였고, 두 편의 금상 작은 「미래에 우리가 꼭 보고 싶은 뉴스」(2014. 1. 3 게시)와 「개화」(2014. 1. 3 게시)였다.
70 다가가기(2013. 11. 15 게시).

학금 기부의 취지를 밝혔다. 나는 이러한 행동이 미래 세대가 평화로운 세상을 누릴 수 있도록 지원하는 것일 뿐만 아니라 폭력에 대한 적극적인 항의라고 생각한다. 김복득 할머니는 또 경상남도 '위안부' 역사관 건립에도 2,000만 원을 추가로 기부하였다.[71] 당시 할머니의 전 재산이었던 2,000만 원의 기부금은 '시민이 주도하는' 첫 번째 역사관 건립 계획을 위한 종잣돈이 되었다. 역사관 건립을 위해 지역사회에는 5억 원을 모금하였고, 한국의 중앙정부가 5억 원, 지방정부는 5억－15억 원을 지원하였다.[72] 김복득 할머니뿐만 아니라 지역사회 각계각층이 정의와 평화의 가치를 공유하고 있었던 것이다.

이 밖에도 수많은 다른 문화 행사들이 있었는데, 역사 및 '위안부'에 대한 책을 출판한 저자와의 북토크도 그중 하나였다. 자신이 일본군 '위안부'였다는 사실을 처음으로 밝힌 배봉기 할머니의 일대기를 바탕으로 쓴 『빨간 기와집』(2014)의 저자 가와다 후미코와의 북토크가 대표적이다. 또 다른 북토크는 『버마전선 일본군 '위안부' 문옥주』의 저자 모리카와 마치코가 함께하였다. 북토크 전단지에는 이 행사가 "평화로운 미래를 상상하기 위해 과거의 문제를 이야기하는 현대의 한국인들"에 관한 것이라고 묘사되었다.[73] 2018년 8월과 2019년 8월에는 '다가가기'에서 전국 청소년 일본군 '위안부' 시화 공모전을 개최하기도 하였다. 수상작들은 일본 나고야와 교토의 시민갤러리에 전시되었다.[74]

---

71 다가가기(2013. 11. 10 게시).
72 「경남 일본군 위안부 역사관 건립 추진」, 『한겨레』, 2019년 10월 28일자.
73 다가가기(2017. 6. 14 게시).
74 다가가기(2018. 7. 30; 2019. 8. 5; 2019. 6. 24 게시).

3) 사람들의 창발적 속성: 구성원의 능력

구조와 문화의 창발적 속성에 따라 사람들의 창발적 속성도 나타나 주어진 맥락에서 삶의 기회를 극대화하려고 한다. 이 세 가지 유형의 창발적 속성은 개념적으로 서로 구별된다. 그러나 경험적으로 이를 구분하여 설명하는 것은 쉬운 일이 아니다. 창발적인 구조적·문화적 속성들은, 구성원들이 맥락 변화의 일부를 형성할 뿐만 아니라 변화를 불러오기 위해 맥락을 미세 조정하는 데 적극적인 역할을 한다는 점에서, 구조적·문화적 맥락의 조건을 설정한다. 이 과정에서 개별 행위자는 일차 행위자에서 사회 활동가로 스스로 변화하며, 따라서 이중의 형태발생을 보인다. 사회 활동가들이 정의와 평화의 미래를 열어 가는 일에 나섰던 시위 활동의 많은 부분은 이미 이 장에 제시되었다. 이제 이들의 사회 운동을 좀 더 구체적으로 설명할 것이다. 이 운동은 대부분 앞에서 살펴본 창발적인 구조적·문화적 속성들에 기반하여 일어났으며, 사람들의 행동은 이 속성들 덕분에 가능해졌다.

(1) 피해자들이 겪은 일: 피해자에서 옹호자로, 자발적인 사회 활동가로

전체 운동에서 가장 적극적인 활동가는 '위안부' 피해자 자신들이다. '위안부'로서 고통받을 때도, 그 후에도, 그들의 개인적 삶은 대다수 사람이 이해할 수 없을 정도로 극단적인 수준의 회복력을 보여 주었다. 그들이 겪은 일과 그들의 회복력 있는 삶을 목격하는 것만으로도 미래의 정의와 평화를 위해 싸우는 사회 운동에 강력한 자극제가 되었다. 피해자들은 고령인데다 좋지 않은 건강 상태에도 불구하고 가장 적극적인 활동가가 되어 수요 집회와 지역사회의 집회, 유엔 등 국제 포럼에서 자신들의 경험을 직접 증언하였고, 이는 '다가가기' 웹사이트와 주요 언론에 잘 보도되었다.

'다가가기'는 피해자들이 어떤 병을 앓고 있고 병원에서 어떤 치료를 받고 있고, 회복되었는지 아니면 결국 사망하였는지 등의 사실을 지역사회 주민들에게 알린다. 이들의 건강이 좋지 않은 것은 평생에 걸쳐 시달린 외상 후 고통과 고령의 영향이 복합적으로 작용하였기 때문이다. 이들의 건강이 좋지 않을 때면 사회 활동가들은 가족 없이 지내는 할머니들의 최측근으로 남아 있다. 실제로 사회 운동가들은 할머니들의 자녀들보다 훨씬 더 많이 이들을 돌본다.[75] 또 중요한 것은 서로의 건강 악화로 인한 고통이나 회복에 울고 웃는 피해자들의 동반자 관계이다.[76] 이들이 예상치 못하게 입원이라도 하게 되면 운동이 거의 진행되지 않는 것도 활동가들에게는 큰 걱정거리이다.[77]

그러나 모든 인간은 죽는다. 피해자들의 죽음은 '다가가기' 웹사이트에서 가장 자주 언급되는 몇 안 되는 주제 중 하나이다. 2004년에는 전국적으로 매달 한 명 정도의 '위안부' 할머니를 잃었고, 일본 정부의 사과도 받지 못한 채 피해자들이 죽어 가고 있다는 사실이 심각한 우려를 낳았다.[78] 이들의 죽음을 알리는 모든 게시물에는 이들의 삶의 궤적에 대한 간단한 묘사와 이들이 병마와 싸우던 마지막 나날들이 함께 실려 있다. '다가가기' 게시물에 따르면, 피해자들은 전형적으로 불우한 가정 출신으로 10대 후

---

75 다가가기(2007. 4. 5 게시).
76 다가가기(2012. 8. 5 게시).
77 다가가기(2006. 10. 10 게시).
78 다가가기(2004. 10. 5 게시).

반이나 20대 초반에 공장에 취직시켜 준다는 말에 속아 '위안부'가 되었다. 이들은 중국, 싱가포르, 뉴기니, 미얀마 등지의 '위안소'에 머물며 수년간 노예 생활을 하였다. 성폭행 외에도 피해자들에 대한 견딜 수 있는 수준을 넘어서는 신체적·언어적 폭력이 존재하였는데, 이는 수많은 연구와 영화에 잘 나타나 있다. 제2차 세계대전이 끝나자 많은 이들이 살해되거나 버려졌다(윤정옥 1997: 291). 귀국한 이들 중 일부만 가족과 재회하였다. 가해의 폭력이 이들의 건강에 미친 영향은 평생 지속되었다. 피해자들의 임종을 지켜보는 순간에도, 지지자들과 활동가들은 그저 "아직도 일본으로부터 사죄를 받지 못해 죄송하다. 우리는 할머니들의 존엄성을 회복하기 위해 계속 싸울 것이다"라고 말하는 수밖에 없다.[79] 게시물을 읽다 보면 이것이 문제 해결을 보기로 결심한 이들의 절박한 외침임을 깨닫게 된다. 사회활동가들의 결심은 피해자들이 남긴 마지막 메시지, 즉 다음 세대에게 평화로운 세상을 보장하는 것이다.

(2) 피해자와 평화로운 미래를 위한 풀뿌리 운동과 지역사회 활동: 탄원 엽서 보내기

앞서 논의한 바와 같이, 인권과 평화로운 미래를 옹호하는 지역사회 기반의 항의 시위가 많이 벌어졌다. 우선, 2012년 9월 1일 '다가가기'는 지역 주민을 대상으로 역사 탐방 행사를 개최하였다. 소녀들이 배로 납치된 강구안, 우체국, 구청, 어망 제조공장, 봉래좌(봉래극장), 시장, 독립열사 묘소 등 독립운동과 '위안부' 문제에 있어서 역사적으로 의미 있는 장소들

79 다가가기(2006. 2. 19 게시).

로 참가자들을 안내하는 도보 여행이었다.[80]

두 번째로 통영·거제시에서 주목할 만한 운동은 일본 국회의원들에게 탄원 엽서 보내기이다. 일본 의원들에게 엽서를 쓰는 이 캠페인은 통영시와 거제시 시민 전체, 특히 중고생을 동원하는 운동이다. 청년들에게 일제 만행의 역사를 가르치는 것이 이 운동 전체의 중요한 부분을 차지하는데, 이 운동은 또한 청년들에게 평화로운 세상에서 살아갈 수 있도록 하는 것을 목표로 한다. 이 풀뿌리 운동에 참여하게 되면 청년들도 암울한 역사를 기억하는 데 참여할 수 있고, 이를 통해 젊은 세대와 기성세대가 함께 역사를 성찰하고 더 나은 미래를 위해 적극적으로 나서게 된다(김명희 2018; 이동기 2016). 이는 참여자들이 일차 행위자에서 집합 행위자로, 이후 사회 활동가로 변화하는 데 영향을 미치게 되는데, 이러한 효과를 의도한 것이다. 그렇다면 역사에 대한 성찰은 '대중의 역사'의 가치에 대해 생각해 볼 수 있는 의미 있는 기회를 제공한다(de Groot 2009; Sayer 2015; 김명희 [2018]에서 재인용). 수천 명의 학생들이 엽서 보내기 캠페인에 참여하였으며, 엽서들은 아름답게 포장되어 일본 국회에 전달되었다. 엽서의 내용을 몇 가지 소개해 보겠다.

> 존경하는 의원님, 저는 한국의 고등학생입니다. 저는 '위안부' 할머니를 지원하는 단체의 회원이자 할머니들의 말동무입니다. 할머니들 몇 분이 세상을 떠나시는 것을 보면서 그분들 모두가 돌아가시기까지 시간이 얼마 남지 않았다는 사실을 절실히 깨닫고 있습니다. 일본군 '위안부' 문제 해결을 위한 입법을 해 주세요. 할머니들을 잊지 말아 주세요(김가은).[81]

80 다가가기(2012. 8. 23 게시).
81 다가가기(2010. 10. 31 게시).

행위자와 활동가들의 엽서는 일본 국회의원들에게 일본이 할머니들을 강제로 끌고 갔고, 할머니들은 일본의 진심 어린 사죄와 배상을 기다리고 있다는 사실을 상기시킨다.

> 제발, 그들의 인권이 회복될 수 있도록 도와주세요. 저는 여러분이 제 요청에 응답할 것이라고 믿습니다. 감사합니다. 의원님(거제제일고 이성훈).[82]

> 끌려가셨을 때 할머니들은 저처럼 꿈 많은 젊은이였습니다. 그들의 꿈과 희망은 모두 무너졌습니다(거제제일고 김지은).[83]

> 저는 할머니들이 아직까지도 겪고 있는 모든 고통에 슬프고 화가 납니다(통영여자고등학교 이은정).[84]

'다가가기'에서는 2013년 9월부터 11월까지 유엔인권고등판무관실(UNHCHR)에 엽서를 보내는 캠페인도 마련하였다.[85] 정의와 평화에 대한 관심을 공유하는 많은 일본 활동가와 연계하여, 다가가기 회원들은 일본 지방자치단체와 국회를 방문하여 평화로운 세상을 위한 선언문을 교환하고 일본 국민의 인식을 촉구하였다.[86] 주로 '위안부' 문제에 대한 인식을 높이기 위해 노력하고 있는 '다가가기'의 목표는 부분적으로만 달성되었을 뿐 여전히 진행 중이다. 그러나 한국과 일본 정부의 의미 있는 대응을 끌어내려는 이들의 노력은 장애물에 부딪혔다. '다가가기'는 이 문제의 해결

82 다가가기(2010. 10. 29 게시).
83 다가가기(2010. 10. 30 게시).
84 다가가기(2010. 11. 1 게시).
85 다가가기(2013. 9. 13 게시).
86 다가가기(2009. 12. 14 게시).

을 위해 양국이 협력할 것을 촉구해 왔다. 특히 박근혜 정부가 일본군 '위안부'의 고통에 대한 이해나 공감을 거의 보이지 않는 것이 '다가가기' 회원들이 실망하는 주된 이유였다. 박근혜 대통령이 피해자들을 만나기를 거부하였을 뿐만 아니라 정부가 왜곡된 역사책의 출판을 허용하였는데, '다가가기'는 이것이 "청소년들을 세뇌시키고 그들을 오도하기 위한 것"이라며 "이러한 몰역사적이고 친일적인 접근은 인권과 정의의 회복에 반대되는 것"이라고 성토하였다.[87] 인권과 정의에 대한 이러한 잘못된 접근은 가히 충격적이다.[88]

'위안부' 할머니들과 다가가기 활동은 지역사회에서는 수많은 지지와 격려를 받고 있다. 익명의 재외 교민들이 기부금을 보내고,[89] 할머니들의 생일파티를 열어드리고,[90] 전국적인 인권 캠프에 참여하고,[91] 할머니들을 위해 지리산 스파 여행을 기획하고,[92] 지역 로터리클럽에서 할머니들을 점심 뷔페에 초대하고[93] 야간 자연 탐방도 시켜드리고,[94] '다가가기' 활동가들의 월례 모임도 지원해 주었다. 이러한 활동은 시간과 노력과 금전적인 측면에서 상당한 수준의 헌신과 희생을 요구한다. 이 사회 활동가들은 할머니들을 역사의 희생자로 보고, 미래 세대에 정의와 평화를 보장하려면 이들을 잊어서는 안된다고 주장한다. 사회 운동으로서의 '다가가기'는 친

87 다가가기(2013. 9. 16 게시).
88 「사설: 광복절 '친일 청산' 다짐조차 트집잡는 통합당」, 『한겨레』, 2020년 8월 16일자.
89 다가가기(2004. 8. 4 게시).
90 다가가기(2004. 8. 30 게시).
91 다가가기(2004. 10. 4 게시).
92 다가가기(2004. 11. 11 게시).
93 다가가기(2005. 7. 18 게시).
94 다가가기(2007. 5. 23 게시).

일파에 반대하는 목소리를 높인다. 예를 들어, 통영경찰서는 경찰청사 건립에 17만 엔을 기부한 김덕보(1852-1941)를 기념하기 위해 매년 제사를 지내고 있다. '다가가기'는 일제 강점기 경찰서가 조선인 탄압의 선봉에 섰던 만큼 기념행사를 중단하고 기념비를 철거할 것을 요구하였다.[95]

(3) 전 세계의 피해자와 지지자, 그리고 일본의 피해자까지 아우르는 국제 연대

'다가가기'는 수도권에서 꽤 먼 지방이 활동 무대이지만 굳건한 의지와 다양한 연계, 그리고 효과적인 전략을 구사하는 항의 단체이다. 피해자와 활동가들은 북한, 일본 및 다른 대륙의 피해자와 지지자들과 국제적 연대 속에서 긴밀히 협력하며 국민 운동의 중요한 부분을 이루고 있다. 먼저, '다가가기' 활동가들과 지역 피해자들은 2006년 3월 1일 북한 금강산에서 3.1운동 기념 제698회 수요 집회 겸 인권 캠프에 참여하였다. 장소는 당시 북한에 있던 한국인이 운영하는 리조트 단지였다. 인권 캠프는 북한의 피해자들과 함께 아픔을 나누고 연대를 강화하는 계기였으며, 피해자와 활동가 사이의 상호 이해를 증진해 더욱 효과적인 사회 운동으로 이어지게 하려는 목적으로 기획된 것이다. 또한 국가적 명소인 아름다운 금강산에서 할머니들에게 휴식을 제공하고자 기획된 것이기도 하다.[96]

다음으로, '다가가기'는 뜻을 같이하는 일본인 및 재일한국인들과 연결되어 있다. 김복득 할머니와 두 명의 활동가가 나고야에 초청되었다. 김

95 다가가기(2010. 3. 3 게시).
96 다가가기(2006. 2. 23 게시).

복득 할머니는 언론 인터뷰를 통해 일본 국민과 재일한국인 단체에 '위안부'와 관련된 일본의 전쟁범죄를 알렸다.[97] 김복득 할머니와 송도자 '다가가기' 대표, 경상남도의 활동가들은 일본 활동가들의 후원을 받아 도쿄와 오사카에서 공개 집회에 참여하였다. '위안소'에서 겪은 신체적 폭력과 고통으로 팔이 부러진 일을 묘사하는 할머니의 모습에 이어 20분 분량의 영상 「소망」이 상영되자 관객 모두는 눈시울을 붉혔다. 일본 활동가들은 또 고등학생들이 쓴 엽서를 일본어로 번역하여 전시하였다. 도쿄에 있는 「여성들의 전쟁과 평화 자료관」(WAM)은 한국 대표단에게 경상남도에 유사한 자료관을 건립하는 방법에 대한 아이디어를 제공하였다.[98]

세 번째로, 일본군 '위안부' 피해자들과 통영·거제시의 '다가가기' 자원 활동가 및 창원시의 활동가를 포함한 총 11명이 2010년 10월 일본 의회를 방문하였다. 피해자들이 모두 죽기 전에 자신들의 메시지를 일본 의회에 전달하는 것이 목적이었다. 그들의 메시지는 전쟁 중에 저지른 범죄, 여성의 권리와 평화의 가치, 그리고 희생자들의 기본적인 존엄성을 회복할 필요성을 일본 지도자들에게 상기시키기 위한 것이었다. 궁극적인 바람은 평화로운 세계를 건설하기 위해 한일 간에 연대를 구축할 가능성을 모색하는 것이었다.[99]

넷 번째로, 일본군 '위안부' 등 전쟁범죄 해결에 대한 일본의 끈질긴 저항에 직면하여 아시아와 미국의 7개 관련 단체가 연대하여 국제 운동을 전개하였다(Min, Chung, and Yim 2019). 아시아 국가에는 북한과 한국, 일

97 다가가기(2007. 9. 20 게시).
98 다가가기(2010. 12. 10 게시).
99 다가가기(2010. 9. 9 게시).

본, 대만, 필리핀, 중국이 포함되었다. 2004년 5월 21일부터 22일까지 서울에서 열린 포럼에는 7개국에서 온 피해자들과 94명의 사회 활동가들이 참석하였다. 이 포럼은 특히 강제 징용 피해자 80만 명, 학살 피해자 100만 명, '위안부' 피해자 20만 명 등 일본의 전쟁범죄 피해자들에 관한 것이었다. 서울 포럼은 각국에서 대규모 청원을 시작해서 모인 청원서를 유엔에 제출하자는 결의안을 통과시켰다. 각국 대표들은 자국에서 의회와 협력하고, 각국에서 동시에 시위 집회를 열고, 정기적으로 국제 포럼을 개최하기로 하였다.[100] 서울에서 열린 제8차 포럼에는 기존 7개국 참가자 외에도 인도네시아, 네덜란드, 독일, 호주의 참가자들도 참여하였다.[101] 이와 같은 풀뿌리 운동은 외국 의회의 의미 있는 지지를 얻었지만 일본 정부의 무대응이라는 장애물에 직면하는 등 엇갈린 결과를 낳았다. 유엔과 국제노동기구(ILO)는 일본으로부터 기부금을 받기 때문에 이 문제에 미온적일 수도 있다.[102] 그럼에도 불구하고 다가가기를 비롯한 같은 목표를 가진 국내외 운동 세력들은 결의를 다지고 지속적으로 목표를 추구하고 있다.[103]

이제 일본 정부에 대한 학생들의 탄원서를 몇 개 인용하는 것으로 이 절을 마무리하는 것이 적절할 것 같다.

> 제발 사죄하고 배상해서 할머니들이 돌아가시기 전에 일본을 용서할 수 있게 해 주십시오. 그분들이 편안히 잠드실 수 있도록. 할머니들의 처지에서 생각해 주세요(김수빈, 마희주).[104]

---

100 다가가기(2004. 6. 2 게시).
101 다가가기(2007. 5. 24 게시).
102 다가가기(2006. 3. 17 게시).
103 다가가기(2006. 3. 17 게시).
104 다가가기(2010. 10. 15; 2010. 10. 17 게시).

우리가 에어컨이 있는 교실에서 공부하고 있지만 할머니들은 전쟁터에서 난폭한 일본군에게 폭력적인 학대를 당하였습니다. 돈이 문제가 아닙니다. 할머니들이 용서하실 수 있도록 너무 늦기 전에 사과해 주세요(김민지).[105]

이 글들은 여고생들의 간절한 호소이다. 어떻게 이런 말을 듣고 그들의 요청에 응답하지 않을 수 있을까? 그럼에도, 이러한 요청들은 계속 무시되어 왔다. '위안부'의 인권이 그러하였듯이 말이다. 집합 행위자와 자발적인 사회 활동가들이 가장 극복하기 어려운 것이 바로 이런 무력감과 절박감이다. 그들은 일본 정부의 뻔뻔스러운 태도와 한국 정부의 무관심, 그리고 장기간 불의에 맞서 싸우는 동안 국민의 관심이 점점 식어 가는 것을 보며 현실의 장벽에 막막함을 느낀다고 토로한다.[106]

6. 논의와 맺음말

일본군 '위안부'의 수난은 강력한 국민 국가 일본과 그 행위 주체들이 더 약한 국민 국가와 그 국민에게 폭력을 행사한 역사적 사건이다. 여성을 성노예로 만든 것은 그들의 인간 존엄성을 완전히 파괴하는 것이다. 제2차 세계대전 종전과 함께 성노예가 폐지된 후에도 피해자들은 계속된 초강대국(일본)과 약소 국민 국가(한국)의 불균등한 권력관계 때문에 불만을 제기하거나 보상을 요구할 곳이 없었다. 이러한 과정은 나치 독일과 그 피해를

105 다가가기(2006. 3. 17 게시).
106 「정신대 할머니와 함께하는 시민모임」, 『한겨레』, 2005년 8월 11일자.

본 이웃 국가들 사이에 일어난 일과는 큰 차이가 있다. 한국의 급속한 경제발전 시기에 한국 정부의 관심사는 일본과 한국의 (불평등한 경제) 관계를 해치지 않음으로써 일본이 한국에 '기꺼이' 기술을 이전하고 한국의 경제발전을 지원하도록 하게 만드는 것이었다. 국가 발전을 위한 정부의 혼신의 경주에 협조적인 한국인들이 압도적으로 많았고, 이는 권위주의적이고 비민주적인 정권을 정당화하는 원천으로 활용되었다. 따라서 국가 전체의 관심사가 구조적 발전에 집중되어 있었고, 이러한 상황이 국민의 지지를 받는 상태에서는 1980년대 후반까지도 일본군 '위안부'와 강제 징용자 등 일제 피해자를 돌아볼 여유는 거의 없었다. 게다가, 젠더와 섹슈얼리티에 관한 한국의 문화적 전통은 한국인들로 하여금 피해자들에게 등을 돌리게 하였다. 많은 가족이 제2차 세계대전 후 상처 입고 돌아온 딸들을 받아들이지 못하였으며, 이는 다른 문화적·역사적 맥락에서 명예 살인이라고 부르는 것과 유사한 특징을 지닌다.

한국 경제발전의 전환점이 된 1988년 서울 올림픽의 성공적인 개최에 이어 한국인들은 수십 년간 노력한 결실을 누리기 시작하였다. 해외여행 제한 조치가 1988년 해제되었고, 1991년 8월 14일 일본군 '위안부' 피해자 김학순이 국내에서는 최초로 피해를 증언하였다. 1990년 6월 일본 정부가 '위안부' 강제 징용과 '위안소' 설치에 관여한 사실을 공식 부인하면서 피해자들은 분노하였다. 이는 이후 피해자들이 오랜 기간에 걸친 피해배상 투쟁을 시작하는 계기가 되었다(윤미향 2015: 197-198). 1991년 2월 민간연구소인 민족문제연구소가 설립되어 일제에 협력하여 민족을 배반하고 친일 행위를 한 수천 명의 조선인과 그들의 행적을 조사하여 공개하는 대규모 프로젝트에 착수하였다.[107] 한국의 경제가 크게 발전하면서 피해자들은 자신의 고통을 공개적으로 제기하고 보상을 요구할 만큼 자신감을 갖게 되었고, 인간의 존엄성과 인권을 가치 있게 여기는 극적인 문화 변화가 일어났다. 지난 20년 동안 대중 항의의 수준도 기하급수적으로 높아졌다.

전 국민적인 차원의 많은 사회 운동이 일제 강점기의 유산—예를 들어, 친일파들은 동료 조선인들을 배신한 결과 얻은 특권을 계속 누리고 있다—을 바로잡을 방법을 모색해 왔다. 오랫동안 외면받아 온 인권과 정의를 위해 이러한 문제를 해결하기 위한 학계와 풀뿌리 시민사회의 노력도 컸다. 이 과정에서 한국 국회는 상당한 지지 세력이 되어 왔다. 그러나 변절자들은 오랫동안 특권을 누리며 정의와 박애의 가치를 재정립하는 데 심각한 장애를 초래하였다. 한국 경제의 선진적 위상과 국제 사회에서의 위상은 국내외적으로 괄목할 만한 변화를 불러왔다. 그러나 일본의 제국주의적 정책과 태도, 특히 한국에 대한 태도는 거의 변화가 없었으며 이는 일본 언론과 교과서에도 그대로 투영되어 있다. 그리하여 일본군 '위안부'에 대한 일본 정부의 사과와 배상을 요구하는 한국 정부나 사회 운동의 광범위한 노력에도 돌파구가 보이지 않는 상황이다.

그럼에도 대다수의 한국 국민은, 아처의 말을 빌리자면(Archer 2003), 사회 문제에 대한 인식이 높아지고 공개적인 지지 선언을 하면서 일차 행위자에서 집합 행위자로 변화하는 모습을 보였다. 풀뿌리 사회 운동은 준열하게 형성되어 추진되었고 그들의 헌신은 평범하지 않았다. '다가가기'는 가장 큰 피해를 당한 지역 중 하나인 통영과 거제에서 일어난 운동이다. 구조적 변화로 인해 가능해진 문화적 맥락의 변화는 한국 대중과 풀뿌리 시

---

107 민족문제연구소 웹사이트.

민들에게 지역적·국가적·국제적 운동에 적극적으로 참여할 수 있는 자신감을 갖게 하였다. '위안부'의 존엄을 회복하기 위한 사회 운동은 영화제, 전시회, 동영상 제작 공모전, 평화의 소녀상 건립, 일본 의회에 탄원 엽서 보내기 등 수많은 문화 행사를 조직하였는데, 이러한 행사는 지극히 성공적으로 풀뿌리 시민을 동원하였고, 이들 중 많은 이들이 사회 운동에 의미 있는 참여를 해왔다. 이 사회 운동가들은 '다가가기'와 협력하여 다른 피해국에 있는 사회 운동가들과 연대해 미국, 캐나다, 네덜란드, 그리고 유럽연합을 설득하여 이들이 일본 정부의 사과와 배상을 요구하는 결의안을 통과시키도록 하였다. '다가가기'의 풀뿌리 운동에서 중요한 측면 중 하나는 기성세대가 젊은 세대의 참여를 독려하였다는 점이다. 이는 참여한 모든 집합 활동가가 미래 세대에 폭력이 반복되는 것을 보지 않겠다는 의지를 가지고 있었기 때문이다. 이것은 오늘날 한국인들의 마음에 깊이 자리 잡은, 농축되고 초월적인 민족주의의 한 형태이다.

2020년 7월 7일 현재 대부분의 피해자가 사망하고 16명만 생존해 있지만[108] 범죄는 여전히 해결되지 않은 상태이다. 이 운동은 일본이 피해자들에게 공식적인 사죄를 할 때까지 계속되어야 한다. 그러나 일본 정부와 국민 대다수는 사죄하지 않고 있다. 2016-2017년 촛불혁명의 지원을 받은 문재인 정권이 들어서면서 최근 몇 년간 한국의 정치와 경제 구조가 크게 변화하였고, 한일 관계도 새로운 양상을 띠게 되었다. 점점 높아지는 한국 경제의 위상과 국제 사회에서의 역할에 힘입어, 특히 한국의 집합 행위자

---

108 이 숫자는 2021년 5월 3일 현재 14명으로 줄었고, 2022년 2월 24일 현재는 12명이 생존해 있다.

및 자발적 사회 운동가들은 '위안부' 문제 해결을 통해 이러한 변화의 영향을 확인하고 싶어 하며 이를 이루려는 의지 또한 가지고 있다. 앞서 살펴본 바와 같이 역사적 단계에 따라 '위안부'에 대한 한국 대중의 인식이 크게 바뀌었다. 가장 최근의 단계는 2019년 일본의 무역 도발과 이에 대한 한국인의 항의인 '노 재팬, 노 아베' 운동인데, 이는 다른 장에서 분석해 보겠다. 나는 이러한 성공적인 대일 항의가 '위안부'에 대한 사과와 배상을 요구하는 움직임을 더욱 자극할 것이라고 생각한다. 이 모든 운동은 피해자의 존엄을 어느 정도 회복시킬 뿐만 아니라, 21세기 국민 국가와 국가 정체성을 확립시키는 데 있어서도 중요한 과정이다. 한국과 일본이 협력해야 할 지정학적 이유는 충분하지만, 풀뿌리 시민들이 일본에 대한 견해를 바꿀 이유가 제공되지 않는 한 이는 가능성이 낮다.

이 장에서는 계산적 민족주의가 겉으로 드러나는 것이 아니라 미묘하게 표현된다. 한국의 풀뿌리 시민들은 한국과 일본 정부에 맞서기 위해 적절한 시기와 방법을 선택한다는 점에서 '시간과 공간'을 계산해 왔다. 더욱이, 이들은 일본 전체를 맹목적으로 반대하는 것이 아니라 일본이 과거에 저지른 잘못을 바로잡으려 하는 것이다. 이는 확실히 풀뿌리 시민의 계산적 민족주의를 보여 준다.

제4장

2019년 '노 아베, 예스 재팬' 운동: 국가적 자부심과 정체성 굳히기

1. 서론

'노 아베, 노 재팬'은 일본 제품 불매 및 일본 여행 거부를 내건 한국의 풀뿌리 사회 운동이었다. 이 운동은 2019년 7월 1일 아베 신조(安倍晋三) 일본 총리가 한국에 대한 무역 도발을 선언한 것에 대한 항의로 시작되었다. 이 무역 도발은 한국으로의 세 가지 화학물질의 수출을 제한하였는데, 이것들은 반도체와 디스플레이 스크린 제조에 매우 중요하였다. 세 가지 화학물질은 불화 폴리이미드, 포토레지스트 및 불화수소였다. 도발에 굴복하기를 꺼리는 한국 정부를 지지하기 위해 한국의 풀뿌리 시민들은 정부의 개입 없이 일본 정부의 무역 제한에 대한 반격에 나섰다.

일본의 발표에 따라 2019년 7월 4일부터 이 규제가 발효되어 일본 수출업자는 세 가지 화학물질 중 어느 하나라도 한국에 수출하려면 매번 허가를 받아야 하였다. 허가를 받는 데는 90일이 걸렸다.[1] 또한 일본은 한국을 수출 절차 간소화 국가 명단, 이른바 '화이트리스트'에서 제외함으로써 양자 무역에서 한국이 받던 특혜를 일부 박탈하였다.

'노 재팬' 운동은 일본 제품을 사지 말고, 일본으로 여행 가지 말자는 전국적인 운동이었다. 일본의 무역 도발에서 특이한 점은 일본이 한국에 수출하는 품목에서 얻는 이익을 기꺼이 포기하였다는 점이다. 일본의 갑작스러운 제한 조치는 한국의 많은 전자제품 제조업체에 심각한 혼란을 일으켰고, 이웃한 양국 경제의 긴밀한 연결 네트워크를 붕괴시켰다. 한국

---

1 "The Japan-South Korea Dispute Could Push Up the Price of Your Next Smartphone," *CNBC*, 2019년 7월 22일자.

의 반도체 제조업체인 삼성전자와 SK하이닉스는 "2018년 전 세계 메모리 칩에 사용되는 부품의 61%를 공급하였다".[2] 이 업체들이 화학물질을 공급받을 다른 대안을 찾지 못하면 전 세계적인 메모리 칩 공급 중단이 불가피할 것으로 예측되었다. 이는 결국 모바일 기기, PC 및 기타 전자제품의 생산에 영향을 미쳐 가격 인상을 유발할 것이었다.

아베 총리는 한국의 화학물질 관리 부실을 비난하면서 해당 화학물질이 북한으로 밀반입되어 군사 무기 개발에 전용될 가능성을 우려하였다. 한국 정부는 이를 부인하였다.[3] '노 재팬' 운동은 과거 일본의 식민주의뿐만 아니라 더 넓은 국가적·국제적 맥락 속에 놓고 살펴볼 필요가 있다. 풀뿌리 시민들이 대규모 시위를 통해 국가 간 분쟁에 대응한 방식은 특히 흥미롭다. 이 장의 목적은, 첫째 소비자 불매 운동의 동기를 파악하고, 둘째 일본 제품 불매 및 일본 여행 거부 풀뿌리 운동의 양상을 확인하며, 셋째로 구조·문화·행위성과 관련지어 이 운동에 대한 뉴스 보도를 분석하는 것이다(Archer 1995).

2. 문헌 검토

국제 무역은 국민 국가와 그 국민의 복지에 중요한 요소이다. 예나 지

2 "The Japan-South Korea Dispute Could Push Up the Price of Your Next Smartphone," *CNBC*, 2019년 7월 22일자.

3 「일본 '對한국 수출규제 품목, 북한 화학무기에 사용될 수도' 추가 보복 정당화」, 『한국일보』, 2019년 7월 6일자.

금이나 국가 간의 정치적·경제적·문화적 갈등은 경제적 적대감을 유발할 수 있으며, 이는 특정 국가 제품의 불매 운동으로 이어질 수 있다. 강태중(2019)은 외국 제품 불매 운동에 관한 문헌 조사를 통해 이러한 불매 운동을 유발할 수 있는 다섯 가지 주요 영향 요인을 발견하였다. 첫째, 소비자 자민족중심주의는 외국 제품의 구매 행위에 사회심리적·정서적 역할을 할 수 있다(Klein et al. 2006). 심프와 샤머(Shimp and Sharma 1987)에 따르면, 자민족중심주의가 외국 제품에 대한 구매 의도에 영향을 미칠 뿐만 아니라 제품의 품질에 대한 인식에도 부정적인 영향을 미칠 수 있다(Klein et al. 1998). 이를테면 한일 관계나 중일 관계처럼 과거의 전쟁이나 식민주의로 인한 적대적 관계(둘 다 일본 제국주의에서 비롯되었다)와 (남태평양에서 프랑스의 핵실험으로 인한) 호주와 프랑스 간의 긴장은 소비자 자민족중심주의를 불러일으켰다(곽천·권영철 2015; 박명호·장영혜 2012; 윤성환 2014; Etterson and Klein 2005; Heslop et al. 2009).

둘째, 소비자 자민족중심주의와 밀접한 관련이 있으며 이 장의 초점이기도 한, 소비자 적대감이 있다. 소비자 적대감이란 "과거나 현재의 군사적·정치적·경제적 사건과 관련된 반감의 잔재"(Klein et al. 1998)를 말한다. 쿠웨이트 사람들은 덴마크 언론에 예언자 마호메트가 묘사된 방식 때문에 덴마크에 대해 크게 적대감을 품게 되었다(Maher and Mady 2010). 클라인 등(Klein et al. 1998)은 소비자 자민족중심주의가 외국 제품에 대한 품질 평가와 구매 의도를 결정하는 반면 소비자 적대감은 구매 의도에만 영향을 미친다며 두 개념의 주요 차이점을 지적하였다. 이런 점에서 이 장의 검토 대상인 불매(거부) 운동에서 관찰되는 것은 자민족중심주의와 맞물린 소비자 적대감이다. 즉, 그것들 사이에는 상당한 겹침이 있다(Chan et al. 2010).

셋째, '피해자와의 동일시'는 특정 제품이 소비자에게 피해를 주었을 때 발생할 수 있는데, 그래서 다른 소비자들도 자신 또한 피해자가 될 수 있다는 두려움을 가질 수 있다. 이러한 인지적 또는 정서적 두려움은 피해자와 동일시하게 만들 수 있으며, 이는 잠재적으로 피해자를 지원하고 해당 제품 불매 운동에 참여하는 동기가 될 수 있다(박은아·박민지 2018; 강태중 2019: 252).

넷째, 소비자가 기업이 비윤리적 행위나 소비자에게 해를 끼치는 등의 잘못된 일에 연루되어 있다는 사실을 알게 되면 그 '심각성'을 인식하고 불매 운동에 동참할 수 있다(Klein et al. 2004). 고래나 바다표범을 잡는 등 자연에 해가 되는 심각한 행동에 기업이 관여하면 그 기업이 속한 해당 국가에서 생산된 제품이 국제 불매 운동의 대상이 될 수 있다.

다섯째, '효능감 인지'는 잠재적 불매 운동 참여자들이 제품에 대한 불매 운동이 성공한다고 믿는 정도를 의미한다. 효능감 인지 수준이 높을수록 소비자가 불매 운동에 동참할 가능성이 높아진다.

무역분쟁은 한일 양국 간의 역사적·현대적 갈등이 관련되어 있기 때문에 이 다섯 가지 의도는 모두 연관성이 있다. 한국의 풀뿌리 시민들은 애국적 민족주의로 똘똘 뭉쳐 일본의 경제 제국주의에 맞서 싸우는 데 자발적으로 힘을 쏟았다. 위에서 논의한 외국 제품 불매 운동의 다섯 가지 주요 동기에 대한 문헌은 두 가지 주요 요인을 지적한다. 하나는 불매 운동의 목표가 된 객체가 심각한 행위나 정책을 중단하기를 바라는 것(Braunsberger and Buckler 2011)이고, 다른 하나는 특정 국가에 대한 소비자 적대감(Etterson and Klein 2005; Klein 2002)이다. 외국 제품에 대한 불매 운동은 이 두 가지 요인 중 어느 하나나 둘 다를 포함할 수 있다. 한국의 일본 제품 불매 운동의 경우, 일본은 한국 법원의 판결을 반박하는 방법으로 한국 산업계에 대한 화학물질 수출을 제한하는 조치를 하였고, 한국의 풀뿌리 시민들은 일본 제품에 대한 불만이 아니라 일본 정부의 화학물질 규제에 대해 불만을 표명하였다. 그러므로 현재 검토 중인 무역분쟁의 핵심에 있는 것은 적대감이다. 더욱이 '노 아베, 노 재팬' 캠페인은 일본 제품, 제조업체, 국민국가로서의 일본의 구분을 모호하게 만드는 경향이 있었다. 즉, 적대감은 제품을 싫어하는 게 아니라 아베와 일본을 향한 것이었다. 나는 리처드 리와 이경태(Lee and Lee 2013)의 "역사적·동시대적 적대감의 다차원성"이라는 개념을 참고하여 '노 아베, 노 재팬' 운동을 분석한다.

역사적·동시대직 직대감의 다차원성

전쟁의 적대감과 군사적 충돌이 외국 제품 불매 운동에 지속적인 영향은 미친다는 것은 경험적인 연구들에 의해 입증되었는바(Ang et al. 2004; Chan et al. 2010), 이는 식민주의 본국 일본에 대한 한국인의 적대감에 대해서도 타당하다. 그 적대감은 이전 세대에서 현재 세대로 전해졌다(Lee and Lee 2013). 리처드 리와 이경태(Lee and Lee 2013: 274)가 잘 지적하였듯이, 경제적 적대감은 한국 풀뿌리 시민들의 일상적 필요와 직접적인 관련이 있어서 쉽게 촉발되고 강화될 수 있다(Riefler and Diamantopoulos 2007). 과연 시퍼렇게 살아 있는 역사적 적대감은 치명적인 연료가 될 수 있다. 스포츠 경기 한일전은 한일 양국에서 전 국민의 이목을 집중시킨다. 한국인들은 경기에서 지는 것을 도저히 참을 수 없다고 느낀다. 한국의 '노 재팬' 운동은 지속되어 온 역사적 적대감과 갑작스럽게 돌출한 동시대적 적대감 사이의 상호 작용을 포함한다는 점에서 검토할 가치가 있는 사례이다. 한국은 수십 년 동안 일본의 눈치를 보아야 하는 약자의 처지에 있었고, 한국 사회에는 경제적 열등감을 극복하려는 분위기가 널리 퍼져 있다. 역사적 적대감은 오래 유지되는(즉, 비이행적인) 구조적 관계와 매우 비슷하게 작동하기 때문에 빠르게 변할 것 같지는 않다. 지당한 이야기지만 리와 이경태는 역사적 또는 동시대적 적대감이 직선적인 것이 아니라 "다른 시간적 특성들"을 수반한다고 제시한다(Lee and Lee 2013: 274). 그것들은 전쟁의 잔혹 행위와 경제적·정치적 적대감에서 비롯된 것으로 불매(거부) 운동의 구체적인 성격에 따라 다르게 나타날 수 있다는 것이다. 일본 제품은 한국 시장에서 일반적으로 인기가 있고 또 수십 년 동안 신뢰를 받아 왔다. 이렇게 높은 '제품 평가 값'이 불매 운동 기간에 다양한 차원의 역사적·동시대적 적대감에 의해 어떻게 영향을 받았는지, 또는 영향을 미쳤는지는 특히 흥미롭다. 즉, 불매 운동 기간 한국 소비자들은 어떻게 오랜 구매 습관과 필요를 일시적으로나마 극복하였는가?(Shoham et al. 2006 참조).

3. 조사 방법

제품 불매 운동에 관한 연구는 지금까지 양적 연구 방법을 주로 활용하였다(Shin 2001; Klein 2002; Nijssen and Douglas 2004; 안종석 외 2014). 나는 풀뿌리 시민의 동원에서 역사적·동시대적 적대감의 징후를 분석하는 데 관심이 있고, 따라서 각 차원의 중요성을 정량적으로 측정하는 것은 연구의 취지와 맞지 않다. '노 재팬' 운동의 과정에 대한 서술적 분석을 포함하는 이 장의 목적을 고려해 보면 질적 접근이 적절할 것이다. 이 장에서는 일본에 대한 한국인의 적대감이 역사적·현대적으로 복잡하게 얽혀 있는 양상을 보여 주기 위해 한국 풀뿌리 항의자들에게 '어떤 요인이 중요하고, 중요하다면 왜 그런가'에 대해 분석한다. 이를 위해 한국 뉴스 보도와 '노재팬' 사이트와 같은 관련 웹사이트를 분석한다. 이와 관련해 나는 코지네츠(Kozinets 2002)가 말한 '넷노그래피'(netnography)—네티즌에 대한 인류학적 민족지 기술—방법을 어느 정도 활용한다.

'노 재팬'이라는 검색어를 기준으로 2019년 7월 1일부터 2020년 12월 31일까지 카인즈(KINDS, 한국 통합 뉴스 데이터베이스 시스템)에 등록된 뉴스 기사는 894건이었다. 관련 뉴스 보도 기사 대부분은 2019년 7월과 8월, 두 달 동안에 쏟아져 나왔다. 나는 관리 가능한 데이터 세트를 얻으려고 하는 한편 시간의 추이를 따라가면서 이 문제를 추적하고 싶었다. 2019년 9월부터는 한 달에 10건에서 40건의 뉴스 보도 기사가 나왔다. 나는 2019년 7월 1일부터 8월 31일까지 두 달간(545건), 그다음에는 한 달씩 걸러 몇 달간 나온 뉴스 보도 기사를 내려받았는데, 구체적으로 열거하면 2019년 10월(38건), 12월(42건), 2020년 2월(31건), 4월(11건), 6월(7건), 8월(15건), 10월(6건), 12월(10건)로 모두 합쳐서 총 705건이었다. 또한 '노재팬'[4]과 '노노재팬'[5] 사이트도 살펴보았다. 분석은 풀뿌리 시민들이 무엇을 하였는지, 그들이 어떤 의도로 불매(거부) 운동에 참여하였는지에 초점을 맞춘다. 불매(거부) 운동은 한국 내 특정 분파만이 주목한 국내 문제만이 아니라 일

4 노재팬(https://nojapan.kr/).
5 노노재팬(https://nonojapan.com).

본의 무역 도발에 대한 국가적 항의이기도 하였다. 따라서 반대의 목소리가 얼마 없는, 거의 전 국민적인 민족적 적대감에 대한 보도 기사가 주를 이루었다.

내 관심은 일차적으로 풀뿌리 시민의 생각과 활동에 있었지만, 엘리트의 관점과 풀뿌리 시민의 관점이 서로 긴밀하게 교차하는 터라 그 둘을 따로 분리하기는 어려웠다. 이 사안에서는 엘리트의 관점이 풀뿌리 시민의 관점에 영향을 미치고, 또 역으로 풀뿌리 시민의 관점이 엘리트의 관점에 영향을 미쳤다. 나는 풀뿌리 시민의 관점과 활동을 우선시하기 위해 의식적으로 노력하였다. 나는 '무엇을 할 것인가'에 관한 엘리트(이를테면 지식인과 기자 들)의 견해가 대변되는 것을 줄이려고 노력하였지만, 풀뿌리 시민들의 당시 활동에 대한 엘리트의 견해는 포함되게 하였다.

4. 연구 결과 및 논의

1) '노 재팬' 운동의 형태발생론적 배경

한일 관계에는 한국인의 정신 속에 깊이 뿌리내린 일본에 대한 역사적 적대감이 존재한다. 양국의 현대적 관계가 적대적으로 변할 때는 이와 관련된 구조적·문화적으로 내장된 속성들이 즉각적으로 수면 위로 떠올라 적대감을 악화시킨다. 그렇다고 한국인들이 일본이나 일본 제품에 대해 무조건 적대적인 것은 아니다. 일단 당면한 우려가 해결되면, 또 다른 분쟁이 일어날 때까지 내재된 구조적·문화적 적대감은 수면 아래로 가라 않는다(Heslop et al. 2008 참조). 사실, '노재팬' 웹사이트의 설립자는 "글로벌 자유무역 시대에 살고 있는 우리는 과거사의 문제와 무역 통상의 문제를 구분해서 생각하고 행동에 옮겨야 할 필요가 있"다고 주장하였다.[6] 바꾸어 말해, '노 재팬' 캠페인은 일본의 식민주의에 대한 복수를 위한 것이 아니다. 실제로 한국 사회는 외국 제품 구매가 결코 부적절하거나 부도덕한 것으로 여겨지지 않으며, 이 점을 받아들일 만큼 풍요롭고, 세계주의적이다. 말하자면 소비자 자민족중심주의가 한국에서는 정상적으로 작동하지 않고 있다(Shimp and Sharma 1987). 일각에서는 한국인들이 일본인을 반대하는 것이 아니라 아베 총리를 반대하는 것이기 때문에 이 운동을 '노 아베' 운동이라고 불러야 한다고 주장한다.[7]

한국과 일본의 적대 관계는 임진왜란(1592-1598년)이 일어났던 조선 시대(1392-1910년) 때 뚜렷하게 드러났다. 일본의 한국 식민 지배(1910-1945년)는 한반도를 황폐화시켰고 한국인과 그 후손들의 마음속에 쓰라린 기억을 남겼나. 한국과 일본은 1965년에 「한일기본조약」을 체결하였다. 이 조약으로 일본은 한국에 대한 과거의 악행을 씻어 낼 수 있었고, 군사 쿠데타 지도자인 박정희는 그 대가로 한국의 경제발전에 투입할 자금을 마련할 수 있었는데, 이는 불법적으로 찬탈한 정권을 정당화하는 데 도움이 되었다. 그러나 1990년대 이후(또는 1988년 서울 올림픽 직후) 점점 더 풍요로워지고 민주화된 한국에는 새롭게 나타난 구조적·문화적 속성들이 있었다. 즉, 「한일기본조약」 체결 시점인 1960년대와 1990년대는 구조적·문화적

---

6 「일본제품 불매운동은 개개인의 자유입니다」, 노재팬 웹사이트(2019. 7. 14 게시).
7 「사설: '노 재팬' 아닌 '노 아베', 지혜롭고 성숙한 대응을」, 『한겨레』, 2019년 8월 6일자.

맥락에서 뚜렷한 차이가 있었다. 경제적인 면에서 개인과 국가 경제 모두에서 괄목할 만한 발전이 이루어졌다. 자가용 차량으로 여행하거나 해외여행을 하는 것이 일반적인 일이 되었다. 개인의 권리를 추구하는 문화가 널리 퍼졌고 공공연해졌다. 국제 사회에서 한국의 국가적 위상도 크게 향상되었다. 일본군 '위안부' 및 강제 징용 피해자들이 자신들이 개인적으로 겪은 고통스러운 일들이 드러날 위험을 무릅쓰고 배상을 위한 법적 도전을 모색한 것도 이런 맥락에서였는데(제3장 참조), 1965년 「한일기본조약」의 합의 내용이 큰 논란이 되었다.

2018년 10월 30일 한국 대법원은 별도의 두 재판에서 신일철주금(신일본제철과 스미토모금속이 합병된 회사)과 미쓰비시중공업 두 일본 기업은 한국인 전시 강제 징용 노동자 15명에게 배상하라고 판결하였다.[8] 일본은 한국 법원의 판결을 거부하였고, 이 판결이 2019년 7월 아베 총리가 한국 산업에 대한 보복을 시작한 이유라고 대대적으로 보도되었다.[9] 앞서 언급하였듯이, 이번 한일 무역분쟁은 양국 간의 역사적·동시대적 적대감이 얽힌 결과였다. 일본은 한국에 대해 우월한 통제력을 계속 행사하고 있으며, 한국은 이에 저항하고 있다. 정장식(2013)은 일본의 한국에 대한 혐오가 일본의 뿌리 깊은 우월 콤플렉스, 일본 정치의 우경화, 역사적 트라우마, 역사 왜곡, 반한류, 한국의 눈부신 경제발전 등에 기인한다고 지적한다(박명희·최은봉 2019; 이청호·이제홍 2020). 일본을 대표하는 인물이나 개인이 한국인과

8 "South Korean Court Angers Japan with Order to Compensate Wartime Laborers," *Reuters*, 2018년 11월 29일자.

9 "The Japan-South Korea Dispute Could Push up the Price of Your Next Smartphone," *CNBC*, 2019년 7월 22일자.

의 교류에서 이러한 것들을 표현하려고 하면 한국인은 반격을 가한다. '노 아베, 노 재팬' 운동도 그러한 반격 중 하나이다. 이 캠페인은 한국이 일본에 대해 점점 더 큰 힘을 발휘하는 상황에서 한국의 국가적 자부심과 정체성을 강화하는 방법이었다. 다음에서 나는 새로운 구조와 문화가 시간이 지남에 따라 서로에게 영향을 미치면서 어떻게 진화하는지, 그리고 그것들이 어떻게 행위자들에 의해 동원될 수 있는지 분석한다.

나는 현대와 과거의 적대감 사이의 역사적 근거와 그것들의 인과 관계를 찾는 방법론적 과정으로 가추법(abduction, 재해석)과 역행추론(retroduction, '실재계'에서 인과적 요소를 추적하는 방법)이 유용하다고 생각한다(Sayer 1992).

2) 일본 제국주의와 최근 경제 침략의 연속성

세대를 불문하고 대다수 한국 사람은 일제 강점기 시절의 강제 징용 문제와 일본이 피해자들에 대한 배상을 얼마나 완강히 거부해 왔는지 알고 있다. 그것이 결국 아베 총리의 한국에 대한 무역 도발로 이어졌고, 결과적으로 한국의 일본 제품 불매 운동으로 이어졌다. 한국인들은 일제 강점기 일본군 '위안부'와 강제 징용에 대한 배상을 둘러싼 한일 간의 지속적인 분쟁에 대해 잘 알고 있었다. 여기에는 범죄를 저지른 일본 기업의 한국 내 자산을 처분하여 피해자에게 배상하라는 한국 대법원의 판결도 포함되었다. 한국인들이 무역 도발의 핵심에 있다고 떠올린 것은 과거 일본의 한국 침략과 조선인에 대한 학대였다. 강원도 화천군 사내고등학교 학생 다섯 명은 "나는 일본 정부가 경제 보복을 멈추기 전까지 일본의 모든 것을 불매하겠습니다"라고 공개적으로 밝히기도 하였다.[10] 이들은 일제 강점기 때 겪었던 강제 징용 피해와 상황을 알리는 인쇄물을 제작해 교내 곳곳에 게시하였다. 학교 정문에는 '가지 않겠습니다', '사지 않겠습니다', 'No, Boycott Japan'이란 문구가 적힌 현수막을 게시하였다. 윤소은 학생은 "이번 활동을 통해 우리나라의 역사 문제에 더욱 관심을 갖게 되었다"며 "앞으로 더 많은 주변 사람들에게 정확한 역사를 알리는 활동을 할 것"이라고 말하였다. 2019년 7월 20일에는 아베 총리의 무역 도발에 항의하기 위해 주한일본대사관 앞에 1,500명의 시민이 모여 "대법원 판결이 인정한 것은 일제의 인권 유린 행위에 대한 위자료"라고 주장하였다. 그들은 또한 일본이 다시 군사 대국화를 추구하고 있다고 비난하였다.[11]

아베 일본 총리의 무역 도발은 일본에 대한 기존의 적대감에 불을 지폈다. 한국인들은 임진왜란과 일제 강점기를 돌이켜 보게 되었다. 『경남신문』은 평범한 한국인들은 일본의 무역 도발을 420년 전 임진왜란에 이은 일본의 두 번째 한국 침략으로 여긴다고 보도하였다.[12] 2019년 8월 6일, 인천의 중소상인과 19개 시민사회단체는 「노 아베, 노 재팬 인천행동」을 결성하고 일본의 경제 침략을 역사 왜곡이라고 비난하였다. 그들은 한국의 경제 독립이야말로 일본으로부터의 진정한 독립이 될 것이라면서, 경제적 자립을 이룰 방법으로 일본 제품 불매와 일본 여행 안 가기 운동을 계속해서 실천하겠다고 덧붙였다.[13]

---

10 「日 경제보복 불매운동 확산: 'NO, 안 사요 안 가요 안 먹어요'」, 『강원일보』, 2019년 7월 19일자.
11 「아베 나와라! 일본 불매운동 끝까지 간다, 욱일승천기 찢고 촛불집회까지」, 『아시아경제』, 2019년 7월 22일자.
12 「No 아베」, 『경남신문』, 2019년 8월 9일자.
13 「인천지역 '노 재팬' 운동 '조선일보' 절독으로 확산」, 『한겨레』, 2019년 8월 6일자.

2000년 이후, 일본의 역사 교과서 왜곡과 독도에 대한 영유권 주장에 대응하여 일본 제품에 대한 네 차례의 불매 운동이 있었다.[14] 모든 불매 운동이 사라졌듯 2019년의 불매 운동도 궁극적으로 사라질 것이다. 그러나 과거의 다른 불매 운동과 달리 2019년 불매 운동은 일본의 무역 도발이 한국인의 경제적 안녕을 직접적으로 위협하면서 촉발되었다. 이 불매 운동이 특별히 다른 점은 한국 정치·경제의 창발적 구조와 문화로서 이것이 결과적으로 사람들의 창발적 속성으로 이어졌다는 점이다. 2015년 박근혜 정부의 굴욕적인 일본군 '위안부' 협상 타결과 한국 대법원의 일본 전범 기업들의 강제 징용 피해자 배상 판결 이래 정부의 정치적 지향이 바뀌었다. 한국은 2017년 이후 지금까지 진보 성향의 대통령이 집권하고 있으며, 2019년 4.15 총선에서도 여당인 민주당이 압도적 다수당이 되었다. 더욱이 불매 운동 기간(2019년 7월 이후) 동안 한국은 코로나 팬데믹 기간을 포함해 국내외적으로 상대적으로 강력한 경제력과 높은 생산성을 누렸다. 코로나19에 대한 한국 정부의 대응이 성공적이었고 또 (방탄소년단을 위시해) 케이팝(K-Pop)과 영화(예컨대, 「기생충」) 같은 한국 문화 상품의 인기가 계속 높아지면서 한국인들은 더욱 자신감을 갖게 되었다. 이러한 국가적 자부심은 실재적인 것으로 한국인들이 이전에는 거의 느끼지 못하였던 것이다.[15]

1965년 「한일기본조약」이 성급하게 체결된 이래 한국 국민과 진보적

14 「新한일전쟁 (4) 역대 日 불매운동은?」, 『이데일리』, 2019년 8월 14일자.

15 「국가 열등감에 빠져 있던 한국, 우린 선진국이야?」, 『뉴스원』, 2020년 5월 8일자; 「더 뉴요커 '한국인들 선진국임에 놀라'… TBS 김어준 뉴스공장 언급하기도」, TBS뉴스, 2020년 4월 17일자.

정치인들은 이 조약을 재검토해야 한다고 주장해 왔다. 그러나 일본은 1965년 조약의 정당성을 주장해 왔으며, 이 입장은 2015년 한일 협상에서 배제된 일본군 '위안부'에 대한 협상에서까지도 변함없이 유지되고 있다.[16] 그러던 중 한국 대법원이 일본 기업이 전시 강제 노동자 15명에게 배상하라고 판결하였던 것이다. 이는 아베 정권의 분노를 샀고 무역 전쟁을 촉발하였다. 한국 정부도, 한국의 풀뿌리 시민들도 한 발짝도 물러서지 않고 "다시는 일본에게 절대로 지지 않겠다"며 일본에 맞섰다. 문재인 대통령이 처음 언급하였던 이 말은 풀뿌리 시민들 사이에서 인기 있는 슬로건이 되었다.[17] 나는 이것이 하향식 슬로건이 아니라 상향식 슬로건이라고 주장하는데, 이는 2016-2017년 촛불혁명과 같은 최근의 정치 운동을 생각해 보면 자연스럽다(제6장 참조). 한국인들도 일본 경제의 힘을 잘 알고 있다. 그러나 그들은 기꺼이 일본에 맞서 새로운 질서를 수립하고자 하였다. 아베 일본 총리는 한국을 길들이고 징용 노동자들에게 배상하지 않고 빠져나가려고 하였지만, 한국인들은 아베 총리의 그런 노력을 용납하고 싶어 하지 않았다.

> 식민 통치 범죄를 사죄하고 합당한 배상을 해야 하는 일본이 오히려 경제제재를 가하고 있다. 한반도 제2의 침략을 자행한 것이다. 동아시아 평화 체제의 시대 흐름에 역행, 군사 대국화를 추진하고 우리나라를 경제·군사 분야 하위 파트너로 길들이겠다는 속내를 노골적으로 드러낸 것이다(광주진보연대).[18]

---

16 「아베, 한국을 2015년으로 되돌리려 해… '타협적 화해'는 위험」, 『한겨레』, 2019년 8월 14일자.
17 「다시는 일본에 절대 지지 않겠다」, 『뉴스원』, 2019년 8월 14일자.
18 「'화이트리스트 제외' 들끓는 민심, 광장서 폭발할까」, 『전남일보』, 2019년 8월 4일자.

2021년 말 기준 한국의 GDP는 중국, 일본, 인도에 이어 아시아에서 네 번째, 세계에서는 열 번째로 크다. 그러나 일본은 여전히 한국에 대한 우월 콤플렉스를 극복하지 못하고 있고 일본 제국주의는 지속되고 있다. 일본은 국제 사회에서 한국의 경제력과 영향력이 점점 커지고 있다는 것을 의식하고 있다. 일본인 한국학자인 고베대학의 기무라 칸 교수에 따르면,

> 일본에서는 한국이 경쟁 상대라는 의식이 확대되고 있습니다. 과거 우월의식을 갖고 있던 사람들은 현 상황을 받아들이지 못합니다. 일본의 최근 조치들(무역 도발)이 지지를 받는 배경에는 '일본이 훨씬 강하다'는 걸 확인하고 싶어 하는 의식이 강하게 작용하고 있다고 봅니다.[19]

한국인들은 아베 총리의 무역 도발을 한국의 주요 산업과 미래 산업을 붕괴시키려는 시도로, 한국에 대한 일본 제국주의의 연속성을 입증한 것으로 여겼다. "경제 전쟁을 도발, 한국을 무릎 꿇리겠다는" 것이 아베 총리의 저의라는 것이다.[20] 역사학자 전우용에 따르면, 아베 총리의 무역 도발의 핵심은 결국 군국주의로 회귀를 시도하는 일본이 일본 내 혐한 감정을 이용하여 한국 정부에 굴욕감을 주고자 한 것이다.[21] 일본에 주재하는 한 한국인 기자는 한국의 저명한 정치인이 일본 외무성 관료와 처음 만났던 자리에서의 일화를 소개하였다.

---

19 「극우 아베 물러나도 韓·日문제 해결 안 돼… 더 '먼 나라' 될 수도」, 『한국경제』, 2019년 8월 13일자.
20 「냉철한 지혜와 단합된 국민 의지로 돌파하자」, 『충청투데이』, 2019년 8월 4일자.
21 「전우용, "주옥순 대표 발언… 역사공부 30년 넘게 이런 경우 못 봤어"」, YTN, 2019년 8월 8일자.

> [일본 관료는] 일본이 민주주의가 성숙된 합리적 정치 선진국이고 한국은 권위주의 티를 벗지 못한 정치 후진국이란 인식을 당당하게 드러냈다. [한국 정치인은] 한일 관계 개선 방안과 관련해서도 "한국과 일본이 함께 무엇을 어떻게 할지를 일본에 묻지 말고, 한국이 알아서 방법을 찾아서 오라는 게 일본 정부의 입장"이란 이야기만 들었다고 한다.[22]

그 일본 관료의 제안은 마치 아랫사람을 대하는 듯 너무나도 오만한 것이었고 한국과 일본이 대등한 입장에서 해결책을 협상할 수 없음을 시사하는 것이었다. 한국의 풀뿌리 시민들은 일본의 접근법을 받아들일 수 없었고 대신 불매 운동을 시작하였다. 이 과정에서 어떤 한국인들은 정치적으로 더욱 각성하게 되었고, 또 어떤 한국인들은 새로운 의식을 가진 정치 활동가, 즉 일차 행위자에서 사회적(집합) 행위자로 변화하였다.

3) 일본 제품은 사지 않습니다, 팔지 않습니다, 먹지 않습니다, 타지 않습니다, 일본에 가지 않습니다, 일본어는 쓰지 않습니다

최근 수십 년 동안 일본 제품은 한국 시장에 홍수처럼 쏟아져 들어와 한국인의 일상 소비의 일부가 되었다. 한 언론사 기자는 자신이 하루에 일본 제품과 얼마나 접촉하고 있는지 스스로 관찰해 보았더니 욕실에서 사용하는 어린이용 핸드솝에서부터 사무실에서 자신이 사용하고 있는 펜 3개 중 2개(미쓰비시연필사가 만든 것인데 전범 기업인 미쓰비시그룹과는 관계가 없

22 「아베 앞에 알아서 기는 日관료들… 그들은 '호모 손타쿠스'」, 『중앙일보』, 2020년 2월 3일자.

는 회사이다), 또 구내염에 쓰는 스프레이 약, 아사히 맥주 등이 일제였다는 것이다.[23] 아사히 맥주는 2020년 기준으로 이전 10년 동안 한국에서 가장 인기 있는 맥주였고 한국에서 소비되는 맥주의 45.3%는 일본에서 수입된다.[24] 한국인들은 일반적으로 과거 일본의 한국 침략과 일본 제품을 사용하는 것은 별개의 문제라고 생각한다. 그런데도 대다수 한국인이 경제 독립을 위해 익숙한 일본 제품 없이 살기로 결심하였던 것이다. 한국의 풀뿌리 시민들은 일본 제품에 대한 전국적인 불매 운동을 시작하였고, 다양한 방법을 동원하였다. 그 예 중의 하나가 '5 No 운동'인데, 곧 일본 제품을 안 사고 안 팔고, 일본에 안 가고, 일제 차를 안 타고, 일제 옷을 안 입는다는 것이다.

2019년 6월에는 3,946대의 일본산 자동차가 판매되었지만, 2019년 7월에는 2,674대로 32.2% 감소하였다.[25] 2019년 10월에도 판매량은 1,977대로 2018년 10월 대비 58.4% 줄었다. 2018년 1월부터 10월까지의 수출액 대비, 2019년 10월 기준 일본의 한국으로의 식품·음료 수출은 58.1%, 화학제품은 28.3%, 자동차는 70.7%, 맥주는 99.9% 줄어들었다. 많은 양의 맥주 재고가 유통 기한이 지났고 폐기를 위해 유통 업체에 반품되었다. 2005년 6월 이래 한국은 일본에게는 세 번째로 중요한 수출 시장이었지만 불매 운동으로 인해 네 번째로 밀려났다.[26][27] 닛산자동차는 16년간의 영업

23 「24시간 일상 속 일본제품 관찰기」, 『동아일보』, 2019년 8월 10일자.
24 「지난해 日맥주 수입량 '반토막'… 韓수제맥주가 빈자리 차지」, 『이데일리』, 2020년 1월 23일자.
25 「세계시장서 '씽씽' 일본 차… 한국서는 '찬밥' 신세」, 『디지털타임스』, 2019년 8월 8일자.
26 「아무도 안 사니 결국 전량 폐기… 일상이 된 日맥주 불매」, 『머니투데이』, 2020년 8월 15일자.
27 「日 수출대상국 한국 3위→4위로… 14년 만에 한 단계 하락」, 『데일리한국』, 2019년 12월

을 마치고 한국 시장에서 철수하였다.[28] 전국의 많은 상점 주인이 일본 제품을 매대에서 치우거나 판매하지 않기로 결정하였다. 예를 들어, 수원의 22개 전통시장 상인회로 구성된 수원시전통시장상인연합회 회원 5,000명은 일본 제품을 사거나 팔지 않겠다는 불매 운동에 동참하였다. 그 22개 시장 중 일부는 "우리 시장은 일본 제품 취급 안 해요: 가지 말자, 먹지 말자, 사지 말자, 팔지 말자"라고 적힌 현수막을 내걸었다.[29] 온라인 쇼핑 사이트는 일본 제품의 검색이나 판매율이 더 낮았다. 예를 들어, '11번가'의 경우 (2019년 7월 7일에서 8월 6일 사이) 닌텐도 게임 매출이 30% 감소하였고, 유니클로 의류 검색이 (2019년 6월에서 7월 사이) 45% 감소하였으며, 일본 화장품 브랜드 우르오스를 검색한 횟수도 43% 감소하였다. 신세계백화점의 인터넷 쇼핑 사이트인 SSG.COM에서는 혼마(Honma)와 엑시오(Xxio) 등 일본 골프 제품 매출이 12% 줄었다.[30]

많은 한국 사람이 일본 여행을 포기하였고, 미리 항공권을 예약한 사람들도 대부분 취소하였다. 더욱이, 집단적 문화 맥락에서 한국인들은 지인들이 자신의 활동에 대해 어떻게 생각하는지를 상당히 의식한다. 취소 수수료를 지불하는 것이 유쾌한 일은 아니지만 다른 사람들과 여행에 대해 터놓고 이야기할 수 없다면 즐거운 여행이 될 수 없기 때문에 계획된 일본

6일자.

28 "Nissan to Withdraw from Korean Market after 16 Years of Operation," *BusinessKorea*, 2020년 5월 29일자.

29 「지방서도 일본제품 불매 운동 격화」, 『매일경제』, 2019년 8월 6일자; 「수원 전통시장 상인들, 일본제품 사지도, 팔지도 않겠다」, 『경기일보』, 2019년 8월 6일자.

30 「닌텐도, 군 기저귀도… 쉽게 못 끊는 취미·육아용품도 '반日'」, 『서울경제』, 2019년 8월 11일자.

여행을 진행하고 싶지 않았던 것이다.[31] 취소한 사람들은 종종 취소 사실을 증명하는 사진을 찍어 소셜미디어에 공유하였는데, 이는 그들의 연대를 보여 줄 뿐만 아니라 각 소셜미디어 내에서 모종의 '치안 효과'를 발휘하였다. 일부 사람들은 무거운 위약금을 감당할 수 없었기 때문에 계획된 여행을 계속하였다.[32] 여행사들은 일본 여행 신규 예약이 50-70% 줄었으며, 일본 여행 예약의 취소율은 50%에서 400%에 이른다고 밝혔다.[33] 무역 도발 전에는 한국인의 69.4%가 일본을 방문할 의향이 있었지만 무역 도발로 인해 이 수치는 16.2%로 줄었다. 반면 무역분쟁 이전에는 한국인의 28.1%가 일본에 여행할 의향이 없다고 답하였는데, 이 수치는 81.3%로 증가하였다.[34]

예약한 일본 여행을 취소하는 상황은 국내 여행사가 일본 여행 취소 증빙 자료를 제시한 고객을 대상으로 국내 여행을 할인된 가격으로 제공해 주는 상품을 도입하면서 더 악화하였다. 예를 들어, 울릉도·독도·경주는 일본 여행을 취소한 사람들에게 여행 비용을 할인해 주는 곳으로 인기 있는 국내 여행지들이었다.[35] 2019년 7월과 8월 경주 방문객 수는 2018년 같은 기간 대비 202% 증가하였다(50,394명→152,216명).[36] 8월 15일 광복절을 기념하기 위한 여행 상품도 도입되었는데 상품 수도 광복절을 의미하

31 「카드 이용액 감소 뚜렷… 일본 가는 여행객 확실히 줄었다」, 『세계일보』, 2019년 8월 8일자.

32 「수수료 때문에… 일본 여행 예약자들 전전긍긍」, 『디지털타임스』, 2019년 8월 22일자.

33 「노 재팬 쇼크 일파만파… 日식료품·여행 매출 뚝」, 『디지털타임스』, 2019년 7월 21일자.

34 「日 여행 생각 없다 81%… 있었지만 철회 56%」, YTN, 2019년 8월 5일자.

35 「들불처럼 번지는 지자체의 '노 재팬' 운동, 불매·지명 지우기…」, 『국민일보』, 2019년 7월 31일자.

36 「경주엑스포 7~8월 관광객 작년 대비 3배 껑충」, 『세계일보』, 2019년 8월 28일자.

는 815개로 정해 판매하였다. 일부 숙박 시설은 50-75%의 할인을 제공하기도 하였다.[37] 일본 여행이 취소되면서 여행사들의 이익이 크게 줄었고, 그중 많은 여행사들이 코로나19로 재차 타격을 입어 일부는 결국 파산하였다.[38] 일본 대신 동남아시아 국가(특히 베트남, 필리핀, 말레이시아)와 대만이 해외 휴가지로 인기 있는 여행지가 되었다.[39]

불매 운동의 일환으로 일부 주유소와 정비소는 일본산 자동차에 대한 주유나 정비를 거부하였다. 일부 택배 노동자들은 유니클로 제품 등 일본 제품을 배송하지 않기로 합의하였다.[40] 일본 영화의 상영 계획이 연기되었고(예로 「도라에몽: 진구의 달 탐사기」) 상영 중인 영화는 기대하였던 관객 수를 끌어들이지 못하였는데, 예를 들면 한국 부모들은 자녀들이 어린이 영화 「극장판 엉덩이 탐정」을 이런저런 방법으로 보지 못하게 하였다. 이런 사건들은 불매 운동 당시의 사회적 상황과 국민 정서를 반영한 것이라고 영화 전문가들은 주장하였다. 이에 반해 위안부 문제를 다룬 영화 「주전장」은 개봉 1주일 만에 1만 명의 관객을 동원하여 다큐멘터리로서는 이례적인 성공을 거두었다.[41] 그러나 2019년 제천국제음악영화제는 아베 총리의 무역 도발에 따른 강력한 반대에도 불구하고 예정대로 일본 영화 7편

---

37 「여행업계, '노 재팬' 고객에 할인 혜택 제공」, YTN, 2019년 7월 31일자.

38 「제2의 8.15 광복, 우리가 마무리, SNS 타고 들불처럼 번지는 반일 운동」, 『아시아경제』, 2019년 8월 5일자.

39 「日 대체노선 통했다… 불매운동 딛고 3분기 항공여객 역대 최고치」, 『디지털타임스』, 2019년 10월 29일자.

40 「일본차 정비·주유 거부까지… 확산일로 불매운동 어디까지 합법」, KBS뉴스, 2019년 7월 30일자.

41 「한일경제전쟁: 극장가도 '노 재팬'… '도라에몽'도 쓰러졌다」, 『연합뉴스』, 2019년 8월 2일자.

을 상영하기로 하였다. 7편의 영화가 정치적 내용과는 거리가 먼 순수 예술작품이며 이 영화제는 민간 문화 교류의 장으로 그러한 교류는 정치적 갈등에도 불구하고 지속되어야 한다는 제천시장의 견해가 반대 의견을 압도하였다.[42] '노 재팬, 노 아베' 운동은 베트남 호치민과 영국 런던 등 해외 한인 사회로까지 확산하였다.[43]

불매 운동 참가자들은 '경제적 복수'만 추구한 것이 아니라 '잘못된' 역사를 바로잡거나 그 연속성을 끊으려고도 하였다. 예를 들어, 광주시는 비석, 누정 현판, 교가, 군사 시설 등 65개의 시설물이 친일 부역자들과 관련이 있다는 것을 발견해 관련 역사적 사실을 적시하여 알리는 표식을 하기로 하였다.[44] 국회의원 김정우는 2019년 8월 기준 국부펀드인 한국투자공사가 일본의 전범 기업에 4,634억 원을 투자하였고, 한국 조달청은 일본 전범 기업 물품을 구매하는 데 지난 10년간 21만 9,244건의 계약에 9,098억 원을 사용하였다고 밝혔다. 김정우 의원은 일제 강점기 750만 명의 한국인들이 전쟁범죄를 저지른 기업들에 의해 강제 노동에 시달렸던 상황에서 이러한 투자와 구매는 적절하지 않다고 주장하였다.[45]

유니클로는 한국에 187개 지점을 두고 있는 인기 일본 의류 브랜드이다. 2005년 9월 한국 시장에 진출하였다. 한국에서 사업을 시작한 후 첫

---

42 「이상천 제천시장이 옳다」, 『파이낸셜뉴스』, 2019년 8월 8일자.

43 「베트남서도 日불매운동… 아세안서 한국이 日 압도한 유일한 나라」, 『아주경제』, 2019년 8월 5일자; 「해외서도 '노 재팬'… 런던 한인들, 의사당 인근서 日 규탄 집회」, 『연합뉴스』, 2019년 8월 13일자.

44 「들불처럼 번지는 지자체의 '노 재팬'운동, 불매·지명 지우기…」, 『국민일보』, 2019년 7월 31일자.

45 「경기 국회의원들, 일본 전범기업 관련 법안 잇따라 발의」, 『중앙일보』, 2019년 8월 11일자.

12개월 동안 12억 원의 영업손실을 입었지만, 2014년에는 매출액이 1조 1,169억 원에 달하였다.[46] 불매 운동에 대응해 2019년 7월 제품 판매가 감소하고 있었지만, 유니클로 일본 본사의 오카자키 최고재무책임자(CFO)는 "(한국의) 불매 운동이 장기적으로 매출에 영향을 미치지는 않을 것"이라고 주장하였다. 그의 언급이 한국 누리꾼들에게는 "한국 소비자를 우습게 보는" 것으로 해석되면서 여론이 급격히 나빠졌다. 유니클로에 대한 불매 운동이 가속화되면서 해당 기간(2019년 9월부터 2020년 8월까지)의 이익은 이전 12개월 대비 44% 감소하였다. 매출과 영업이익이 모두 감소한 것은 17년 만에 처음이었다.[47] 유니클로의 플래그십 스토어인 명동중앙점은 2021년 1월 31일로 폐점이 예고되었다.[48] 2019년 7월 이래 유니클로 명동 매장은 반일 정서의 표적이 되었고, 일부 활동가들은 매장 입구를 촬영하여 쇼핑객들의 진입을 막았다. 2020년 11월 말까지 불매 운동과 코로나19로 인해 한국 내 22개의 유니클로 매장이 운영을 중단하였다.[49]

나는 일본에 대한 불매 운동이 풀뿌리 시민의 기저에 있는 민족적 항의와 경제적 항의의 교차점을 나타내는 것이라고 주장한다. 한국은 2018년 대일 경상수지(상품 및 서비스) 적자가 247억 달러였으나 2019년에는 188억 2,000만 달러로 감소하였다. 특히 반도체 제조 장비 등 자본재를 중심으로 수입이 감소하면서 상품수지 적자가 2018년 172억 6,000만 달러에

46 「유니클로, 한국 진출 10년 만에 年매출 1조 돌파」, 『조선일보』, 2015년 12월 1일자.
47 「韓 불매운동 오래 못 간다던 유니클로 '대단히 죄송'」, 『중앙일보』, 2019년 7월 17일자.
48 「유니클로 명동중앙점 내년 1월 폐점… 운영사는 매출 반토막」, 『매일경제』, 2020년 12월 5일자.
49 「개업날 20억 매출, 유니클로 명동중앙점도 문 닫는다」, 『한겨레』, 2020년 12월 4일자.

서 2019년 134억 1,000만 달러로 줄었다.[50]

4) 오늘날 한국과 일본의 정치문화

불매 운동이 촉발되어 진행되면서 한국과 일본에서 창발한 정치문화는 어떤 것들이었고, 그것은 또 한국의 풀뿌리 시민들과 언론에 의해 어떻게 인식되고 보도되었는가? 역사의 결과인 문화는 무엇이었고 또 지금 이 시대의 영향력 있는 창발적 문화는 무엇이었는가? 의심할 여지 없이 한국인들은 학교 교육을 통해 식민지 시대 일본이 조선인을 얼마나 끔찍하게 대하였는지를 상기하였다. 현대 한국인들은 모두 이 역사를 알고 있다. 그러나 최근 수십 년 동안 한국과 일본은 평화로운 관계를 유지해 왔고 이는 긴밀히 연결된 상호 의존적인 경제에 의해 뒷받침되었다. 물론 전범 기업들에 의한 강제 노동 문제는 경제·외교·문화 등 모든 수준에서 양국 간의 우호적 관계에 지속해서 부정적인 영향을 미치고 있다. 갈등이 일어나면 억눌려 있던 반일 감정이 다시 수면 위로 떠오른다. 사회학자 임운택은 일본이 과거의 잘못에 대해 사과하지 않고 있던 상황에서 최근 일본이 한국을 화이트리스트에서 제외한 것은 한국인의 자존심을 상하게 하였다고 주장한다.[51] 반일 운동을 위한 다양한 아이디어가 등장하였다. 앞서 언급하였듯이, 캐치프레이즈 중 하나는 "다시는 일본에 지지 않겠습니다"였다.

---

50 「지난해 대중국 경상 흑자 반토막, 일본 수출 규제로 대일 적자는 감소」, 『국제신문』, 2020년 6월 22일자.

51 「제2의 8.15 광복, 우리가 마무리, SNS 타고 들불처럼 번지는 반일 운동」, 『아시아경제』, 2019년 8월 5일자.

이는 일본에 대한 과거와 현대의 적대감이 한데 어우러진 결과이다. 문재인 대통령이 처음 이 표현을 사용하면서 한국인들의 일본 불매(거부) 운동의 결의를 굳혔다. 소셜미디어에 공유된 다른 소감은 다음과 같다.

> 2-3년간 국제통화기금(IMF) 외환 위기 당시처럼 어렵더라도 이겨 내면 일본을 능가할 수 있다. … 선조들이 남겨둔 과제, 잘 마무리 지어 제2의 광복을 만들어야 한다. … 독립운동은 못했어도 불매 운동은 한다.[52]

현대 한국인들에게는 이른바 '한강의 기적'으로 알려진 기적적이고 압축적인 경제발전을 이룩하였다는 자부심이 가득하다. 그러나 그들 머릿속에는 존경받는 독립운동가이자 역사학자인 신채호가 자신의 저서인『조선상고사』에서 하였다는 "역사를 잊는 민족에게 미래는 없다"는 말이 강력히 자리 잡고 있다. 이처럼 한국인들에게는 그들의 역사, 특히 일제 강점기의 경험이 정신 속에 깊이 뿌리 박혀 있다. 한 문화예술가는 닌텐도 게임인「동물의 숲」의 높은 판매량에 의아해하며 일본으로부터의 '진정한' 독립은 아직 이루어지지 않았다고 주장한다.[53] 이처럼 언론을 통해 알려지는 것은 일본에 대한 한국인의 반일 정서의 현주소이기도 하지만, 동시에 이러한 상기는 한국인으로서의 역사의식을 강화해 주는 것이기도 하다. 이 과정은 과거의 부끄러움과 한국의 탁월한 정치적·경제적 성취로 얻게 된 현재의 자신감 사이의 계속되는 교차이다.

일본이 입은 경제적 피해는 아마도 한국이 의도하였던 것만큼 크지는

52 「제2의 8.15 광복, 우리가 마무리, SNS 타고 들불처럼 번지는 반일 운동」,『아시아경제』, 2019년 8월 5일자.

53 「매일춘추: 닌텐도 스위치와 이상화」,『매일신문』, 2020년 4월 27일자.

않았을 것이다. 그러나 일본의 일부 산업과 지역에서는 그 영향을 느꼈다. 2019년 8월 19일, 일본 홋카이도현 공무원 몇 사람이 한국어로 "홋카이도에 오신 것을 환영합니다"라고 적힌 현수막을 들고 공항에서 입국자를 맞이하였는데, 이런 일은 여러 차례 반복되었다. 오키나와 공항에서는 몇몇 관광업계 대표가 외국인 관광객을 환영하고 배웅하는 행사를 개최하였다. 시모지 요시로 오키나와관광컨벤션뷰로 회장은 "일본과 한국의 관계가 냉각되더라도 오키나와를 방문하는 관광객을 소중히하고 싶다"고 밝혔다.[54] 그러나 일본인들 중에서도 강한 반한 감정을 가진 사람이 있다. 일본에 살고 있는 한 한국인 대학 교수는 "15년째 살고 있지만, 지금처럼 일본 사람들이 한국에 화가 난 적은 없는 것 같다"고 말하였다. 한국의 한 전직 외교관도 최근 도쿄에서 열린 회의에 참석한 후 다음과 같이 언급하였다. "이제 어떤 수단을 동원하더라도 양국 관계가 예전으로 돌아가기는 어려울 것 같다. 몇십 년 전부터 알고 지낸 외교 분야 전문가들의 태도, 세미나에 참석한 사람들의 말투 등 내가 느낀 일본의 공기가 그랬다".[55] 도쿄 주재 한국 회사의 한 한국인 직원은 15년 전부터 알고 지내며 술자리를 함께한 일본인 지인이 있었는데 근래에 만나지 않게 되었다. "적어도 한 달에 한 번씩 연락이 와서 술자리를 함께하였는데, 최근에는 3개월째 연락이 없다. 상대방이 한국인을 피하고 싶다는데 내가 먼저 연락할 수도 없는 노릇 아니냐". 또 다른 사례로는, 현지 회사의 일본인과의 비즈니스 점심 약속이 일

54 「노 재팬, 韓관광객 감소에 급했나… 日지자체, '환영합니다' 현수막 동원」, 『아시아경제』, 2019년 8월 30일자.

55 「자발적 불매운동 나선 한국인, 조용히 한국친구 끊는 일본인」, 『중앙일보』, 2019년 8월 6일자.

방적으로 취소되었는데 그가 말하길 지금과 같은 분위기에서 한국인과 점심을 먹는 것이 부담스럽다고 하였다는 것이다.[56] 후지TV와『산케이 신문』이 2019년 8월 3-4일 실시한 여론조사에서는 '화이트 국가에서 한국 제외' 조치를 지지한다는 답변이 67%였지만, 지지하지 않는다는 답변은 19.4%에 불과하였다.[57] 도쿄에서 활동하는『중앙일보』서승욱 기자는 일본 소셜 미디어 사이트에서의 반한 정서는 심각한 상황이라고 지적하였다. 한국에 '노 아베' 운동이 있다면 일본에는 '노 문재인' 운동이 있다는 것이다. 그는 일본 사회 내부의 반한 분위기에 대해 "'중국을 해치우자', '중국을 지원하는 미국도 해치우자'고 하였던 1930년대 후반에서 1940년대 초의 감정 흐름과 비슷하다"고 한 일본의 유명 논픽션 작가의 말을 인용하기도 하였다. 서승욱은 가장 큰 문제는 정치인들의 싸움이 아니라 '돌아오지 못할 다리'를 건너고 있는 양국 국민의 반목이라는 점이라고 적절히 지적하였다.[58] 이것이 '민간 교류'에 해가 될 수 있다는 것이다.

5) 노 아베, 예스 재팬

일본에 반한 정서가 강하듯이 한국에도 반일 정서가 존재한다. 가라앉아 있던 반일 감정이 다시 수면 위로 떠오르기에 아베 총리의 무역 도발만큼의 호재는 없었을 것이다. 반일 정서는 한국인들에게 문화적으로 만

---

56 「자발적 불매운동 나선 한국인, 조용히 한국친구 끊는 일본인」,『중앙일보』, 2019년 8월 6일자.

57 「자발적 불매운동 나선 한국인, 조용히 한국친구 끊는 일본인」,『중앙일보』, 2019년 8월 6일자.

58 「글로벌아이: 일본 태풍과 때아닌 라면 논쟁」,『중앙일보』, 2019년 10월 15일자.

연한 감정이며, 한일 양국 외교 관계의 성격에 따라 신중하게 관리되거나 은폐되거나 불시에 나타난다.

2019년 7월 1일 아베 총리의 무역 도발에 대한 조치로 한국의 풀뿌리 시민들은 전 국민적으로 반응하였다. 예를 들어, 많은 지방정부가 풀뿌리 활동에 동참해야 한다는 압박감을 느꼈다. 울산시의 민중당[59]과 아베 신조에 반대하는 많은 지역 시민이 스스로 비용을 들여 "NO 아베! 토착왜구 OUT"이라고 적힌 가로 70cm, 세로 120cm 크기의 현수막 130개를 제작하였다. 현수막은 1.3km 구간 도로변과 0.25km 구간 도로변을 따라 일정한 간격으로 내걸렸다. 활동가들은 그 거리를 '노 아베 거리'라고 불렀다.[60] 전국 곳곳에 비슷한 현수막이 내걸렸다. 또 울산시 고래박물관 앞에는 "8월 일본인 관광객 초특가 요금 8,150,000원"이라는 현수막이 내걸렸는데, 이 가격은 한국의 광복절인 8월 15일에서 착안한 것이다. 물론 이 현수막은 다만 아베 총리에 대한 항의를 표현하기 위한 것으로 일본인 관광객이 탑승하더라도 실제 그 요금을 물리지는 않았다(정상 요금은 2만 원이었다).[61]

한국의 모든 지방자치단체가 정기적인 교류 프로그램을 위해 일본의 많은 지방과 자매 관계를 맺고 있다. 예를 들어, 경상남도와 그 소속 시군들은 일본에 22개의 자매도시를 두고 있다.[62] 충청남도의 서산시와 일본 나라현의 덴리시는 1991년부터 자매 관계를 유지하고 있었다. 서산시와 덴리시는 중학생 교류 사업을 해오고 있었고 이 해에도 덴리시에서 서

---

59 민중당은 2020년 6월 20일 당명을 '진보당'으로 개정하였다.
60 「울산지역 일본 불매운동 확산… 동구에, NO 아베 거리」, 『경상일보』, 2019년 6월 1일자.
61 「노(NO) 아베 거리에, '일본인 요금 815만 원' 현수막도…」, 『머니투데이』, 2019년 8월 2일자.
62 「자매도시 어찌할꼬 고민에 빠진 지자체」, 『경남도민일보』, 2019년 7월 26일자.

산으로 학생들을 파견할 예정이었으나 서산시가 이를 취소한다고 통보하였다.[63] 강원도 고성군의 청소년 교류 프로그램은 미리 계획된 일본인 학생 초청 행사를 예정대로 진행하였다.[64] 그러나 한일 양국 간 모든 자매도시 관계가 심각한 압박을 받았고 많은 지방자치단체가 교류 프로그램을 중단하였다. 한일 관계가 껄끄러운 가운데 많은 지방자치단체가 중국에서 새로운 자매도시를 물색하였다.[65] 한일 간의 스포츠 교류도 취소되었다. 춘천시청 여자 컬링팀은 2019년 10월 1일부터 4일까지 일본 홋카이도 삿포로시에서 열릴 예정이던 '홋카이도 은행 컬링 클래식' 출전을 취소하였다.[66] 강릉시는 8월 16일과 18일 양일간 중국과 일본을 초청해 컬링 친선경기를 계획하고 있었는데, 공교롭게도 이때 한일 간 무역분쟁이 벌어졌다.[67] 강릉시는 처음에는 일본팀의 참가에 대한 초청비를 지급하지 않겠다고 하였다가 나중에는 일본팀 초청을 아예 철회하였다.[68] 이와 같은 문화·스포츠 교류 프로그램의 악화는 모든 수준에서 심각한 우려를 불러일으켰다. 이해찬 당시 더불어민주당 대표는 무역분쟁에도 불구하고 한일 양국의 스포츠 교류는 계속되어야 한다고 주장하였다.[69]

일부 지방자치단체는 특히 현직 공무원들이 중심이 되어 지금이야말로 모든 한국 국민이 일본에 맞서 단결된 힘을 발휘해야 할 때라고 주장하

63 「日, 경제도발: 日언론, 한 달새 35건 한일교류 중단」, 『머니투데이』, 2019년 8월 2일자.
64 「자매도시 어찌할꼬 고민에 빠진 지자체」, 『경남도민일보』, 2019년 7월 26일자.
65 「충남도, 중국 지린성과 자매결연 체결」, 『세계일보』, 2019년 8월 22일자.
66 「전국 시민·사회단체, 지자체 등 일본 경제 도발에 강력 대응」, 『한겨레』, 2019년 8월 4일자.
67 「체육계부터 맘카페까지 'NO 재팬' 확산」, 『강원도민일보』, 2019년 8월 7일자.
68 「한일관계 악화에… 강릉 컬링친선전서 일본 제외」, 『연합뉴스』, 2019년 8월 25일자.
69 「노 재팬 대신 노 아베, 與, 反日공세 수위조절」, 『서울경제』, 2019년 8월 8일자.

며 '노 재팬, 노 아베' 캠페인에 앞장서기도 하였다.[70] 그러나 풀뿌리 시민들은 중앙정부나 지방정부가 보이콧에 참여하는 데 반발하였다. 서울 중구청은 관광객이 많이 찾는 명동·을지로·남산 주요 거리에 현수막 1,100개를 내걸기로 하였다. '노 재팬' 깃발이 내걸리는 것을 바라보던 풀뿌리 주민들, 지역 상점 주인들, 사회 평론가들이 이에 항의하였다. 현수막에 반대하는 청원도 청와대 국민청원 게시판에 올라왔다. 항의하는 시민들은 소셜미디어를 통해 현수막을 설치하려는 지방자치단체의 계획에 대해 다음과 같이 반응하였다.

> 저 깃발은 일본인 관광객을 불쾌하게 하고 일본 보이콧이 관 주도라는 잘못된 인상을 줄 것이다. … 불매 운동은 국민에게 맡겨야 하며, 정부가 불매 운동에 개입하면 불매 운동의 본질이 훼손될 것이다. … 도심 한복판에 저런 깃발이 걸리면 한일 관계는 더욱 악화할 것이다. … 결국 아베 총리의 무역 도발에 찬성하는 일본인들이 더 많아질 것이다. 국민들이 자발적으로 진행하는 불매 운동을 정부에서 조장하고 있다는 그림이 생겨 향후 정부의 국제 여론전에도 나쁜 영향을 줄 것이다. … 우리는 일본과 관계를 끊으려는 것이 아니다. 구청은 현수막을 내거는 행위를 중단해야 한다.[71]

현수막 사건을 지켜본 직장인 박정훈 씨(29세)는 시민들이 불매 운동 과정을 잘 관리하고 있다면서 구청이 도를 넘었다고 비판하였다. 다른 사람들도 "누구 좋으라고 이런 일을 하는지 모르겠다. 피해는 정작 … 한국

---

70 「서울 도심에 'No 재팬' 깃발 내건 중구청, '관제 반일 논란' 커지자 뒤늦게 철거」, 『조선일보』, 2019년 8월 6일자.

71 「명동에 '노 재팬' 깃발 걸겠다는 중구… 시민들 '오버 말라' 질타」, 『국민일보』, 2019년 8월 6일자.

상인들이 보는 것 아니냐”(김상현, 34세), “한국에 오는 일본인을 왜 적대시하려는 건지, 그래서 얻는 게 뭔지 의문”(이모 씨, 25세)이라고 말하기도 하였다.[72] 시민들의 말을 한마디로 요약하면 “싸움을 우리가 할 테니 정부는 나서지 말라”는 것이었다.[73] ‘노 재팬’ 현수막을 내거는 것을 지지하는 목소리도 없지 않았지만, 서울 거리에 그런 현수막을 내걸지 말아야 한다는 의견이 지배적이었고 결국 이 기획은 실패로 돌아갔다.[74]

서울교통공사 노동조합은 일본의 한국 역사 왜곡, 아베 총리의 무역 도발, 한반도 평화 프로세스 방해 등을 규탄하는 스티커 포스터를 제작해 서울 지하철 곳곳에 붙였다.[75] 대구시의 버스 운전기사들 중 일부는 ‘노 재팬, 보이콧 일본’이라는 스티커 포스터를 버스 안에 붙였다. 그들은 이것이 아베 총리의 무역 도발에 대한 항의에 개인적으로 최소한으로 동참하는 것이라고 생각하였다. 스티커 부착에 대한 민원이 대구시에 접수되었고, 대구시는 26개 버스회사에 서한을 보내 스티커 철거를 요청하였다. 무작위로 인터뷰에 응한 시민들, 즉 풀뿌리 주민들은 시 당국이 시의 입장이 잘못 알려질 것과 도시를 방문하는 일본인 관광객이 줄어들 것을 우려하고 있지만 버스 운전기사 개인의 표현의 자유가 침해되어서는 안된다고 주장하였다.[76]

---

72 「명동 한복판에 ‘노 재팬’ 깃발… ‘너무 나갔다’ vs ‘시의적절’」, 『머니투데이』, 2019년 8월 6일자.
73 「시민들 ‘싸움은 우리가 할게요’… 지자체 ‘반일기류’에 자제 당부」, 『헤럴드경제』, 2019년 8월 6일자.
74 「서울 도심에 ‘No 재팬’ 깃발 내건 중구청, ‘관제 반일 논란’ 커지자 뒤늦게 철거」, 『조선일보』, 2019년 8월 6일자.
75 「지하철에도 ‘NO재팬’ 스티커… 일각에선 ‘도 넘었다’」, 『머니투데이』, 2019년 8월 1일자.
76 「버스에 붙은 ‘노 재팬’ 논란… 반일 범위 어디까지?」, MBC뉴스, 2019년 8월 29일자.

불매 운동에 대한 풀뿌리 시민의 접근 방식과 태도가 얼마나 성숙해 있는지에 주목할 필요가 있는데, 이는 계산적 민족주의를 잘 보여 주는 것이었다. 서울 중구청이 '노 재팬' 현수막 설치 계획을 철회한 후, 한국 외교부 산하의 국민외교센터는 2019년 8월 6일 주일한국대사관이 주관한 한일 학생 교류 프로그램에 참가한 일본 가이세이고등학교 학생 10명을 환영하는 특별 행사를 열었다. 양국 사이의 긴장에도 불구하고 한국인들은 정부 차원에서건 풀뿌리 차원에서건 한일 민간 교류는 강하게 유지되어야 한다고 강력히 주장하였다. 여기에는 민간 차원의 교류를 통해 서로의 문화와 역사를 이해하고 이를 바탕으로 한일 관계 전반을 개선할 수 있을 것이라는 기대가 있는 것이다.[77] 『머니투데이』 기사에 따르면, 시민들은 민간 교류의 중요성을 거듭 강조하였다. 그리고 2019년 8월 초에도 명동을 찾은 일본인 관광객들이 많았다며 한국 사람들은 일본 관광객을 "오히려 이런 때일수록 이들을 환영해 감동을 받게 하고 더욱 한국을 찾도록 하는 것이 맞는 것 같다"고 하였다.[78] 풀뿌리 시민들은 지방정부가 나서서 일본 보이콧에 심각한 역할을 하거나 모든 종류의 문화·스포츠·예술 교류 프로그램을 방해하는 것에 대해 강력히 비판하였다.[79] 수원시와 일본 아사히카와시가 30년 자매결연 관계를 기념하기 위해 2019년 8월 23일부터 26일까지 수원시에서 제16회 한일 유소년 친선 축구 경기를 개최한다는 소식은 매우 고무적인 일이었다.[80] 마찬가지로 2019년 8월 25일에는 일본 어린이

---

77 「한일戰 격화되는 와중에도… 외교부 청사 찾은 日 고교생들」, 『조선일보』, 2019년 8월 6일자.

78 「日 관광객 배척? 이런 때일수록 더 환영해야」, 『머니투데이』, 2019년 8월 7일자.

79 「여행업계, 與에 쓴소리 '한일 민간교류 막지 말라'」, 『국민일보』, 2019년 8월 7일자.

80 「수원시, 日 아사히카와시 유소년 축구팀과 교류전 예정대로 개최」, 『중앙일보』, 2019년 8

축구단 두 팀이 경주시에서 지역 어린이들과 친선경기를 가졌다. 한국인들은 일본 선수단에 기념품을 증정하는 한편 그라운드에서 뛰는 일본 선수들을 응원하는 현수막을 준비하여 내걸었다. 일본팀을 응원해 준 한국인 중 한 명인 윤석준 씨는 이 행사의 소중함을 인정하지만 '노 아베'만큼은 포기하지 않았다.[81] 이러한 민간 교류는 한국과 일본의 풀뿌리 시민들의 공동 노력이 있기에 가능하다.

일본의 일반 국민 중 상당수는 한국 풀뿌리 시민들의 노력에 연대하였다. 평화의 소녀상이 일본 정치 지도자들과 극단주의 활동가들에게 위협받았을 때, 평화 운동 활동가들이 소녀상을 보호하는 데 앞장서서 거리에서 시위를 하고 성명을 발표하였다. 이에 상응하는 일이 한국에서도 있었다. 예를 들어, 2019년 7월 12일부터 18일까지 열린 광주 국제수영선수권대회에서 일본 수영 선수가 금메달을 땄을 때 한 한국 관중이 일본인 관광객에게 먼저 일본 선수의 금메달 획득을 축하하는 인사를 건네 눈물을 고이게 한 일도 있었다.[82] 『문화일보』에 따르면, 이 시기 일본인 관광객 중에는 아베 총리의 무역 도발에 대한 대응으로 한국을 방문한 사람들도 많았다고 한다.[83] 또 한국인과 일본인이 연대해 '#좋아요－한국'과 '#좋아요－일본'을 주고받으며 해시태그 운동을 이끌었다. 둘 사이의 분명한 합의는 아베에게는 '노'이지만 일본에는 '예스'라는 것이었다.[84] 김의영 서울

월 7일자; 「한일 유소년 축구 교류전」, 『뉴시스』, 2019년 8월 24일자.

81 「일본 유소년축구단 올린 유석준 씨」, 『경주신문』, 2019년 8월 29일자.

82 「평범한 한국과 일본 시민들, 더 많이 대화해야 한다」, 『한겨레』, 2019년 8월 9일자.

83 「日 관광객마저 내쫓는 지자체」, 『문화일보』, 2019년 8월 9일자.

84 「'노 재팬 아닌 노 아베(NO ABE)' 해야… 커지는 자성 목소리」, 『한국일보』, 2019년 8월 7일자.

대 정치외교학과 교수는 불매 운동에 참여한 평범한 한국인들은 자신들의 항의 대상이 일본이나 일본인이 아니라 아베 정부와 일본의 극우 세력이라는 것을 잘 알고 있다고 지적하였다. 또 한국 사람들은 일본 제품과 여행은 거부할지언정 일본 사람들과의 친선과 교류는 소중히 여긴다는 것이다.[85] 실제로 한국의 풀뿌리 시민들은 자신들이 반대하는 것이 무엇인지 자의식을 가지고 있었을 뿐만 아니라 풀뿌리 시민들 스스로 한국과 일본 사이의 더 나은 관계를 발전시키려고 노력할 때 지방정부와 중앙정부는 이에 개입하지 말라고 목소리를 냈다.[86] 정당 지도자들은 스포츠와 문화 교류, 일본 여행에 대해 긍정적인 태도를 취하였고,[87] '노 재팬'에서 '노 아베'로 톤을 낮추었다.[88] 페이스북 같은 소셜미디어에는 일본인 방문객을 환영하고 친절하게 대하자는 메시지가 급격하게 증가하였다.[89]

해시태그 운동은 일부 한국인과 일본인을 하나로 모았다. 한 일본인 트위터 이용자는 2011년 동일본 대지진 피해자 지원 캠페인을 벌이는 한국인들의 사진을 여러 장 올리고, 일본 정부의 한국에 대한 혐오에도 불구하고 한국인을 높이 평가하고 그들과 연대하는 일본인이 많다고 주장하였다. 또 다른 사람들은 기억에 남는 한국 여행을 공유하였는데, 예를 들면 한국 여행 중 몇 번 길을 잃었을 때 몇몇 한국인이 친절하게 안내해

---

85 「중앙시평: 일본 사람들의 마음을 사자」, 『중앙일보』, 2019년 8월 9일자.
86 「성숙하고 신중하게… 도 넘은 반일에 균형 잡은 시민의 힘」, KBS뉴스, 2019년 8월 9일자.
87 「지도부, 올림픽 보이콧·여행금지 등 반일 정서 과열 제동」, 『광주일보』, 2019년 8월 9일자.
88 「與, 反日 수위 조절… 野, 외교적 해결 촉구」, 『세계일보』, 2019년 8월 8일자.
89 「조재길의 경제산책: 일본인 환영… 정치인보다 수준 높은 시민들」, 『한국경제』, 2019년 8월 7일자.

주었다는 내용이었다. 또한 2019년 8월 4일에는 한 무리의 일본 시민들이 도쿄 신주쿠 아루타 마에에서 반(反) 아베 집회를 열기도 하였다.[90] 와다 하루키 도쿄대 명예교수를 비롯한 5,000명의 일본 지식인들은 아베 총리의 무역 도발에 반대하는 성명을 발표하고 서명 운동을 벌였다.[91] 「일본 희망연대」의 시라이시 다카시 대표는, 제2차 세계대전 당시 일본 기업에 의해 자행된 강제 징용에 대해 배상하라는 한국 대법원의 판결을 일본 정부가 거부하는 것은 한국의 사법 독립에 근거한 판결을 무시하는 것이며 일본 민주주의의 미성숙을 보여 주는 것이라고 지적하였다. 시라이시 씨는 일본 시민사회에도 아베 총리의 잘못된 정책에 부분적으로 책임이 있으며, 이 때문에 한일 양국의 시민사회가 계속 교류하는 것이 매우 중요하다고 주장하였다.[92]

건설적인 운동을 바라고 이끈 것은 풀뿌리 시민들이었고, 그들이 정부와 엘리트들에게 어떤 접근법을 취해야 하는지를 가르쳤다. 풀뿌리 시민들은 강제 징용 문제를 해결하려는 정부의 외교적 노력을 방해하지도 않았고 정부가 시민들의 자발적인 불매 운동에 간섭하는 것도 바라지 않았다. 풀뿌리 시민들은 모든 수준에서, 즉 자신들의 사업체가 일본인 관광객에게 상품을 판매할 수 있는 기회를 잃지 않는 것도 포함해 민간 교류를 계속하기를 바란다. 이러한 활동들은 계산적 민족주의의 예시들이다. 그들은 개인적 이익과 국가적 이익을 모두 옹호하였으며, 이 서로 다른 이익

---

90 「한일 경제대립 속 일본 국민들은 '좋아요-한국'」, 『세계일보』, 2019년 8월 10일자.
91 「중앙시평: 일본 사람들의 마음을 사자」, 『중앙일보』, 2019년 8월 9일자.
92 「인터뷰: 시라이시 다카시 희망연대 대표 '아베 폭주 막지 못해 죄송… 한국 민주주의 배워야'」, 『경향신문』, 2019년 8월 8일자.

들은 충돌하기보다는 병행하여 추구되었다.

6) 소셜미디어 기반 불매 운동

풀뿌리 시민들이 명확한 합리적 근거와 성숙한 시민의식에 따라 불매 운동을 이끌 수 있었던 중요한 이유는 그들이 온라인 공간과 공동의 목표를 통해 연결되는 누리꾼들이기 때문이다(Heimans and Timms 2018).[93] SNS와 카카오톡 등 소셜미디어는 불매 운동 지지 집단을 효과적이고 빠르게 확대하였다. 뉴스와 소셜미디어는 일제 강점기에 일어난 일들과 불매 운동의 배경을 전달하였으며, 특히 학생들은[94] 소셜미디어를 통해 부모 세대 및 다양한 연령대의 사람들과 교류하였다.

2019년은 한국에 있어서는 3.1운동 100주년이자 상하이 임시정부 수립 100주년이 되는 해였다. 성남문화재단은 다음웹툰컴퍼니와 협약을 맺고 독립운동가 33인의 이야기를 만화로 그려 포털 사이트 '다음'에 연재하였다(Yecies and Shim 2021 참조). 웹툰은 젊은이들에게 일제 강점기의 역사에 쉽게 접근할 수 있는 기회를 제공하였고, 어른들에게도 그 역사를 다시 상기시켜 주었다.[95] 숙명여대 경영전문대학원 서용구 교수는 고령층이 주도하였던 과거의 불매 운동과 달리 '노 아베' 불매 운동이 훨씬 더 역동적이었던 것은 젊은이들의 지속적인 참여, 그리고 누리꾼들 사이에 불매 대상

---

93 「최선영의 미디어전망대: '보이콧 재팬', SNS 항일운동의 힘」, 『한겨레』, 2019년 7월 23일자.

94 「대전 학원가 NO JAPAN 선언」, 『충청투데이』, 2019년 8월 14일자.

95 「웹툰 독립운동」, 『전자신문』, 2019년 8월 18일자.

인 일본 제품 정보와 그 대체품 구매에 대한 정보 공유 같은 관련 온라인 활동이 활발하였기 때문이라고 보았다. 조춘한 경기과학대학교 경영학과 교수도 일본 제품에 대한 정보 공유가 많은 제품들의 소비 패턴을 변화시켰다고 이야기하였다.[96]

'노노재팬' 사이트에는[97] 식품, 전자제품, 화장품, 의약품, 의류, 취미 관련 제품, 자동차, 유아용품, 애완동물 제품, 악기 등 광범위한 범주에서 수천 개의 일본 제품과 한국산 대체 상품 목록이 나열되어 있다. 이 사이트에는 뉴스 및 게시판 섹션도 있어 불매 운동 관련 뉴스를 제공하고 관련 정보를 쉽게 교환할 수 있다. '클리앙' 같은 다양한 관심사를 가진 웹 기반 커뮤니티도[98] 회원들이 불매 운동에 동참하도록 적극적으로 권장한다. 많은 젊은이들이 일본이 잘못을 후회하고 사과할 때까지 불매 운동을 계속하겠다는 내용을 담은 서약을 손 글씨로 써서 소셜미디어에 게시하기도 하였다. 메시지가 온라인 공간에서 공유되었고, 이는 동료에게 또 더 넓은 범위의 커뮤니티에서 인정받는 방법이 되었다.[99]

이미 언급하였듯이 해시태그 운동도 활발하게 일어나 '#좋아요-한국'과 '#좋아요-일본' 같은 태그들을 퍼뜨렸다. 한국과 일본의 트위터 사용자들은 무역 분쟁을 해결하기 위해 정치 지도자들이 서로 논쟁을 벌일 수 있지만 국민들은 다투지 말자는 정서를 공유하였다. 온라인 공간에서 한

---

96 「예전과 다른 일본 불매운동 100일… 국민 스스로의 참여가 효과 더 높여」, 『아시아경제』, 2019년 10월 11일자.
97 노노재팬 웹사이트.
98 클리앙 웹사이트.
99 「'짱구 대신 검정고무신', '일본어 안 쓰기'… 밀레니얼 세대의 불매운동」, 『서울신문』, 2019년 7월 21일자.

국인들은 '노 아베'와 '노 재팬'을 구분해야 한다고 강조하였다. 한 일본 누리꾼은 "정치 상황이 험악해도 나는 한국이 좋습니다. 한국의 음식, 인품, 음악을 앞으로도 계속 사랑합니다. 제발 사람들까지 변치 않는 사랑이 넘치는 세계이기를 바랍니다"라는 의견을 공유하였다.[100]

7) 창발적 반문화

일제 강점기 이래 일본 문화는 한국 사회에 깊숙이 자리 잡았다. 일본 제국주의에 대한 인식을 되살리는 것은 일본의 무역 도발이 낳은 예상치 못한 명백한 결과였으며, 이것이 없었다면 한국의 젊은이들은 계속해서 일본 제품을 무비판적으로 받아들였을 것이다.[101] '일본 불매 운동'은 아베 총리의 무도한 무역 도발에 맞서기 위한 새로운 아이디어와 문화를 불러일으켰다. 창발적인 문화 현상의 대부분은 물질적 성공이라는 한국적 맥락을 반영하였다. 대구시의 한 슈퍼마켓은 맥주, 담배, 비스킷 등 여러 일본 제품에 대한 특별 판매 캠페인을 벌였는데, 그 가격은 정상가의 1,000배에 달하였다. 맥주 한 캔의 가격이 무려 99만 원에서 198만 원 사이였다.[102] 이 캠페인은 재치 있고 냉소적인 마케팅 전략으로 의도적으로 연출된 것으로, 아마도 이 슈퍼마켓 주인은 일본 제품으로 수익을 내지 않아도 자신은 거의 신경 쓰지 않는다는 것을 나타낼 수 있었을 것이다. GS25

100 「日 '#좋아요-한국' 확산… 韓서도 '반일 말고 반아베'」, 『머니투데이』, 2019년 8월 8일자.
101 「불매운동 넘어 과거사 관심도 '쑥'… 신념소비」, 연합뉴스TV, 2019년 7월 30일자.
102 「아사히 맥주 한 캔에 158만 원에 파는 슈퍼」, 『매일경제』, 2019년 7월 29일자.

와 같은 프랜차이즈 편의점 업체는 전국에 걸쳐 점포를 전개하고 있다. GS25는 태극기의 역사를 알리기 위한 스티커를 제작해 프랜차이즈 매장에서 판매하는 모든 도시락 상품에 이를 부착하였다. GS슈퍼마켓, 랄라블라, GS프레시 등에서는 한반도와 독도의 지도가 그려진 쇼핑백 11,415개를 생산해 배포하였다.[103]

불매 운동에 적극 동참한 양주시, 대구시, 안양시는 시설물의 명칭과 지명을 점검해 일제 강점기의 유산을 찾아내어 고유 명칭을 되찾기 운동을 전개하였다.[104] 일본산 제품과는 관련이 없지만 사업체 이름에 일본어가 들어가 있거나 일본 음식을 판매하던 일부 사업체의 경우, 이 업주들은 일본과 긴밀한 연관이 있다고 대중의 오해를 살까 봐 의식하였다. 이 업주들은 아예 가게 이름을 바꾸거나 간판을 교체하였다.[105]

반일 정서를 담은 일부 영화는 불매 운동 당시 상영되어 많은 관객을 끌어들였다. 예를 들어, 위안부 문제를 다룬 일본계 미국인 미키 데자키 감독의 다큐멘터리 영화「주전장」(2019)은 2019년 7월과 8월 두 달간 몇 군데 안 되는 영화관에서 상영되었지만 불과 2주 만에 2만 명의 관객을 끌어들이는, 상당히 의미 있는 성과를 거두었다. 누리꾼들은 한 일본군 '위안부' 피해자이자 인권 활동가를 소재로 한 또 다른 다큐멘터리 영화「김복

---

103 「"국산입니다"… '노 재팬' 반사이익 노린 애국 마케팅」,『디지털타임스』, 2019년 7월 31일자.

104 「양주시, 일본의 경제침략에 대응 노 재팬 운동 범시민운동으로 추진키로」,『경기일보』, 2019년 8월 4일자;「아베 정권, 경제침략 규탄… 지역 정치권·지자체 한 목청」,『경인일보』, 2019년 8월 5일자;「일제가 붙인 '왜관', 본래 지명인 '칠곡'으로 되돌리자」,『한겨레』, 2019년 7월 30일자.

105 「노 재팬 간판부터 메뉴까지… 계약서는 중개보조원? 공인중개사?」, MBC뉴스, 2019년 2월 17일자.

동」에도 많은 지지를 보냈다. 「봉오동 전투」(2019)는 1920년대 일본군에 맞서 싸운 한국 독립운동가들의 이야기를 소재로 한 영화로, 2019년 8월 7일 개봉해 470만 명의 관객을 동원하였다.[106]

2019년 8월 3.1운동 100주년을 기념하는 한 미술전에서는 10명의 작가가 일제 강점기 박해당한 평범한 한국인들의 모습을 담은 작품들을 선보였다. 작가들은 '노 재팬' 운동에 문화의 일선에 서 있는 자신들이 나서야 한다는 필요성에 공감하며 전시를 마련하였다며 불매 운동의 일환으로 한국 민족주의 정신을 고취하고 싶었다고 밝혔다.[107] 「산과 함께」라는 미술 단체는 전시회에서 관객과 함께 예정에 없던 토론회를 갖고 예술작품을 통해 '노 재팬' 운동을 지속할 방안을 논의하였다. 최형순 미술평론가는 불매 운동을 정부가 주도하거나 관여하게 되면 국제 사회에 잘못된 메시지를 줄 수 있다며, 문화와 예술작품의 힘으로 이루어 낼 수 있는 것이 많다고 주장하였다. 비슷한 전시회와 공연은 강원도의 다른 지역, 강원도 밖에서도 많이 있었다.[108]

8) "독립운동은 못했어도 불매 운동은 한다": 들불처럼 번진 무역 도발에 대한 분노

나는 이미 창발적 구조와 문화 위에서 행위자들이 어떻게 정교화하는

---

106 「한일경제전쟁: 극장가도 '노 재팬'… '도라에몽'도 쓰러졌다」, 『연합뉴스』, 2019년 8월 2일자.
107 「강원문화계, 8월 '민족 애환' 예술로 꽃피워」, 『강원도민일보』, 2019년 8월 1일자.
108 「문화예술계 민간 주도 '노 재팬 운동' 확산 움직임」, 『강원도민일보』, 2019년 8월 3일자.

지에 대해 논의한 바 있다. 이제 나는 주어진 구조와 문화를 변화시키기 위한 풀뿌리 시민들과 행위자들의 직접 행동에 대해 좀 더 논의하고자 한다. 불매 운동에 대한 개인의 결단과 동참은 놀라웠다. 2019년 8월 초 리얼미터의 조사에 따르면, 한국인의 61.8%가 불매 운동에 참여한 적이 있는 것으로 나타났다.[109] 2020년 11월에는 참여율이 71.8%에 달하였다. 또한 불매 운동 장기화를 전망한 응답자는 57.6%로 절반을 넘었지만, 용두사미가 될 것으로 예상한 사람은 18.8%에 그쳤다.[110] 특히 젊은이들의 불매 운동 참여가 눈에 띄었다. 젊은이들 사이에서 잘 알려진 말은 "독립운동은 못했지만 불매 운동은 한다"라는 것이었다. 한 학교에서는 몇몇 학생들이 불매 운동에 앞장서자, 학교 전체로 급속히 퍼져 나갔고 나중에는 학생들의 학부모에게까지 퍼져 나갔다. 학생들의 불매 운동은 대개 한국산 학용품을 구입하고 한국산 음식을 먹자고 서로 격려하는 식이었다.[111]

2019년 8월 10일에는 1,000명의 동료들을 대표해 400명의 학생들이 광주학생독립운동(1929년) 때에 맞추어 1920년대식 교복을 입고 독립운동의 정신을 되새기며 주한일본대사관 앞에서 아베 규탄 선언을 하였다.[112] 유민서 양(17세)은 일본군 '위안부'에 대한 사과를 거부하는 아베 총리의 뻔뻔한 행동을 규탄하며 무역 도발을 시작한 아베 총리는 이를 철회하고 '위안부' 피해자들에게는 즉각 사과해야 한다고 지적하였다. 최민경 양(18

109 「3주 연속 국민 60% 이상 '일제불매운동' 참여 중…」, 리얼미터 웹사이트(2019. 8. 8 게시).

110 「10명 중 7명은 일본 불매운동 참여… 42%, 지속하겠다」, 『매일경제』, 2020년 12월 22일자.

111 「고교생들도 '노 재팬'… 광주 학생들, 일본産 볼펜 버린 이유는?」, 『중앙일보』, 2019년 7월 17일자.

112 「일본 아베 정부 규탄 청소년 1000인 선언 및 청소년 행진 "경제전쟁 일으키는 아베정부 꺼져! 한일군사정보보호협정 폐기하라!"」, 21세기청소년공동체 희망, 페이스북.

세)은 군인들의 성적 만족을 위해 여성들을 학대하는 것은 이해할 수 없다며 피해자들에 대한 일본의 진심 어린 사과를 요구하였다.[113] (8월 9일에는) 산하에 17개 시도 지회를 둔 한국학원총연합회 소속 학생 150명, 학부모, 학원 교육자 250여 명도 주한일본대사관 앞에 모여 아베 총리를 규탄하였다. 학원 교육자들은 수년간 일본어와 일본 문화를 가르쳐 왔기에 일본 정부의 경제 보복 조처에 실망과 배신감을 느꼈다고 주장하였다. 학생들은 '기미독립선언문'을 낭독하며 일본 식민주의의 만행을 되새겼다.[114] 학생들은 또 예전에 좋아하던 일본 스포츠웨어의 구입을 의식적으로 거부하였다. 광주시 양동건어물시장의 상인들은 말보다 행동이 더 중요하다며 일본산 수산물을 일절 취급하지 않고 대신 시장을 방문한 손님들에게는 한국산 제품을 추천하기로 뜻을 모았다.[115]

참여자들은 불매 운동을 국가적 운동일 뿐만 아니라 개인적인 운동으로 생각하면서 불매 운동의 의미를 개인화하는 경향이 있었고 그러면서 한일 양국 간 외교·무역 관계를 변화시키는 데 동참하였다. 참여자들이 개인적 이익과 국가적 이익을 결합하였다는 점은 주목할 가치가 있는데, 이는 이중 형태발생과 계산적 민족주의의 증거이기 때문이다. 참여자들이 국가적 필요와 개인적 이익 중 무엇을 우선시하였는지는 평가하기 어렵다. 그러나 분명한 것은 그들이 개인과 국가의 장기적인 이익을 위해 당장의 이익을 기꺼이 포기하였다는 점이다. 예를 들어, 일부 식료품점 점주는 매대

113 「"일본 아베 정부 규탄"… 소녀상 앞 대규모 촛불 물결」, 『한겨레』, 2019년 8월 10일자.
114 「일본어 배우는 게 창피해… 소녀상 앞에서 기미독립선언문 낭독한 학생들」, 『서울경제』, 2019년 8월 9일자.
115 「한 달째 '日 불매운동' 더 확산된다」, 『광주매일신문』, 2019년 8월 1일자.

에서 맥주·담배 같은 일본 제품을 치우고 반품하였다. 불매 운동에 동참한 노점상 중 한 명에 따르면, 그는 "일본 불매 운동이 확산되고 있고 국가적 위기 상황에 작은 힘이라도 보태고자 '노 재팬'에 동참하였다".[116] 그러나 이런 일만 있었던 것은 아니다. 서울 주재 일본대사관 앞에서 일본 아베 정권 규탄 시위를 벌인 시민행동(YMCA, 민주노총, 한국진보연대 등 682개 단체로 이루어진 연합 단체) 대표 정해랑은 15,000명의 참가자를 '21세기 신 독립군'이라고 부르며 "우리가 싸우는 건 아베와 군국주의자들"이라면서 "일본 사람을 박대해서는 안된다. 그들이 오면 따뜻하게 대하자"고 요청하였다.[117] 불매 운동을 지켜본 사람들은 2019년 캠페인이 어떻게, 무엇을 거부할 것인지에 대해 현명하고 사려 깊은 접근 방식을 보여 주었다는 점에서 과거의 불매 운동과 달랐다는 점에 주목하였다. 처음에는 불매 운동 대상에 의류, 맥주, 화장품 등 일상용품이 포함되었으나 곧 자동차, 중장비, 낚시용품 등으로 확대되었다. 예를 들어, CCTV 같은 보안용 전자제품을 생산하는 삼성계열 보안업체 '에스원'은 일본인 주주가 지분의 일부를 소유하고 있지만 6,500명의 한국인 근로자를 고용하고 있다는 이유로 불매 운동 대상에 포함되지 않았다. '미니스톱'도 전국에 2,400개의 가맹점을 둔 일본계 편의점이지만 이에 생계를 의존하고 있는 가맹점주들을 위해 불매 운동 대상에서 제외되었다.[118] 불매 운동 전략은 고도로 계산적이었던 것이다.

---

116 「중소상인도 '보이콧재팬'」, 『충청투데이』, 2019년 7월 29일자.

117 「'아베 정권 규탄', '강제 징용 사죄하라' 시민 1만 5천 명 촛불을 들었다」, 『한겨레』, 2019년 8월 3일자.

118 「'이전과는 다르다'… 불매운동은 지금 열정과 냉정 사이」, 『머니투데이』, 2019년 8월 19일자.

9) 다양한 집단의 참여와 다양한 견해

시민들이 2019년 불매 운동의 근간이었고 시민들의 자발적인 참여가 전 과정을 이끌었다는 것은 널리 알려진 사실이다. 이미 논의한 바와 같이, 풀뿌리 시민들은 때때로 지방정부와 정치 엘리트들에게 풀뿌리 시민의 자발적 활동에 참여하거나 개입하지 말라고 '지시'하였다. 지방정부의 불매 운동 동참은 정치적 이득을 추구하려는 의도라고 비판받았다.[119] 확실히 풀뿌리 시민들은 정치 지도자들보다 훨씬 더 성숙하고 세련되어 있었다.[120] 이은희 인하대 소비자과학과 교수에 따르면, 일본 제품 불매 운동의 주된 목적은 일본 정부에 실질적인 타격을 주기 위한 것이 아니라 한국 정부에 추가적인 협상력을 제공하기 위한 것이다.[121] 그러나 한국 정치권들은 아베 총리에 맞서 싸울 합의된 전략을 갖지 못하였다.[122] 서경덕 성신여대 교수는 "예전의 불매 운동은 몇몇 시민단체가 먼저 주도했다면, 이번 불매 운동은 네티즌들 스스로가 자발적으로 동참하고 있다는 것이 가장 큰 차이점"이라면서 불매 운동이 이루어지면서 일본 제품 브랜드들은 한국에서 설 자리를 잃었다고 지적하였다. 더욱이 한국 소비자들은 한국 제품이나 대체품을 이용하면서 소비 패턴을 변화시켰고, 이에 따라 일상 생활에서 장기적인 불매 운동이 일어난 셈이 되었다.[123]

---

119 「전우용, "주옥순 대표 발언… 역사공부 30년 넘게 이런 경우 못 봤어"」, YTN, 2019년 8월 8일자.
120 「정치권부터 불매하자」, 『경남신문』, 2019년 8월 13일자.
121 「'이전과는 다르다'… 불매운동은 지금 열정과 냉정 사이」, 『머니투데이』, 2019년 8월 19일자.
122 「무등칼럼: 광복절에 비쳐진 우리의 부끄러운 민낯」, 『무등일보』, 2019년 8월 14일자.
123 「예전과 다른 일본 불매운동 100일… 국민 스스로의 참여가 효과 더 높여」, 『아시아경

불매 운동 초기 한국에는, 일본은 한국의 불매 운동을 대수롭지 않게 보고 또 오래 가지도 않을 것으로 생각한다는 식으로 반응하였다고 알려졌다. 이런 식으로 알려진 일본의 반응에 한국의 불매 운동 참여자들은 분노하였고 불매 운동은 더욱 가속화되었다. 이에 일본 내의 반응은 '생각보다 오래 간다', '타격이 크다', '한국인 관광객 감소분을 쉽게 메우기는 어렵다'는 우려로 바뀌었다.[124] 과거 한국의 불매 운동이 오래 지속되지 않았고 일제 강점기의 독립운동 또한 충분히 오래 지속되지 못한 경우가 많아서 결과적으로 많은 한국인이 일본의 부역자가 되었다는 점을 고려할 때 일본의 냉소적인 조롱이 근거 없는 것은 아닐 수 있다.[125] 그러나 당시는 한국인에게 유리한 구조적 맥락이 전혀 없는 시기이기도 하였다. 하지만 불매 운동 기간 새롭게 나타난 주어진 구조적·문화적 창발 속성들은 한국의 일본 제품 불매 운동에 우호적이었다. 새로운 구조와 문화가 일본에 대한 행위자들의 인식에 틀림없이 영향을 미쳤을 것이다. 이를테면 한국 제품의 품질 상승도 일본 제품 불매에 영향을 주었던 것이다.[126] 비록 21세기 새로운 형태의 제국주의이기는 하지만 일본은 한국에 대한 식민주의적 영향력을 계속 행사하고 있다. 그러나 한국의 대응은 예전 같지 않다. 강제 징용 피해자인 양금덕 할머니(당시 90세)는 아베 총리를 규탄하는 대규모 집회에서 "앞으로는 일본에 아무 말도 못하지 말고 끝까지 용기를 내

제』, 2019년 10월 11일자.

124 「'일본 여행 안 간다니까요' 日타격 예상보다 컸다… 3537억 손실」, 『세계일보』, 2019년 10월 6일자.

125 「사설: 냄비 근성 운운 일본에 본때를 보여주자」, 『경인일보』, 2019년 10월 8일자.

126 「예전과 다른 일본 불매운동 100일… 국민 스스로의 참여가 효과 더 높여」, 『아시아경제』, 2019년 10월 11일자.

서 아베를 규탄하자. 행복해지자"고 공개적으로 발언하였다.[127] 집회 참가자들은 불매 운동의 목표가 일본으로부터 경제적으로 독립하여 완전히 자유로운 국민 국가가 되는 것이라고 기대하였다.[128] 그들은 국민 국가로서의 대한민국의 주권 회복을 추구하는 적극적 행위자였을 뿐만 아니라 일본 제국주의 희생자들의 왜곡된 역사를 바로잡고 인권과 평화의 보편적 가치를 옹호하는 전사들이었다. 그들이 일본 불매 운동에 참여한 것은 아베와 일본 제국주의가 바로 이 인권과 평화의 보편적 가치를 계속 무시한다고 생각하기 때문이었다.[129]

일부 보수 정치인과 활동가들은 자신들의 정치적 이득을 위해 불매 운동을 이용하였다. 일례로 자유한국당(현 국민의힘) 나경원 원내대표는 일본이 한국을 '화이트리스트'에서 제외한 것은 문재인 정부(2017-2022년)의 친북·반일 정책 때문이라고 주장하였다.[130] 보수 진영은 문재인 대통령과 그의 보좌관들이 모두 빨갱이라고 직설적으로 주장하였다.[131] 극우단체 활동가인 주옥순 씨는 주한일본대사관 앞에서 "아베 수상님. 저희 이 지도자가 무력해서, 무지해서 한일 관계의 그 모든 것을 파기한 것에 대해서 국민의 한 사람으로서 진심으로 사죄드립니다"는 성명을 발표하였다.[132] 이러한

---

127 「10만 촛불이 외쳤다 '일본규탄'… 비 그치며 하늘도 응답」, 『아주경제』, 2019년 8월 16일자.

128 「부산시민 주말 400여 명 모여 '아베 규탄'」, 『부산일보』, 2019년 8월 18일자.

129 「진천군, 日 경제 보복 규탄대회… 제품 불매운동 결의」, 『대전일보』, 2019년 8월 11일자.

130 「'아베 정권 규탄', '강제 징용 사죄하라' 시민 1만 5천 명 촛불을 들었다」, 『한겨레』, 2019년 8월 3일자.

131 「"일본은 친구… 빨갱이 몰아내자" 외친 보수단체 집회」, JTBC뉴스, 2019년 8월 16일자.

132 「"아베 수상님, 사죄드립니다" 엄마부대 주옥순 발언 파문」, JTBC뉴스, 2019년 8월 6일자.

주장들은 비역사적인, 다시 말해 불매 운동이 시작된 이유를 잘못 알고 있는 것으로 한국 보수주의자들 다수를 대변하지는 않는다.

연승 『서울경제』 기자는 자신이 '노 재팬' 운동에 조용히 동참한 개인적인 이유를 공유하였는데, 이는 어쩌면 특히 일본을 자주 여행하는 사람들이 일본 불매 운동에 참여하는 일반적인 이유가 될 수도 있을 듯하다.

> 일본은 저를 비롯해 많은 이들에게 관광지입니다. 거칠게 말해서 돈 쓰러 가는 곳에서 그런 대접을 받을 필요가 없다는 것[입니다]. … 옛날에는 일본 제품이 한국 제품보다 좋았고, 일본은 … '쇼핑천국'이었습니다. … 이제 쇼핑하기 가장 좋은 곳은 '서울'이라고 할 수 있을 정도로 서울은 도쿄를 능가했고, 사실 일본에 있는 건 한국에도 다 있습니다. … 무엇보다 아쉬웠던 건 정말 오랫동안 써왔던 … 화장품 … 좋은 화장품도 많아서 이것 역시 아쉽지 않더라 이겁니다. '노 재팬'을 해도 딱히 불편함이 없다는 것입니다.[133]

5. 맺음말

어니스트 겔너(Ernest Gellner)는 "민족주의 정서는 원칙의 위빈으로 인해 유발되는 분노의 감정 또는 그 원칙의 성취로 인해 유발되는 만족감이다. 민족주의 운동은 이런 종류의 정서에 의해 움직이는 운동이다"(Gellner 1983: 11; Haas 1986: 720-721에서 인용)라고 한 바 있다. 이 말은 2019년 '노 재팬' 운동에 참여한 한국인들의 모습을 그대로 비추어 준다. 한국의 일본

---

133 「노 재팬 실천 중에 써본 한국이 만든 일본서 인기 있는 화장품」, 『서울경제』, 2020년 8월 15일자.

제품 불매 운동에 관련된 기존 한국 사회의 경제 구조[134]와 문화를 이해하기 위해서는 일본 제국주의와 일본에 비해 열등하였던 한국의 과학기술 수준을 관련지어 살펴볼 필요가 있다. 1945년 해방 이후 한국의 경제발전은 한편으로는 일본과의 무역에 부분적으로 의존해 왔지만, 다른 한편으로 한국은 여러 방면에서 괄목할 만한 발전을 이룩해 왔다. 이 과정이 동반한 구조적·문화적 변화는 창발적인 구조적·문화적 속성들을 가져왔다. 이러한 맥락 속에서 일본의 무역 도발이 일어났고, 바로 그 맥락들이 그 다음에는 한국 풀뿌리 시민들의 불매 운동에 불을 붙이고 또 이에 전폭적인 자신감을 불어넣었다.

더 나은 결과를 위해 전략적 불매 운동을 하자는 몇 가지 엘리트적 제안이 있었다. 예컨대, 전방위적 불매 운동을 벌이기보다는 성과를 달성하기 위해 한정된 일본 제품에 불매 운동의 초점을 맞추고, 완전히 '반일'이 되기보다는 현재의 일본을 활용하는 것, 일본이 어떻게 나오느냐에 따라 대응을 조절하자는 것이다.[135] 불매 운동의 성과는 분명 중요하다. 그러나 이 장에서는 주로 풀뿌리 시민들이 무엇을 염두에 두었는지, 그리고 불매 운동에 대한 그들의 접근 방식이 어떠하였는지에 초점을 맞추었다. 코지네츠와 핸들먼(Kozinets and Handleman 1998: 475)에 따르면, "불매 운동은 그 참여자들에게 도덕적 자아실현의 수단이 될 수 있"는데 이러한 동기 부여는 소비를 일부 희생하는 것보다 더 중요하다. 비슷한 맥락에서 일본과 일본 제품에 대해 어느 정도 긍정적인 태도를 유지하고 있는 사람들조차도

---

134 구조의 주요 영역에는 역할, 조직, 기관 및 시스템이 포함된다(Archer 1996: 1).

135 「심승규 日대학 교수, 아베 정권을 상대로 불매운동해야」, 『경향신문』, 2019년 8월 11일자.

일본 제품을 일상적으로 구매하는 일은 억제하는 것처럼 보였다. 결과적으로 '노 재팬' 운동은 한국 정부로 하여금 현재 자신들이 잘하고 있다는 자신감을 갖게 해 주었다.

한국인 대다수는 과거와 현재의 일본 제국주의에 대해 '민족적 적대감'을 갖고 있다. 그러나 행위자의 적대감이 압도적으로 높지 않을 경우 그들은 불매 운동에 참여하지 않거나 심지어 비난할 수도 있다(안종석 외 2014: 54 참조). 그리고 이는 실제 일부 한국인에게도 해당되었던 사실이다. 일본 불매 운동의 시초는 항의 지향적이었지만 이내 성숙하고 정교해졌다. 이는 자신들의 캠페인을 정치적 투쟁과 분리하려는 풀뿌리 시민들의 접근 방식에서 나타났다. 예컨대, 그들은 아베 총리와 일본 제품에는 반대하지만 일본인 관광객에 대해서는 환영하고 민간 교류를 유지하였다. 이 모두는 곧 계산적 민족주의를 나타내는 것이었다. 예를 들어, 가게 점주들은 개인의 이익을 놓치고 싶지 않았지만 그러면서도 또 국가적 자부심과 정체성을 보호하기를 바랐다. 요컨대, 한국의 풀뿌리 시민들은 강제 징용 피해자들의 침해된 인권이 배상받기를 바라면서도 또 일제 강점기의 기억에도 불구하고 일본을 함께 어울려 살아갈 수 있는 가까운 이웃으로 보고 싶어 하였다. 이것이 세계 평화를 위한 그들의 장기 계획이며, 그것도 일본과 협력하여 인권의 승인과 지원을 추구한다는 것이다.

한국의 풀뿌리 시민들은 이제 일본에 맞서 목소리를 높일 수 있다고 확신하는 것 같다. 일제 강점기 한국 사람들이 겪은 고통은 해방 이래 한국인들 속에 내재되어 있다. 한국인들은 스포츠, 무역, 예술 등 모든 면에서 일본을 상대로 승리하는 것에 집착한다. '노 재팬, 노 아베' 운동이 대표적인 예였는바, 한국의 풀뿌리 시민들은 이 싸움의 승패를 뚜렷이 구분하지 않고도 어느 정도 만족한 듯 보였다. 언론 보도를 분석해 보면 일본은 한국에 대한 제국주의적 영향력을 계속 행사하기를 바라는 반면, 한국은 제국주의의 고리를 끊고 완전한 주권국이 되기를 바란다. 결국 일본은 적이 아니라 이웃의 파트너로 보아야 하며, 이는 대다수 한국인의 바람에 부합한다. 시작된 지 2년이 지난 불매 운동은 이전만큼 강하지 않았고 한국의 풀뿌리 시민들은 일본 사람들과 잘 지낼 방법을 찾는 것처럼 보였다.[136]

무역 도발의 맥락에서 보면 한일 관계가 영구적으로 단절된 것도 아니었고 한국의 국가 안보도 저해되지 않았기 때문에 국제 사회의 큰 우려는 발생하지 않았다.[137] 도쿄에서 활동하는 저널리스트 윌리엄 스포사토(William Sposato)는 이렇게 말하였다. "일본은 싸울 준비가 되지 않은 상태에서 전쟁을 시작하였다".[138]

---

136 불편한 한일 관계는 쇄신해야 한다. 그러나 일본의 역사 왜곡을 바로잡지 않고 쇄신하는 것은 문제가 다시 수면 위로 떠오르게 할 뿐이며 앞으로 양국 관계의 또 다른 걸림돌이 될 뿐이다. 보수 성향의 윤석열 정권이 양국 관계를 어떻게 발전시킬지는 두고 볼 일이다.

137 「뉴스와 시각: 혐일(嫌日)도 공일(恐日)도 포퓰리즘이다」, 『문화일보』, 2019년 8월 8일자.

138 "Japan Started a War It Wasn't Ready to Fight," *Foreign Policy*, 2019년 8월 6일자.

제5장

통일 열차에 무임승차하기: 풀뿌리 시민의 비용편익적 민족주의

1. 서론

한국전쟁(1950-1953년) 이후 많은 한국인이 남북으로 갈라진 가족과 친지가 하나의 국민 국가에서 함께 살아갈 수 있도록 남북통일을 염원하였다. 남북한은 엄밀히 말하면 전쟁 중이었고, 국내총생산(GDP)의 상당 부분이 군비 경쟁을 위해 지출되었으며, 서로 언제 침략해 올지 모르는 상태에서 나라를 지키기 위해 젊은이들이 징집되었다. 남한의 보수 정당과 엘리트들은 냉전 시기 북한의 침략 가능성을 인지하고 남한을 더 잘 방어하기 위해, 반공 이데올로기를 정권 정당화의 수단으로 삼았다. 전쟁 중 월남한 근본주의 기독교인들은 북한에 대한 반공주의적 태도를 무리 없이 받아들였다. 더욱이 대량살상무기 생산을 위한 북한의 핵실험이 남북한 평화 협상 및 통일에 방해가 되어왔다. 미국, 일본, 중국, 러시아 등 주변 강대국들의 이해관계 역시 평화 협상의 타협점을 찾는 데 도움이 되지 못하였다(박상익 2011: 141).

남한의 대통령들은, 특히 진보 정권의 대통령들은 남북 정상회담을 시작하였고, 이것은 남북통일에 대한 한국 국민의 열망을 크게 고취하였다. 이러한 열망은 또한 경제 개발을 위해 북한의 인적 자원과 천연자원을 이용하려는 움직임에 의해서도 촉발되었는데, 그렇게만 된다면 최근 수십 년간 지속되던 낮은 경제 성장률에 영향을 미쳐 삶의 질을 높일 수도 있을 것이다. 만약 10년이나 20년 후에 남북통일이 이루어진다면, 젊은 세대는 가시적인 혜택을 경험할 것이다. 기성세대는 가능하다면 이를 이루고 싶은 것이다. 그러나 특히 젊은 세대, 그리고 전반적으로 한국인들은 통일된 한국에 대한 열망이 점점 줄어들고 있다(김창남 2014). 이 장에서는 통일 비용과 관련해 한국인들이 통일 가능성에 대해 점점 더 무관심하거나 냉담해지는 이유를 언론 보도와 사설들을 중심으로 분석하고자 한다.

2. 문헌 검토

통일과 북한 동포에 대한 남한 사람들의 인식은 자연재해, 북한의 핵무기 개발, 2007년과 2018년 남북 정상회담, 2018년 평창 동계올림픽 등 특히 최근 수십 년간 벌어진 사건의 여파에 따라 요동쳤다. 2018년 남북 정상회담은 통일에 대한 관심을 고조시켰다(양계민 2019: 48). 남한 정부의 대북 정책과 통일 정책의 특성이 통일에 대한 국민의 인식을 크게 견인하기도 하였다. 예를 들어, 진보 정권인 문재인 정부 때 실시한 2018년 5월 여론 조사에서는 83.5%가 통일이 가능하다고 생각한다고 답하였고, 64.6%가 통일이 되면 많은 이익이 기대된다고 답하였다.[1]

그러나 김재한(2009)은 진보 언론은 통일을 지지하고 보수 언론은 지지하지 않을 것이라는 일반적인 가정과 달리, 그 언론이 진보적인지 보수적인지 여부는 북한에 대한 그들의 관점과 무관하다는 사실을 일찍이 발견한 바 있다(박종민 외 2020: 168). 이는 북한 문제에 대한 이해가 매우 복잡한 만큼 맥락화될 필요가 있음을 의미한다. 남북한 통일 연구에 있어 나의 관심 분야는 크게 세 가지로 분류할 수 있다. 첫째, 변수들에 대한 연구를 통해 통일에 관한 한국인의 다양한 인식을 설명할 것이다. 둘째, 국

1 한국리서치 조사(박종민 외 2020: 167에서 인용).

민이 통일에 관해 더 잘 이해하기 위해 마련된 통일교육에 대해 알아볼 것이다. 셋째, 통일을 위한 재원 마련 방안으로 통일세를 논의한 연구들을 살펴볼 것이다.

첫째, 과거 연구들은 남북한 통일에 대한 한국인의 다양한 인식을 설명하는 데 있어 여러 가지 독립변수를 제시하고 있다(김도경 2019; 최우선 외 2016; 이내영 2014). 인구 통계(예: 나이, 성별, 교육, 소득, 출생지), 이념, 정당 정체성, 북한 동포와의 민족적 동일시, 사회문화적 요소, 비용 편익 계산(개인 및 국가 수준) 등이 그것이다. 노인과 남성은 청년과 여성보다 통일의 필요성을 더 많이 느끼고 있다. 통일부가 2014년에 학생들을 대상으로 실시한 설문조사에 따르면, '통일이 필요하다'는 문항에 초등학생의 71%, 중학생의 54.3%, 고등학생의 47.8%, 전체 학생의 53.5%가 '동의한다'고 응답한 것으로 나타났다(통일교육원 2014: 6; 박범종·서선영 2018: 440). 2017년에 실시한 통일부의 또 다른 조사에 따르면, 같은 질문에 62.6%의 학생들이 동의하였지만, 동의한 대학생의 비율은 47.9%에 불과하였다(교육부 2017. 12. 9; 박범종·서선영[2018]에서 재인용). 박범종·서선영(2018: 456)을 비롯한 연구자들은 통일에 대한 열망과 관련해 세대 간에 점점 더 큰 차이를 보이고 있음을 보고하고 있다. 통일에 무관심해지고 통일의 필요성에 의문을 제기하는 청년들이 늘어나고 있는 것이다(오재록·윤향미 2015: 113; 한석지 2016: 139; 서현진 2017: 116). 이는 부분적으로 그들의 삶의 경험이 비교적 풍요해진 한국에서 비롯되었고, 자신의 풍요로움을 북한 동포들과 공유해야 할 설득력 있는 이유를 찾지 못하기 때문일 것이다. 이는 상대적 박탈감으로 고통받는 이들에게도 마찬가지로 적용된다. 따라서, 특히 젊은이들은 단일민족적 정체성이라는 이유만으로 통일을 바라기보다는 통일에 대해 의문을 제기한다.

교육 수준이 높은 사람일수록 통일의 필요성을 더 잘 인식하는 경향이 있다(박종민 외 2020; 장민수·김준석 2015; 김도경 2019: 107). 소득이 높은 이들은 통일을 부정적으로 인식하는 경향이 있는데(조진만·한정택 2014: 166; 김도경 2019: 107; 박종민 외 2020: 188),[2] 이는 현재 누리고 있는 부를 나누는 것이 꺼려지기 때문일 것이다. 정치적으로 진보적인 이념을 가진 사람들과 진보 정당을 지지하는 사람들은 통일이 필요하다고 인식한다. 보수주의자들이 통일을 바랄 가능성은 더 낮다(이내영 2014: 195; 박종희 2013: 434-436).

조사 참여자들이 북한 주민을 같은 한국인으로 생각할수록 통일을 긍정적으로 인식하는 것으로 나타났다(이내영 2014). 하지만 동족 민족주의가 남북통일의 측면에서 갖는 중요성은 줄어들고 있다. 한국기독교사회문제연구원의 2019년 조사에 따르면, 개신교인의 24.4%와 비개신교인의 19.6%[3]가 남북이 같은 조상을 가진 민족이기 때문에 통일이 이루어져야 한다는 데 그렇다고 답하였다(김상덕 2019: 64). 흥미로운 점은 개신교인(44.6%)과 비개신교인(48.2%) 모두 경제성장의 새로운 동력이 될 것이므로 통일이 필요하다는 데 동의하였다는 것이다(김상덕 2019: 64). 통일의 필요성과 관련하여 경제적 이유를 든 사람들이 동족 민족주의적 이유를 든 사람들보다 대략 두 배 정도 많았다. 이와 대조적으로 정동준 외(2018)의 연구에서 2018년 1,200명의 참가자를 대상으로 설문조사를 실시한 결과, 가장 많은 응답자들이 통일이 필요한 이유로 한민족이라는 점(45.1%)을 이

---

2 강주현(2013)에 따르면 성별과 소득이 통일 인식에 영향을 미치는 유의미한 요소가 아니었다.

3 이것은 개신교인과 비개신교인을 비교한 수치이다.

유로 꼽았고, 전쟁 위협 근절(31.4%)이 그 뒤를 이었다(김상덕 2019). 같은 조사에서, 통일이 진행되지 말아야 할 이유로 통일로 인한 경제적 부담이 34.67%로 가장 많았고, 통일로 인해 발생할 수 있는 사회적 문제(27.67%)가 그 뒤를 이었다. 정리하자면, 한국인들은 경제적 이익을 위해 통일이 필요하다는 데는 동의하지만, 통일 과정에서, 그리고 그 후에 관련 비용을 치르는 것에 대해서는 꺼리는 태도를 보인다고 할 수 있다. 개인적으로 져야 할 부담이 없다면 통일의 모든 잠재적인 혜택을 누리기를 원하는 것이다. 김상덕(2019: 64)은 응답자들이 이념적 또는 동족 민족주의적 이유보다는 통일로 인해 발생할 수 있는 득실에 더 민감하다고 덧붙였다.

박범종·서선영(2018: 454)은 연구 참여자들이 남북한 통일 가능성에 따른 잠재적 이익과 손실에 대해 어떠한 인식을 지니고 있는지 조사하였다 '북한 사람들은 남한 사람들과 같은 조상을 공유하는 같은 민족'이기 때문에 통일되어야 한다는 문항에 대해 동의한 학생은 10명 중 5.88명이었다. 이는 응답자들이 북한과 남한 사이에 사회역사적 차이가 존재한다고 보고 있으며, 북한 사람과의 동족으로서의 동일시가 과거만큼 중요하지 않게 되었다는 점을 나타낸다. 박범종·서선영(2018: 456)에 따르면, 대학생들은 실제 통일이 되면 관련 비용과 세금이 많이 들고 현재의 남북한 생활 수준 차이로 인해 사회복지 비용도 많이 들어 결과적으로 삶의 질이 나빠질 것으로 예상하였다고 한다. 박범종·서선영은 따라서 통일교육이 학생들에게 통일의 사회정치적 이익에 대해 가르쳐야 한다고 강조한다. 같은 맥락에서 양계민(2019)은 독일이 통일되면서 경험하였던 '사회적 안정과 발전'의 이점을 통일교육에 포함해야 한다고 제안한다. 문제는 삶의 기회가 점점 줄어들고 있는 대학생들(Han 2019: Ch. 3)이 통일을 통해 얻을 수 있다고 추정되는 추상적인 사회정치적 이익에 설득될 것인가 하는 것이다.

통일 연구의 두 번째 조류는 시민들에게 번영하는 통일한국의 비전을 제공하는 교육에 관한 것이다. 통일교육은 (1) 통일에 관한 교육, (2) 통일을 위한 교육, (3) 통일 이후의 상황 등 세 가지 영역에서 이루어진다(박광기 2012: 187). 연구자들은 다음과 같은 이유로 통일교육의 중요성과 적실성을 주장해 왔다. 첫째, 교육은 국민에게 통일의 필요성과 미래의 방향에 대한 이해를 제공하는 것을 목적으로 하며, 이는 통일에 대한 국민적 공감대를 넓히는 계기가 될 것이다. 둘째, 교육을 통해 국민에게 북한에 대한 정확한 정보를 제공할 수 있다(정경환 2014: 161). 특히 젊은 세대가 통일에 상대적으로 무관심할 때 통일을 위한 교육을 효과적으로 수행하기 어렵다. 통일을 위한 교육은 젊은 세대의 이익을 위한 것이지만, 젊은 세대의 입장에서는 이것이 통일에 대한 욕구를 주입하려는 편향된 노력으로 인식될 수 있다. 서현진(2017)은 통일에 대한 열망이 세대 간 차이를 보이는 이유는 청년기에 서로 다른 통일교육을 받았기 때문이라고 가정한다. 중년의 한국인들은 청년기에 이념적 기반의 교육을 받았으며, 이는 통일의 이익과 필요성을 생각하게 하고, 북한 동포를 본질적으로 '같은' 한국인으로 여기도록 하였다. 그러나 젊은 세대를 위한 통일교육은 정보화 시대의 현실과 실용성에 훨씬 더 기반을 두고 있으며, 이는 통일이 이루어질 때 발생할 수 있는 문제점들에 대해서도 의문을 제기하도록 하였다(서현진 2017: 122). 서현진은 서로 다른 세대의 한국인들이 통일을 생각해 왔던 구조적·문화적 맥락의 차원을 일부 고려한다. 그러나 개별 행위자와 통일교육의 관계라는 일차적인 문제는 손도 못 댄 채로 남아 있다. 관련된 구조와 문화도 아직 충분히 고려되지 않았다.

마지막으로, 통일의 기대 비용과 기대 이익이 통일에 대한 인식에 상당한 영향을 미쳤다. 돌아오는 혜택이 더 많을 것이고 들어가는 비용은 더 적을 것으로 생각하는 사람들은 통일이 필요하다고 생각하는 경향이 있다. 한국 사람들은 대체로 통일이 되면 북한 주민들의 교육과 복지를 위한 지출이 기하급수적으로 늘어날 것이라고 가정한다. 연구에 따르면, 이를 위해 예상되는 비용과 세금 지출이 전 세대에서 통일의 필요성에 관한 생각을 억누르는 요소로 작용한다(우경봉 2017: 218). 전쟁의 위협에 이어, 통일 비용과 세금 지출이 한국인들의 통일에 대한 열망을 수그러들게 하는 주요 원인이었다는 것이다(오재록·윤향미 2015: 114; 양계민 2019: 52-53). 한편에서는 많은 연구들이 사회경제적 비용과 혼란이 클 것이라는 데 동의하고 있으며(이정희 2000: 319-320; 이기식 2008; 손기웅 2009; 윤덕룡 2011: 252-289), 다른 한편의 연구들은 언론이 독일 통일 모델을 한국에 적용할 가능성은 무시하고 통일 비용이 막대하게 들어갈 가능성만을 주입해서 이를 한국 대중이 주요 관점으로 흡수하게 되었다고 주장한다(한운석 2015: 335; 양계민 2019: 54; 윤덕룡 2011). 이에 반해 윤덕룡(2011)과 손선홍(2016: 310)은 비용 지출과 혼란은 일시적일 것이며, 그 혜택은 다음 세대까지 이어질 것이라고 주장한다. 그러나 통일이 되는 시점에 남북한의 사회경제적 지위가 어떨지에 대해서는 불확실성이 많아 통일에 따른 비용과 편익을 측정하기 어렵다(이석 2012).

통일에서 발생할 기대 비용과 기대 이익이 국민의 통일에 대한 인식을 결정하는 핵심적 요인이라는 점은 확실히 인정된다. 전망 이론에 따르면 사람들은 이익보다 비용이나 손실에 더 민감하다(Kahneman and Tversky 1979). 언론에서는 통일과 관련된 대중적 담론, 특히 개인이 가질 수 있는 우려에 대한 검토는 거의 이루어지지 않았다. TV와 온라인 뉴스는 통일 가능성에 대한 핵심 정보를 제공하기 때문에(김상덕 2019: 68) 관련 미디어 내러티브를 분석할 가치가 있다.

김도경(2019)은 한반도 분단이 장기화되면서 동족 민족주의 정서만으로는 20대 대학생들에게 통일의 필요성을 설득하지 못한다고 주장한다. 결국 통일에 따른 개인과 국가의 비용 편익이 청년들에게 필수적인 기준이 되었다. 일반적으로 통일 연구의 어려움은 그것이 사변적이라는 것이다. 예를 들어, 김도경(2019: 112, 113)에 따르면 부산지역 대학생 1,060명을 대상으로 한 설문조사에서 63.8%가 통일을 국가에 유익하다고 생각하고, 42.6%가 통일을 개인에게 유익하다고 생각하는 것으로 나타났다. 김도경(2019: 121)은 청년들이 개인적 이익보다는 국익을 우선시한다며 통계 결과를 성급하게 해석하고 있다. 하지만 이러한 해석은 현실과 동떨어진 연구자의 바람으로 보인다. 이렇듯 통계에 대한 단순 해석의 오류에 빠지지 않으려면 통일 비용과 통일세에 관한 통일 담론을 보다 광범위하게 검토해야 할 필요가 있다. 한국 내 모든 종류의 논쟁에서 이데올로기가 중요한 요소임에도 불구하고, 이제 통일에 대한 대중의 인식은 이데올로기와는 거의 관련이 없고 비용-편익과 더 관련될 가능성이 높다.

통일세나 통일 관련 비용을 부담할 의사가 있는지 여부는 통일에 대해 어떻게 인식하고 접근하는가에 달려 있다. 통일을 강하게 원하는 사람들은 관련 비용을 기꺼이 감당할 것이다. 김도경(2019: 118)도 연구 참여자들이 통일 비용과 편익을 어떻게 인식하느냐에 따라 통일이 필요하다고 생각하는지에 대한 가부가 결정된다고 언급하였다. 통일이 남한의 국민 국가나 개인에게 유익하다고 보는 사람들은 남북한의 통일이 필요하다고 생각한다(김도경 2019: 115-116). 이 밖에도 통일에 들어갈 수 있는 비용, 통일세의 적정성(김우철·신영효 2016), 국민적 공감대에 기반한 통일세 도입 방안(김정수 2010), 통일세에 대한 인식과 통일세 지지 사이의 상관관계(심석무·박현춘 2013) 등이 연구되었다. 김해영·신명환(2016: 26)은 한국 국민이 통일세를 부담해야 하겠지만, 국민 대다수가 통일세 신설의 필요성에 대해 잘 모르고 있어 문제라고 지적한다. 이러한 상황에서 통일세 신설은 현실적으로 불가능해 보인다. 통일세가 신설된다고 하더라도 국민의 세금 납부는 합리적 선택에 기반한(충분한 정보에 입각한) 것이 아닐 수도 있다(Slovic and Peters 2006; 김해영·신명환 2016: 26에서 재인용).

요컨대, 지금까지 많은 연구자들이 북한과 통일에 대한 인식이 어떻게 보도되는지 언론 보도의 동향을 분석해 왔다(이화행 외 2015; 최종환·하진홍 2016). 이러한 연구들은 개인과 국가 차원에서 통일의 비용 대비 편익이 중요한 고려 사항임을 보여 준다. 이러한 내용을 반복하는 대신, 나는 통일 비용과 통일세에 대한 대중 담론을 살펴볼 것이다. 이것이 통일 한국의 국가 정체성에 대한 개인의 인식에 영향을 미치는 중요한 요소이기 때문이다. 한국 언론은 지난 수년간 자신의 정치적 입장과 주어진 정치적 맥락에 따라 통일에 대한 옹호론과 부정론을 각각 표명해 왔다. 따라서 언론에 나타난 견해가 반드시 미디어 소비자 다수의 의견을 대표하는 것은 아니다(김재홍 2003; 박종민 외 2020: 167). 나는 통일 비용과 통일세에 관한 언론의 옹호론과 부정론 모두에 대해 자세히 설명할 생각이다. 이는 국민의 머릿속에 통일세의 중요성을 주입하는 방법을 이해하기 위해서가 아니라 공론의 장이 어디에 있는지를 파악하기 위해서이다.

3. 한반도 통일의 형태발생론적 배경

남한과 북한은 한국전쟁 이후에도 적대 관계에 있으며, 엄밀히 말하면 여전히 전쟁 중이다. 그러나 남북대화가 수년에 걸쳐 진전되었고, 남한에서도 북한과 통일에 관한 진보와 보수의 넓은 스펙트럼과 다양한 조합을 보여 주는 여러 정당이 생겨났다. 이 시기 동안 사회경제적 상황은 태극기부대와 같은 추종자들을 거느린 보수 정권과 반공 이데올로기에 의해 철저하게 통제되었다. 김상준(2017: 71)은 칼 슈미트(Schmitt 2006)를 인용하면서 '항시적인 국가 비상 체제'가 나라 전체를 비상 상황에 놓이게 하여 시민의 행동 통제가 가능해졌다는 점을 지적한다. 남한과 북한은 서로 적대적인 관계를 맺어 왔다. 그러나 1991년 남북이 동시에 유엔에 가입하면서 한반도는 새로운 국면으로 접어들었다. 1980년대 후반과 1990년대 초반을 전후하여 동독과 서독이 통일되었고, 냉전은 긴장이 완화된 단계로 나아갔다. 1991년 12월 남북 양측은 상호 체제 인정과 상호 불가침, 남북한 교류 확대를 골자로 하는 「남북기본합의서」를 체결하였다(김상준 2017: 82). 김상준(2017: 87)에 따르면, 이후 남한의 NGO와 정부는 보수와 진보를 막론하고 북한의 의사와는 상관없이 통일 이후 한반도를 위한 계획과 활동 방안을 서둘러 내놓았다. 그러나 남북이 서로의 통치 체제를 있는 그대로 인정하는 것—이른바 '일국양제'—이 우선 필요한 조치라고 그는 주장한다(김상준 2017, 2019). 이러한 생각은 남북 관계의 근본적인 변화(즉, 구조적 전환)뿐만 아니라 통일(가능성)을 인식하는 방법에 있어서도 근본적인 변화(즉, 문화적 전환)를 요구한다. 남한의 수많은 개인(행위자들)은 이러한 전환을 이해할 수 없었고, 따라서 공론화되기도 어려웠고 공론화가 되더라도 생산적인 논의로 이어질 수 없었다.

한국전쟁 직후에는 남북한 경제의 격차가 그 이후에 비해 훨씬 적었다. 따라서 전쟁 이전 남북한은 구조적으로는 서로 다르지 않았으나, 같은 조상을 가진 하나의 민족이라는 강한 믿음에도 불구하고 극단적으로 서로 적대하는 문화가 팽배하였다. 남북한의 구조적·문화적 차이가 벌어지면서 통일은 점점 어려워지고 있다. 한국에서 통일을 추구하는 핵심 추동력은 전쟁의 위협 없는 평화로운 삶과 더욱 높은 수준의 경제 번영에 대한 열망에 기반해 있다고 보인다. 한국인들이 통일 비용을 기꺼이 치를 의사가 있는지는 분석이 필요하다.

4. 조사 방법

이 장에서 활용한 뉴스 보도는 한국언론진흥재단에서 개발한 카인즈(KINDS)를 통해 입수한 것으로, 이 시스템은 1990년 이후 중앙지와 지역신문, TV, 잡지 등에 보도된 모든 뉴스 기사 전문을 담고 있다. 통일 비용 및 통일세 관련 뉴스를 분석하기 위해, 2011년 1월부터 2021년 12월까지 보도된 뉴스의 제목과 본문에서 '통일 비용'과 '통일세'를 검색하였다. 검색 결과 162건의 뉴스 보도가 추출되었고, 이는 행간 여백 없이 A4 용지 253쪽에 달하였다. 또한 2011년 1월부터 2021년 3월 22일까지 보도된 뉴스의 제목에서 '통일인식'도 검색하였다. 이를 통해 A4 93쪽에 달하는 85개의 뉴스 기사가 검색되었다. 시간 절약과 편의를 위해 뉴스 사설과 칼럼만 분석하는 것도 좋을 것 같았지만, 사설과 칼럼은 일반적인 대중 담론이 아니라 주로 지식인 집단을 대표하는 것일 수 있으므로 여러 종류의 뉴스 기사를 폭넓게 분석 대상에 포함하였다. 또한 근거 이론 방법론의 원리에 기초하여 자료 분석을 더 쉽게 하기 위해 NVivo 12를 사용하였고 개방 코딩, 축 코딩, 선택 코딩의 과정을 거쳤다(Strauss and Corbin 1990).

5. 연구 결과

통일 비용과 통일세 관련 데이터에 초점을 맞추어 분석해 보면, 비용 자체를 넘어 복잡한 구조적·문화적 속성이 많다는 것을 알 수 있다. 통일의 장애 요인으로는 주변 강대국의 지정학적 이해관계, 남북 간 경제력의 차이 등이 있다. 강한 경제력으로 철저히 대비하는 것만이 유일하게 나아갈 길인 것 같다. 이명박 대통령은 2010년 8월 15일 제65주년 광복절 기념사에서 통일세 도입의 필요성을 공식적으로 제기하였다. 그러나 북한의 부정적인 반응을 비롯한 외부 요인으로 인해 이를 위해 진행된 일은 거의 없다. 한국인은 대부분 경제적 이익을 생각하며 통일을 바라지만, 통일세가 도입된다고 하더라도 '통일 비용'은 최소한으로만 부담하고 싶어 한다(최우선 외 2016: 99). 언론은 통일 비용의 대부분이 북한 주민들의 생활 수준을 남한과 비슷하게 높이는 데 사용될 것이라고 지적한다. 이어지는 절에서는 데이터 분석을 통해 한국 국민의 통일 비용 지불을 장려하거나 억제하는 경제 및 문화의 창발적 속성을 논의할 것이다. 그리고 통일을 달성하거나 방해하기 위해 주어진 구조적·문화적 맥락을 조율하려는(즉, 구조적·문화적 정교화를 추구하는) 개별 행위자들의 노력도 논의될 것이다.

1) 가능성 있는 통일 시나리오

전문가들은 통일로 인해 북한에서 발생할 수 있는 시나리오는 예상치 못한 정치적·경제적 혼란일 수 있다고 지적한다. 이 혼란이 남한에 미치는 영향은 때때로 금융 시장에 일시적인 영향을 초래하였던 지정학적 위험을 훨씬 뛰어넘을 것이다. 그 영향은 정치적·군사적 위기, 사회적 혼란 등에서 뚜렷이 나타날 것이며, 이는 천문학적인 통일 비용과 한국 시장의 국내외 투자자들에게 총체적인 공황을 초래할 수 있다.[4] 풀뿌리 시민들은 자신이 그러한 혼란에 대한 반응을 거의 통제할 수 없다는 사실을 알고 있을 것이다.

통일 준비와 관련해서는 독일의 경험에서 얻은 교훈을 많이 언급하고 있다. 독일의 역사학자인 라이너 에케르트(Rainer Eckert)는 "독일은 준비 없이 통일을 맞이하게 되었지만 그 이전부터 교류를 하였기 때문에 그런 상황이 가능하였다"고 주장한다. 에케르트는 한국인들 역시 통일의 필요성에 대해 더욱 첨예한 인식을 가질 필요가 있다고 조언한다.[5] 롤프 마파엘(Rolf Mafael) 주한 독일 대사는 "한국의 젊은이들이 통일을 기회보다는 위기로 인식하고 통일에 대한 비용을 부담스럽게 생각하는 경향이 있다"고 지적한다.[6] 독일은 동독과 서독의 소득 차이를 줄이기 위한 대규모 투자

---

4 「한국 경제 새로운 10년, 새로운 도전: (5) 북한 그리고 통일」, 『한국일보』, 2011년 1월 6일자; 「신평사 한국 보는 눈 달라졌다… 금융보다 통일비용에 포커스」, 『헤럴드경제』, 2011년 12월 22일자.

5 「젊은이에게 통일에 대한 인식 심어주기는 쉽지 않을 것 정치권에서 관심 가져야」, 『강원일보』, 2013년 9월 27일자.

(예를 들어, 연대부가세) 덕분에 통일 국가 건설에 성공하였다는 평가를 받고 있다. 유호열 교수는 "독일식 통일 방식은 막대한 통일 비용과 오랜 기간 정치적·심리적 후유증을 극복해야 하기 때문에 거부감과 우려가 있다"고 경고한다.[7] 조세든 국채든 기금이든 모두 국민이 부담해야 할 부담이고 국민은 이에 저항하고 있다. 따라서 이 통일 비용을 부담할 수 있도록 국민을 설득하는 것이 관건이다.[8]

2) 비용을 마련해야 할 시기인가 아니면 쓸데없는 짓인가?

통일 비용을 어떻게 조달할 것인가에 대해서는 견해가 대립하고 있다. 첫째는 통일세나 기금 조성을 통해서 소요 비용을 보전하는 것이다. 이명박 대통령은 2010년 8월 15일 광복절 기념사에서 통일은 반드시 이루어진다고 주장하며 통일세 징수의 필요성을 제기하였다.[9] 일반적으로 인용되는 주장에 따르면, 한국이 매년 부담해야 하는 통일 비용은 30년간 최대 20조 원이며, 이는 한 사람당 최대 5,000만 원에 달한다. 김영윤 박사는 한국이 최소한 첫해의 통일 비용을 마련해 놓아야 그 기간에 관련 법이 입법될 수 있다고 주장한다. 통일 직후 12개월 동안은 북한의 취약계층을 위한 기본적인 복지, 하나의 국민 국가로의 체제 통합, 경제 구조에 대한 투

---

6 「'한반도 갑작스런 통일 염두에 둬야… 한국 젊은이 기회보다 위기 인식' 주한 독일대사, 한신대 특강」, 『국민일보』, 2014년 10월 23일자.
7 「한나라 통일정책 TF 논의 방향은」, 『한국일보』, 2011년 3월 6일자.
8 「갑작스레 통일 닥치면 그 돈은 어떻게…」, 『머니투데이』, 2011년 12월 20일자.
9 「강경기조 틈새 대화 가능성 열어 놔… MB 남북 관계 발언 변화」, 『한국일보』, 2011년 1월 27일자.

자 등을 제공하기 위해 600억 원이 소요될 것이다.[10] 통일세 옹호론자들은 집을 사고 결혼 비용을 마련하기 위해 미리 저축할 필요가 있는 것처럼, 통일 역시 정부가 국민의 합의를 구한 후 기금을 조성하는 과정이 필요하다고 주장한다.[11] 통일부와 기획재정부 등 정부 부처들도 통일 기금 조성 방안을 협의하였다. 예를 들어, 통일부는 사용되지 않고 남은 남북협력기금 불용액과 민간의 자발적 기부금을 모아 '통일 항아리'라는 이름의 통일 기금을 만들겠다고 하였다.[12] 이에 대해 기획재정부는 현재의 남북협력기금 1조 70억 원과 예비비 2조 8,000억 원으로는 턱없이 부족할 것이므로 통일세 신설이 필요하다고 주장하였다.[13] 하지만 이후 기획재정부도 납세자 부담이 국가 재정을 악화시킬 수 있다는 데에 심각한 우려를 표명하고, 대신 통일 기금을 모금하거나 국채 또는 통일 복권을 빌행할 섯을 제안하였다.[14] 통일 비용을 어떻게 마련할 것인가에 대한 논쟁은 수년 동안 계속되었고 비용을 조달할 가장 공정한 방법에 관해 치열한 논쟁이 전개되었지만 어떤 구체적인 결론에 이르지는 못하였다.

북한은 남북협력기금과 통일세 등을 통해 통일 비용을 미리 준비하는 것은 북한의 체제 붕괴를 가정한 것이라며 격렬하게 반대하였다. 따라서 북한 매체는 남한의 통일 기금을 '대결세, 전쟁세'라고 불렀다.[15] 통

---

10 「한국 경제 새로운 10년, 새로운 도전: (5) 북한 그리고 통일」, 『한국일보』, 2011년 1월 6일자.
11 「민주당 '통일세 반대' 설득력 없다」, 『매일신문』, 2011년 1월 6일자.
12 「류우익 통일부 장관 "통일기금 20년 동안 55조 원 조성"」, 『머니투데이』, 2011년 11월 23일자.
13 「통일비용 문제 급부상… 다음 정권 '증세' 불가피」, 『아주경제』, 2011년 12월 21일자.
14 「정부 '통일세' 사실상 폐기」, 『파이낸셜뉴스』, 2011년 3월 22일자.
15 「남북 대화 없이 가진 않을 것… 쌀 빼고 밀가루는 지원 가능」, 『경향신문』, 2011년 7월

일을 준비하려면 상당한 규모의 자금을 비축할 필요가 있다는 점에는 의심의 여지가 없다. 그러나 통일 문제는 전적으로 남북 정상회담이나 대통령 담화와 같은 특별한 상황에서만 논의된다. 그리고 남북이 지금 통일을 위해 무엇을 할 수 있는지와 같은 문제를 지속적으로 공론화하려는 노력은 거의 없다.

통일 비용 마련에 대한 두 번째 견해는 그것이 통일을 이루는 데 긍정적인 영향을 미치지 않을 것이라는 것이다. 2011년 조사에서 응답자의 50%는 통일 기금을 준비해야 한다는 의견에 대해 "언젠가 필요한 일이지만 아직은 이르다"고 답하였다. 약 12%(11.5%)의 응답자는 "불필요하고 논의할 단계도 아니다"라고 응답하였다.[16] 「리서치&리서치」의 조사에 따르면, 통일 재원 마련 필요성에 공감하는 의견이 73.6%였다. 그러나 목적기금 조성에도 찬성하고 통일세 신설에도 찬성하는 비율은 10%(9.8%)에 불과하였다.[17] 특히 민주당은 통일세가 북한의 반발을 증폭시키고 한국 납세자들에게 부담을 준다며 반대하였다. 그 대신 남북 교류를 활성화해서 북한과의 경제적 격차를 줄임으로써 비용 부담을 줄이자는 주장이다. 예를 들어, 북한에서 중국·러시아·유럽으로 연결되는 철도 사업이 상당한 경기 부양책이 될 수 있다는 것이다.[18] 보다 넓은 맥락에서 통일세를 반대하는 이유는 납세자들에게 설득력 있는 이유와 가시적인 이익을 제공하지 못한다면 세금 납부를 꺼릴 것이라는 점이다. 윤상현 의원은 기금을 더 모

17일자.

16 「통일기금 필요해도 아직 일러' 50%」, 『서울신문』, 2011년 1월 1일자.

17 「통일세, 대북정책 공감 없인 '조세저항'」, 『내일신문』, 2011년 7월 18일자.

18 「민주당 '통일세 반대' 설득력 없다」, 『매일신문』, 2011년 1월 6일자.

으기 전에 현재의 남북협력기금(1조 2,000억 원)을 우선 사용하는 게 옳다고 주장하였다.[19] 한 사설에서는 국민적 공감대나 서민들의 세 부담에 대한 고려 없이 통일세를 추진하게 되면 오히려 국론분열을 일으킬 수도 있다는 주장도 나왔다.[20] 통일세 문제가 정치 논쟁이 되고 납세자들의 우려가 커지자 청와대는 이명박 대통령이 이 문제를 제기한 것은 "다양한 계층의 이야기를 들어보고 국민들을 논의에 참여시키기 위해 큰 화두를 던진 것"이었다고 해명하였다. 이에 김진 칼럼니스트는 대통령이 "당장 제할 일도 다 못하면서 다음에 거둘 세금까지 걱정한다"며 비판하였다.[21] 결국 총선과 대선을 앞두고 여당은 국가 재정 능력 강화를 최우선으로 하고 납세자들의 부담을 덜어야 한다면서 통일세 논의를 사실상 폐기하였다.[22]

언론 보도에서는 남한이 부담해야 하는 통일 비용에 대한 강조가 두드러지지만 이에 대한 반론 또한 만만치 않다. 강력한 반론은 통일로 인해 얻게 될 이득이 비용 부담보다 더 크다는 것인데(이는 데이터에서 가장 논란이 많은 주장 중 하나이다), 특히 통일의 혜택은 오랫동안 지속하는 반면 비용은 상대적으로 짧은 기간만 부담하면 된다는 의견이다. 주식과 부동산의 가치 상승, 북한의 풍부한 천연자원, 그리고 규모의 경제를 가능하게 해 주는 내수 시장의 증대 등이 통일의 혜택으로 공통적으로 거론되는데, 이는 북한 사람들을 남한 산업의 소비자로 이용하겠다는 것을 의미한다. 이러한 합리화를 비판하는 이들은 그러한 혜택이 보통 사람들에게는 거의 의미

19 「통일재원 어떻게?… 통일세 놓고 당정 미묘한 온도차」, 『헤럴드경제』, 2011년 2월 28일자.
20 「사설: 통일세 신설, 국민적 공감대 뒷받침돼야」, 『서울경제』, 2011년 7월 18일자.
21 「개콘보다 더 웃기기」, 『전북도민일보』, 2011년 7월 27일자.
22 「통일세는 치적 쌓기용?」, 『서울경제』, 2011년 10월 9일자; 「정부 '통일세' 사실상 폐기」, 『파이낸셜뉴스』, 2011년 3월 22일자.

가 없을 것이라고 주장한다.[23] 통일이 이로울 것이라고 주장하는 사람들은 분단 비용 16조 6,000억 원은 (통일로 인한 이익에 의해) 해소되고, 경제 활성화 16조 4,000억 원, 비경제적 편익 16조 2,000억 원 등 총 49조 2,000억 원에 해당하는 가치를 추가로 창출할 것이라고 주장한다.[24] 방위비 절감과 징병제 폐지 역시 경제성장에 일조할 것이다. 남한의 기술과 북한의 노동력과 천연자원이 경제성장을 위한 시너지 효과를 창출할 것이다. 분단에 따른 위험을 제거함으로써 국가의 신용도 역시 높아질 것이다.[25] 유익선 우리투자증권 연구원은 통일 비용이 더 나은 삶을 위한 장기적인 투자가 될 것이라고 주장한다.[26] 뉴스 보도들은 외신 보도를 인용하기도 하였다. 예를 들어, 『이코노미스트』는 통일 비용이 1조 달러에 달할 수 있다고 보도하였다. 하지만 북한에서 얻을 수 있는 천연자원의 가치는 그 몇 배에 달하는데, JP모건은 북한이 한국 증권시장의 핵심적인 지정학적 리스크로 작용해 왔지만 통일이 되면 이러한 상황이 해소될 것으로 전망하였다.

조세 전문가인 안창남 교수는 분단된 한반도를 비용이 많이 들고 위험한 수술이 필요한 아픈 아이에 비유한다. 그는 상당한 수술비가 든다고 아이의 치료를 포기하는 부모는 없을 것이며, 회복된 아이가 가져다줄 행복은 상상을 훨씬 뛰어넘을 것이라는 것을 부모는 알고 있다고 주장한다.[27] 그럼에도 불구하고 한국 국민들은 당장의 손해와 이익이 무엇일지, 그리고 현재 어떤 세금을 내야 할지 의문을 제기하는 것 같다. 그들은 통일이

---

23 「통일대박론보다 중요한 건 객관적 현실인식」, 『한겨레』, 2019년 10월 19일자.
24 「통일비용 10년간 최대 2800조 소요」, 『머니투데이』, 2011년 10월 7일자.
25 「남북통일 손익계산서 두드려보면…」, 『매일경제』, 2012년 1월 13일자.
26 「통일비용 부각 땐 급락 올 수도」, 『서울경제』, 2011년 12월 21일자.
27 「통일비용과 통일세, 남북이 함께 조성하자」, 『아시아경제』, 2021년 1월 29일자.

북한의 동포들에게는 많은 혜택을 주지만 자신들한테는 거의 도움이 되지 않을 것으로 생각한다.[28] KBS TV는 "통일하는 것이 당연히 맞긴 맞는데, 통일을 함으로써 우리에게 오는 불이익도 있다"는 시민 임정현 씨의 견해를 보도하였다. 같은 보도에서 김용현 교수는 2018년 남북 정상회담을 계기로 국민들의 마음속에는 통일에 대한 기대와 비용 부담에 대한 우려가 공존하고 있다고 지적하였다.[29] 흥미롭게도, 19세 이상 성인 1,000명을 대상으로 한 설문조사에 따르면, 20대에서 40대 사이에서는 31%가 통일해야 하는 첫 번째 이유로 경제성장을 꼽았고, 50대와 60대에서는 44%가 '한민족'이기 때문에 통일해야 한다고 답하였다.[30]

3) 문제는 국민의 동의

통일을 위해 충분한 자금을 마련하는 일은 중요한 문제이다. 하지만 국민의 명확한 인식과 비전이 부재한 상태에서 밀어붙이는 것은 문제가 있다. 풀뿌리 차원에서 통일 준비를 지지하는 분위기가 필요하다. 그동안 남북 간 인적 교류는 제한적이었다. 남한에는 북한과 통일에 대한 시각에 있어서 사상적 차이가 존재하며, 따라서 국민적 공감대 형성이 쉽지 않다. 통일과 통일 기금은 초당적인 문제이지만 계속해서 정략의 도구가 되고 있다. 국민적 합의 없이 통일세를 만들려는 이명박 정부의 시도는 반발

28 「나에게 통일이란: 통일세 도입엔 아직 냉랭… 75%, '지갑 연다면 年 10만 원 이하'」, 『서울신문』, 2018년 7월 17일자.
29 「통일의식조사 '北 호감↑ 통일 필요성 인식↓'」, KBS뉴스, 2018년 8월 15일자.
30 「통일에 대한 인식도 '세대차이'」, 『서울경제』, 2014년 4월 8일자.

에 부딪혀 별 성과 없이 끝났다. 이 문제는 앞으로도 수많은 문화적 난제를 극복해야 할 것이다.

70여 년의 분단은 통일 비용을 감당해야 하는 경제적 부담 외에도 언어, 문화, 정치 체제의 격차를 발생시켰다. 통일이 되면 높은 실업률과 범죄, 사회 불안이 야기될 수 있다.[31] 남한의 자유 민주주의와 북한의 절대 왕조 독재 체제는 화해하기 어려울 것이다. 한쪽이 권력을 포기하지 않는 한 통일이 가능하겠는가? 북한은 현재 핵으로 무장하고 있다.[32] 남한 사람들은 이데올로기 차이(89.5%)와 문화 및 생활 습관 차이(74.9%)를 통일의 걸림돌로 생각하고 있으며 통일 이후 계층 간 갈등의 골이 깊어질 것이라고 생각하는 응답자도 과반(51.3%)에 달하였다.[33] 통일 전문가 김용현은 비용을 최소화하고 사회 갈등을 줄이기 위해서는 점진적이지만 지속적인 남북 협력 노력을 통해 최종적인 통일 이전에 충격을 흡수해야 한다고 주장하였다.[34]

이명박 정부는 이전의 두 진보 정권 시기를 '잃어버린 10년'이라고 칭하고 김대중의 햇볕 정책을 '퍼주기식 대북 정책'에 지나지 않는다고 깎아내렸다. 이런 상황에서 남북 간 긴장이 고조되자 이명박 대통령은 통일세 도입의 필요성을 제기한 것이다. 야당과 정치평론가들은 이명박 대

---

31 「무리한 증세는 역효과… 금융정책시스템부터 정비해야」, 『파이낸셜뉴스』, 2015년 1월 29일자.

32 「분단 73년, 평화로 패러다임 대전환 필요」, 『경기일보』, 2018년 8월 7일자.

33 「나에게 통일이란: 통일세 도입엔 아직 냉랭… 75%, '지갑 연다면 年 10만 원 이하'」, 『서울신문』, 2018년 7월 17일자.

34 「나에게 통일이란: 통일세 도입엔 아직 냉랭… 75%, '지갑 연다면 年 10만 원 이하'」, 『서울신문』, 2018년 7월 17일자.

통령의 저의를 의심하였고 이를 무모하다고 평가하였다.[35] 그러면서도 여야 정당들은 마땅한 공론화 과정도 거치지 않고 서둘러 통일세 입법 방안을 논의하였다.[36] 통일이라는 중대한 문제를 정치적 이익을 얻기 위한 정쟁의 주제로 전환해버린 것이다. 풀뿌리 시민들의 의견을 경청할 준비가 되지 않은 상태에서 상의하달식으로 접근하는 문화는 문제 해결에 도움이 되지 않는다. 이는 또 다른 지정학적 문제 상황이 생겼을 때도 바람직한 리더십이 아니다.

그럼에도 별다른 조치를 취하지 않은 채 갑론을박만 난무하였다. 통일과 그 비용 문제는 복지 비용 증가, 저출산과 고령화에 따른 문제와 그 비용 같은 다른 긴급한 문제들에 밀려서 방치되는 경향이 있다.[37] 전문가들은 준비 과정 전반에 대한 국민저 공감대 형싱과 참여가 중요하다고 지적하였지만, 그러한 노력은 보이지 않는다. 그럼에도 불구하고 '통일 항아리'로 불리는 통일 기금 모금 운동은 10만 명 이상의 참여를 끌어냈고 10억여 원을 적립하였다. 하시만 박근혜 정부 들어서는 통일 기금에 대한 논의는 사라졌다. 통일 항아리 기금이 제대로 활용되지 못하자 한 기부자는 자신이 기부한 9,600만 원을 되찾아 가기도 하였다. 이렇게 '통일 항아리가 깨졌다'.[38] 국민을 설득해서 통일 운동에 참여시키기 위해서는 국가적 리더십이 필요하다는 주장이 거듭 제기되고 있다.

---

35 「개콘보다 더 웃기기」, 『전북도민일보』, 2011년 7월 27일자.
36 「통일비용 걱정할 필요 없다」, 『세계일보』, 2011년 8월 17일자.
37 「김정일 사망: 통일 후 첫 1년간 최소 27조 필요… 간접세·복권 등 거론」, 『파이낸셜뉴스』, 2011년 12월 20일자.
38 「MB 때 '통일 항아리' 반짝 모금운동… 사회적 논의 실종」, 『세계일보』, 2020년 1월 12일자.

4) 통일에 대한 다양한 기대

한국전쟁 이후 시간이 지나면서 다양한 통일 모델이 제시되었다. 그러나 한국인들은 통일된 국민 국가가 독일과 유사할 것이라고 인식한다. 2014년의 한 여론 조사에서 한국 국민은 제시된 몇 가지 통일 모델 중 43.4%가 '일국양제', 22.9%가 '남북 간 자유로운 방문', 33.7%가 완전한 통일을 선택하였다.[39] 사실 세대마다 통일에 대한 선호도가 다르다. 젊은 세대들은 대개 완전한 통일보다는 남북의 평화로운 공존을 선호한다. 이는 통일이 세대를 아울러 폭넓게 수용될 수 있는 방향으로 재정립될 필요가 있음을 시사한다.[40] 통일 전문가인 유호열은 '일국양제'가 비용 절감에 있어 상당히 유리하고 후유증도 적다며 "정치는 통일하고 행정과 경제는 분리 통합하는 방식이 북한 체제 변화에도 적합하다"고 지적하였다.[41] 문정인 교수는 통일이 한국의 일방적 강요가 아니라, 오직 남북 상호 합의로 이루어져야 한다는 점을 적확하게 상기시킨다. 문정인 교수는 또 통일에 앞서 남북한 양국의 협력이 선행되어야 하고, 북한이 협상 테이블로 나올 수 있도록 대내외적 기반과 여건을 만들어 주어야 한다고 언급하였다.[42]

그는 독일 통일의 사례를 예로 들어 옛 동서독이 1972년 12월 기본조약을 체결한 이후 양국이 상호 교류와 협력을 추구하였고, 서독이 통일의

---

39 「한반도경제포럼: '사회통합 등 여건 성숙 안 돼… 통일 11년 이상 걸릴 것'」, 『서울경제』, 2014년 9월 4일자.

40 「'하노이 노딜' 후 통일 인식 하락세… '김정은 못 믿어' 대북인식 악화」, 『아주경제』, 2020년 6월 25일자.

41 「현인택 '통일 로드맵, 5월이면 나와'」, 『머니투데이』, 2011년 2월 28일자.

42 「통일 논의 상식과 순리 따라야」, 『중앙일보』, 2011년 1월 24일자.

순간까지 동독에 320억 달러의 발전 기금을 지원하였다고 회고한다. 이러한 점에서 독일 통일은 치밀하게 준비된 합의 통일이라는 것이다.[43] 북한과 남한이 상호 교류할 수 있다면, 특히 북한이 핵 개발을 포기하고 개혁과 개방 노선을 선택하여 국제 사회에 경제를 개방하여 국제 투자를 유치한다면, 이는 북한 경제의 성장 동력이 되어 이후 점진적이고 바람직한 통일을 이룰 수 있을 것이라는 의견도 있다.[44] 김대중 대통령의 햇볕 정책은 점진적 통일이라는 서독의 통일 정책을 벤치마킹한 것이다.[45] 이렇듯 평화롭고 바람직한 방식을 추구할 동력을 어떻게 유지할 것인가는 지정학적 맥락에서 복잡한 과제로 남아 있다. 예를 들어, 2018년 조사에 따르면, 한국의 20대 젊은이들은 통일에 대한 주변 강대국의 입장에 우려를 표하고 있다. 거의 절반(46.7%)에 달하는 응답자가 미국이 남북한의 통일을 원하지 않는다고 생각하고 있으며, 중국·일본·러시아가 통일을 원하지 않는다고 생각하는 비율도 각각 70.1%, 73.9%, 63.3%로 나타났다.[46]

평화적이고 점진적인 통일과 대척점에 있는 것이 돌발적이고 급하게 통일이 이루어지는 것인데(사실 독일 통일 과정도 어느 정도 이렇기는 하였다), 이는 비용이 많이 드는 방식이다. '통일은 대박'이라는 박근혜 대통령의 표현은 공허한 포퓰리즘적 언급에 불과하였다. 진중권 교수는 이 말을 "어떤 혼란이 오더라도 흡수통일은 반드시 이루어져야 하며, 단기적인 혼란 이후에는 장기적인 번영이 올 것이며 따라서 통일을 두려워할 필요가 없

---

43 「통일 논의 상식과 순리 따라야」, 『중앙일보』, 2011년 1월 24일자.
44 「통일재원 어떻게?… 통일세 놓고 당정 미묘한 온도차」, 『헤럴드경제』, 2011년 2월 28일자.
45 「통일비용 걱정할 필요 없다」, 『세계일보』, 2011년 8월 17일자.
46 「청년들의 통일 인식: 10명 중 5명, 美도 남북통일 원할 것」, 『서울신문』, 2018년 11월 27일자.

다"는 의미로 해석하였다. 간단히 말해, 진중권 교수는 북한의 붕괴를 통일의 지름길로 보고자 하는 욕구는 환상이라고 주장한다.[47] 통일을 강력하게 바라는 많은 한국인이 종종 북한 체제 붕괴에 대한 희망을 표현하였다. 붕괴 가능성은 누구도 예측하기 어렵다. 하지만 그것은 가능성이 낮고 오히려 북한 체제는 일정 기간 후 안정될 것이다.[48] 실제로 1994년 김일성 사망 이후 5년 내 북한의 몰락을 예측한 보수 성향 학자들도 있었지만, 결과적으로 이 예측은 잘못된 것이었다. 김근식 교수는 "이명박 정부는 북한을 압박하고 봉쇄하면 북한이 굴복하고 나올 것이라고 예상했지만 그렇지 않았다"고 평가하였다.[49] (이러한 통일 모델에서는) 동족 민족주의가 통일 과정을 시작하기 위한 근본적인 요소이며, 시장 경제와 민주주의는 통일을 위한 모든 대화의 전제조건이다. 일부 정치 지도자들 사이에서는 흡수통일이 지배적인 이념이지만 그 가능성은 낮다. 북한 정권이 몰락해도 주권 국가로서의 북한은 존속할 것이고 남한이 통일 협상을 할 상대가 될 것이다.[50] 나는 남북한의 궁극적인 통일이 그 과정에서나, 걸리는 시간에서나 점진적이면서도 급진적인 성격을 동시에 띨 수밖에 없을 것이며, 한국은 이 두 가지 상황에 대한 준비와 그에 필요한 재원을 모두 마련해야 한다고 생각한다.

---

47 「진중권 '北 붕괴하면 통일된다는 인식은 환상'」, 『한국일보』, 2014년 1월 23일자.
48 「학생들에게 어릴 때부터 통일에 대한 긍정적 인식 심어줘야」, 『세계일보』, 2015년 12월 22일자.
49 「연평도 이후: 긴장의 한반도 '종합위기세트'」, 『주간경향』, 2011년 1월 4일자.
50 「통일 논의 상식과 순리 따라야」, 『중앙일보』, 2011년 1월 24일자.

5) 통일은 예스, 비용 부담은 노

한국 국민은 통일에 어떤 기여를 할 준비가 되어 있을까? 통일의 복잡성에 대한 대중의 인식 부족과 지정학적 변동은 여전히 장애 요인으로 남아 있다. 언론에서 현 상황이 경제적으로 어려운 시기임을 끊임없이 강조하는 것도 도움이 되지 않는다(Han 2019: Ch. 3). 많은 이들이 통일의 필요성을 확실히 인정하고 있지만, 비용을 치르려는 의지는 다른 문제이다. 먹고살기 위해 분투하는 것을 탓할 수는 없다. 앞서 논의하였듯이, 국가 리더십은 통일 담론을 보다 세심하게 다루어야 한다.

사람들이 통일에 기여하고자 하는 방식은 다양하다. 그런 의미에서 전라남도 고흥의 풀뿌리 시민들의 놀라운 이야기는 인용할 만하다. 김갑수 씨(82세) 등 고흥의 노인 33명은 자판기 커피 한 잔 값인 300원을 매일 절약해 2,200만 원을 모았다. 한 사람당 월 최대 9,000원을 저축하였고, 4년 동안 저축이 이어졌다. 일부 회원들은 자녀에게 받은 용돈을 매달 일부 적립하기도 하고, 채소를 팔아 번 수입을 챙겨 오기도 하였다. 이 노인들은 통일된 한국을 다음 세대에 물려줄 수 있기를 꿈꾸며, 꿈이 실현될 때까지 계속 저축할 것을 다짐하였다.[51] 반면, 경제학자 홍순직은 대다수 한국인이 통일의 필요성과 통일세 신설에는 공감하면서도, 여론 조사에서는 93.7%가 연간 10만 원 미만, 즉 한 달에 1만 원 미만의 기여만을 원하는 것으로 드러나, 이를 눔프(Not Out Of My Pocket: NOOMP) 현상이라고 지적하였다.[52]

---

51 「통일기금 2,200만 원 모은 고흥 노인 33인」, 『중앙일보』, 2012년 4월 27일자.

2018년 5월 조사에 따르면, 2018년 남북 정상회담 이후 남북의 생활 수준 격차를 줄이기 위해 통일 비용을 부담하는 것에 동의한다는 의견이 전 세대에 걸쳐 70.7%로 나타났다. 이러한 찬성률의 증가는 통일 이후 주식 및 자산 가치의 상승을 가정하였기 때문이다. 즉, 통일이 경제적 기회의 자극제로 여겨지게 된 것이다.[53] 마찬가지로 2018년 11월 조사에서는 통일세를 낼 의향이 있는 응답자가 53.5%로, 그렇지 않은 응답자 42.3%보다 많았다. 통일에 관심이 있다는 응답도 60% 이상(63.6%)으로, 관심 없다는 응답 36.7%를 웃돌았다.[54] 그러나 2018년 하노이에서 있었던 김정은-트럼프 정상회담의 '노딜' 이후 시행된 2018년 여론 조사에서는 1,011명의 참가자 중 47.3%가 통일에 반대한다고 응답하였으며, 이는 2016년의 36%보다 증가한 수치였다. 조사 시점으로부터 20년 후에 통일이 가능할 수도 있다는 응답은 약 30%(29.2%), 불가능하다는 응답은 26%였다.[55]

뉴스를 분석해 보면 남북대화에 우호적인 분위기와 희망적인 대중 담론이 대중의 지지를 쉽게 움직일 수 있다는 사실을 분명히 알 수 있으며, 국가 지도자들은 이를 염두에 두고 대중을 이끌어야 한다. 통일에 대한 준비가 거의 되어 있지 않았으며, 이는 대참사로 연결될 수 있다는 데는 폭넓은 공감대가 형성되어 있다. 그러나 정부나 정치 지도자들은 정치적 위험을 무릅쓰고 대중의 담론과 인식을 이끌어 가려 하지 않는다. 게다가 1970-1980년대의 고성장 이후 경제 부진에 기반한 경제 불확실성이 지속

52 「통일세 연 10만 원 이하가 적당」, 『서울경제』, 2014년 4월 17일자.
53 「통일 인식 달라져… 30~50대 더 적극」, 『서울경제』, 2018년 5월 9일자.
54 「청년들의 통일 인식: 청년층 '경제·안전 위해 통일 필요'… 절반 이상 '통일세 내겠다'」, 『서울신문』, 2018년 11월 27일자.
55 「'통일해야 한다' 인식 50.8%… 2년새 11%p 하락」, 『중앙일보』, 2019년 10월 2일자.

되는 상황도 정치 지도자들의 소극적인 태도와 국민의 통일 비용 지출에 대한 거부감에 영향을 미쳤다. 경기 부진에 대한 언론의 선정적인 태도와 그 잠재적 영향에 대한 부정적 보도도 마찬가지이다(Han 2019: Ch. 3). 독일의 높은 통일 비용 역시 한국 국민의 통일인식에 부정적인 영향을 미치는 것으로 보인다. 앞서 논의한 바와 같이, 대다수 국민은 통일이 국가에는 이익이 되지만, 자신에게는 이익이 되지 않을 것이라고 본다. 홍용표 통일부 장관은 청년들이 "내가 편하고 내가 좋은 직장 갖고 잘살고 있고 크게 문제없는데 꼭 통일을 해야 하느냐"는 소극적인 입장을 가지고 있는 것 같다고 지적한다.[56] 이러한 상황에서 하나금융경영연구소는 통일 재원을 마련하는 방안으로 통일 복권 사업을 추진할 것을 제안하였다. 그러면 통일세를 신설하지 않아도 된다는 것이다.[57] 이러한 방식은 개인적 이익이 있는 경우에만 공익에 기여하는 태도를 보이는, 자유시장의 맥락에서 나타나는 계산적 민족주의의 전형이라고 할 수 있다.

아산정책연구원의 칼 프리드호프(Karl Friedhoff)는 한국의 20대가 스스로를 한민족의 구성원이라기보다는 개별적인 '시민'으로 여긴다고 지적한다. 이들은 천안함 폭침과 연평도 포격 등 북한의 침략 행위를 보면서 '왜 우리가 이렇게 도발하고 위협하는 이들과 통일해야 하는지' 질문한다는 것이다. 이는 지금의 20대가 국가 정책에 대한 결정권을 갖는 시기가 되면 통일이 우선순위가 아닐 수도 있음을 의미한다.[58] 이는 한국 청년들

56 「'통일 논의 가능하다면 남북정상회담도 가능', 홍용표 '지뢰도발로 北대화제의 시간 걸릴 듯'」, 『국민일보』, 2015년 8월 16일자.
57 「하나금융경영연구소 '통일자금 복권사업으로 충당 가능'」, 『디지털타임스』, 2015년 7월 7일자.
58 「한국 20대, 통일이 필요하다는 인식 약해져」, MBC뉴스, 2014년 5월 9일자.

이 북한 동포를 포용하기 위한 집단적·공동체적 가치보다는 개인주의를 채택하기 때문에 한반도 통일에 대한 전망이 제한적일 것이라는 에마 캠벨(Emma Campbell 2016)의 예상과도 같은 맥락이다. 한편, 2018년 4.27 남북 정상회담 이후 초·중·고등학교 학생 5,274명을 대상으로 실시한 설문조사에서 통일이 된다면 꼭 해보고 싶은 일이 북한, 중국, 러시아를 거쳐 유럽으로 가는 철도여행으로 나타났다.[59] 젊은이들은 '통일 열차'에 무임승차 하기를 희망한다. 일각에서는 통일에 대한 젊은 세대의 생각을 우려할 수도 있다. 특히 20-30대와 50-60대는 통일에 대해 다소 무관심한 태도와 현 상태에 안주하려는 태도를 공유하고 있다.[60] 긍정적인 면은 국민이 통일의 중요성에도 불구하고 통일에 대한 관심이 명백히 부재한다는 사실과 이를 공론화 과정에서 지속적으로 논의할 필요가 있다는 점을 인식하고 있다는 것이다.

6) 북한과 통일에 대한 널뛰는 감정

핵실험이나 대표단의 2018년 평창 동계올림픽 방문 등 북한이 어떤 행보를 하느냐에 따라 남한 국민은 북한과 통일, 그리고 통일세에 대해 다양하게 느끼고 있다. 김정일이 사망하였을 때 남한 사람들은 통일이 임박했다고 생각하였고 국민 전체가 열광하는 것처럼 보였다. 그러나 긴급한

---

59 「초중고교생 73% '통일 긍정적으로 인식'… 90%가 '남북정상회담으로 남북관계 개선됐다고 생각'」, 『한국경제』, 2018년 5월 18일자.

60 「2030 vs 5060 인식 비교해 보니… 통일 안 해도 된다 40%(2030) vs 4대 질환 보장 기대(5060)」, 『매일경제』, 2013년 1월 7일자.

상황이 사라지면서 열정은 사그라들고 지속적인 통일 준비로 이어지지 않았다. 효과적인 실행 계획이 없는 상태에서 논쟁은 빠르게 가열되고 빠르게 냉각된다. 그렇지만 여기에는 앞서 논의된 바와 같이 이해할 만한 이유가 있는 것 같다.

소셜미디어 기반 빅데이터 분석에 따르면 2016년 소셜미디어 뉴스는 통일 대박, 남북공동선언, 수십 년 만의 이산가족 상봉 등으로 도배되어 있다. 이러한 뉴스는 미디어 소비자들의 통일 지지율에 큰 영향을 미친다. 이러한 뉴스들이 언급되지 않는 상황에서보다 통일 찬성률이 4.57배나 더 높다. 마찬가지로 소셜미디어에 북한의 핵실험, 천안함 폭침, 통일 비용 등이 노출되면 미디어 소비자들은 그렇지 않을 때보다 5.92배 더 통일에 반대하는 것으로 나타났다.[61] 한국 CNR에서 실시한 조사에 따르면, 2018년 남북 정상회담과 남북 관계 개선이 북한 정권에 대한 한국인의 호감도에 큰 영향을 미쳤으며, 2017년 1.8%에서 2018년 20.6%로 증가하였다. 정상회담은 또한 북핵 문제 해결에 대한 기대감 역시 55.3%로 30% 포인트 이상 높였다. 흥미로운 점은 통일이 반드시 이루어져야 한다거나(20.4%), 큰 부담만 없다면 통일되는 것이 좋다(45.6%) 등 통일에 대해 긍정적으로 응답한 응답자는 2017년 72.7%에서 2018년 66%로 감소하였다는 점이다.[62] 나는 한국 국민의 머릿속에 비용 대비 편익에 대한 계산이 상당 부분 존재한다고 생각한다. 남북 정상회담과 북측 대표단의 방문은

---

61 「소셜 빅데이터로 본 통일인식, 박근혜 정부 출범 후 통일 찬성 비율 낮아져」, 『헤럴드경제』, 2016년 10월 30일자.

62 「2018 통일의식 조사… 北 호감 급상승, 통일 필요성 인식 줄어」, KBS뉴스, 2018년 8월 15일자.

전쟁의 공포를 누그러뜨렸다. 또한 북한 정권에 대해 어느 정도의 신뢰를 갖도록 하였다. 그러나 많은 한국인들이 평화로운 관계가 지속되기는 바라지만 높은 비용에 대한 우려 때문에 통일로 가는 것은 원하지 않는다.

뉴스 보도의 관점이 풀뿌리의 관점과 늘 일치하는 것은 아니지만 일부 보도는 이를 밀접하게 대변하는 것으로 보인다. 평화문제연구소가 2011년 19세 이상 성인 1,008명을 대상으로 조사한 바에 따르면, 응답자의 58.4%가 과거에는 북한을 한국의 일부로 느꼈지만 이제는 그렇지 않다며 북한이 중국만큼이나 외국인 것 같다고 대답하였다. 북한 동포에 대해서는 응답자의 52.9%가 '우리와 같은 민족'이라고 생각하였으며, 38%는 통일세를 납부할 의사가 있는 것으로 나타났다.[63] 칼럼니스트 김한기는 한국 국민은 통일이 이루어져야 한다고 생각한다고 주장한다. 그는 통일 이후 20년이 지난 뒤에 동독인 80%와 서독인 82%가 통일을 긍정적으로 생각한다는 정보를 인용하면서, 남북한도 마찬가지이며 통일은 꼭 필요하다고 결론지었다. 이는 한국인의 정신에 통일의 필요성이 깊이 각인되어 있음을 보여 준다. 김한기는 이어서 일부 전문가들의 말을 인용해 통일이 생각보다 훨씬 빨리 올 수 있다며 통일 초기 비용과 통일 과정에 필요한 장기적인 계획이 함께 준비되어야 한다고 주장하였다. 그는 또한 동족 민족주의에 입각하여 다음과 같이 언급한다.

> 통일은 우리 민족의 지상 과업이기에 비용 문제로 보지 말고 우리 민족의 미래에 대한 투자 기회로 보는 새로운 인식도 필요하다. … 독일은 통일 후 거의 한 세대가 지난 오늘날, 완전히 하나 된 나라로 거듭났다. 그동안 천문학적 통일 비

63 「발언대: 남북통일, 민족끼리 풀어야 할 과제」, 『국제신문』, 2011년 10월 6일자.

용으로 한 세대가 고난을 겪은 것은 사실이다. 그러나 대부분의 독일인들은 통일 비용이 공산당 독재 아래 신음하던 1,500만 명의 형제들에게 자유를 주기 위한 대가였다며 통일독일을 자랑스러워하고 있다. 우리도 통일독일의 교훈을 받아들여야 하겠다. 지금 우리가 바라는 통일은 지리적으로 국토가 하나 되는 것만을 의미하지 않는다. 정치적으로 대립하고 있는 제도를 하나로 만들고 경제적으로 다른 체제를 하나로 거듭나게 하며 이질화된 문화를 우리의 민족문화로 다시 탄생시키는 것이다. 남과 북의 주민이 심리적으로 '우리는 한민족'이라는 마음을 느끼게 하는 상태가 바로 통일로 가는 길이다. … 통일은 앉아서 얻는 것이 아니라 일어서서 노력해야 오는 것이다.[64]

나는 젊은이들을 포함한 많은 한국인이 대개 계산적 민족주의의 경향을 지니고 있음에도 불구하고 이러한 정서를 완전히 무시하지는 않으리라 생각하는데 이는 농속 민족주의가 아직 살아 있음을 의미한다. 통일에 대한 공론화는 계속될 필요가 있다. 그러한 노력 중 하나가 청소년 통일공감 대토론회로, 매년 치러지는 이 행사는 통일된 한국의 중추가 될 초·중·고등학생을 대상으로 통일 의식을 높이기 위한 토론의 장이다. 「민족화해협력범국민협의회」(민화협)가 주최하고 후원하며 대학 등 다양한 기관이 공동 주최한다. 2015년 제2회 대회에는 전국에서 288명의 학생으로 구성된 96개 팀이 참가하였다. 초등부 결승전에서는 '북한 관광을 재개해야 한다'라는 주제에 대해 찬성과 반대 팀으로 나누어 토론하였다. 고등부에서는 '통일 준비를 위해 정부 예산으로 통일 기금을 즉각 적립해야 한다'라는 주제로 토론하였다. 이 행사에 대한 뉴스 보도에 따르면, 최종 팀들은 통일의 복잡성에 대한 수준 높은 이해도를 보였다. 중등부에서 우승을 차지한

64 「발언대: 남북통일, 민족끼리 풀어야 할 과제」, 『국제신문』, 2011년 10월 6일자.

강원중학교 디베이트 팀은 토론회 참가 동기에 대해 통일된 한국을 열망하기 때문이라고 말하였다. 이성헌 민화협 공동의장은 학생들이 토론회 참여를 통해 통일에 대해 더 잘 알게 되고 통일 준비에 적극적으로 참여하기를 희망하였다. 제7차 대회는 2020년에 개최되었다.

2014년 8월에는 DMZ와 가까운 연천에 「한반도통일미래센터」가 건립되었다. 이 센터는 특히 남북한의 젊은이들이 통일된 한국이 어떠할지 체험하고 생각할 수 있도록 교류 프로그램을 촉진하는 것을 목표로 하고 있다. 한편, 북한과 남한의 유소년 축구팀이 2008년 중국 쿤밍, 2014년 한국 연천, 2015년 북한 평양 등에서 경기하였는데, 이 중 일부 경기는 남북 간에 긴장이 크게 감돌던 시기에 진행되었다.[65] 또한 건설적인 학술 세미나가 많이 개최되어 통일에 대한 인식과 공론화에 기여하고 있다. 충남대학교에서 2011년 8월 26일에 열린 '2011 통일안보 학술 세미나'가 한 예이다. 이 세미나에서 정주신은 북한 이탈 주민의 남한 정착을 지지하며 "새터민들의 정착이 순탄하게 이루어지면 통일의 목전에서 북한 주민을 움직일 수 있는 첩경이 될 것"이라고 주장하였다. 김창희는 "먼저 통일이라는 화두가 대중 담론의 중심에 놓여야만 통일에 대한 다양한 견해를 논의하고 협상할 수 있다"고 말하였다. 김근식은 "통일 논의를 통해 진보와 보수의 간극을 좁혀 나갈 수 있는 계기를 마련해 볼 필요가 있다"고 주장하였다.[66]

---

65 「청소년들 통일 인식 심고… 남북 교류 확대 앞장 '한반도통일미래센터 3주년 기념식'」, 『경기일보』, 2017월 11월 9일자; 「北 4.25 유소년축구단 10년 카메라 앵글에 담다」, 『통일시대』, 2018년 12월호(통권 146호).

66 「대전일보 후원 '2011 통일안보 학술세미나'」, 『대전일보』, 2011년 8월 26일자.

6. 맺음말

한국전쟁 이후 한국 사회의 구조와 문화에는 많은 변화가 있었다. 개인적·국가적으로 어떤 일을 겪었는지에 따라 개별 행위자들의 요구 또한 마찬가지로 많은 변화를 겪었다. 21세기 초반에는 많은 기성세대들이 동족 민족주의의 정서를 통일의 이유로 견지하고 있다. 그러나 일부 기성세대와 상당수 젊은 세대들은 통일의 어떤 차원이 자신들에게 이롭거나 부담이 될지를 먼저 생각한다. 즉, 새로운 형태의 민족주의로 비용편익적 민족주의 또는 계산적 민족주의가 확고하게 자리 잡은 것이다. 한국인들은 대체로 통일을 열정적으로 찬성하며, 어느 정도는 통일 비용에도 금전적인 부담을 지려고 한다. 그러나 이 부담을 기꺼이 지려는 그 전제조건은 비용이 많이 드는 통일로 인해 국가적으로, 그리고 무엇보다도 개인적으로 이익이 생겨야 한다는 것이다. 사실 통일의 국가적·개인적 편익에 대한 가정이 없다면 이들은 자발적으로 그 부담을 지지 않을 것이다. 이들의 기여 의지는 국가 지도자들의 태도와 핵실험을 포함한 북한의 침략 위협 여부에 따라 달라진다.

한국인들에게 동족 민족주의 정서는 통일을 찬성하는 이유로 점점 희미해지고 있다. 비용과 편익이 통일에 대한 인식과 관심이라는 측면에서 훨씬 더 중요해졌다. 넓은 의미에서의 국익보다는 개인의 이익이 훨씬 중요해 보인다. 개인이 자신의 이익을 국익과 동일시하려는 시도는 거의 보이지 않으며, 이는 계산적 민족주의를 전형적으로 보여 준다. 이 점에서 '한반도 내 두 체제'가 단일 체제보다 가능성이 더 높다(김상준 2017). 통일의 현실에 대한 공론화를 촉진하기 위해서는 진지한 국가적 리더십이 요구된다. 이 주제에 대한 공론화는 남북 정상회담과 같은 중대한 행사가 있을 때만 가끔 이루어지지만, 그러한 논의야말로 필연적으로 점진적일 뿐 아니라 갑작스러울 수도 있는 통일 준비의 출발점이 된다. 이 장을 마무리하는 시점에서 대한민국은 보수 정당인 국민의힘의 집권을 목전에 두고 있다. 새 대통령 당선자는 북한에 대한 강경한 태도를 표명하여 한반도 평화 프로세스에 먹구름을 드리웠다.

제6장

2016-2017년 촛불혁명과 풀뿌리 민족주의: 집회에서의 대중 연설 분석

1. 서론

2016-2017년 촛불혁명은 현대 한국에서 가장 규모가 큰 민주주의 캠페인 중 하나였다. 이명박·박근혜 보수 정권의 실정과 슬금슬금 스며들어오는 권위주의에 대한 불만은 2016년 10월 시위가 시작되기 전부터 커지고 있었다. 이 시위를 이끈 것은 일차적으로 진보 진영에 속한 사람들이었지만 꼭 그들만이 주도 세력이었다고 볼 수는 없다.[1] 이명박 대통령은 대통령 재임 기간(2008-2013년) '4대강 사업'에 공적 자원을 낭비한 혐의를 받고 있지만 불만의 대부분은 박근혜 정권(2013-2017년)의 '실정'에서 비롯되었다. 예를 들어, 2014년 세월호 구조 과정에서 대통령의 잘못된 대처로 결국 304명이 사망하였다. 한국인들은 박근혜가 자신의 아버지인 박정희 전 대통령(1961-1979년)의 업적을 치장하기 위해 역사 교과서를 조작하려는 시도에도 불쾌감을 느꼈다. 박근혜는 오랜 측근인 최순실이 대통령인 자신에게 접근해 국정에 부당한 영향력을 행사할 수 있도록 기꺼이 용인하였고, 이는 경제발전에서 불균형적으로 이득을 취해 온 기득권 집단에 대항하는 촛불 시위를 촉발한 직접적인 계기였다. 항의 시위와 다른 사건들이 이어지는 와중에 박근혜 대통령에 대한 대대적인 탄핵 운동이 시작되었다. 이 캠페인은 국회가 탄핵소추안을 의결하고 헌법재판소에 탄

1 현대 한국에서 '진보'와 '보수'라는 명칭은 자유 민주주의 국가의 전통적인 '좌파'와 '우파' 구분과 완벽하게 일치하지 않는 특수한 의미를 갖게 되었다. 이는 상당 부분 냉전의 맥락에서 양당 체제의 발전이 불완전하게 이루어진 데서 기인하는데, 이는 노동자의 권리를 옹호할 수 있는 중도좌파 정당의 출현에 불리하게 작용하였다. 따라서 한국의 진보주의자들은 다른 자유 민주주의 세계의 중도좌파와 비슷하지만 상대적으로 보수적인 편이다. 한편, 한국의 보수주의자들은 민주주의 세계에서 가장 경직된 형태의 보수주의에 비견될 만하다. 이 장에서 나는 한국인들의 통상적인 용법을 따랐다.

핵소추의결서를 제출하고 2017년 3월 헌법재판소가 이를 인용하면서 절정에 달하였다.

이 탄핵은 한국 정치사에서 이례적인 사건이었으며, 진정한 정치 변화에 대한 광범위한 열망이 이의 추진력이 되었다. 한국 인구의 약 32%가 매주 집회에 한 번 이상 참석하였으며(손호철 2017b: 84), 수백만 명 이상이 탄핵안에 대한 온라인 토론에 참여하였다(이연옥 2017). 항의 시위에 참여한 사람 중 일부는 수많은 청중 앞에서 연설하였고, 그들의 연설을 통해 우리는 현대 한국의 풀뿌리 민족주의에 대한 직접적인 통찰을 얻을 수 있다. 이 연설들은 사회에 대한 한국인의 열망과 한국 민족주의를 '하향식'이 아닌 '상향식'으로 바라보는 시각을 드러낸다. 집회에서 그들이 가장 많이 던진 질문 중 하나가 "이게 나라냐"였고, 그들이 이르게 된 답은 그렇지 않다는 것이었다. 그래서 한국의 보통 사람들은 박근혜 대통령의 사퇴를 요구하는 것에 더해 더 나은 민주주의와 더 공정한 부의 분배를 요구하였다. 그들은 상의하달식 과정의 수동적이고 순응적인 수용자가 되기보다는 사회의 미래를 만들어 가는 데 나름대로 역할을 하고자 하였다.

구체적으로, 이 장은 구조·문화·행위성의 교차가 어떻게 정치적·경제적 발전을 위한 건설적인 변화를 촉진하였는지 보여 주는 것을 목표로 한다. 한국인 대다수는 자신을 스스로 단일민족 집단의 일원으로 인식하고 있다. 그렇듯 나 역시 순간순간의 일상적인 사회생활 속에서 민족주의의 잔영이 끈질기게 나타나며 아울러 민주화와 경제발전의 주요 과도기에서는 한국인의 전통적인 동족 민족주의와 새로운 형태의 민족주의(계산적 민족주의와 세계화된 민족주의의 결합)가 함께 나타난다는 점을 보이고자 한다. 엘리트와 일반 시민 모두가 어떻게 민족주의를 쟁점화하고 형성하는지에 관한 연구가 점점 더 늘어나고 있는바, 이렇게 이 장도 그 흐름에 하나를 보탠다.

1) 민족주의의 이형태로서의 풀뿌리 민족주의

민족주의는 "같은 나라 사람이라는 소속감"을 이르며, 이는 "같은 국민 국가의 시민권에 의해 규정되고, 대개는 국가에 대한 충성심과 애국심, 시민 간의 연대 촉진과 상관있다"(Stacey 2018: 8). 그것은 무엇보다도 한 나라의 "독립, 자립, 통합, 영광"(김영명 2016: 230)에 대한 이념을 포괄하며, "한 국민 또는 국가 정체성에 필요한 정치적·사회적(도덕적)·문화적 가치를 제공하는 동시에 국가 구성원에게 민족주의를 유지하고 발전시키기 위한 의무를 제시한다"(Stacey 2018: 8).

동족 민족주의의 관점에서 국가를 볼 때는 선조(先祖)와 문화가 민족주의에 대해 갖는 의미가 크다. 여기서 국가 정체성은 동족성, 그리고 국민 대다수가 자신의 나라가 "다른 무엇보다 우월하다"(Stacey 2018: 11)고 믿는다는 가정에 입각해 있다. 동족 민족주의적 해석은 국가를 마치 확대 가족과 같은 것으로 본다(Muller 2008: 20). 예를 들어, 한국인들은 전통적으로 그들의 나라를 '국가'(國家)라고 불러왔고, 20세기 초부터 그들의 나라를 '동질적인'(Campbell 2016) 집단으로 묘사해 왔다. '국가'라는 말은 19세기 후반까지는 많이 사용되지 않았다. 동족 민족주의적 국가관의 반대편에서 균형추를 이루는 것이 시민 민족주의이다. 이는 주어진 주민에게 충성을 요구하고 소속감을 제공하는 정치적 실체를 형성하는 데 있어 정치와 의사소통의 역할을 강조한다(Smith 2010). 시민 민족주의에서는 민주주의와 같은 특정한 정치 조직 형태나 자유·정의 같은 일련의 가치에 대한 공통의 약속과 헌신이 동족 민족주의에서 '혈통과 영토'가 제공하는 것과 동일한 결속력을 제공할 수 있다. 국가가 어떻게 형성되는지에 대한 이렇듯 다양한 해석에도 불구하고 민족주의 개념은, 왜 그런지는 불분명하지만, 여전히 전 세계적으로 의미 있는 것으로 남아 있다.

민족주의 연구에서 중요한 발전은 '일상적' 또는 대중적 수준이 중요하다는 주장이 등장하였다는 것이다. 민족주의가 위(엘리트 수준)에서 국가에 의해 계발된다고 단순히 가정하고 마는 것이 아니라 보통 사람들의 일상생활에서 민족주의가 갖는 의미에 대한 인식이 높아진 것이다. 민족주의에 대한 '하향식' 해석이 시사하는 바는 정치 지도자들이 "한 사회 안의, 처지가 다르고 생각도 다른 사람들이 다 편안하게 느낄 수 있는 어떤 담론을 만들어 낸다"는 것이다(Cohen 1996: 810). 지도자들은 사람들이 무슨 생각을 하고 무엇을 바라는지 안다고 주장하지만, 민족주의에 대한 이러한 견해는 "지도층이 제시하는 거창한 이미지를 받아들여 그것을 지역적 경험이 녹아 있는 보다 더 친숙한 술어(述語)로 재구성하는 보통 사람의 역할을 인식하지"(Herzfeld 1992: 49; Cohen 1996: 811에서 인용) 못한다.

'범속 민족주의'에 대한 영향력 있는 논고에서 빌리그(Billig 1995)는 사회 곳곳에 내걸린 국기(國旗) 같은 공통의 상징에 사람들이 어떤 의미를 부여하는지 주목하였다. 국가 정체성은 사람들이 들르는 장소, 먹는 음식, 즐기는 음악과 영화 같은 대중문화의 일상적인 측면에 반영될 수 있다(Edensor 2002). 그리하여 민족주의는 일상적인 사회생활과 문화 활동의 순간순간에 조용하고도 꾸준하게 강화된다.

하지만 다른 학자들은 이러한 민족주의 해석이 인간 행위성의 역할을 과소평가한다고 주장해 왔다. 사람들은 단순히 민족주의의 수동적 수용자가 아니라는 것이다. "자신을 어느 나라의 국민이라고 여긴다고 해서 그것이 곧 그 나라에 대한 열정을 보장하지 않으며 그러한 자기 인식이 곧 민족주의나 민족주의적 감정의 지표인 것도 아니다"(Knott 2015: 12). 오히려 평범한 사람들은 대중 수준에서의 '일상적' 경험을 통해 국가를 형성하는 데 도움을 주고(Antonsich 2016) 또 스스로는 그 안에서 자신의 위치를 형성한다. 따라서 민족주의 연구의 핵심 목표는 "보통 사람들에게 국가가 어떤 의미인지"(Fox and Miller-Idriss 2008: 539)를 묻는 것이다. 이는 민족주의의 모든 양상이 국기나 음식 같은 것에서 쉽게 감지되는 것이 아니며(Hearn and Antonsich 2018), 대신 사람들의 사회 '현장' 속에서의 역할에서 파생되기 때문이다(Smith 2009). 사회에 대한 참여는 그들에게 자신들의 삶에 대한 어느 정도의 통제력을 부여하고 더 큰 국가적·민족적 실체의 일부로서 소속감과 사회적 목적을 생성한다(Hearn 2007). 사람들이 국가에 대한 소속감을 유지하는 데 필요한 것은 사회적 시민권으로서, 구식의 국가주의적 시민권으로는 더 이상 그러한 충성심과 소속감을 충분히 보장할 수 없다는 것이다(Donati 2016). 다민족 및 다종교 사회에서 언어, 동족성(Brubaker et al. 2006), 종교(Dempsey 2020)와 같은 지표는 사람들 스스로 그 나라에 대한 소속감의 정도를 정하는 데 도움이 된다. 예컨대, 홍콩에서는 '중국 사람'이라는 개념이 국가적·개인적 정체성과 중국인 됨의 의미를 형성하는데, 이 물음은 1997년 홍콩이 본토로 '반환'된 이후 새로운 의미를 갖게 되었다(Ma 2007).

민족주의의 일상적 경험에 초점을 맞추는 것은 또 '미시 민족주의'의 중요성, 즉 대중 수준의 하위 국가 행위자들이 어떻게 민족주의를 창조하고 이를 쟁점화하는가에 대한 물음을 부각하였다. 민족주의를 엘리트나 대중 수준의 적극적인 활동가들의 산물로만 보는 것이 아니라, 엘리트와 대중 사이의 상호 작용에 관심이 커지고 있는 것이다(Smith 2009 참조). 프랑스와 같은 일부 예에서는 국가 엘리트들이 더 많은 정치적 자치권에 대한 미시적·지역주의적 요구를 자신들의 기획으로 흡수하였다(Keating 1985). 다른 나라, 이를테면 영국에서 독립한 인도 같은 나라에서는 국가 엘리트들이 추구하는 국가 건설 프로젝트는 그것대로, 미시적 민족주의 기획은 또 그 나름으로 병행되었다(Baruah 1994). 케냐 같은 다른 곳에서는 하위 국가 정치 행위자들이 분리 운동을 통해 나라를 새로 만들려는 미시적 정치 운동을 벌이기도 하였다(Saalfeld 2020 참조).

'미시 민족주의'와 관련해 그 하위 유형에 속한다고 할 수 있을 연구들은 '풀뿌리 민족주의', 즉 매우 목적 의식적인 형태의 미시 정치에 초점을 맞추었다. 여기에서 일상적 민족주의는 민족주의적 상징이나 현직 지도자들이 제시하는 술어들을 별생각 없이 수동적으로 소비하는 데 그치는 것이 아니라 그 이상의 운동, 즉 하위 국가 행위자들이 국가 정치에 변화를 만들어 내기 위해 펼치는 일치된 노력에 가깝다고 할 수 있다. 한편으로 미시 민족주의자들은 외부의 적으로 인식되는 세력을 겨냥해 이러한 노력을 쏟을 수도 있고, 캠페인을 벌여 엘리트들로 하여금 스스로 선호하였던 것보다 더 한편으로 치우친 정책을 채택하도록 압력을 가할 수도 있다. 일본 내 우익 단체들이 동중국해 영유권 분쟁에 대해 일본 정부가 중국에 대해 더 강경한 대응을 하라고 압박하는 것(Pugliese 2015), '전통적 가족 가치'를 지지하는 러시아 사람들이 푸틴 정부의 부패한 엘리트들이 그에 충분한 조치를 하지 않았다고 보고 이를 더 강화하자고 캠페인을 벌인

'부모 운동'(Hojdestrand 2019) 등이 바로 이러한 유형의 풀뿌리 민족주의의 예이다. 다른 한편으로 풀뿌리 항의자들은 국가를 직접 표적으로 삼고 현 정부의 정당성에 도전할 수도 있다. 이러한 일이 한국에서는 (이 장에서 논의하는) 촛불 시위 때에, 그리고 그 후 보수주의 활동가들이 박근혜 대통령 탄핵의 정당성에 이의를 제기하고 그를 교체한 정권에 도전하였을 때 일어났다(Han and Hundt 2021 참조).

2) 한국의 풀뿌리 민족주의

1945년 한국이 일제에서 해방된 이후 정치적 민주주의와 경제적 민주화를 요구한 세 차례의 성공적인 내규모 대중 봉기가 있었다. 첫째, 1960년 4.19혁명 당시 풀뿌리 시민들은 이승만 대통령의 독재와 부패, 불균등한 경제발전에 항의하는 시위를 벌였다. 이에 이승만은 사임하고 미국으로 망명하였다. 이승만 대통령 후임으로 윤보선 대통령이 취임하였지만, 이에 이어진 결과는 박정희 소장의 1961년 5.16 군사 쿠데타였다. 박정희는 18년 동안 철권통치를 하면서 자신의 독재를 정당화하려는 방법으로 경제발전을 강력히 추진하였다. 박정희의 권위주의적 통치는 프랑스의 68혁명이 한국 민주주의 발전에 미칠 수도 있었을 파급 효과를 막았다. 1979년 박정희가 암살되자 또 다른 잔혹한 군사 지도자 전두환이 등장하였다. 1987년 전두환은 헌법을 개정하지 않고 정권을 자신의 후계자인 노태우에게 넘겨주겠다고 선언하였다(4.13 호헌 조치). 이에 두 번째 전국적인 대규모 대중 시위인 1987년 6월 민주항쟁이 일어났다. 이 시위는 전두환의 호헌 선언, 운동권 대학생들의 죽음, 운동권 여대생에 대한 성폭행으로 촉발되어 헌법을 개정해 대통령 직선제를 실시하겠다는 집권당의 발표(6.29 민주화 선언)로 종결되었다. 1988년 서울 올림픽 이후 한국은 국제 사회에서 상대적으로 성숙한 민주주의 국가이자 중견 경제 강국으로서 역할을 점점 더 입증해 왔다. 그러나 이 탈식민 국민 국가의 급속한 정치적·경제적 발전 속에서도 일부 엘리트 집단이 계속해서 특권을 누려왔고, 삶의 기회 측면에서 '가진 자'와 '못 가진 자' 사이에 엄청난 격차가 생기게 되었다. 박근혜 정부 측근에서 벌어진 국정 농단은 기득권층의 부정을 단적으로 보여 주었고, 이는 한국의 세 번째 대규모 민주주의 운동이자 이 장의 초점인 2016-2017년 촛불혁명의 도화선이 되었다.

국가 발전의 궤적을 살펴보면, 한국의 풀뿌리 민족주의는 민주화와 경제발전이라는 두 가지 중요한 사회정치적 변혁을 달성한 이후에 등장하였다. 사회 전반에 걸친 이러한 변혁의 여파로 풀뿌리 민족주의를 이루려는 열망, 즉 국가와 사회, 지배자와 피지배자 사이의 관계 재협상에 대한 욕구가 있을 수밖에 없다는 것은 어쩌면 당연한 일이다. 풀뿌리 민족주의 발전을 촉진한 요인들로는 한국 젊은이들의 태도 변화(Campbell 2015, 2016), 전통 한국 사회와 다소 어긋날 수 있는 세계적인 소비문화의 수용 등이 거론된다. 남한과 북한 각자의 실체를 별개로 인정하게 되고, 보다 상위에 있는 '한민족'이라는 정체성을 가장 우선시하는 마음이 점차 소멸해 가고 있다는 점을 거론하는 학자들도 있다(Won and Huntington 2021). 풀뿌리 민족주의의 출현, 즉 평범한 한국인들이 사회를 아래로부터, 그리고 내부로부터 재편하고자 하는 열망은 지배적인 동족 민족주의 개념인 '우리나라'의 개념과 이 개념이 내포하는 '우리와 그들' 구분법에 영향을 미친다(Shin 2006). 강원택에 따르면, 한국의 젊은이들은 남북한의 한민족과 한반도 외부의 한민족까지도 같은 피를 공유하는 고유한 한 나라 사람이라는 생각보다는 정치적·법적 국민 국가 개념으로서의 대한민국에 자기 정체성의 기반을 두기 시작하였다(강원택 2006, 2011).

한국 사회가 한때 동족 민족주의의 술어로 규정될 때는 한국인의 정체성도 같은 견지에서 이해되었다. 하지만 이주 노동자나 새로 귀화한 한국인이 정치 공동체에 포함됨으로써 보통의 한국인들이 국가와 맺는 관계 방식이 바뀌었고 풀뿌리 민족주의가 등장할 수 있는 여지가 생겨났다. 앞장에서 자세히 논의하였듯이 젊은 세대 한국인들의 민족주의 개념은 기성세대의 개념과 달라서(Campbell 2015, 2016) 같은 피를 나누었기 때문에 통일해야 한다는 생각이 젊은 세대에게는 기성세대에게만큼 매력적이지는 않다. 정치적으로 자유롭고 경제적으로 풍요로운 환경에서 성장한 한국의 젊은이들에게는 맥퍼슨(C. Brough Macpherson 1964)이 '소유적 개인주의'라고 부른 것이 주입되어 있다(Cohen 1996 참조).

> … 개인은 본질적으로 자신의 인격이나 능력의 소유자이며, 사회에 빚진 것이 없다. 개인은 하나의 도덕적인 전체인 것도 더 큰 사회라는 전체의 일부인 것도 아닌, 자기 자신의 소유자로 간주되었다. … 사회는 소유자들 사이의 교환으로 이루어진다(Macpherson 1962: 3).

이 장은 캠벨(Campbell 2016)의 '세계화된 문화 민족주의' 개념을 바탕으로 경제적 이해관계를 함께 고려해 현대 한국을 분석한다. 세계화된 문화 민족주의는 한국의 젊은 세대만이 아니라 모든 세대에 적용된다. 예를 들어, 아시아 경제 위기에서 회복하는 동안 김대중 대통령은 국가 부도를 피하고자 신자유주의적 경제 정책을 채택하고 방어적 형태의 민족주의를 회피하였다(전재호 2003: 48). 정부는 노동자들에게 '고통 분담'을, 장시간 노동과 저임금을 감내해 달라고 요구하였다(권혁범 1994: 16; 전재호 2003: 48). 대다수 한국인은 부득이 이 요청에 응하였다. 경제 위기 당시 '금 모으기 운동'[2](천혜정 2017: 388) 같은 대중의 반응 역시 풀뿌리 민족주의의 표현이었다.

촛불혁명은 대규모로 이루어진 풀뿌리 민족주의의 표현이었다. 노형일·양은경(2017: 16; 정병기 2017: 261-262에서 인용)은 한국인들이 국가적인 정치적 목표와 개인주의적 목표를 모두 달성하기 위해 시위에 참여하였다고 주장한다. 나는 현대 한국에서 실천되고 있는 풀뿌리 민족주의가, 국가에 대해 이야기하면서 개인 특히 젊은 세대의 문제를 해결하려고 한다는 점에서, '계산적'이라고 주장한다. 이 새로운 형태의 민족주의는 이전 시대의 특징이었던 동족 민족주의, 권위주의 정치, 그리고 중앙 집권적·상의하달식 경제 통치 모델에서의 이탈을 표상한다. 그 대신에 젊은 세대의 한국인들, 그리고 기존에 정치 생활에서 배제되거나 소외되었던 사람들이 국가와의 새로운 사회계약을 추구해 왔다.

2 아시아 경제 위기 이후 국제통화기금(IMF)의 한국 경제에 대한 구조적 개입으로 3,040억 달러의 외환 부채가 발생하였다. 1998년의 금 모으기 운동은 IMF에 진 한국의 국가 부채를 갚기 위한 전국적인 운동이었다. 이때 모인 금의 양은 21억 3,000달러 이상에 상당하는 227톤에 달하였다. 다음을 참조하라. Omair Kamran, "How Did Ordinary South Koreans Help Their Country during the 1997, 1998 Financial Crisis?," *Siasat*, 2020년 11월 16일자.

3) 비판 실재론의 접근법

풀뿌리 민족주의가 수반하는 목적 의식적인 형태의 미시 정치를 분석하려면 위에서 아래로 향하는 민족주의와 아래에서 위로 향하는 민족주의 양면에 모두 초점을 맞추어야 한다. 즉, 민족주의를 형성하는 구조적 힘과 행위 주체의 힘을 다 고려해야 한다. 또한 이념과 문화의 영역에서 그러한 힘들 사이의 상호 작용도 고려해야 한다. 이념과 문화 역시 구성력을 가지고 있기 때문이다.

구조는 문화와 이념을 산출하고, 그럼으로써 그 구조를 강화하거나 해체할 수 있다. 문화와 이념은 또 행위자를 (불)활성화하여 사회 변화를 요구하거나 달성하게끔 할 수 있으며, 그리하여 구조를 생신하거나 재생산할 수도 있다. 비판 실재론적 접근법은 사람들이 물질적 관심과 이상주의적 신념을 가지고 있으며 이것들이 사람들의 관심사로 표현되고 행동으로 표출된다고 가정한다(Porpora 2013). 사람들이 함께 일할 때 한 사회의 구조와 문화를 재생산하거나 바꿀 수도 있다. 달리 말하면 구조와 문화는 사회의 민주적·경제적 발전을 지탱하는 두 기둥이며, 사회가 바로서 있으면서 계속 진보할 수 있도록 하는 세 번째 기둥이 시민의 행위성이다. 따라서 이 기둥들은 모두 다 함께 자율적이고 주권적인 사회의 필수 구성 요소이다. 이 세 가지 요소의 교차 양상에 따라 변화가 시작될 수도 있고 현 상태가 강화될 수도 있다. 사회경제적 구조와 문화 간의 대단히 복잡한 상호 연결은 한국에서 동족 민족주의의 속성을 (불)활성화하고 변형시킬 수 있을 뿐만 아니라 민주주의 발전과 경제적 민주화를 촉발할 수도 있다. 그런 점에서 이 장은 최근 수십 년 동안 한국 사회의 구조적 조건 형성이 어떻게 창발적인 문화적 속성들을 만들어 냈고 다시 창발적인 개인적 속성들을 활성화하여 구조적·문화적 속성들을 형성하고 변화시켰는지를 보여주려는 시도이다. 이러한 과정은 2016-2017년 촛불혁명을 통해 명백하게 드러났다. 이 기간 벌어진 시위와 집회 들은 국정 농단 사건 등으로 인해 꺼질 위기에 놓였던 민주화와 경제발전에 다시 불을 붙였다.

이 장에서 나는 사회 운동에 대한 마거릿 아처의 비판 실재론적 설명 방식을 활용하여 촛불 시위대가 어떻게 한국 사회의 지배적인 구조와 문화를 바꾸려 하였는지 분석한다. 아처(Archer 1995, 1996)에 의하면, 사회 운동은 사회를 재생산하거나 변형시키는 구조·문화·행위성의 상호 작용 과정이다. 사회 운동을 일으키는 추동력은 사회의 구조적 불평등, 특히 오랫동안 묵은 불평등이다. 구조는 문화와 이념을 만들어 내고, 이렇게 생성된 문화와 이념은 불평등을 강화하거나 해체할 수도 있다. 한편, 행위자는 문화와 이념을 통해 제공받은 정보를 통해 활성화되어 사회 변화를 요구하고 달성할 수 있으며, 그 결과 완전히 새롭거나 개혁된 구조가 출현할 수도 있다.

아처(Archer 1995)의 형태발생론적 접근법에 따라 나도 이 장에서 분석적 이원론을 따른다. 구조와 행위성은 서로 분리될 수 없이 변증법적으로 상호 연관되어 있으며 문화와 행위성의 관계 또한 마찬가지이다. 그렇지만 구조와 행위성은 둘 중 어느 하나로 환원될 수도 없다. 아처의 분석적 이원론은 구조에 대표 자격을 부여하는 '상향 융합'—예를 들면, 존 스튜어트 밀(John S. Mill)과 막스 베버(Max Weber)의 방법론적 개인주의—을 피한다. 또한 행위성을 대표하기 위해 구조가 퍼져 버리는 '하향 융합'—예로서 방법론적 전체론—의 관행도 불신한다. 분석적 이원론은 또한 구조와 행위성을 뒤엉키게 하는 '중도 융합'—예로 기든스(Anthony Giddens)의 구조화 이론—에도 반대한다. 이 장에서는 나는 분석을 위해 구조·문화·행위성을 서로 구분하고 이러한 요소들의 교차가 변화를 촉발하거나 현상 유지로 이어지는 과정을 살펴본다.

비판 실재론적 접근법은 사람들이 자신의 필요를 해결하고 삶의 기회를 개선하기 위해 행동한다고 가정한다. 사람들은 물질적 이해관계와 이상주의적 신념을 가지고 있으며, 이러한 것들을 통해 자신의 관심사나 문제의식을 표현하고 행동으로 옮긴다(Porpora 2013: 28). 단합된 행동은 사회 변화와 집단 정체성의 변화를 불러올 수도 있다(Archer 1995: 255). 따라서 사회 운동에 대한 아처의 설명 방식은 한국의 촛불 시위에서 풀뿌리 민족주의가 어떻게 행동으로 옮겨졌는지를 분석하는 데 도움이 된다.

이 사안을 다루는 데 또 다른 통찰을 준 것은 스미스(Smith 2010)의 '민족 상징'(ethnosymbolism) 개념이다. 이 개념은 국가 형성에 있어 공유된 가치·신화·정서의 중요성을 강조한다. 스미스는, 상징은 널리 받아들여지기 때문에 결속력이 있으며 그래서 엘리트보다는 대중의 의견이 중요하다고 주장한다. 동족 민족주의의 가정들을 충실히 따르자면 문화적 정체성은 국가적 상상력을 형성하는 힘이 있지만, 스미스는 사회 변혁의 가능성도 열어 두고 있다. 즉, 민족주의는 사회적으로 구성되고 공유된 일군의 이념과 문화에 기초하고 있지만 그렇다고 무한한 가소성을 지닌 것도 아니다(Smith 2009). 문화가 정말로 공유되는 것이라면 그것은 사회를 이끌고 형성하려는 엘리트들에게 자원인 동시에 제약이 된다. 국가에 대한 이념과 비전은 상당수의 시민과 '공명'해야 하는데(Smith 2009: 64), 그렇지 않으면 풀뿌리 민족주의자에 의해 아래로부터 도전받을 위험과 맞닥뜨릴 수 있는 것이다.

2. 방법

이 장은 촛불 시위 당시 한국인들이 한 연설에 나타난 풀뿌리 민족주의를 분석한다는 점에서 민족지적인 연구이다. 디지털 민족지적 접근법 또는 '넷노그래피'(Kozinets 2002 참조)는 연구 주제가 온라인 커뮤니티와 소셜미디어 공간에 게시된 자료이고 온라인 활동가가 이러한 자료를 통해 전달하고자 하는 상징과 의미에 대해 더 많이 알고 싶을 때 적절한 방법이다. 수동적이고 사후적인 형태의 넷노그래피를 통해 이 활동가들을 '보고 들음'으로써 자연스럽게, 너무 나대지 않는 방식으로 정치적 활동가들을 관찰하고 그 사람들에 대해 알 수 있는 것이다(Winter and Lavis 2020).

한국의 촛불 시위 참가자들의 연설은 유튜브와 같은 웹사이트에 많이 업로드되었다. 유튜브는 한국에서 가장 포괄적이고 쉽게 접근할 수 있으며 인기 있는 사이트이기 때문에 주요 자료원(資料源)으로 선택되었다. 나는 '박근혜 하야 촉구 촛불 시민 발언'이라는 검색어를 사용해 한국 사회의 변화를 촉구하는 평범한 시민들의 목소리를 파악하려고 하였다. 100개의 연설이 검색되어 나온 초기의 말뭉치(corpus)에서 관련성이 별로 없다고 판단되는 연설(즉, 일반 시민이 한 연설이 아닌 것)은 뺐다. 유명한 엘리트나 정치인의 연설, 그리고 시위에 대한 뉴스 보도 역시 마찬가지 이유에서 제외하였다. 검색을 보완하기 위해 다른 독립 연구자들이 시위 당시 수집한 '기억에 남는 9개의 연설'(Park and Joo 2018)도 활용하였다. 최종적으로 2016년 10월부터 2017년 3월까지 유튜브에 업로드된 38개의 연설 말뭉치가 남았다.

나는 근거 이론 방법론(Strauss and Corbin 1994)의 원칙에 따라 연설들을 분석하였다. 체계적인 코딩 및 분석을 더 수월하게 하려고 질적 데이터 분석 소프트웨어 패키지인 NVivo를 사용하였다. 내용 분석(content analysis)을 분석 방법으로 선택한 것은 아니지만 어쨌든 NVivo에서 출현 빈도가 높다고 나온 용어는 다음과 같다: 박근혜(91회), 우리(75회), 대한민국(39회), 최순실(35회), 역사(28회), 우리나라(27회), 촛불(27회), 세월호(25호), 하야·사임(25회), 민주주의(15회), 민족(15회), 국가(15회). 데이터 분석의 첫 번째 단계는 개방 코딩을 사용하여 문장과 문장을 분해하여 개념, 큰 사건, 작은 사건을 식별하는 것이었다. 두 번째 단계는 축 코딩을 사용하여 큰 사건의 발생 조건을 검토해 주요 (하위)범주 간의 연결을 만들었다. 마지막 단계는 핵심 범주를 선택하여 다른 범주들과 체계적으로 연결하는 것이었다.

분석에 앞서 연설을 한 사람들에 대해 언급해 두는 것이 좋을 것 같다(표 6-1 참조). 연사들의 사회경제적 배경은 다양하였다. 도시에서 온 사람도 있고 시골에서 온 사람도 있었다. 그러나 한국 사람들 대다수가 그렇듯이 그들 역시 대개는 대도시 또는 그 근교에 거주하였다. 또 초등학생, 대학생에서 80세 이상의 노인들까지 연령대도 다양하였다. 이는 이 시위가 전 국민적인 현상이었다는 점을 방증한다. 그러나 연사들은 대부분 상당히 젊었다. 시위 당시 절반 이상이 학생이었기 때문에 한국인 평균 연령보다는 어렸다. 마찬가지로, 성별 분포도 다소 기울어져 있었다. 26 대 12의 비율로 여성 참가자가 남성 참가자보다 더 많았다. 연사들은 연설 중 대개 자신의 나이, 현재 직업, 거주 지역을 언급하였다. 그런 경우가 아닐 때는 내가 직접 그들의 용모로 나이를 어림잡았다. 연사들의 연령대는 표 6-1에 제시되어 있다.

표본에서 청년과 여성이 두드러지는 점에서 알 수 있듯이, 다음에 분석된 연설들에서는 한국인의 풀뿌리 민족주의에 대한, 그중에서도 전통적

표 6-1 촛불집회 연설자의 연령대 및 성별 분포 (단위: 명)

연령대	초등학생	중·고등학생	대학생 또는 20대	30-50대	60대 이상	합계
남	0	5	2	5	0	12
여	6	11	4	1	4	26
합계	6	16	6	6	4	38

으로 정치에서 영향력 있는 역할을 하지 않았던 한국인들 편에서의 풀뿌리 민족주의에 대한 귀중한 통찰을 얻게 된다. 최근 수십 년 동안 한국 사회는 새로운 통신 기술의 빠른 도입과 함께 점점 더 '네트워크로 연결된 대중'의 모습을 띠게 되었다(Kim 2014). 평범한 한국인들은 대다수 다른 나라 사람들보다 공공 생활에 참여하는 데 매우 능숙한데, 이러한 점은 촛불 시위의 최전선에서 젊은이들이 두각을 나타낸 이유를 어느 정도 설명해 준다.

3. 구조: 부패, 권력 남용 및 불평등에 대한 대책을 구하다

촛불집회 당시 시위 참가자들의 연설에는 민족주의와 애국심이 강하게 표출되었지만, 사회의 여러 면에 대한 불만도 담겨 있었다. 이런 의미에서 그 연설들은, 즉 엘리트들이 제시하는 조건을 순순히 받아들이려고 하지 않고 또 현 정부에 굴복하려고도 하지 않는 점에서, 풀뿌리 민족주의와 결을 같이하였다. 연사들은 사회가 불평등, 뿌리 깊은 부패, 권력 남용을 강화한다고 여러 면에서 비판하였다. 그들은 이런 문제들이 박근혜 정권만의 문제가 아니라 수십 년에 걸쳐 쌓여 온 것이라는 점을 알고 있었다. 시위 참가자들은 정치인들이 행태를 바꾸지 않는다면 아래로부터의 변화를 끌어내는 것은 자기들의 몫이 될 것이라고 하였다. 예를 들어, 자칭 '은둔 주부'인 이정아는 촛불 시위 때문에 자신이 마음 편한 곳을 떠나 '정치 부패에 맞서는 여군'이 될 수밖에 없었다고 말하였다.[3] 박근혜 대통령에게 보내는 편지 형식의 연설에서 그녀는 세월호 침몰로 304명이 목숨을 잃은 것과 2015년 말 시위에서 경찰의 물대포를 맞은 농부 백남기의 죽음에 대해 정부가 아무 관심도 두지 않았다고 비판하였다. 그는 박근혜가 성형수술에만 몰두하고 있다며, 한국은 '빈 머리'를 가진 꼭두각시 같은 대통령이 필요하지 않으며 박근혜는 감옥에 가야 한다고 말하였다. 물론 엘리트들은 대규모 시위와 같은 주요 사건들이 자신들의 정치적 성과에 영향을 미치는 것을 원하지 않을 것이다. 하지만 풀뿌리 시민들은 엘리트들의 부패와 사익 추구, 국가 경제에 기여한 만큼 공정하고 적절한 보상을 기대하는 국민과 노동자들에 대한 그들의 무관심을 쉽게 용서하지 않았다.

또 다른 20대 여성은 박근혜 정부의 부정을 고질적인 구조적 문제, 즉 '위기의 대한민국', 소위 '헬조선, 개한민국' 탓으로 돌렸다. '헬조선', '개한민국'이라는 말은 한국의 젊은이들이 합당한 삶의 기회를 제공하지 못하는 사회를 묘사하기 위해 사용하는 용어이다.[4] 그는 박근혜 대통령이 시민

---

3 「부산 촛불집회 용감한 시민 할머니 외 3명 발언 모음 박근혜 그 XXXX, 발딱 서는 걸 좋아하는 우리나라 좋은 나라 청와대 비아그라 풍자, 어둠은 빛을 이길 수 없다」, 유튜브 (2016. 11. 27 게시).

4 「부산 촛불집회 용감한 시민 할머니 외 3명 발언 모음 박근혜 그 XXXX, 발딱 서는 걸 좋아하는 우리나라 좋은 나라 청와대 비아그라 풍자, 어둠은 빛을 이길 수 없다」, 유튜브 (2016. 11. 27 게시).

복지에 무관심한 것은 권위주의적 성향 때문으로 이것이 지난 수십 년 동안 정부가 항의하는 학생들의 죽음에 무관심하게 만들었던, 1987년 민주화 운동의 마지막 국면에서 보았던 바로 그것과 같은 것이라고 지적하였다. 연사는 정치인·관료·언론과 같은 엘리트들이 기득권 집단이 되어 그로부터 이익만 취할 뿐 일반 시민들과는 달리 책임을 지지 않는다고 주장하였다.[5] 한편, 한 고등학생은 법질서를 위반한 사람들은 법의 심판을 받아야 한다고 말하면서도 "정부도 국회도 믿을 수 없는 이 마당에 검찰의 말을 믿을 수 있습니까?"라고 물으며 국가 기관들이 그 일을 감당할 수 없을 것 같다고 걱정하였다.[6] 70대의 신응순 씨는 유권자들이 공직에서 부정을 저지른 정치인을 뽑지 말아야 한다고 말하였다.[7] 한국에 필요한 개혁은 고질적인 부패로 인해 위로부터 시작할 수 없었기 때문에 평범한 사람들에 의해 아래로부터 조직되어야 하였다. 연설에서 풀뿌리 시민들은 기득권 집단이 어떻게 자기들에게 유리한 카르텔을 형성하고 사회 구조에 내재된 불평등을 유지하는지 분명히 인식하고 있었고 또 이 불평등을 해소할 것을 요구하였다.

연사들은 부패가 수십 년 동안 쌓여 왔다고 말하였다. 박근혜가 다른 사람들에 비해 특별히 부정부패에 취약하였던 것이 아니라 다만 세월호 침

5 『한국일보』의 한 기자는 세월호 침몰과 그 희생자들에 대해 보도할 때 언론의 무책임하고 프로답지 못한 행동을 보고 기자가 되겠다는 꿈을 포기한 고등학생의 이야기를 듣고 죄책감을 느꼈다고 하였다. 「세월호 5주기… 그날 우리는 왜 '기레기'가 됐을까」, 『한국일보』, 2019년 4월 14일자; 「'그날 우리는 왜 기레기가 됐을까' 5년 만에 꺼내는 세월호 취재 기자들의 이야기」, 유튜브(2019. 4. 14 게시).

6 「대구 여고생 정권퇴진 연설 영상, 인터넷·SNS 통해 급속도로 퍼져」, 『매일신문』, 2016년 11월 8일자.

7 「박근혜 하야 촛불을 뜨겁게 만든 할머니의 입담」, 유튜브(2016. 11. 12 게시).

몰 사건과 최순실 국정 농단 사건 등을 통해 묵은 부정부패가 드러났을 뿐이라는 것이다(Kim 2017). 최순실은 심지어 대통령의 연설과 국가안보 정책에 영향을 미치기도 하였고, 박근혜 정권의 대북 정책에까지 개입하였다. 시위에서 늘 반복되었던 흔한 물음은 "이게 나라냐?"라는 것이었다. 대학교 4학년인 한 학생은 박근혜 대통령의 하야를 요구하였다. '지하 벙커'에 숨어서는 침몰하는 세월호 희생자들을 구조하려는 노력도 하지 않았고, 저소득층에 대한 배려도 없었다는 것이다.[8] 18세의 한 학생은 2015년 11월 시위 도중 물대포에 맞아 사망한 백남기 농민의 죽음에 정치인들의 책임이 있다고 비난하였다.[9] 이 학생은 아버지가 낸 세금이 최순실에게 들어가는 뇌물에 낭비되고 있다는 사실에 화가 났다. 초등학생인 안혜원은 학교에서 '우리나라의 대표이며 정부의 최고 책임자는 누구인가?'라는 문제가 주어지자 아이들이 곧장 "최순실"이라고 대답하였다고 밝혔다. 영화나 TV에서나 있을 법한 일이 한국에서 실제로 일어난 데 대해 이 초등학생은 박근혜 대통령은 "이런 행동들이 부끄럽지 않냐"고 물었다.[10]

박근혜의 비리는 오랫동안 한국 사회의 구조적이고 고질적(비이행적인) 특징이었던 정치인과 재계 지도자들 사이의 만성적인 결탁을 드러냈다. 박근혜는 재임 중 뇌물을 받은 첫 번째 대통령은 아니었지만(Kang 2002; Choi 2018) 그 정도가 매우 심하였기 때문에 시위 기간 중 사람들이 진정한 변화를 촉구하도록 하는 계기가 되었다.[11] 구조는 "인간 행위자가 차지하

8 「대학생 명연설! 바람이 불면 촛불은 번진다! 박근혜 하야하라! 김진태 사과해라!」, 유튜브(2016. 11. 20 게시).
9 「울다 웃다 진주 경해여고생 눈물의 자유발언」, 유튜브(2016. 11. 29 게시).
10 「대전 초등 6학년 학생의 촛불집회 명연설. 박 대통령보다 훨씬 낫네…」, 유튜브(2016. 12. 8 게시).

는 사회적 위치들 간의 관계"(Porpora 2013: 27)를 의미하는데, 한국의 엘리트들은 자신들의 이익을 위해 자신의 위치를 지키는 데 몰두해 왔다. 요컨대, 끊임없이 새롭게 등장하는 창발적인 구조적 속성이 국가의 부에 변화를 불러왔지만, 부의 분배는 제대로 관리되지 않았고 이는 새롭게 생겨날 창발적인 문화적 속성들을 위축시켰다. 오늘날 한국의 구조적 우려는 '가진 자'와 '못 가진 자' 사이의 격차가 커지고 있다는 것이다. 이러한 격차는 비단 소득 면에서만 커지는 것이 아니라 다음 세대에 물려줄 부동산 같은 자산에서도 커지고 있다.

4. 문화: 한국 민족주의를 인간화하다

저명한 민족주의 학자 앤서니 스미스(Smith 2008)는 한국과 같은 아시아 사회는 '위계적 국가'라는 표현이 잘 들어맞는다고 말한다. (보통 나이 지긋한 남성) 정치 지도자가 '나라의 아버지'이고 시민들(특히 젊은이와 여성)은 국가에 복종해야 한다는 믿음이 널리 퍼져 있다는 점에서 그렇다는 것이다. 물론 그러한 복종은 때때로 폭력과 억압을 통해 강요받은 것도 사실이지만 어느 정도까지는 시민들이 정치 지도자의 특권에 도전하기를 꺼려 왔기 때문이기도 하다. 따라서 촛불 시위가 진행되는 동안 한국 사회의 문화가 바뀌어야 한다는 말이 끊임없이 제기된 것은 주목할 만하다. 문화가 바뀌어야 한다는 것은 곧 지도자는 존경받을 가치가 있고 시민은 자신

---

11 「광화문 최강스타 등장(핵 사이다)」, 유튜브(2016. 11. 20 게시).

의 '분수를 알아야' 한다는 관념과 같이 삶의 모든 면에 영향을 미치는 관념에 변화가 필요하다는, 앞 절에서 논의된 바와 같은 불평등과 불공정은 더 이상 용납할 수 없으며 해결되어야 한다는 것이다. 아래에서 볼 수 있듯이 초등학생부터 대학생에 이르는 한국의 젊은이들은 미래를 물려받을 사람들로서 도드라지게 한국 사회의 이념적 구성의 변화를 주장하였다.[12]

연사들은 불평등한 사회관계의 영향 중 하나가 인명 경시라고 주장하였다. 세월호 참사는 박근혜 정권의 인명에 대한 무관심을 상징하는 사건이자 한국 젊은이들에게 정부를 평가하는 시금석이 되었다. 세월호 참사 희생자들과 비슷한 또래의 국범근(20세)은 "한국 정부는 그들의 생명을 구하기 위해 아무것도 하지 않았다"며 박근혜 대통령의 참사 대처에 경악하였다.[13] 미친가지로 대학생인 소원 씨는 "304명의 희생자들이 살려 달라고 울부짖을 때 박근혜는 흔적조차 보이지 않았다"고 주장하였다.[14] 박근혜 정부는 전복된 배 안에서 몇 시간이나 생존해 있던 희생자들을 구조할 수 있다는 헛된 희망으로 시간을 지체하였지만, 침몰하는 배에서 승객들을 구출할 책임을 서로 떠넘기기 급급한 국가 지도자들만 헛된 희망을 품었을 뿐 결국 희생자 가족들에게는 절망만 남았다.

'인간의 생명'과 함께 '평등'이 시위 참가자들의 구호가 되었다. 정부는

---

12 초등학생들의 정치 시위 참여는 2016-2017년 촛불혁명에서 새롭게 나타난 현상은 아니다. 4.19혁명 당시 이승만 정권은 부정 선거에 항의하는 고등학생들에게 총을 쐈다. 초등학생들도 그 폭력적인 진압에 항의하였다.

13 「국범근 박근혜 퇴진 촉구 집회 연설 '분노하라'(대학 1학년)」, 유튜브(2016. 11. 9 게시); 「국범근 집회 자유발언 '여러분이 대한민국의 최종병기입니다!'」, 유튜브(2016. 11. 27 게시).

14 「대학생 명연설! 바람이 불면 촛불은 번진다! 박근혜 하야하라! 김진태 사과해라!」, 유튜브(2016. 11. 20 게시).

공정성을 실천하지 않았으며, 연사들은 평등을 헌법에 규정된 대로 재구성할 것을 요구하였다. 교육, 그리고 실력에 따른 채용은 한국에서 사회발전의 주요 수단이었지만 최근 몇 년 동안 '가진 자'와 '못 가진 자' 사이의 격차가 커지면서 이 기제가 약화되었다(Yang 2018). 불우한 환경에서 자란 사람들은 대학에 다니고 직장을 구하고 결혼 상대를 찾고 집을 구입하는 과정에서 상대적 박탈감으로 엄청난 고통을 겪는다. 노동시장에서 배움의 가치 하락은 한국 사회를 부분적으로 떠받치고 있는 유교적 가치에 어긋나는 것이다. 또 한 번 젊은 항의자들은 이러한 감정을 분명하게 표현하였다. 열 살짜리 한 여자아이는 최순실의 딸 정유라의 명문 이화여자대학교 특혜 입학을 지적하였다. 이 초등학생은 이런 입시 부정으로 인해 대학 입학 기회를 놓친 학생들을 안타까워하였다.[15] 다른 연사들도 한국에서는 명문대 입학이 인생의 기회를 크게 좌우할 수 있는데 정유라에게는 예외가 적용되었다고 말하였다.[16] 교육은 한국 문화의 중요한 구성 요소이고 사회적 상승을 위한 중요한 자격 요건이다. 그러나 젊은이들은 이 시스템이 그들 앞에서 무너지고 있다고 느꼈다.

시위 과정에서 한국 사회의 문화가 변화하고 있고, 그것도 시위 참가자들이 지지하는 방향으로 변화하고 있다는 몇 가지 증거들이 나타났다. 한국의 연장자들은 유교적 인간관계에 기초한 사회 질서를 선호하는 경향이 있는데, 이는 학생을 포함한 젊은이들의 생각과 지위를 경시하는 문화를 조장한다. 그러나 시위 기간 중 학생들은 한국에 대한 강한 사랑과 헌신

---

15 「대구 촛불집회 열 살 초등학생의 발언. 명연설! 박근혜보다 백만 배 낫네」, 유튜브(2016. 11. 27 게시).

16 「박사모 막말에 당찬 여고생 핵사이다, 핵주먹 날리다」, 유튜브(2016. 12. 21 게시).

을 표명하였고, 연장자들은 학생들의 애국심과 지성을 높이 평가하였다. 『매일신문』은 "그래도 이런 학생이 있다니 (이 나라의) 미래가 밝다"는 평가를 전하였다.[17] 젊은이들의 시위 참여는 한국 민족주의에 새로운 활력을 불어넣고 한국 민족주의에 대한 새로운 관점을 제공하는 데 기여하였다. 예를 들어, 한 고등학교 3학년 여학생은 이렇게 말하였다. "우리나라는 과거에도 큰 위기들이 있었지만 굴하지 않았습니다. 그렇기에 대한민국이 지금까지 이어져 온 것입니다. 우리는 할 수 있습니다. 여러분, 행동하는 사회는 살아 있는 사회입니다!"[18] 한편, 20대 중반의 한 여성은 "미래 세대에 자랑스럽게 나라를 물려줄 수 있도록 대한민국을 잘 돌봐야 합니다. … 우리 모두 자랑스러운 역사를 가진 강한 국민이 됩시다"라고 주장하였다.[19] 집회 참가자들은 한편으로는 자신들의 삶의 기회 보장을 요구하면서도, 동시에 사회 내 연대의 문화를 지켜 나가야 한다는 점을 강조하였다. 그래야 더 많은 주민과 미래 세대에게 혜택이 돌아갈 것이기 때문이다. 나는 동료 시민을 돌보려는 이러한 결의가, 국가 전체와 그 개별 구성원 모두의 이익을 확보하고자 하는 의도의 발로이기 때문에, 한국의 동족 민족주의와 계산적 민족주의 모두에 뿌리를 두고 있다고 주장한다.

한국 젊은이들은 시위 동안 인간 생명의 존엄을 전통적 가치로 회복할 것을 촉구하였고, 일부 나이 많은 참가자들도 비슷한 감정을 표출하였다.

---

17 「대구 여고생 정권퇴진 연설 영상, 인터넷·SNS 통해 급속도로 퍼져」, 『매일신문』, 2016년 11월 8일자.

18 「대구 고3의 똑 소리 나는 '국민의 지고한 명이다, 박근혜는 퇴진하라'」, 유튜브(2016. 11. 26 게시).

19 「부산 촛불집회 용감한 시민 할머니 외 3명 발언 모음 박근혜 그 XXXX, 발딱 서는 걸 좋아하는 우리나라 좋은 나라 청와대 비아그라 풍자, 어둠은 빛을 이길 수 없다」, 유튜브(2016. 11. 27 게시).

한 중년 남성은 대다수 한국인이 인간 생명의 가치를 믿는 데 반해 박근혜는 그 믿음을 깨뜨렸다고 하였다.

> 아무리 보잘것없어 보이는 사람의 죽음 앞에서도 옷깃을 여미고 함께 머리 숙여 애도하는 것이 우리 한국 사람들의 정서입니다. 박정희가 죽었을 때, 그 독재자가 죽었을 때도 온 국민이 같이 슬퍼하는 게 우리 대한민국 사람들의 마음이었습니다. 그런데 이 박근혜 정권 어떻게 바뀌었습니까? (304명의) 죽음에 대해 비웃는, 죽음에 대해 나 몰라라 하는 이런 짓거리를 하고 있습니다.[20]

일부 학생들은 자신에게 개인적으로 영향을 미친 불공정의 구체적인 사례, 예컨대 광범위한 반대에도 불구하고 '국정' 역사 교과서를 출간하기로 한 박근혜의 결정에 초점을 맞추었다. 박근혜는 9종의 서로 다른 역사 교과서를 하나로 합쳐 학교에서 획일적인 역사를 가르치려고 하였다. 그러나 학생들은 왜곡되지 않은, 다양한 관점의 역사를 배울 권리를 주장하였다. 고등학생인 이다혜는 이렇게 말하였다. "대통령님, 저희는 올바른 역사를 배우고 싶습니다. 역사를 바라보는 눈이 어떻게 하나일 수 있나요? 국사 교과서 국정화에 반대합니다".[21]

모든 국민이 동의할 것으로 기대되는 역사를 언급하고 그 이야기를 다시 들려주는 것은 냉전 시대에 분단된 국가인 한국의 위상을 생각할 때 의미심장하였다. 1945년 이래 한반도에는 한국인의 유일하고 합법적인 통치체라고 주장하며 서로 경쟁하는 두 개의 정부가 남한과 북한에 각각 들

20 「박근혜 하야 촉구 촛불: 11월 1일 시민 발언」, 유튜브(2016. 11. 2 게시).
21 「광화문 교복소녀, 작은 행동 큰 울림」, 유튜브(2015. 10. 16 게시).

어섰다. 한반도의 분단은 다시 남한의 정치적 진보주의자들과 보수주의자들을 서로 이념적으로 대립시키는 결과를 낳았다. 이 분열에 편승해 보수주의자들은 반체제 인사들을 '빨갱이'라고 부르며 그들이 북한과 내통하고 있는 세력임을 암시한다. 한 20세의 연사는 이 '빨갱이 담론'이 촛불집회 참가자들을 깎아내리기 위해 어떻게 이용되었는지 지적하였다.

> (보수 신문인) 『조선일보』와 『동아일보』는 지금 우리(촛불집회 참가자들)를 응원하겠답시고 매일 기사를 쏟아내고 있습니다. 작년 민중 총궐기 때 백남기 농민이 저기서 물대포 맞고 쓰러지고 있을 때 저 사람들이 뭐라고 했습니까? 빨갱이라 그랬죠! 종북 빨갱이로 몰아가지 않았습니까?[22]

집회에 참가한 연사들은 보수 정부 반대자들을 '공산주의자' 또는 '빨갱이'로 낙인찍는 안이하고 퇴행적인 태도를 비판하고, 박근혜의 여당이 최순실과 다른 정부 인사들의 비리를 조사하지는 않고 오히려 촛불 시위 참가자들을 상대로 '문화 전쟁'을 벌이고 있다고 비난하였다.[23] 연사들은 낡은 냉전적 사고방식이 한국에서 여전히 강고하게 유지되는 한 한국 사회는 발전하기 어려울 것이라고 주장하였다.

국정 농단과 같은 정치적 이슈를 다룰 기회가 사람들을 시위로 끌어들였지만, 이 풀뿌리 운동은 축제 분위기도 물씬 풍겼다. 한국의 사회 운동은 정치적 목표를 달성하기 위해 풀뿌리 캠페인을 이용하는 데 능해졌고, 그 성공으로 시위로 무엇을 성취할 수 있는지 또 시위는 어떻게 진행되어

---

22 「국범근 박근혜 퇴진 촉구 집회 연설 '분노하라'(대학 1학년)」, 유튜브(2016. 11. 9 게시).
23 「국범근 박근혜 퇴진 촉구 집회 연설 '분노하라'(대학 1학년)」, 유튜브(2016. 11. 9 게시).

야 하는지에 대해 유망한 함의가 드러났다(정태석 2005). 한국의 촛불 시위는 2002년 주한미군 장갑차에 깔려 숨진 두 여중생 심미선과 신효순의 죽음을 계기로 시작되었다는 점에 주목할 필요가 있다. 더욱이 2003년 미국에서 광우병이 등장하고 2008년 한미 양국 간 자유무역협정(FTA) 협상 당시 미국산 쇠고기의 한국 수입에 대한 우려가 크게 증폭되면서 서울에서 대규모 촛불 시위가 벌어졌다.[24] 이러한 촛불 시위의 몇 가지 특징은 축제적이고 문화적이며 비폭력적이었다는 점인데, 이것이 많은 젊은이들과 자녀를 둔 젊은 엄마들을 끌어들인 이유였다. 2016-2017년 촛불 시위는 '전염성'이 있었고 한국에서 전 사회적인 관심을 끌었다. 예를 들어, 한 대학생은 이렇게 말하였다. "(여당인) 새누리당 김진태 의원이 촛불 시위를 비난하며 '촛불은 바람 불면 다 꺼질 것'이라고 하였다죠. 이렇게 대꾸해 줍시다. '너나 꺼져!'"[25]

집회에 참석한 연사들은 정치 지도자들의 의견에 따르기는커녕 그들을 조롱하고 그들의 표현을 패러디해 정치 지도자들을 비난하였다. 예를 들어, 박근혜 대통령은 자신의 비리가 드러난 후 "내가 이러려고 대통령이 되었나 자괴감이 들고 괴롭다"는 등의 발언을 하였다. 이 발언은 수많은 패러디를 불러일으켰고, 집회에 참석한 젊은 연사들도 이를 패러디하기는 마찬가지였다. 일례로 초등학생인 안혜원은 이렇게 말하였다.

---

24 김상준(2009: 237)은 '한낱' 10대 소녀들이 내부고발자로서 촛불 시위를 촉발하였다는 이유로 촛불 시위의 중요성을 무시하는 것은 완전히 시대에 뒤떨어진 것이며 핵심을 놓치고 있다고 주장한다.

25 「대학생 명연설! 바람이 불면 촛불은 번진다! 박근혜 하야하라! 김진태 사과해라!」, 유튜브(2016. 11. 20 게시).

> 저는 학교에서 우리나라를 위해 일하고 봉사하겠다는 마음 하나로 열심히 공부하는 제 친구들, 후배들, 선배들 그리고 저를 보았습니다. 밤 10시까지 학원에 다니고 새벽까지 숙제를 하다 잠드는 학생들 모두를 말입니다. 하지만 최순실 국정 농단 사건 이후로 저는 '제가 이렇게 엉망인 나라를 위해 일하겠다고 꿈을 꾸었나', '내가 이러려고 열심히 공부했나' 자괴감이 들고 괴롭습니다.[26]

대다수 한국인은 젊은이들이 이토록 정치적 식견을 갖추고 사회 변화를 강력히 요구하는 역할을 할 것이라고는 예상하지 못하였다. 그러나 이 시위는 결국 한국 사회 그리고 한국 사회가 실천하는 민족주의를 특징짓는 이념·가치·문화를 바꾸기 위한 풀뿌리 운동이었다. 촛불혁명의 의의는 남녀노소를 막론하고 상당수의 한국인이 구조적·문화적 문제의 심각성을 인식하고 있었다는 점에 있다. 그들은 정치적으로 각성하게 되었고 결연히 사회 변화에 참여하였다. 즉, 각자의 능력 안에서 구조적·문화적 변화를 정교화하는 데 참여하였던 것이다.

5. 행위성: 정치적 각성과 행동주의의 성장

행위자는 사회 운동의 성공에 매우 중요하며, 다양한 행위자 간의 상호 작용은 그들의 "의식과 헌신, 친밀감과 적대감"(Archer 1995: 184; Horrocks 2009: 54)에 영향을 미친다. 이는 촛불 시위에서 청년, 여성, 노인 등 평소

26 「대전 초등 6학년 학생의 촛불집회 명연설. 박 대통령보다 훨씬 낫네…」, 유튜브(2016. 12. 8 게시).

여간해서는 정치 활동에 참여하지 않는 사람들이 중요한 역할을 하였다는 점에서 분명하게 드러났다. 이 시위를 통해 한국인들 상당수가 대개는 자신의 생애 처음으로 국가 정치에 더 깊이 관여하게 되었다.

어떤 경우에는 투표권이 없는 사람들조차 스스로를 변화의 주체로 내세웠다. 16세의 한 학생은 다음과 같이 주장하였다. "정치가 19금은 아니잖아요? 어른들이 더 나은 판단력과 더 많은 책임감을 갖고 행동했다면 한국 정치가 지금 같은 혼란에 이르지 않았을 거예요".[27] 그는 투표 연령을 19세에서 18세로 낮춰야 한다고 주장하였는데 그 이유는 이랬다.

> 열여덟 살이 되면 결혼도 할 수 있고 군대도 갈 수 있고 다른 많은 의무를 할 수 있지만 투표는 할 수 없어요. 나는 왜 그럴까 의문을 갖기 시작했고, 많은 젊은 사람들이 투표 연령을 낮춰야 한다고 주장한다는 것을 알게 되었어요.[28]

이 요구는 결국 2019년에 법제화되었다. 한국의 젊은이들은 사회의 미래에 대한 비전을 제시하였다. 시위에 참여한 것만으로도 그들은 한국 사회 운동의 역사에 새로운 지평을 열었다. 학령기 아동이 공공 집회에 참여하는 것은 일반적으로 권장되지 않으며 학업에 방해가 되는 것으로 여겨지지만, 이러한 금기는 시위 기간 약화한 것으로 보인다. 이는 한국인들이 자국 사회가 잘못된 길로 가고 있다는 믿음을 얼마큼이나 공유하고 있는지를 반영하는 것이었다. 부모가 그녀의 시위 참여에 대해 걱정하지 않느

---

27 「촛불집회 16세 여고생: 정치가 19금은 아니잖아요!」, 유튜브(2018. 11. 1 접속).
28 「촛불집회 16세 여고생: 정치가 19금은 아니잖아요!」, 유튜브(2018. 11. 1 접속).

냐고 묻자, 위에 인용된 중학생은 다음과 같이 말하였다.

> 부모님은 제가 공부도 열심히 하고 촛불집회에도 적극적으로 참여하도록 쭉 격려해 주세요. 두 분이 다른 약속 때문에 (오늘) 저와 함께하지 못해 아쉽지만, 마음만은 저와 함께 있습니다. 부모님은 제가 지금 가족을 대표해 나온 것을 자랑스러워해요.[29]

한편, 일부 초등학생들은 공개 발언에 유난히 능숙하였다. 대전에서 온 안혜원 학생은 다음과 같이 말하며 연설을 시작하였다. "안녕하십니까? … 어른들께서 추운 날씨임에도 불구하고 촛불을 드시는 모습을 보고 저도 우리나라의 민주주의를 지키는 것에 도움이 되고 싶은 순수한 마음에서 이 자리에 나오게 되었습니다".[30] 촛불 시위가 왜 열리는지 이해하느냐는 질문에 다른 학생은 이렇게 답하였다. "초등학생 문제는 되게 쉽습니다. 개념만 알고 있으면 됩니다. 그래서 전 정치도 개념만 알고 있습니다. 아무것도 몰라도 최순실이 박근혜 대통령을 조종했다는 것은 알고 있습니다".[31] 이러한 발언들은 모든 한국인이 민주주의의 건강성에 각자의 이해관계가 있고 또 변화를 실현하는 데 나름의 역할을 할 수 있다는 믿음을 광범위하게 공유하고 있다는 사실을 반영하였다.

시위 기간에 처음으로 정치에 입문하기는 비단 젊은이들에게만 일어난 일이 아니었다. 나이 많은 시민들의 연설도 영감의 원천이었는데, 나

29 「촛불집회 16세 여고생: 정치가 19금은 아니잖아요!」, 유튜브(2018. 11. 1 접속).
30 「대전 초등 6학년 학생의 촛불집회 명연설. 박 대통령보다 훨씬 낫네…」, 유튜브(2016. 12. 8 게시).
31 「초등 4학년의 저희도 알 건 알아요… 자유발언」, 유튜브(2016. 11. 14 게시).

이 많은 사람들은 정치적으로 무지하고 보수적이며 변화에 저항한다고 일반적으로 생각하였기 때문이다. 나이 지긋한 한국인들의 연설은 비교적 단순하였지만 영향력이 있었고 다른 시위자들에게 반향을 일으켰다. 예를 들어, 90세의 할머니는 "저는 비행기 타고 제주도에서 왔습니다. 여러분, 박근혜를 물러가게 해주세요"라고 호소하였다.[32] 시위에 참석하기 위해 제주에서 서울까지 비행기를 타고 온 이 연장자의 모습은 나라를 바꾸고자 하는 남다른 열망을 대변하였다. 한편, 한 70세 여성은 "집에서 국정농단 뉴스를 보다 보니 너무 열불이 나서 나왔습니다. 세상에 이런 일이 어디 있습니까?"라고 말하였다.[33] 그녀는 정치에 대해 아무것도 모르고 산 것을 후회하면서 자신을 포함해 무엇이 문제인지조차 이해하지 못하는 나이 많은 기성세대를 비난하였다.

> 나이 먹은 사람들이 잘못해서 우리 학생들이, 젊은 사람들이 다 고생하는 거야. 죄송합니다. 제가 사과드립니다. 저도 반성하고 있습니다. 우리 국민이 반성해야 해. 그리고 잘못된 건 나가서 따져야 돼. 안 그렇습니까.[34]

그의 발언은 현장에서 이벤트에 참여한 다양한 연령대의 사람들과 정서적 유대감을 형성하는 데 일조하였고 국가를 변화시키려는 촛불 시위 참여자들의 노력에도 힘을 실어 주었다. 한편, 안산시에서 온 한 중년 남성은 "너무 배신감이 들고 좌절감을 느낀다. 박근혜의 두 차례 기자회견은 순 거짓말뿐이라 도저히 용서할 수 없다"고 말하였다. 그는 시위에 참

32 「제주서 날아온 90살 할머니의 한마디」, 유튜브(2016. 12. 3 게시).
33 「박근혜 하야 촛불을 뜨겁게 만든 할머니의 입담」, 유튜브(2016. 11. 12 게시).
34 「박근혜 하야 촛불을 뜨겁게 만든 할머니의 입담」, 유튜브(2016. 11. 12 게시).

여하는 것은 모든 한국인의 의무이고 책임이고 권리이며, 나이를 불문하고 모든 한국 사람이 박근혜 대통령이 사임할 때까지 시위를 계속해야 한다고 주장하였다. 이런 모습은 아처(Archer 1995)가 자발적인 사회 활동가의 행동이라고 표현한 것과 유사하다. 연사는 '박근혜 하야'라고 적힌 팻말을 들고 있는 86세 노모의 사진을 보여 주며 어머니가 자신이 시위에 참여하는 것을 기뻐한다고 말하였다.[35]

이처럼 다양한 사람들의 연설을 들으면서 시위 참가자들 간의 동지애, 즉 '깊고 수평적인 동지애'(Anderson 2006: 7), 국가와 동료 시민에 대한 공유된 사랑의 감정(Stacey 2018: 2)은 더욱 커졌다. 이들이 시위에 참여한 동기는 박근혜와 그 측근들이 "국민을 우롱하고 국가를 저버린 죄에 맞서 정의를 실현하기 위해"서였다.[36] 시위 참가자들은 세월호 침몰에 대한 대응 실패 같은 박근혜의 잘못을 잘 알고 있었다.[37] 시위에서 발언한 한 대학생에 따르면, 한국인들에게는 일반적으로 국가 정치에 대한 두 가지 믿음이 있다. 즉, 국가가 완벽하지는 않아도 꾸준히 개선되어야 하고, 국민은 지도자를 신뢰할 수 있어야 한다는 믿음이다. 그는 이 두 가지 믿음이 유린되고 있고 현재 기득권 세력이 이 문제들을 바로잡을 수 없는 상황에서는 항의와 사회 변화만이 한국인들이 이용할 수 있는 유일한 수단이라고 주장하였다.[38]

---

35 「광화문 최고 명연설: 170만 군중의 폐부를 강타한 카리스마 광화문 촛불집회 안산 시민 자유발언」, 유튜브(2016. 12. 20 게시).

36 「대구 여고생 정권퇴진 연설 영상, 인터넷·SNS 통해 급속도로 퍼져」, 『매일신문』, 2016년 11월 8일자.

37 「대구 여고생 정권퇴진 연설 영상, 인터넷·SNS 통해 급속도로 퍼져」, 『매일신문』, 2016년 11월 8일자.

38 「국범근 박근혜 퇴진 촉구 집회 연설 '분노하라'(대학 1학년)」, 유튜브(2016. 11. 9 게시).

시위에서 행해진 연설들은 평범한 한국인들이 어떻게 행위자에서 활동가로 변모하였는지(Archer 2003: 121), 그리고 다른 맥락에서 버락 오바마가 '적극적 시민'이라고 불렀던 것을 실천하였는지(Delury 2017: 100)를 잘 보여 준다. 예를 들어, 이정아는 시위 전에는 "무식해서 여당과 야당 같은 말도, 대통령 임기 같은 것도 몰랐다"고 하였다. 그는 "나라를 바꾸기 위해" 활동하는 거제 지역의 한 여성회에 가입해 활동하였다. 그는 "주목받는 게 두렵고 나서는 게 부끄러워서 '뒤에서' 후원만 하겠다고 했던 제가 지금 (여러분 앞에) 서 있습니다"라고 말하였다.[39] 그는 처음에는 한 명의 행위자로 그다음에는 사회 활동가로 바뀐 자신의 변화, 그리고 풀뿌리 운동에 참여하게 된 것을 '기적'이라고 묘사하였는데, 이는 아처가 이중의 형태발생이라고 부르는 것에 해당한다. 앞서 살펴본 바와 같이, 80대와 90대의 일부 집회 참가자들도 비슷하게 '기적적인' 이중의 형태발생을 겪었는데, 이는 미래 세대를 위하는 마음의 발로였다. 한편, 고등학교 2학년인 한 여학생은 페이스북에 "이런 시위를 한다고 해서 나라가 순식간에 바뀌진 않지만, 우리 자신 스스로는 변한다. … 우리 모두 행동하는 주권자가 됩시다"[40]라고 쓰고는 다른 한국인들도 각자 자신의 역할을 하자고 독려하였다.

39 「부산 촛불집회 용감한 시민 할머니 외 3명 발언 모음 박근혜 그 XXXX, 발딱 서는 걸 좋아하는 우리나라 좋은 나라 청와대 비아그라 풍자, 어둠은 빛을 이길 수 없다」, 유튜브(2016. 11. 27 게시).

40 「대구 여고생 정권퇴진 연설 영상, 인터넷·SNS 통해 급속도로 퍼져」, 『매일신문』, 2016년 11월 8일자.

6. 맺음말

2016-2017년 촛불혁명 당시의 연설에 대한 비판 실재론적 분석에서 드러난 사실은 현대 한국에 풀뿌리 민족주의와 계산적 민족주의가 널리 퍼져 있다는 점이다. 연사들은 부패와 대중에 대한 지배 계급의 무관심을 신랄하게 비판하였다. "이게 나라냐"고 물으면서 한국인들은 지도자에 대한 불신임을 표명하였고, 한국 사회가 제대로 돌아가고 있는지에 대해서도 불신을 드러냈다. 세월호 참사와 최순실의 국정 농단 의혹은 대중의 분노에 불을 지폈고 전국적인 시위로 이어졌다. 어떤 면에서 그 연설들은, 예를 들어 연사들이 변함없이 중요한 유교적 가치라고 본 것을 언급한 대목에서는, 오랫동안 한국을 지배해 온 동족 민족주의 및 애국수의와 일치하였다. 그러나 연사들은 또한 동족 민족주의가 더 '계산적이고' 자유주의적인 형태의 민족주의로 보완되어야 한다고 촉구하였는데, 여기서 시민권은 혈연을 초월하는 것으로 규정된다. 예를 들어, 분석한 말뭉치에는 '민족'이란 단어의 출현이 한 번뿐이었고 '국가'라는 단어는 21번 출현하였다.

이 분석에서 두 가지 주요 발견이 도출된다. 첫째, 풀뿌리 민족주의는 한국의 '압축된 근대성'(Chang 2010)과 최근 수십 년 동안 겪은 놀라운 변화(Baker 2010)의 맥락에서 이해될 필요가 있다. 한국은 민주화와 경제발전을 동시에 실질적으로 이룬 사회의 (유일한 사례는 아닐지라도) 드문 사례이다. 즉, 구조와 문화가 동시에 변화한 것이다. 이 과정에서 뒤처진 것은, 권위주의 정권이냐 민주주의 정권이냐에 관계없이, 경제적 기회와 삶의 기회에 대한 공정한 분배이다. 부의 불공평한 분배는 이념과 문화의 향상을 중단시켰다. 한국인들이 권위주의와 빈곤을 극복할 수 있게 해 준 주체적 행위성은 최근 수십 년 동안 민주주의 시대에도 존속해 왔으며 촛불 시위와 같은 풀뿌리 운동에 기여하였다. 촛불 시위와 연설에서 드러난 사회정치적 개혁 처방에는 강력한 자유주의적 색채가 있었다. 그러나 우리는 풀뿌리 운동이 진보적인 목적으로만 이루어질 수 있다고 자동적으로 가정해서는 안 된다. 보수주의 활동가들의 친박(근혜) 시위(Han and Hundt 2021: Ch. 7 참조)에서 보듯 한국에서 풀뿌리 민족주의가 지닌 광범위한 잠재력과 민족주의적 비전의 다양성을 염두에 두어야 한다.

둘째, 이 장에서는 풀뿌리 민족주의와 다른 한편의 일상적 민족주의·범속 민족주의·미시적 민족주의라는 관련 개념들 사이의 관계를 보여 주었다. 이와 관련해 이 장에서만 아니라 이 책 전체에서 비판 실재론을 분석 틀의 일부로 활용한 것은 필요하면서도 의도한 선택이었다. 이 모델의 분석적 이원론은 엄밀한 분석을 위해 행위성에서 구조와 문화를 분리하고(그 반대의 경우도 마찬가지이다), 이러한 조건들을 (상향 융합, 하향 융합, 혹은 중도 융합의) 어느 방식으로도 융합하지 않는다. 이러한 구별을 유지하면서 그들 사이의 상호 작용을 인식함으로써, 이 장은 풀뿌리 민족주의라는 조직적이고 목적 의식적인 정치적 행동주의의 특정 형태에 대한 서술자(敍述子) 개발에 기여한다.

제7장

한국의 향수 민족주의자들: 태극기 부대의 투쟁

1. 서론

한국은 최근 수십 년 동안 기적적인 정치적·경제적 변화를 겪었다. 또 한국은 신생 민주주의 국가이자 급속도의 경제발전을 경험해 왔다. 다른 민주주의 사회와 마찬가지로 다양한 정당이 존재한다. 진보주의자와 보수주의자 사이의 정치적 분열은 엄연한 정치적 현실로 각 집단은 다른 집단을 정치권력의 주요 경쟁자로 여긴다. 그러나 현대 한국 정치에서 진보와 보수라는 명칭은 보수주의자, 자유주의자, 진보주의자, 동족 민족주의자와 같은 자유 민주주의 국가의 전통적인 구분과 완벽하게 일치하지 않는 특수한 의미를 갖게 되었다. 한국의 진보주의자들은 대체로 자유 민주주의 세계의 온건한 중도좌파 정당과 온건한 우파 정당이 혼합된 형태와 비교될 수 있지만, 아마도 그보다는 더 강한 개혁주의적 성향을 가진 듯하다. 그들은 보통 사람들의 자유와 권리 향상을 도모할 정책 변화를 법제화하는 데 초점을 맞추는 경향이 있는데, 이는 서구에서는 자유지상주의자들(libertarians)의 핵심 의제이다. 한편, 한국의 보수주의자들은 신자유주의자들과 민주주의 세계의 더 경직된 교조주의적 보수 정당들의 조합에 비견될 만하다. 그러나 다른 나라의 보수주의자들과 달리, 한국의 보수주의자들은 여전히 자본주의 옹호와 반공주의와 같은 냉전 시대의 목표를 동기로 움직이고 있다. 따라서 이러한 목표는 북한과의 관계를 바라보는 시각에도 영향을 미쳐 그들은 남북대화를 한반도를 공산화하려는 시도와 동일시한다. 냉전과 그에 따른 이데올로기적 갈등은 대다수 민주주의 국가에서 무의미해졌지만, 이러한 갈등이 한국에서는 여전히 유효하다.

한국의 진보와 보수 정치인들은 모두 자신들의 세계관을 반영하는 국민 국가 비전을 만들려고 노력해 왔는데, 보수 정치 진영에서 민족주의를 가장 강력히 표현하는 집단 중 하나가 '태극기 부대'였다. '촛불혁명'이라고 불리는 2016년 박근혜 탄핵 운동은 이 '태극기 부대'가 행동에 나서도록 자극하였다. 박근혜는 자신의 오랜 측근인 최순실이 국정에 부당한 영향력을 행사하도록 허용한 혐의로 탄핵 재판에 회부되었다. 진보적 활동가들이 박근혜 반대 운동을 조직하는 데 주도적인 역할을 하였지만, 박근혜가 해임되어 마땅한 부정을 저질렀다는 믿음은 전통적인 이데올로기적 분열을 넘어서 널리 공유된 것이었다. 이 캠페인은 한국 사회 각계각층의 지지를 받았고, 박근혜의 공직 적합성에 대한 국민적 정서를 정확히 반영하였다. 박근혜 축출 운동이 절정에 달하였던 2016년 12월 조사에 따르면, 한국인의 81%가 박근혜 대통령의 탄핵을 지지하였고 14%만이 반대하였다.[1] 박근혜 대통령이 사임해야 한다는 여론이 압도적으로 팽배한 상황에서 보수 성향의 태극기 부대는 그가 결백하다고 주장하였다. 이들은 국회가 탄핵소추안을 의결하여 헌법재판소에 회부한 뒤에도, 그리고 2017년 3월 헌법재판소가 탄핵소추안을 인용한 뒤에도 항의 시위를 계속하였다. 박근혜는 이후 뇌물수수와 직권남용 혐의로 유죄 판결을 받았다. 이 유죄 판결 이후 태극기 부대는 박근혜 대통령의 탄핵을 무효화하고 그를 석방하라고 요구하였다. 그들은 또한 박근혜의 후임자인 문재인의 선출이 부정선거의 결과라고 주장하였다.

---

1 「데일리 오피니언 제239호(2016년 12월 2주): 대통령 탄핵, 차기 정치 지도자 선호도」, 한국갤럽 웹사이트(2016. 12. 8 조사). 태극기 부대는 이재용 삼성전자 최고경영자가 박근혜 대통령에게 뇌물을 준 혐의로 기소된 것에 대해서도 강하게 반발하였다. 이에 대해서는 다음을 참고하라. 「박영수 특검팀 4년 2개월 '고난의 행군'… "개인적으로 안타깝다"」, 『한겨레』, 2021년 1월 18일자.

그러나 태극기 부대의 등장은 탄핵에 대한 특정 견해를 옹호하는 것 이상의 무언가를 표상한다. 이 활동가들은 한국의 경제발전이 거의 전적으로 박정희의 리더십 덕분이라고 생각한다. 박정희는 1961년부터 1979년까지 한국을 통치한 보수의 아이콘(그리고 박근혜의 아버지)이다. 진보주의자들과 촛불 시위자들처럼, 태극기 부대도 한국에 대해 깊이 염려하는 민족주의자들이다. 그들 역시 한국 사회가 나아가야 할 방향에 대한 명확한 이상을 가지고 있다. 이 장에서 나는 비판 실재론의 관점에서 태극기 부대를 낳은 사회경제적·문화적 조건과 그들의 운동, 그리고 그것이 한국 사회에 미친 영향을 검토한다. 또한 태극기 부대의 세계관이 어떻게 내부적으로는 일관성이 있는지를 설명한다. 그 세계관이 구성원들이 공유하는 가치를 정확하게 반영하고는 있지만, 대다수 한국인의 정치적 견해와는 동떨어져 있기 때문에 외부 반향이 제한적이라는 점에서 그렇다. 이런 의미에서, 즉 그들이 자신들에 대한 정치적 반대자들의 정당성을 인정할 수 없는 한 그리고 그들이 한국 자유 민주주의의 미래에 위협이 되고 있는 한, 태극기 부대 운동에는 '반체제적'(anti-system)으로 작동하는 요소가 있는 것이다(Capoccia 2002; Zulianello 2018).

민족주의에 대한 전통적인 연구는 하향식 민족주의—이것으로 정치 지도자들은 "한 사회 안의, 처지가 다르고 생각도 다른 사람들이 다 편안하게 느낄 수 있는 어떤 담론을 만들어 낸다"(Cohen 1996: 810)—를 우선시하는 경향이 있다. 정치 지도자들은 종종 유권자들이 무엇을 생각하고 무엇을 원하는지 안다고 주장하지만, 위에서 부과된 민족주의는 "지도층이 제시하는 거창한 이미지를 받아들여 이를 구체적인 경험이 녹아 있는 친숙한 술어로 다시 만들어 내는 보통 사람들의 역할을 인식하지" 못한다

(Herzfeld 1992: 49; Cohen 1996: 811에서 인용).

그러나 풀뿌리 민족주의 역시 지속적인 영향력을 가질 수 있다. 지도자들은 풀뿌리 시민들의 관심사에 귀를 기울여야 하고 이는 선진 민주주의에 없어서는 안될 요구이다(Dobson 2014). '국가'가 응집력 있고 유의미한 정치 단위로 유지되려면 정치 지도자들은 시민들의 마음속에 무엇이 있는지 알아야 한다. 한국에는 "사람들 사이에서 국민적 상상력을 재구성하고, 국가를 일반 대중의 일상 경험에 밀착시키는" 것으로서 "아래로부터 형성된 민족주의 담론들"(Ma 2007: 149)에서 도출된, 풀뿌리 민족주의의 풍부한 전통이 있다. 북한의 침략 위협과 그에 따른 통일의 필요성, 그리고 (국가가 조장하기도 하였고 또 민중 스스로의 경험에 기초한 것이기도 한) 반일 정서 등의 공통 경험은 한국에서 (정도의 차이는 있지만) 항상 정치적으로 이용되었다. 민주화 이전 한국 군부·권위주의 정권은 평범한 사람들에게 하향식 민족주의적 통치에 협조하도록 강요하였고, 대다수 한국인은 이러한 요구를 묵묵히 따랐다. 그러나 1980년대 민주화 이후에는 평범한 사람들이 자신들만의 민족주의를 표현하는 데 더 적극적으로 되었다.

2. 태극기 부대 운동의 등장

2016년 이래로 태극기 부대는 한국에서의 대규모 정치 행사를 가장 꾸준히 조직해 왔다(이정엽 2017: 39; 채장수 2018: 108). 처음에는 연령대가 60세 이상인 참가자들이 대다수였지만 시간이 지나면서 고등학생, 대학생, 젊은 엄마, 보수적인 학자, 언론인, 기독교인 등 다른 인구 집단의 모습이 눈에 띄게 나타나기 시작하였다(김왕배 2017: 9). 이들은 박정희 정권(1961-1979년)이 밟았던 정치적·경제적 궤적을 숭상하고, 그 궤적에 철학적으로 헌신한다(강준만 2019).

이 보수주의 활동가들은 과거의 정치와 문화, 특히 1970년대와 1980년대 한국 사회의 급속한 발전 과정에서 산업화 세대가 한국 사회의 주요 행위자였던 시대의 정치와 문화를 소중히 여긴다(채장수 2018). 그들은 박정희 대통령과 그의 보수 후계자들이 기적과도 같은 경제 회복과 발전을 솜씨 있게 이루어 내 1950년대 한국전쟁의 참화로부터 나라가 회복할 수 있도록 해 주었다며, 이 수십 년을 한국 역사의 영광스러운 시대로 묘사한다. 따라서 박정희와 이 시대에 열심히 일한 사람들이 태극기 부대의 '상상된 공동체'(Anderson 2006)의 영웅들이다. 그들은 국가 안보와 경제발전을 중시하는 등 그 세대의 가치관을 소중히 여기고 있으며, 1988년 서울 올림픽 이후 1990년대부터 시작된 급격한 정치적·문화적 변화로 인해 산업화 세대가 국민 생활의 중심에서 부당하게 밀려났다고 믿는다. 태극기 부대는, 나이가 많든 적든, 현대 한국보다 박정희 시대의 정치·경제 체제를 더 좋아하며 지금 사회가 잘못된 길을 가고 있다고 생각한다(Lammers and Baldwin 2018).

태극기 부대는 캠페인에서 말과 행동으로 산업화 시대에 대한 자기들의 견해를 표현하지만, 그들이 그 시대를 기억하고 묘사하는 방식은 선택적이다. 태극기 부대는 태극기 외에도 미국, 이스라엘, 때로는 일본 국기도 들고, 심지어는 삼성 로고도 같이 들고 흔든다. 그들은 또한 관변 단체·전우회·보수 기독교·반공을 나타내는 상징물을 자랑스럽게 내보이고, 개중에는 군복을 입고 나오는 사람들도 일부 있다(이정엽 2017: 46-47). 달리 말해, 태극기 부대는 한국 역사에서 지극히 중요한 시기에 미국·일본 등 반공 동맹국과 협력해 급속한 경제발전을 촉진하는 데 보수 단체와 보수 정부가 하였던 역할을 기념하는 것이다. 그러나 한국 현대사에 대한 이런 식의 묘사는 민주주의와 인권에 대한 부정, 급속한 경제발전에 따른 환경 파괴 등 진보주의자들이 산업화 시대의 부정적인 측면이라고 보는 많은 것들을 경시하거나 외면한다. 마틴 하이슬러(Martin Heisler 2008a, 2008b)와 같은 학자들이 지적하였듯이, 민족주의자들이 불편한 진실은 외면하고 과거의 영광스러운 측면만을 강조하는, 왜곡되거나 불완전한 역사 해석을 제시하는 것은 흔한 일이다.

태극기 부대는 한국 현대사에 대해 이런 식의 부분적인 독해를 하는 경향이 있는 것으로 보인다. 그리고 이러한 독해 방식은 그들을 산업화 시대에 대한 기억과 이해가 매우 다른 진보적 반대자들과 적대적인 관계에 놓이게 하였다. 이 보수 활동가들은 김대중(1998-2003년)·노무현(2003-2008년) 두 대통령에서 시작된 진보 정권이 설정한 사회정치적 방향을 비판해 왔다. 그들은 특히 권위주의 정치에서 이탈한 것과 북한에 대한 햇볕 정책에 반대한다. 보수주의자들의 눈에는 진보 정권이 박정희 시대와 그 시기에 자라난 산업화 세대의 성과를 무효화하고 있는 것처럼 비친다(장우영 2018b, 2018c; 엄한진 2004; 이윤희 2005). 그러나 진보 정치인들과 이처럼 적대적인 관계를 맺게 되면서 태극기 부대는 또한 상당수의 다른 한국인들로부터 스스로 고립시켰다(전상진 2017; 김진욱·허재영 2018; 장우영 2018b: 358에서 인용; Honneth 1995도 참조).

태극기 부대에 대한 선행 연구들은 그들이 시위에 참여하게 되는 개인적 동기에 초점을 맞추었다. 예컨대, 김진욱·허재영(2018)은 태극기 집회가 ('헬조선 증후군'으로 알려진) 사회경제적 기회 결핍에 시달리는 젊은이들에 대한 대응으로 한국의 노년층이 사회에서 자신의 지위를 지키려는 시도라고 주장한다. 그러나 세대 갈등이라는 가정에만 근거한 주장은 태극기 부대가 한국의 젊은 세대 사이에서 상당한 수준의 지지를 누리고 있다는 사실을 무시한다. 놀랍게도 그 젊은이들은 기성세대와 공명하는 몇 가지 낡은 이념들을 받아들였다. 김학량(2019)은 박근혜에 대한 태극기 부대의 지지를 강조하였다. 시위에 참여하는 주된 동기가 출신지, 성별, 소득, 교육 등의 요인보다는 박근혜 대통령 탄핵에 대한 반대라는 것이다.

태극기 부대의 캠페인은 종종 진보적인 촛불 시위에 대한 반대 운동으로 묘사된다(일례로 채장수 2018: 109를 보라). 그러나 이 연구들은 박근혜 대통령 탄핵과 그 결과에 대해 태극기 부대가 실제로 어떻게 생각하고 말하는지, 그리고 한국의 미래에 대한 그들의 비전이 진보주의자들의 그것과 어떻게 다른지는 탐구하지 않는다. 선행 연구들은 태극기 부대가 목적 의식적인 행위자들이라는 것을 보여 주지만, 그들의 시위가 단순히 불만을 품은 소수 개인의 행동 이상이라는 사실을 간과한다. 태극기 부대는 지배적인 구조적·문화적 맥락과 연결된 의식적인 정치 행위자인바, 이러한 맥락이 그들에게 잠재적으로 한국 사회를 정치적으로 변화시킬 수도 있고 현 상태가 유지되게 할 수도 있는 가능성을 부여하는 것이다(Ma 2007: 149 참조).

김왕배(Kim 2017b: 33)는 태극기 부대가 '자유 대한민국'을 어떤 대가를 치르더라도 지켜 내야 할 상상의 공동체로 선전한다고 지적한다. 태극기 부대는 2017년 이후 보수와 진보 사이의 이념적 분열을 온건한 내전, 유사 내전에 가깝다고 본다. 태극기 부대는 또 '반체제' 정당이나 운동의 특성도 보인다(Mitra 2016). 즉, 정당과 정치 활동가들이 자신들의 가장 극단적인 정책과 신념을 포기하거나 타협함으로써 '중간 유권자'에게 호소하는 것이 정치적 중용의 논리라면(Downs 1957) 태극기 부대는 이러한 논리를 거부하였다. '중용 테제'는 합리적인 정치 행위자, 특히 민주주의 사회에서 국가를 운영하고자 하는 사람이라면 확인할 수 있는 유권자 집단의 믿음과 선호에 부합하는 정강·정책을 채택한다고 주장한다(Adams et al. 2005). 서유럽 17개국에서 틈새 정당이나 신생 정당이 기존 정당과 경쟁하기 위해 정책을 조정하는 상황이나,[2] 라틴아메리카에서 과거의 투사들이 급진적 제안을 버리고 정규 정당으로 변모한 것(Sprenkels 2019), 또 이집트·이란·터키에서 이슬람 정당들이 기성 정치에 부분적으로 통합된(Tezcur 2010; Wickham 2004) 데서 그러한 중용의 증거가 발견된다.

그러나 반체제 정당과 집단은 그들의 중용에 있어서 애매모호한 태도를 취하면서 핵심 신념을 유지할 수도 있다(Mitra 2013, 2016). 그러면서 현존하는 민주주의 정치 체제와 그 체제 안 행위자들의 정당성을 인정하지 않을 수 있는 것이다. 즉, 중도주의자는 '체제 내 정치'에 초점을 맞추지만 반체제 정치 행위자들은 (체제의 교체를 목적으로 하는) '체제의 정치'에 집중한다(Mitra 2016: 93). '반체제'라는 수식어가 한국의 태극기 부대에는 안성맞춤인 서술자인 셈이다. 그러나 태극기 부대가 다른 반체제 정당이나 운동과 구별되는 것은 그들이 새로운 정치 세력이 아니라 기존 정치 체제를 구성하는 일부라는 점이다. 그들은 최근 집권에 성공하기는 하였어도

2 이 나라들 대다수는 유럽연합 회원국이다. 표본에는 노르웨이와 스위스도 포함되어 있다. Meguid(2005) 참조.

그 영향력과 타당성을 잃어 가고 있다고 우려되는 한국의 보수정치의 일각을 대표한다.[3]

정치 집단은 논리적으로 그들 자신의 당파적 세계관과 이데올로기를 가지고 있으며, 이는 주어진 시간과 맥락에서는 보편적 타당성을 지닌다. 집단 간 역학(Festinger 1957; 장우영 2018a: 91에서 인용)이나 집단 사고(Janis 1982 참조) 이론들은 태극기 부대가 보편 타당성이 별로 없는 당파적 세계관과 이데올로기를 어떻게 촉성하는지에 대한 통찰력을 제공한다. 선스타인(Cass Sunstein)은 집단의 구성원들이 자신의 신념을 강화하는 정보의 원천에 접근하고, 이 정보를 공유하고 서로를 지지하며, 이것이 그러한 신념을 재확인시켜 줄 때에 집단 극단화(group polarization)가 발생할 수 있다고 주장한다(Sunstein 2003, 2009; 장우영 2018a: 91에서 인용). 태극기 부대의 단결은 뉴스에 선택적으로 노출됨으로써 강화되며, 그러한 그들의 이데올로기적 신념은 위에서 언급한 바와 같이 이론적으로 잘 연구되어 있다. 이러한 연구들은 풀뿌리 시민들의 관심을 고려해 밑바닥 정서에 대한 풍부한 데이터를 제공한다는 장점이 있지만 태극기 부대를 적절한 구조적·문화적 맥락에 두고 고찰하지는 않음으로써 엄밀한 분석에 도움이 되지는 않는다.

3 복잡한 사회경제적 맥락 속에서, 특히 서울과 경기도 같은 수도권의 집값이 천정부지로 치솟는 상황에서, 보수 정당은 2022년 3월 9일 대통령 선거에서 재집권에 성공해 5년 동안 집권한 진보 정부를 몰아냈다.

3. 태극기 부대의 민족주의에 대한 비판 실재론적 분석

태극기 부대의 시위는 일차적으로 박근혜 대통령 탄핵에 반대하기 위한 노력이었지만, 이는 또한 한국의 사회 변화(그러한 변화의 잠재력을 형성하는 구조와 문화를 포함해)에 반대하는 캠페인으로도 이해되어야 한다. 사회 운동에 대한 마거릿 아처의 비판 실재론적 접근 방식은 구조, 문화 및 행위성 간의 상호 작용이 어떻게 사회를 재생산하거나 변형시킬 수 있는지 보여 준다. 아처에게 어떤 사회의 구조란 (불)평등한 관계의 결과로 사회에 뿌리내리게 된 것이다. 구조는 문화와 이념을 산출하고, 그럼으로써 그 구조를 강화하거나 해체할 수 있다. 문화와 이념은 또 행위자를 (불)활성화하여 사회 변화를 요구하거나 달성하게끔 할 수 있으며, 그리하여 새로운 구조를 성립시키거나 기존 구조를 재생산할 수도 있다(Archer 1995, 1996).

비판 실재론적 접근법은 사람들이 물질적 관심과 이상주의적 신념을 가지고 있으며 이것들이 사람들의 관심사로 표현되고 행동으로 표출된다고 가정한다(Porpora 2013: 28). 사람들이 협력하여 한 사회의 구조와 문화를 재생산하거나 바꿀 수도 있다. 구조, 문화 및 행위성 간의 상호 작용을 설명할 수 있다는 점에서 사회 운동에 대한 아처의 해석은 한국의 태극기 부대의 풀뿌리 민족주의를 분석하는 데 유용하다.

4. 방법

다음에서는 2016년에서 2019년 사이 태극기 집회의 대중 연설을 통해 표현된 태극기 부대의 이념·의견·관점을 분석한다. 관련도가 높은 순으로 연설을 선택하였고, 그 결과 39명 연사의 발언이 포함된 27개의 유튜브 클립의 말뭉치가 생성되었다(표 7-1).

한국의 언론 보도는 일반적으로 시청각 기록에 등장하는 사람들의 이름과 나이를 제공한다. 연사가 연설 중에 나이와 직업을 밝히는 것도 일반적이다. 나는 모든 비디오 클립을 각각 여러 번 보았고 자막도 검토하였다. 그렇게 모든 연사의 성별, 스스로 밝히거나 보도된 나이 및 직업에 대한 기록을 작성하였다. 그런 다음 이 기록이 정확한지 비디오와 대조해 보았다.

말뭉치에 포함시키기 위한 가장 중요한 기준은 연설이 태극기 집회에서 이루어졌고 그 연설이 공개적으로 널리 공유되었느냐는 것이었다. 연설에 포함된 데이터는 공개적으로 입수할 수 있고 작성자가 비독점적인 방식으로 자발적으로 제공한 것이다.

일반 활동가들은 연구자와 대면해 자기 생각을 이야기하기를 꺼리는

표 7-1 태극기 집회 연설자들의 연령대 및 성별 분포 (단위: 명)

연령대	중·고등학생	대학생 또는 20대	30-50대	60대 이상	합계
남	2	5	8	4	19
여	3	7	8	2	20
합계	5	12	16	6	39

주: 연사가 직접 밝힌 신상 정보나 비디오 클립에 나타난 용모를 토대로 작성하였다.

데 유튜브 클립을 자료원(資料源)으로 사용하면 이러한 곤란을 극복하고 '거리에서의', 즉 보통 사람들의 정치 운동을 이해할 수 있게 된다(Gattinara and Pirro 2019). 근거 이론의 질적 연구 방식을 잘 준수하면, 이러한 유형의 데이터는 연구자의 개입 및 데이터 오염 없이 활동가가 중요하다고 생각하는 것을 드러내 줄 수 있다(Creswell and Poth 2017). 이와는 대조적으로, 인터뷰로 도출된 데이터는 연구자들이 가장 관심 있는 문제들만 주로 드러낼 위험이 있다.

한국과 같이 선택의 폭이 넓은 미디어 환경에서는 그에 비례하여 높은 수준의 선택적 노출과 편향 동원이 존재하며, 이 점은 정치 운동에 관여하게 된 시민들에게도 마찬가지이다(Hameleers and Van der Meer 2019; 장우영 2018a). 다른 나라 사람들과 비교해 한국인들은 미디어에 대한 신뢰도가 낮은 경향이 있다. 2020년 로이터 저널리즘 연구소가 실시한 국가 간 비교조사에 따르면, "한국인의 21%만이 뉴스를 신뢰한다"고 답하였는데, 이는 "4년 연속 조사 대상 40개국 중 가장 낮은 수치"였다.[4] 다른 한국 사람들과 마찬가지로 태극기 부대도 정치 정보의 원천으로 주류 미디어의 뉴스에 의존하지만, 그들의 주요 정보 출처는 보수 성향의 소셜미디어, 특히 유튜브이다. 이들은 자기들의 캠페인을 홍보하는 데도 카카오톡과 유튜브를 활용한다. 이러한 이유로 나는 카카오톡, 네이버밴드, 블로그, 인터넷카페 등 소셜미디어 사이트를 통해 표현된 언론 보도와 의견으로 위에서

---

4 이처럼 언론에 대한 신뢰도가 전반적으로 낮은 가운데, 또 다른 조사에 따르면 한국인들은 KBS, MBC, JTBC 등 덜 보수적인 매체를(비록 보수 성향의 TV조선이 4위를 차지하긴 하였지만) 가장 높게 평가하는 경향이 있었다. "Poll: Which Media Outlets do Koreans Trust?: South Korea has among the lowest trust in media in the world," *The Blue Roof*, 2020년 11월 18일자.

언급한 자료원을 보완하였다.

5. 탄핵, 진보주의자 및 미디어의 정당성을 따지다

정치적 극단화가 고조되어 있던 시기에도, 태극기 부대는 탄핵 사태와 그 여파가 이어지는 동안 고립되어 있었다. 한국의 언론 매체는 보수 정당을 지지하느냐 진보 정당을 지지하느냐가 다를 뿐 많은 면에서는 상대적으로 높은 수준의 정치적 유사성을 가지고 있다. 보수 주류 언론이 보수 정권의 조치에 반대하는 것은 상대적으로 드문 일이지만, 박근혜 대통령 탄핵 때 바로 그런 일이 벌어졌다. 모든 주류 언론이 박근혜 정권이 국정 농단에 연루되어 있다고 판단하였고, 심지어 보수의 보루라고 하는 언론들조차 박근혜가 연루된 점에 비판적이거나 그의 탄핵을 지지하였다.[5]

그러나 태극기 부대는 박근혜 대통령의 탄핵에 대처하는 데 큰 어려움을 겪었다. 이들은 박근혜가 파면된 과정이 불법이며, 그 후임자인 문재인 대통령의 정당성을 인정할 수 없다고 주장하였다. 태극기를 든 한 남자 고등학생은 "(촛불 시위에 참여한 사람들의) 집단 광기에 의해서 자기 마음대로 평가하고 자기 마음대로 판단하고, 그리고 결국에는 자기 마음대로 탄핵까지 간 이 사태가 저는 믿어지지 않고 이해가 안됩니다"라고 주장하였

5 예를 들어, 다음 기사를 참조하라. 「사설: 박근혜의 불복… 나라 두 동강 내려는가」, 『중앙일보』, 2017년 3월 28일자; 「사설: 박 대통령, 대한민국을 위해 고민할 때다」, 『동아일보』, 2017년 2월 18일자; 「조선일보에 불만 있다: 나라의 내일 걱정하는 정통 보수 언론의 길 되찾아야」, 『조선일보』, 2016년 12월 28일자.

다.[6] 태극기 부대는 일부 보수 정치인들의 지지를 받았다. 예를 들어, 박근혜가 탄핵된 지 2년 정도 지났을 무렵 보수 성향 대한애국당(이후 '우리공화당'으로 당명 변경)의 조원진 당 대표는 다음과 같이 주장하였다.

> 박근혜 전 대통령은 뇌물을 받은 사실이 전혀 없으며, 아무런 죄도 없습니다. 대한민국은 지금 민주주의를 박탈당하고 죄 없는 대통령을 감옥에 가둬 놓고 있습니다. 좌파들이 이 나라를 망쳐 놓았습니다. 좌파 독재 정권은 촛불 쿠데타를 통해서 죄 없는 박근혜 대통령의 권력을 찬탈했습니다.[7]

태극기 부대에게 박근혜의 탄핵은 그들이 신호하는 지도자를 권좌에서 제거하는 결과를 낳았기 때문에 재앙이었을 뿐만 아니라 그들의 가장 큰 적인 문재인이 권력을 잡을 수 있게 해 주었기 때문에도 파국적이었다. 태극기 부대는 자신들을 한국에서 유일하게 정당성을 가진 정치 세력의 대표자로 여겼고, 따라서 그들 반대편의 진보주의자들, 주로 문재인의 민주당을 위법하다고 몰아붙였다. 그들은 문 대통령을 북한의 앞잡이라고 비난하였고 북한 공작원들이 탄핵 절차를 시작하였다는 견해를 조장하였으며 이 모든 것이 반역 행위라고 주장하였다.

> 지금 이제 나라 꼬라지를 이렇게 만든 주범이 자유한국당이고 더불어민주당이라는 것을 확실히 알아야 합니다. 그리고 박근혜 대통령 탄핵은 분명히 북한 지령을 받은 국내 종북 간첩들이 주도했고 여기에 … 이 기회주의자들이 합세해서 일으킨 국가 반란 행위였습니다(허평환).[8]

---

6 「대한문 태극기 집회 중 고등학생 감동의 명연설」, 유튜브(2016. 12. 31 게시).
7 「문재인 퇴진 태극기 집회: 대한애국당 조원진 당대표의 사자후」, 유튜브(2019. 6. 9 게시).
8 「놀랍다 통영 태극기 집회 이규택 허평환 이규리 연설」, 유튜브(2019. 3. 16 게시). 자유한국

태극기 부대의 사고방식은 냉전 시대에 머물러 있고 북한 정권과는 대화할 의지가 없어 보였다. 태극기 부대가 표면상으로는 외교 정책 문제인 대북 관계를 그야말로 국내 정치의 영역에 속하는 박근혜의 대통령직 복귀 캠페인에 끌어들인 것은 우연이 아니었다. 대다수 한국인은 어떤 정치적 신념을 가졌건, 또 비록 그 실현 방법에 대해서는 서로 다른 견해를 가지고 있을지언정 북한과의 통일에 대한 강한 열망을 공유한다(김상준 2017 참조). 그래서 태극기 부대를 포함해 정치 활동가들이 남북 관계를 국내 정치의 연장으로 보는 것은 흔한 일이다. 문재인 정권에 앞서 집권하였던 진보 정권인 김대중·노무현 정부는 햇볕 정책을 통해 북한과의 대화를 촉진하였다. 태극기 부대 같은 보수주의자들은 2008년 우파 성향 정부의 복귀를 환영하였고, 따라서 박근혜의 임기 단축은 이 활동가들에게 큰 타격이었다(Chung 2003). 태극기 부대는 북한의 핵무기 실험에 대한 대응으로 개성공단을 폐쇄하기로 한 결정과 김정은의 권좌 퇴진 및 북한 주민의 해방을 촉구하는 등 박근혜의 대북 강경 정책을 수용하였다(임강택·이강우 2017).[9] 한 신학대 학생이 태극기 집회에서 한 발언에 따르면, "김정은은 제거되어야 하고, 우리는 3,000만 명의 북한 동포를 해방시켜야 한다"는 것이다.[10]

태극기 부대는 2017년 문재인 대통령 취임으로 남한이 북한에 점령당한 것과 다름없다고 주장한다. 20대의 태극기 집회 연사에 따르면, 남한은 북한의 선전에 취약하다. 그는 종북 '빨갱이'들이 전교조 등 남한 사회 구

당은 현재 '국민의힘'으로 당명이 바뀌었다.

9 「개성공단 폐쇄, 북한이 핵실험 등으로 파국 자초… "달러 공급 창구인 공단 폐쇄해야 제재 요구 명분"」, 『한국경제』, 2016년 2월 12일자.

10 「신학 대학생 연설 풀영상: 문재인 대통령 깜도 안 되는 게~ 문재인 퇴진 범국민대회 태극기 집회」, 유튜브(2018. 3. 29 게시).

석구석에 침투해서 교사들이 수십 년 전 박정희가 국민을 일깨웠던 것과 상반되는 새로운 이념으로 학생들을 교육하고 있다고 주장하였다.[11] 태극기 부대는 국가 권력을 진보적 목적을 위해 사용하는 것에 강력히 반대한다. 예를 들어, 문재인 정부의 이낙연 국무총리는 취임사에서 공무원들에게 국정 과제를 수행하면서 촛불혁명의 명령을 받들어 달라고 요청하였는데, 이에 대해 20대의 태극기 집회 연사는 "공직자들이 어떻게 촛불혁명의 명령을 받드는 도구가 될 수 있냐"고 묻고는 "지금(2017년 10월) 중국에서는 중국공산당 전국대표대회가 진행되고 있는데 여당 대표 추미애가 참석해서 최고 국빈 대접을 받고 있다"고 지적하였다.[12]

2017년 2월 태극기 집회에서 연설한 한 주부(이수미)는 종북 좌파를 근절하는 것이 한국의 가장 큰 과제라고 주장하였는가 하면,[13] 2017년 3월 통영시에서 열린 집회에서 한 연사(허평환)는 김정은이 남한을 장악하고 공산화할지도 모른다는 두려움 때문에 잠을 이룰 수 없었다고 불평하였다.[14] 한편, 23세의 신학대생 김도은은 공군 장성 출신인 한성주의 말을 인용해 남북대화는 중단되어야 하며 태극기 부대가 반격에 나서 대한민국을 구할 기회를 잡아야 한다고 주장하였다.[15] 문재인 대통령의 비서실장인 임종석은 태극기 부대로부터 북한의 직접 지시를 받는 북한의 간첩이라고, 그리하여 대한민국을 해체해 공산주의 북한으로 흡수시키려고 한다는 비난을

11 「8차 탄핵반대 태극기 집회, 애국청년모임 발언」, 유튜브(2017. 1. 8 게시).
12 「대전 태극기 집회, 최예진 청년의 조용하면서도 멋진 연설」, 유튜브(2017. 12. 3 게시).
13 「이수미 주부 태극기집회의 통쾌한 연설, 2월 25일 서울역 탄핵반대집회」, 유튜브(2017. 3. 12 게시).
14 「놀랍다 통영 태극기 집회 이규택 허평환 이규리 연설」, 유튜브(2019. 3. 16 게시).
15 「신학 대학생 연설 풀영상: 문재인 대통령 깜도 안 되는 게~ 문재인 퇴진 범국민대회 태극기 집회」, 유튜브(2018. 3. 29 게시).

받았다.[16] 그는 또 보수주의자들이 공산당의 정권 장악을 막았다고 주장하기도 하였다. 문재인 대통령이 남북대화의 속도 조절에 나선 것은 태극기 부대의 항의를 의식하고 있기 때문이고 태극기 부대가 나서 항의하지 않았다면 문재인과 김정은은 반드시 손을 잡았을 것이고 대한민국은 이미 공산화되었을 거라는 것이다.[17]

태극기 부대는 온건한 정책 선택조차도 북한의 이익에 어떻게든 도움이 되는 것으로 해석하였다. 예를 들어, 그들은 문 대통령이 북한의 주체사상을 따르고 있으며, 북한의 이익을 증진하기 위해 해외 순방을 이용하고 있다고 비난하였다.[18] 게다가 문 대통령의 원자력 발전소 해체 계획이 환경 문제에 대한 우려를 해결하기 위한 것이었음에도 태극기 부대는 이를 '종북 좌파들'이 한국 사회를 파괴하는 방법으로 보았다. 23세의 대학생 김도은은 "우리는 발전소의 비핵화에 반대해야 한다. 비핵화는 대한민국을 북한에 넘겨주는 전략이다"라고 주장하였다.[19] 일부 태극기 부대는 사회적 약자를 위한 사회복지에 정부 지출을 늘려야 한다는 문 대통령의 주장을 사회주의 정책으로 해석하였다. 한 태극기 집회에서 발언한 27세 여성 연사인 채지민은 다음과 같이 주장하였다.

---

16 「신학 대학생 연설 풀영상: 문재인 대통령 깜도 안 되는 게~ 문재인 퇴진 범국민대회 태극기 집회」, 유튜브(2018. 3. 29 게시).
17 「23세 청년 김도은 대학생 '폭풍연설' 대한문 태극기 혁명 국민운동본부」, 유튜브(2018. 7. 29 게시).
18 「전라도 성지라 불리는 광주 금남로에서 최초로 문재인 깐 그 남자!! 이재호」, 유튜브(2019. 1. 19 게시).
19 「23세 청년 김도은 대학생 '폭풍연설' 대한문 태극기 혁명 국민운동본부」, 유튜브(2018. 7. 29 게시).

제 또래 20대, 30대의 많은 분들이 지난 선거에서 좌익 정치인들을 선택했습니다. 왜일까요? 기존의 자칭 보수파 정치인 대다수가 너무나 썩어빠진 나머지 보수가 싫어서 그 반대에 간 사람들이 더 많았습니다. 그 젊은 유권자들은 좌파 정당에 매력을 느꼈지만, 그들은 소모품처럼 입맛대로 쓰고 버려질 것입니다. 그러나 정권을 잡은 좌파의 실체는 종북을 끼워팔기하고 무분별한 복지로 국고를 거덜내고 서민 코스프레를 하는 정체성 없는 보수 정당이었습니다.[20]

태극기 부대가 박근혜 대통령 탄핵이나 문재인 정부의 정당성을 인정하지 않는 것은 이 운동의 반체제적 경향을 잘 보여 준다. 그들은 민주주의 정치 체제가 자신들이 좋아하지 않는 결과를 낳았다는, 즉 자기들이 좋아하는 지도자를 퇴진시키고 자기들이 욕하는 적을 그 자리에 대신 앉혔다는 사실을 받아들이려고 하지 않는 것이다. 이러한 반체제적 경향은 이명박(2008-2013년)·박근혜(2013-2017년) 보수 정부의 조치에 반대하는 수많은 집회를 열었던 한국 진보주의자들의 행태와 대비될 수 있다. 진보주의자들은 주로 특정 정책 선택(예컨대, 이명박 정부가 감염이 의심되는 쇠고기 수입으로부터 자국민을 보호하려는 조치를 시행하기를 꺼리는 태도)과 정부의 성과(예컨대, 앞서 언급한 바 있는 박근혜 정부의 2014년 세월호 구조 실패)에 이의를 제기하였는데, 이것들은 현 정치 체제 안에서 토론하고 해결할 수 있는 문제들이다. 진보주의자들은 보수당 지도자들이 집권하게 된 선거나 그들의 통치권을 문제 삼지는 않았다.

비주류 미디어에 대한 불균형적인 의존은 태극기 부대의 반체제적 경향을 잘 보여 주는 것이었다.[21] (예를 들어, 세월호 구조에 대한 박근혜 정부의 부

---

20 「청와대 태극기집회, 채지민 청년부대변인 사이다 연설」, 유튜브(2017. 9. 3 게시).

실 대처 같은) '사실'을 보도하는 언론의 자유가 민주주의 사회의 필수 요소라고 가정한다면 우리는 왜 이 활동가들이 한국의 주류 언론 매체에 적대적이고 그 대신 대안적인 뉴스 출처에 의존하는지 이해할 수 있다. 태극기 부대는 보수 언론에 속하지 않는 주류 미디어가 제시하는 것은 무시하고 자체 뉴스를 만들어 유튜브와 카카오톡 같은 소셜미디어 플랫폼에서 유통시켰다. 집회에 참석한 한 남성 연사는 자신이 아직 고등학생이라고 밝혔는데, 그는 "나는 왜 언론이 (문재인 정부에 협력하여) 자기네 나라를 망치는데 일조를 하고 있는지 이해가 안 된다. … 사람들이 박근혜가 1,000억을 뇌물로 수수하였다는 얼토당토않은 말들을, 누군가의 어떤 증언을 그냥 녹화하고 녹음하고 그것을 그냥 기사로 올리면 그 기사를 마치 팩트인 양 (뇌물을) 받았다고 믿고 있다는 것이 나는 믿어지지 않는다"라고 말하며 주류 언론에 대한 회의론을 표명하였다.[22]

「박근혜 탄핵무효 국민저항총궐기 운동본부」 회원인 이군로는 "국민들은 반역자들의 통제 아래 혼란스러운 조종의 바다 위에 떠 있습니다. 아직도 TV 뉴스를 믿으십니까? 우리 국민은 속고 있습니다. 거짓말이 판치면서 나라는 우롱당하고 있습니다"라고 주장하였다.[23] 연설 중 청중에게 자

---

21 한국 주류 언론을 그다지 신뢰하지 않기는 진보 진영도 마찬가지일 것이다. 그것이 보수와 진보 사이의 정도 차에 불과한 것인지는 따져 볼 문제이다.

22 「대한문 태극기 집회 중 고등학생 감동의 명연설」, 유튜브(2016. 12. 31 게시). 문재인 정부(2017-2022년)하에서 진보적인 시민들은 『조선일보』, 『중앙일보』, 『동아일보』 등 보수 언론을 거의 신뢰하지 않았다. 보수 성향의 시민들은 이 언론사들이 '가진 자'와 같은 국가의 기득권층, 중립적이기보다는 정치적 성향이 강한 검사들과 긴밀히 협력하고 있다고 생각하였다.

23 「뉴스타운TV: 청년대표 이군로 학생 애국연설, 대한문 제13차 탄핵기각 총궐기 국민대회 태극기집회」, 유튜브(2018. 3. 28 게시).

신이 대학원생이라고 밝힌 한근형은 특히 젊은이들이 '네이버'와 '다음'과 같은 인터넷 포털에서 읽은 뉴스를 무비판적으로 받아들이는 것이 문제라고 생각하였다.[24] 또 다른 태극기 집회 연사(남광규)는 왜곡된 언론과 종북좌파 노조의 영향으로 한국 경제가 붕괴되고 산업 부문이 파괴되고 소상공인들은 파산하고 있다고 주장하였다. 그는 또 이러한 문제들의 근원이 문재인 대통령이고 그가 북한의 간첩이라고 비난하였다.[25] 태극기 부대의 연설은, 이렇게 박근혜 탄핵 이후 한국 사회에 대한 깊은 불만 이상의 것을 드러냈다. 태극기 부대는 자기들이 선호하는 지도자들이 통치하지 않는 정치 체제의 정당성을 받아들이지 않았다. 다음 절에서 볼 수 있듯이 태극기 부대는 한국인들의 일상생활에 영향을 미치는 문화, 즉 이념과 믿음에 영향력을 뻗치려고도 시도하였다.

6. 향수, 가짜 뉴스에 대한 믿음, 비합리성

문화는 일반적으로 합의된 규범들의 집합으로 이루어져 있으며, "상호주관성, 이념, 이념적 영향들의 영역"(Archer 1996: xiii; de Souza 2014: 146에서 인용)에 터를 잡고 있다. 한국에서 태극기 부대에 영향을 주어 지금 한국에서 일어나고 있는 사회정치적 변화에 반대하도록 추동하는 이념은 보수주의자들이 전통적으로 지지하는 이념과는 다르다. 태극기 부대는, 이들 중

24 「청주집회, 부산 대학원생 '한근형 애국청년' 연설 이야기」, 유튜브(2017. 2. 26 게시).
25 「"4월 3일은 희망의 시작" 남광규 매봉통일연구소장, 114차 창원 태극기집회」, 유튜브(2019. 3. 16 게시).

일부는 너무 어려서 산업화 시대를 직접 경험하고 기억하지 못함에도 불구하고, 과거에 대한 향수에 젖어 있으며 이전의 보수당 지도자들에 대한 무조건적인 존경심을 가지고 있다. 1979년 박정희가 시해될 때 태어나지도 않았던 젊은 태극기 집회 참가자들이 한국 역사에서 영광스럽고 중요한 시기를 살았다고 믿는 세대를 찬양하는 것이다. 예를 들어, 30대의 어느 태극기 집회 연사는 2016년 서울역에서 80대 노인들이 울면서 국기를 흔들며 나라를 구하는 데 열정을 쏟는 것을 보았다고 회상하였다.[26] 20대의 연사는 이렇게도 말하였다.

> 어르신들의 땀방울과 피눈물 나는 노력으로 이 나라를 세계 10위의 경제대국으로, 끼니 걱정 없는, 누구나 노력하면 성공할 수 있는 나라로, 자랑스러운 나라로 만들어 주심에 저희 청년들은 좌파 아이들처럼 세상을 부정적으로 보지 않고 긍정적으로 보며 감사하게 살고 있습니다.[27]

자신을 20대 보수 청년 지도자라고 소개한 이군로는 태극기 집회 연설에서 "굶주림과 싸우며 목숨을 걸고 이 나라의 근대화를 위해 일한" 산업화 세대의 노고를 기억하는 것이 중요하다면서 "그들이 이 나라의 영웅"이라고 주장하였다.[28] 대다수 한국인들은 대체로 이러한 정서에 동의하겠지만, 태극기 부대의 두드러진 특징은 산업화 세대의 희생을 박근혜와 같은 보수 지도자와 동일시한다는 점이다. 산업화 세대와 그들의 젊은 지지

26 「뉴스타운TV: 30대 직장인 대표 여명 애국연설, 대한문 제16차 탄기국 태극기집회」, 유튜브(2017. 3. 4 게시).

27 「8차 탄핵반대 태극기 집회, 애국청년모임 발언」, 유튜브(2017. 1. 8 게시).

28 「뉴스타운TV: 청년대표 이군로 학생 애국연설, 대한문 제13차 탄핵기각 총궐기 국민대회 태극기집회」, 유튜브(2018. 3. 28 게시).

자들은 오늘날 한국이 경제 강국이 된 것은 전적으로 혹은 압도적으로 박정희와 다른 보수주의 지도자들 덕분이고, 문재인 정권은 한반도의 공산화 통일을 추구함으로써 남한의 강력한 경제력을 위험에 빠뜨리고 있다고 믿는다. 이를테면 태극기 집회의 한 젊은 여성 연사는 다음과 같이 역설하였다.

> 박근혜 대통령님, 지금 많이 힘드시죠? 당신께서는 대한민국과 결혼했다 하셨습니다. 대한민국을 가난한 나라에서 … 지금의 자랑스러운 대한민국을 만들어 주신 박정희 대통령의 따님이시고 훌륭한 어머님인 육영수 여사님의 따님으로 태어난 당신이 얼마나 이 대한민국을 사랑하는지 우리는 알고 있습니다. 노력을 하면 성공할 수 있는 나라를 차곡차곡 만들어 주심을 기대하며 … 자랑스러운 대한민국의 청년임에 자부심을 가졌습니다.[29]

태극기 부대가 박근혜 일가에 대해 갖고 있는 존경심을 감안하면 박근혜가 탄핵당한다는 것은 그들로서는 상상할 수 없는 일이었을 것이다. 그들이 볼 때 대다수 한국인은 박근혜가 결백하다는 사실을 모르고 있다. 예를 들어, 40대 여성 김인순은 이렇게 말하였다.

> 보수의 성지인 이 대구는 한국의 대통령을 네 명이나 배출했습니다. 하지만 우리는 박근혜를 지키지 못했습니다. 박정희 대통령은 나라가 공산화될까 걱정했습니다. 그분은 자유와 평화, 그리고 강한 경제의 나라를 건설하셨습니다. 그러나 우리 주변의 젊은이들은 귀를 막고 우리를 지나쳐 갑니다. 그들은 진실을 모릅니다. 이 얼마나 슬픈 일입니까![30]

---

29 「8차 탄핵반대 태극기 집회, 애국청년모임 발언」, 유튜브(2017. 1. 8 게시).
30 「대구 태극기집회: 대구 김인순 여사의 연설, 대구 동화백화점 앞」, 유튜브(2018. 12. 23

근년에 한국이 보기 드문 속도와 정도로 성취한 민주화와 경제발전이 일부 한국인들에게는 쉽게 이해되기 어려운 일일 수 있다 해도 태극기 부대는 유독 보수적 가치에 매몰되어 이러한 변화의 함의를 고려하기를 꺼린다. 그러다 보니 태극기 부대는 이러한 변화에 대한 대응 메커니즘으로 한국의 현 정치 상황에 대한 가짜 뉴스를 소비하고 재생산하는 것이다. 그들은 연설에서 자신들의 이데올로기적 원수인 문재인을 반대하기 위한 구실을 만들어 내는데, 그것이 사실상 자국 정부보다 미국이나 일본 같은 외국 세력을 훨씬 더 신뢰한다는 것을 의미할지라도 그렇게 한다. 자신을 대학원생이라고 소개한 한근형은 이렇게 말하였다.

> 미국 항공모함이 한반도에 들어온 것은 전쟁이 발발하기 직전이기 때문입니다. 일본 언론이 뭐라고 했는지 아십니까? 한국은 종북 좌파들이 장악하고 있고, 이들이 박근혜 대통령을 탄핵하고 그들의 정당성을 주장할 거라 했습니다. 이것이 제임스 매티스(James Mattis) 미국 국방성 장관이 2017년 2월 한국을 방문해 헌법재판소가 박근혜 대통령을 파면하지 않노록 압력을 가한 이유입니다.[31]

태극기 부대는 결과적으로 문재인을 권좌에 앉힌 탄핵 과정에 이의를 제기해 왔는데, 이는 그들 스스로 정의하는 자유의 관점에서 한국의 정치 체제 안에서 문재인의 합법적인 위치를 부정하려는 시도였다. 태극기 부대에게 자유란 보수의 가치에 찬동하고 공산주의에 반대하는 정치 체제를 의미한다. 한 가지 시사점은 그들이 공산주의 국가, 즉 중국과 북한에 대

게시).

31 「청주집회, 부산 대학원생 '한근형 애국청년' 연설 이야기」, 유튜브(2017. 2. 26 게시).

해 강경한 접근을 기대한다는 것이다. 따라서 전적으로 남한 내에서 발생한 탄핵 위기로 인해 촉발되었음에도 불구하고 태극기 부대 캠페인의 상당 부분은 북한의 존재 권리의 정당성을 부정하는 데 집중되어 있다. 이 활동가들은 문재인 대통령의 북한과의 대화 시도를 자유 대한민국에 대한 위협으로 보고 있으며, 북한은 평화 회담의 합법적인 대화 상대가 아니라고 주장한다(Yang 2020 참조). 따라서 그들은 2018년과 2019년 북한의 김정은과 미국의 도널드 트럼프의 정상회담에 대해서도 우려하였다. 예를 들어, 조원진 우리공화당 대표는 당의 첫 번째 목표는 자유 대한민국을 지키는 것이라고 언급하면서 박근혜와 다른 우파 지도자들을 석방하는 것이 한국의 자유와 법체계를 보존하기 위해 필요하다고 주장하였다. 또 다른 목표는 자유의 가치 아래 김정은 정권을 몰아내고 북한을 장악하여 8,000만 명의 한국인이 통일된 나라에서 행복한 삶을 누릴 수 있도록 하는 것이다(허평환).[32] 자유를 이런 식으로 규정하는 한, 태극기 부대는 북한의 김정은 정권과 더 나은 관계를 추구하려는 민주적으로 선출된 정부(이를테면 문재인 정부)와 불가피한 충돌 과정에 놓일 수밖에 없다.[33]

태극기 부대의 말과 행동에 영향을 주는 또 다른 정보원(情報源)은 기독교 지도자들, 특히 한국기독교총연합회 회장인 전광훈 목사이다. 전광

32 「놀랍다 통영 태극기 집회 이규택 허평환 이규리 연설」, 유튜브(2019. 3. 16 게시); 김상준(2017)도 참고.

33 한국의 대다수 다른 보수 정치인, 언론 및 유튜버와 마찬가지로 태극기 부대도 미국 내 보수 교포 단체와 한국 전문가들을 권위 있고 믿을 수 있는 소식통으로 크게 신뢰하고 인용한다. 이들의 지지를 받는 인물로는 조슈아 스탠튼(Joshua Stanton)과 고든 창(Gordon Chang)이 있는데(「북한 문제 전문가 조슈아 스탠턴」, 이봉규TV, 유튜브[2020. 1. 23 게시] 참조), 이들은 모두 북한에 대한 강경 대응을 주장하며 문재인 정부의 포용 정책에 비판적이었다.

훈 목사가 이끄는 단체는 한국 기독교인의 약 3%를 대표하고 있으며, 그는 문재인 정부에 반대하는 우익 시위의 선봉에 서 있다. 예를 들어, 한 신학도는 이승만 전 대통령(1875-1965년)이 나라를 위해 마지막으로 기도하고 축복한 말을 언급하며 연설을 시작하였다. 그는 진보적인 종교 지도자들을 '종북 빨갱이'라고 부르고, 문재인의 통일 정책을 비난하지 않는 기독교 목사들은 비겁한 '목사 새끼들'이라고 주장하였다.[34] 그는 이 목사들이 하나님의 심판을 받게 될 것이라고 말하고는 김정은 정권의 붕괴, 북한 동포들의 해방, 대한민국을 무너뜨리려는 모든 세력들의 척결을 위해 기도하였다.

태극기 부대가 주창하는 민족주의는 당파적 색채를 강하게 띤다. 그것은 정당한 정치 이념의 범위를 편협한 술어로 제시함으로써 다른 정치 집단과 적대적인 역학 관계를 형성한다. 다음에서 논의하겠지만 이는 필연적으로 태극기 부대가 유효한 정치적 행위자가 될 가능성을 감소시킨다.

7. 박근혜 석방 및 가짜 뉴스 확산 캠페인

태극기 부대가 내세우는 목표는 민주주의 수호, '변절자와 반역자' 처단, 그리고 박근혜의 석방이다.[35] 이러한 목표들을 하나로 묶는 연결 끈은 그저 현상 유지나 형태정체를 추구하려는 욕구이지만(Archer 2007 참조) 이

34 「신학 대학생 연설 풀영상: 문재인 대통령 깜도 안 되는 게~ 문재인 퇴진 범국민대회 태극기 집회」, 유튜브(2018. 3. 29 게시).

35 「문재인 퇴진 태극기 집회: 대한애국당 조원진 당대표의 사자후」, 유튜브(2019. 6. 9 게시).

는 무망한 시도가 될 가능성이 크다. 태극기 부대는 자신들이 적법하다고 여기는 정책을 시행해 줄 보수 정부를 추구할 권리가 있다는 점은 당연시하면서도 상대편에 있는 진보주의자들에게도 동일한 권리가 있다는 사실은 부정한다. 그들은 자신들이 정당한 애국심을 가진 유일한 사람들이라고 여긴다. 앞 절에서 언급하였듯이, 태극기 부대의 반대편에 있는 진보주의자들 또한 보수주의자들이 지지하고 시행하는 정책의 핵심 측면에 이의를 제기하지만 그렇다고 보수주의 자체의 애국심과 정당성을 문제 삼지는 않는다. 그러나 태극기 부대는 자기들과 적들을 뚜렷하게 구분하였다. 예를 들어, 한 고등학생은 태극기 집회에서 청중에게 이렇게 말하였다.

> 애국가를 부르고 태극기를 흔들 때 이 나라를 지켜야 하는 책임을 느낍니다. 저희 이모부는 월남전에 참전해서 지금 이 자리에 없습니다. 그분 생각하면 … 누가 나라를 지키고 있는데, 나라를 지키고 있는 사람은 정당하게 보상받지 못하고. 적어도 응원이라도 받아야 되는데, 촛불 들고 나와서 지금 (그분들을) 공격하고 있지 않습니까.[36]

베트남 전쟁은 1975년 4월에 끝났고, 보상금은 그 군인의 가족에게 제공되었어야 하였다. 이 학생의 2016년 연설이 이모부의 희생에 대한 보상 불이행에 관해 어느 정부를 겨냥한 것인지는 불분명하다. 태극기 부대가 자신들이 추구한다고 주장하는 또 다른 목표는 자유 민주주의와 자본주의 시장 경제의 복원인데, 그들은 이것이 실패할 위험에 처해 있다고 말한다.

---

36 「대한문 태극기 집회 중 고등학생 감동의 명연설」, 유튜브(2016. 12. 31 게시).

이러한 목표를 천명하는 과정에서 태극기 부대는 (산업화 시대에 기원을 둔) 박근혜 대통령 시절 한국의 사회 구조와 문화에 대한 신념을 표현하고 또 보존하고자 하였다. 이 과정에서 중요한 도구는 가짜 뉴스나 카카오톡, 유튜브 등 소셜미디어를 통한 극보수 성향의 의견 전파로 이는 태극기 부대의 풀뿌리 지지자들을 동원하는 데 매우 효과적이었다. 그러면서 일부 보수주의 활동가들은 유튜브 채널을 통해 수익을 창출하는 동시에 극보수주의 단체에 대한 지지를 끌어냈다.[37]

이 활동가들의 '현상 유지' 욕망은 그들이 원하는 변화를 이끌어 내지 못하는 데 대한 좌절감과, 시위 중 때때로 폭력에 의존하는 행태에서 명확히 드러난다. 폭력과 희롱을 서슴지 않는 그들의 태도는, 시위 중 폭력 사용이 한국 정치사에 있었던 다른 폭력적인 사건을 연상시키기 때문에 이에 반대하는 대다수 한국인과 등지게 만든다(Kim and Porteux 2019).

내가 분석한 연설들은, 그저 수사일 뿐인지도 모르지만, 정치적 목적을 달성하기 위해서는 때때로 폭력이 필요하다는 것을 암시한다. 태극기 부대와 보수 기독교인들의 관점 일치는 그들이 문재인에 대한, 그리고 사회주의적인 모든 것에 대한 본능적인 혐오를 공유하는 데서 분명히 드러난다(노치준 1998; 배덕만 2010; 정재영 외 2021). 태극기 부대에게 문재인은 죽여 마땅한 '악마'이며, 일각에서는 문 대통령의 죽음이 한국 경제에 도움이 될 것이라는 말도 나온다(김인순).[38] 기독교인들이 같은 한국 사람을 공개

37 예를 들어, 신의한수(https://www.youtube.com/@tubeshin) 같은 유튜브 채널이 있다. 이 문제에 대해 보수 정당과 그 지지자들은 진보 정당의 견해를 지지하는 대안 언론에 대해 같은 주장을 펼치고 있다.

38 「대구 태극기집회: 대구 김인순 여사의 연설, 대구 동화백화점 앞」, 유튜브(2018. 12. 23 게시).

적으로 그토록 혹독하게 비난하는 소리를 들으면 어안이 벙벙해진다. 이들은 문 대통령이 '소득 주도 성장'을 추구한다고 비난한다. 그들은 이것이 한국의 자본주의 경제를 파괴할 것이라고 주장하며 문재인의 즉각적인 탄핵을 촉구한다(허평환).[39] 국회의원들을 포함해, 문재인 대통령을 비판하는 일부 사람들은 박근혜 대통령의 탄핵을 근거로 문재인 대통령 역시 2022년 5월 임기가 끝나기 전에 탄핵당할 것이라고 가정하였다. 박근혜 전 대통령은 4년 9개월간 복역하였고, 문 대통령은 2021년 12월 31일 건강 악화를 이유로 박근혜 전 대통령을 특별 사면으로 석방하였다.[40] 문재인 대통령은 5년의 임기를 모두 채웠다.

8. 결론

태극기 집회 연설들을 분석한 결과, 이 활동가들이 새롭게 구축된 한국의 사회경제적 구조를 받아들이려 하지 않았던 것으로 나타났고, 이는 양명지(Yang 2020)의 연구 결과와 일치한다. 그들은 오히려 과거의 한국을 복원하려고 노력해 왔다. 예를 들어, 박정희의 권위주의적 통치 스타일과 개인의 권리를 존중하지 않는 성장 지향적인 경제적 가치 같은, 그들의 세계관을 형성하는 이념과 가치는 21세기 한국 사회의 주류와 동떨어져 있다. 나는 이제껏 강력한 소수가 다수에 대항하는 위치에 있으면서 자신의

39 「놀랍다 통영 태극기 집회 이규택 허평환 이규리 연설」, 유튜브(2019. 3. 16 게시).
40 박근혜는 교도소에서 출소할 당시 『그리움은 아무에게나 생기지 않습니다』(2021, 가로세로연구소)라는 제목의 자서전을 출간하였다.

신념에 대한 어떠한 타협도 산업화 세대의 업적을 거부하는 것으로 여긴다고 주장하였다. 이처럼 태극기 부대의 정치 이데올로기는 내부적으로는 일관성을 갖지만 그 강성 이데올로기는 이 집단을 한국 정치의 주변부에 위치시켰다. 즉, 그러한 강성 이데올로기가 현대 한국에서 태극기 부대의 대외 영향력을 제한한다는 것이다.

태극기 부대와 그들이 지지하는 정치 지도자들이 현대 한국 사회의 기준에서도 극단적인 관점을 내세우고 있기는 하지만, 이들이 가까운 시일 내에 권력을 되찾을 가능성은 생각지도 못할 일은 아니었다. 실제로 그들은 2022년 대통령 선거에서 이를 달성하였다. 문재인 대통령이 이끄는 진보 진영은 2021년 초까지는 정치적 우세를 유지하였다. 그러나 부동산 정책 같은 분야에서 정부와 그 정책에 대한 대중의 지지는 줄어들었고, 이는 2022년 대통령 선거에서 진보 진영이 패배한 주요 이유 중 하나였다. 2020년 12월 한국갤럽은 문재인 정부의 민주당 지지율이 34%로 떨어졌고, 국민의힘(새로 편성된 주요 보수 야당) 지지율은 21%로 증가하였다고 밝혔다.[41] 그렇기는 해도 2016년 이후 패배를 거듭해 온 보수당이 2022년 대통령 선거에서 승리할 가능성은 희박해 보였다. 그러나 보수 성향의 국민의힘과 언론, 검찰의 오랜 카르텔은 수십 년 동안 긴밀한 협력 관계를 유지해 왔고 이들은 문재인 대통령에 의해 임명되었지만 임기 2년을 채우지 않고 사퇴한 윤석열 전 검찰총장을 확고히 지지하였다. 보수당은 전략적으로 그를 당의 대통령 후보로 선택하였다. 그가 한국의 13대 대통령에 당선됨에

41 「데일리 오피니언 2020년 월별·연간 통합: 대통령 직무 수행 평가, 정당 지지도, 주관적 정치 성향」, 한국갤럽 웹사이트(2020. 12. 17 조사). 이에 비해 2020년 5월 민주당 지지율은 46%, 국민의힘 지지율은 18%였다.

따라 한국의 정치적·경제적 민주화는 둔화될 가능성이 있다.

이 분석의 또 다른 중요한 결과는 태극기 부대에 대한 지지는 제한적일지 몰라도, 한국의 청년층 사이에서는 이들이 놀라울 정도로 강한 지지를 받고 있다는 점이다. 한국의 대다수 젊은 유권자들은 여전히 진보적인 후보를 선호하는 경향이 있지만, 상당수의 소수는 태극기 부대와 다른 보수주의자들이 홍보하는 이념에 매력을 느꼈다.[42] 나는 그 이유에 대한 답의 일부는 정치로 귀결된다고 생각한다. 젊은 지지자들과 활동가들을 포함한 태극기 부대는 한국 정치에 진보의 시대가 도래하고 있으며, 이로 인해 북한과의 긴밀한 유대를 포함해 원치 않는 변화가 더욱 심화될 것을 우려한다. 태극기 부대는 반대로 박정희 시대(즉, 산업화 시대)가 한국 정치를 규정하는 국면으로 남아 있기를, 그리고 김대중(1988-2003년)·노무현(2003-2008년)·문재인(2017-2022년)의 진보 정권이 불행한 일탈로 취급되기를 바란다. 이명박(2008-2013년)과 박근혜(2013-2017년) 같은 보수주의 지도자들은 산업화 시대와의 개인적 연고를 근거로 자신들의 정당성을 내세웠는데, 이는 이 시기가 젊은 세대를 포함한 한국 보수주의자들에게는 가장 좋았던 시대로 보인다는 견해를 뒷받침한다.

태극기 부대의 민족주의가 일부 한국의 젊은이들에게 반향을 일으키는 이유에 대한 두 번째 설명은 향수가 실제로 작동하는 방식과 상관있다. 베니딕트 앤더슨(Benedict Anderson) 등의 민족주의 학자들이 우리에게 상기시켜 주듯이, 사람이 꼭 특정 시대를 직접 체험해야만 그 시대가 다시 돌

42 실제로 2022년 대선에서는 20대 남성 유권자의 높은 비율이 윤석열 후보를 지지하였다. 2022년 대통령 선거 분석가들에 따르면, 젊은 유권자들은 이념적 충성도가 극히 낮고 이익 투표 성향이 강한 부동층에 속하였던 것으로 보인다.

아오기를 바라는 것은 아니다. 민족주의 역사에는 과거의 귀환을 요구하는 국가 지도자들의 예가 숱하고, 돌아오기를 바라는 그 과거는 아무리 영광스럽다고 주장되어도 적어도 부분적으로는 허구였다. 이러한 요소가 젊은 태극기 부대 사이에서도 작용하고 있다. 이들 중 상당수는 박정희(산업화) 시대에 태어나지도 않았건만 그 시대의 가치가 지키고 되살릴 만한 의의가 있다고 믿게 된 사람들이다. 한국 사람들이 일치단결해 전쟁의 폐허에서 나라를 구하고 경제와 사회를 재건하였던 이상화된 과거에 대한 환상에는 수긍할 만한 매력이 있다. 한국의 젊은이들이 일자리를 찾고 집을 사고 가정을 꾸리는 데 있어 어두운 전망에 직면해 있는 시기에 그들 중 일부가 과거 시대의 훌륭한 부분이라고 생각하는 것에 대해 대리 자부심을 느끼는 것은 이해할 만한 일이다. 비록 그들이 박정희 독재의 결점과 그로 인해 치러야 하였던 희생을 간과하거나 경시하는 경향이 있을지라도 말이다. 2022년 3월 9일 대통령 선거에서 보수 정당과 진보 정당은 20대와 30대 젊은이들에게 더 나은 삶의 기회를 공약하였다. 승자인 보수당은 불행히도 정치적 이해 때문에 성별 간 편 가르기 정치를 해왔고 그 결과 유권자들은 분열되었다. 젊은 여성들은 페미니즘 정치를 이용하여 젊은 남성들에게 불리한 캠페인을 벌이는 것으로 묘사되었다. 군 복무 중인 젊은이들에게는 월 수당의 대폭 인상이 공약되었다. 보수당은 여성가족부 폐지를 약속하였다.

한국의 정치 지도자들이 직면한 과제는 불평등·이민·다문화주의와 같은 문제에 대응하는 것이다(Yun 2017). 이러한 문제들은 한국의 많은 청년들이 가장 공감하는 미래지향적인 문제들이며, 따라서 정치 지도자들은 이러한 문제들에 대한 견해를 밝히기 위해 노력해야 한다. 이른바 특정 세대 집단의 옹호자로서, 그리고 보수 이데올로기를 고수하는 청년들도 포함해, 태극기 부대도 사회적·경제적 불평등에 대한 정책 개발에 기여할 수 있는 잠재력을 가지고 있다. 왜냐하면 사회적·경제적 불평등은 모든 연령대와 다른 이념적 신념을 가진 모든 이에게 영향을 미치기 때문이다. 문화적 다양성·상호 의존·사회적 협력과 같은 개념들은 급속한 경제발전 시기에는 널리 실천되지 않았지만, 조화로운 한국을 만들기 위해서는 회복되어야 할 것들이다(문승훈 2018).

보수주의는 예나 지금이나 여전히 한국의 정책 논쟁에 영향을 미칠 수 있는 정치사상이지만, 보수주의가 제공하는 이념에는 정치적 의지가 수반되어야 한다. 그것은 태극기 부대가 가까운 장래에 얼마나 많은 조정을 할 의지와 능력을 보유하고 있는가에 대해 열린 질문이다. 즉, 그들은 한국인 대다수의 지지를 끌어낼 수 있는 보수 정치 운동에 기꺼이 기여할 것인지, 아니면 목소리를 내지만 영구적인 소수로 활동하는 데 만족하는 반체제 세력으로 남을 것인지를 결정해야 한다(강우창 2020 참조).[43] 이 장에서 제시된 증거는 그러한 중용의 전망에 대해 낙관적이지 않다. 태극기 부대는 냉전 시대에 대한 향수 때문에건 탄핵 투쟁의 역학 관계 때문에건 그들의 정치적 반대자들의 정당성을 받아들이기를 거부하고 자신들을 명백한 반체제 세력으로 자리매김해 왔다. 중용이 부재한 상황에서는 태극기 부대가 오랫동안 공언해 온 목표인 한국 민주주의의 생존 자체가 어느 정도 의심받을 수밖에 없다. 한국에서 이런 반동적 운동의 출현과 작동에 대한

43 2022년 대통령 선거에서는 국민의힘과 국민의당 보수 연합이 진보 성향의 민주당을 0.7% 차이로 이겼다.

나의 분석이 유사한 운동이 출현한 다른 아시아 사회 및 다른 지역의 현대 정치에 대한 더 폭넓은 연구에 도움이 되기를 바란다.

제8장

직장 내 갑질에 맞서다: 사례 연구

1. 서론

제2차 세계대전 이후 한국은 유례없는 경제발전 및 민주화를 달성하였고, 이에 따라 한국 정부는 최근 수십 년간 표출된 국민의 욕구에 부응하여 풀뿌리 시민의 삶의 질을 높이는 데 많은 관심을 기울이고 있다. 이는 국제적인 움직임과도 맥을 같이 하는데, 8개 항목을 기준으로 행복지수를 산출하는 '세계 행복 보고서'의 2002년 보고서에 따르면, 한국은 행복지수가 세계 59위였다.[1] 11개 영역을 측정하는 OECD의 더 나은 삶 지수는 2017년 한국을 29위로 평가하였다(박상현 2019). 한국 노동자들은 긴 노동 시간, 성별 임금 격차, 성희롱, 직장 내 괴롭힘(갑질) 등에 특히 관심이 많은데, 이런 요소들이 삶의 질에 큰 영향을 미치기 때문이다. 이 중 직장 내 괴롭힘은 최근에야 대중의 관심 대상이 되고 있다(문강분 외 2017: 3-5). '갑질'이라는 용어는 한국에서 비교적 새롭게 등장한 말이다. 이는 최근 몇 년간 괴롭힘이 더 많아졌다는 증거일 수도 있지만 아마도 그러한 괴롭힘을 용납할 수 없다는 인식이 더 커졌다는 방증이기도 할 것이다.

한국 사회도 다른 나라와 마찬가지로 특정한 방식의 위계질서가 있고, 인간관계에서 권력 남용이 수십 년간 일상화되어 있었다는 사실을 한국 국민도 잘 알고 있다. 한 나라 안에서도 위계질서의 특징은 시대마다 다르다. 특히 군사정권 시절 관료 권력의 남용은 공공 부문은 물론이고 민간 부문에서도 드물지 않은 일이었다. 일제 강점기의 유산도 무시할 수 없다. 의지할 만한 인맥이 없는 사람들 대다수가 다양한 형태의 괴롭힘을 경험

1 World Happiness Report 웹사이트.

하였다. 직장 내 괴롭힘의 잠재적 피해자들은 경제 성장 중심의 문화 속에서 어느 정도의 괴롭힘은 피할 수 없다는 것을 당연하게 생각해 왔다. 그동안 직장 내 괴롭힘 사건에 대한 언론 보도가 많았고, 이제 대중들은 그것을 더는 받아들일 수 없다는 것을 명시적으로 표현하게 되었다. 하지만 직장 내 괴롭힘은 꾸준히 변화하고 더욱 번영하는 한국 사회에서 여전히 계속되고 있다. 이 장은 다음과 같은 물음을 중심으로 구성된다. 직장 내 괴롭힘에 대한 보도 빈도가 갑자기 증가한 이유는 무엇인가? 현대 한국에서 직장 내 괴롭힘의 사회경제적·문화적 원인은 무엇인가? 책 전체의 주제와 관련하여, 이 장은 전환기 한국 사회에서 직장이 매우 논생적인 전쟁터임을 보여 주는 것에 초점을 맞추고 있다. 이는 노동자들이 그 어느 때보다 직장 내 괴롭힘에 항의하고자 하는 의지가 강해졌기 때문이다. 대다수 노동자는 직장 내 괴롭힘이 사라지기를 바라고 있지만, 기업의 소유주와 경영진·상급자들과 같은 지배적인 집단은 권위주의적인 구조와 문화를 계속 고수하고 있는데, 이러한 구조와 문화는 괴롭힘을 유발하고 합리화할 가능성이 높다.

'일'은 개별 행위자의 궁극적인 삶의 고민과 현대 한국 사회의 타협점들을 연결하는 가교 역할을 해왔기 때문에 일과 직장 생활의 중요성은 아무리 강조해도 지나치지 않다. 사람들은 '일'을 통해 개인의 정체성을 구성할 뿐만 아니라, 직업 활동을 통해 사회적·경제적 위치를 보장받는다. 또한 일은 "SEPs·CEPs(구조와 문화의 창발적 속성들)를 매개하는 데 있어 해방적인 삶의 전략이 될 가능성조차 가지고 있다"(Wimalasena 2017: 396-398). 이런 측면에서, 1970-1980년대 성장 중심의 한국 경제 상황에서는 직장 내 괴롭힘을 경험하였다고 해도 피해자들이 쉽게 항의할 수 있는 분위기가 아니었다. 그러나 2000년대 한국인들은 직장에 대해 무엇을 바라는지, 직장 내 괴롭힘에 어떻게 대응하는지 등의 측면에서 자신만의 창발적 속성을 발전시켰다.

2. 문헌 검토

직장 내 괴롭힘에 대한 연구는 1990년대 중반 서구에서 시작되었고, 한국에서는 2000년대 이후 시작되었다. 직장 내 괴롭힘은 짜증, 무례함, 사회적 배제, 의도적이고 부정적으로 다른 사람의 업무에 영향을 미치거나 정보를 박탈하거나 다른 사람을 공개적으로 무시하는 등의 행동을 가리키는 광범위한 개념이다(Einarsen and Mikkelsen 2003; Djurkovic et al. 2008; 문강분 외 2017: 6). 다른 이들은 '직장 내 해로운 행동'(CWBs)과 관련하여 '직장에서의 비생산적인 행동'이라는 용어를 사용하였다(Fox and Spector 2004; Spector and Fox 2010; Bartlett and Bartlett 2011: 69). 직장 내 괴롭힘에 대한 종합된 정의는 '반복되는 원치 않는 부정적인 행위(신체적·언어적 또는 심리적 위협)'를 가리키며, 이는 무례함으로 시작하여 괴롭힘을 수반하며 직장 폭력이 될 수 있다(Namie 2003).

바틀렛과 바틀렛(Bartlett and Bartlett 2011: 72)은 직장 내 괴롭힘에 관한 문헌을 조사한 결과, '업무 관련 괴롭힘, 인격적 괴롭힘, 신체적·위협적 괴롭힘'이라는 세 가지 중요 유형을 찾아냈다. 직장 내 괴롭힘과 관련된 일반적인 문제로는 '직위권력'이 확인되었는데, 이는 권력 불균형이 "괴롭히는 자가 목표 대상에게 권력을 행사할 수 있는 기회"를 유발하기 때문이다

(Bartlett and Bartlett 2011: 73). 첫째, 업무와 관련된 괴롭힘의 형태로는 과중한 업무량 부여, 휴가 불허, 직무 박탈, 잡무 할당, "실패를 유도하는 업무 설정," 부당한 평가, 불필요한 감시 등이 있다(Bartlett and Bartlett 2011: 73). 둘째, 인격적·심리적 괴롭힘에는 직접적 방법과 간접적 방법이 있다. 간접적인 괴롭힘은 전화나 이메일에 대한 무응답과 무고(無告) 등의 배제·격리·무시 등을 포함한다(p. 74). 직접적인 인격적 괴롭힘은 "언어적 괴롭힘, 무시하는 발언, 소리 지르기, 타인의 말을 방해하는 행위, … 의도적인 비하, 개인적 농담, 부정적인 눈길, 모욕" 등을 포함한다(Bartlett and Bartlett 2011: 74). 셋째, 보다 공격적인 유형의 괴롭힘에는 "협박, 조작, 위협" 등이 있다(Von Bergen et al. 2006; MacIntosh 2005; Bartlett and Bartlett 2011: 75). 서구 학자들이 정리한 이러한 세 가지 광범위한 괴롭힘 유형은 다른 곳에서도 나타나며, 한국도 예외가 아니다(문강분 외 2017).

직장 내 괴롭힘은 개인과 조직 모두에게 심각한 영향을 미친다. 조직에 미치는 영향으로는 생산성 저하, 소송 비용, 의료 비용, 높은 이직률 등을 들 수 있다(Ayoko et al. 2003; Von Bergen et al. 2006; Bartlett and Bartlett 2011: 75에서 재인용). 개인에게는 신체적·정서적 건강뿐만 아니라 노동자 안전과 직무 만족도에도 영향을 미치고, 굴욕감·두려움·집단 응집력 저하·실직·성과 저하까지도 유발할 수 있다(Ayoko et al. 2003; Parkins et al. 2006; Bartlett and Bartlett 2011: 77).

다양한 사회에서 발생하는 직장 내 괴롭힘의 원인과 관련해서는 문강분 외(2017)의 검토가 유익해 보인다. 이들은 과거 연구를 검토해 그 원인이 개인, 직장, 그리고 더 넓은 사회문화적·경제적 맥락의 세 가지 범주로 제시되고 있다고 정리한다. 첫째, 개인(괴롭히는 자와 당하는 자 모두)은 업무와 관련된 스트레스 또는 높은 수준의 스트레스를 받기 쉬운 특정 직무에 노출될 수 있으며, 이는 직장 내 괴롭힘의 원인이 될 수 있다(Neuman and Baron 2003; Felson and Tedeschi 1993; 박경규·최항석 2007; Bowling and Beer 2006). 성별·나이·학력·고용 기간·고용 형태(임시직, 비정규직, 정규직) 역시 권력 불균형을 초래하고 다양한 정도의 취약성·정보 접근성·사회적 자본을 형성하도록 하여 직장 내 괴롭힘에 긍정적 또는 부정적으로 영향을 미친다(서유정·이지은 2016a; 송민수·김정우 2017: 43).

둘째, 다른 연구들은 집단 따돌림을 초래하는 원인으로 조직 구조와 문화를 직접적으로 살펴보았다. 그들은 직무가 서로 갈등 관계에 있거나 모호할 때, 시간적으로 압박받을 때, 도전이 결여되어 있을 때 괴롭힘이나 집단 따돌림을 초래할 수 있음을 지적하였다(Cooper and Payne 1978; Einarsen and Raknes 1997; 박경규·최항석 2007; 문강분 외 2017에서 재인용). 경직된 위계질서, 권위주의적 환경, 소통의 부재, 극심한 경쟁이 부각되는 업무 환경 등도 집단 따돌림을 유발할 수 있다(Bjorkqvist et al. 1994; Vartia 1996; 문강분 외 2017에서 재인용). 송민수·김정우(2017)는 한국 맥락의 연구를 통해 직장 내 괴롭힘이 장시간 근무, 마감 압박, 조직 개편, 전망이 불확실한 고용 형태 등으로 인해 발생할 가능성이 높은 반면, 상사의 지원과 건설적인 인적 네트워크가 있는 조직에서는 발생할 가능성이 낮다고 밝혔다(유계숙 2015).

셋째, 산업계가 직면한 광범위한 사회경제적 맥락도 직장 내 괴롭힘에 영향을 미쳤는데, 이러한 사회경제적 맥락으로는 서비스 산업의 지속적인 성장, 이익 감소, 세계화로 인한 노동 강도 증가, 노동조합의 퇴조 및 협상력 부족, 이주민에 의한 노동력의 다양화, 노동자에 대한 과도한 감독, 비정규 노동에 대한 의존도 증가 등을 들 수 있다(Yamada 2000; 문강분 외 2017). 이러한 사회경제적 맥락이 직장 내 괴롭힘에 미치는 영향에 대한 연구는 많지 않다.

한국의 직장 내 괴롭힘에 대해서는 병원 간호사, 비행기 승무원, 식당 종업원, 공장 노동자 등 특정 서비스와 산업을 중심으로 연구가 이루어져 왔다(예를 들어, 유계숙 2015). 한국에 기반을 둔 연구는 북미와 유럽에서 수행된 과거 연구 결과와 분석에서 얻은 통찰력을 특히 유발자·대상자와 사업장의 조직과 관련하여 많이 활용한다. 한국의 연구 결과들은 주로 사회경제적 요인과 문화적 요인이 직장 내 괴롭힘에 어떻게 영향을 미치는지에 주목한다. 그러나 이 분야에 대한 실증적 연구는 부족한 실정이다. 사회경제적 요인과 문화적 요인이 지역 맥락에서 미치는 영향을 설명하기 위해 이용할 수 있는 연구 결과도 많지 않다(예로 다음을 참조하라. 송민수·김정우 2017; 서유정 2013; 구미영 외 2015; 서유정·이지은 2016a, 2016b; 송민수 2016).

구미영 외(2015: 120)가 수행한 연구에 의하면, 한국이라는 지역 특성상 남성들은 직장 생활을 군 복무의 연장으로 여기는 경향이 있으므로 어느 정도 직장 내 괴롭힘이 불가피하다는 생각을 당연시하며 이는 위계질서와 괴롭힘 문화를 지지해 준다. 한국 사회에 고유한 또 다른 영향 요인은 장시간 노동이다(송민수 2016). 특히 서유정(2016)은 자신의 연구 참여자들이 괴롭힘 유발의 핵심 원인을 특정한 개인으로 인식한다고 보고하였는데, 이는 조직 요인을 핵심 원인으로 지적하고 있는 서구의 연구들과는 대조적이다. 조직의 업무 문화와 강한 위계적 권력 구조가 직장 내 괴롭힘의 영향 요인이라는 국내 연구의 지적도 증가하고 있다(박경규·최항석 2007; 강제상·고대유 2014; 유계숙 2015; 서유정·이지은 2016b; 송민수 2016; 조은정·한태영 2019). 특히 유계숙(2015: 252)은 수시로 이루어지는 조직 재편, 성과 중심 경영, 지나치게 경쟁적인 환경 등이 포함된 조직 문화가 직장 내 괴롭힘의 중요한 요인이라고 밝히고 있는데, 이는 현대 한국 사회의 신자유주의적 경제 풍토를 반영하는 것이다.

괴롭힘의 원인을 확인하기 위해서는 노동자 개개인과 개별 사업장이 조사의 초점이 되어야 한다는 점에는 의심의 여지가 없다. 그러나 반대로, 야마다(Yamada 2000)와 아이나슨 외(Einarsen et al. 2011)가 지적하듯이, 노동자와 사업장은 기존의 문화적·사회경제적 요인을 밀접하게 반영하고 있다. 예를 들어, 성과에 기반한 전문적 보상이 더 잘 정착된 서구와 성과 외에도 연공서열과 출생 배경 같은 토착 문화와 전통이 직장에서 중요한 역할을 하는 다른 국가에서 직장 내 괴롭힘이 유발되는 방식에는 약간의 차이가 있을 것이다. 모든 사업장은 특정 국민 국가의 주어진 노동시상, 사회경제적 환경, 사법 및 관련 행정 규약의 적용을 받는다. 이는 하나의 국민 국가 내에서도 지방 간 편차가 자주 발생한다는 것을 의미한다. 1997년 IMF의 한국 경제 개입과 2008년 글로벌 금융위기는 대기업 노동자와 중소기업 노동자 간 임금 격차, 비정규 노동자 증가, 성과 기반의 급여 산정 방식 증가 등의 측면에서 한국 산업에 큰 영향을 미쳤다(문강분 외 2017: 24).

나는 괴롭힘 유발자 혹은 대상자로서의 직장 구성원에게 미치는 영향뿐만 아니라 변화하는 구조와 문화와 관련하여 직장 내 괴롭힘에 대한 문헌을 검토하였다. 이 책은 전반적으로 정치·경제 민주화, 정의, 인권, 박애 등에 초점을 맞추고 있다. 직장 내 괴롭힘을 주제로 노동 환경과 괴롭힘 혹은 집단 따돌림의 관계(예를 들어, 최항석·박혜상 2010)를 살펴보면서, 이 장에서는 노동자들이 어떻게 괴롭힘에 대해 항의하여 '존중', 직장에서의 존엄, 그리고 삶의 질을 되찾는지를 보여 주는 데 초점을 둘 것이다. 나는 지금까지의 관련 연구에서 다음 두 가지 영역이 대체로 빠져 있다고 생각한다. 첫째, 과거 연구들은 유발자·대상자, 조직 특성, 더 넓은 사회경제적 환경 간의 교차성을 인식하고는 있지만 이러한 요소들의 역학 관계가 분석에 충분히 포함되지 않았다. 개별 행위자(유발자와 대상자 모두)의 행위는 사회적 진공 상태에서 발생하는 것이 아니기 때문에 구조·문화와 행위성 사이의 교차점을 더 충분히 고려할 필요가 있다. 둘째, 괴롭히는 행동을 취하는 것은 단순한 결정의 결과가 아니므로 그것이 개인의 반성과 관련된다는 점을 지적해야 하는데, 이는 행위자의 능동적 행위성을 가리키는 것이다. 개별 행위자는 내적 대화—즉, 직장과 더 넓은 사회의 주어진 복잡한 상황에 기반한 사고 과정—를 통해 마음을 정해서, 구조와 문화의 창발적 속성을 가장 잘 매개할, 창의적이고 다양한 반사 반응을 제시해야 하기 때문이다(Archer 2007).

3. 형태발생론적 접근

지난 수십 년간 한국의 사회 구조와 문화는 급변하고 있으며, 직장에서 어떤 대우를 받아야 할지에 대한 행위자들, 특히 풀뿌리 시민들의 기대 역시 변화하였다. 그러나 지배적 지위에 있는 사람들은 대부분 주변 구조와 문화의 변화를 깨닫는 데 더디다. 이들은 기존의 지배 문화에 매몰되어 새로운 조건의 문화를 무시하고 있는데, 이는 결과적으로 직장 내 괴롭힘이 지속되도록 한다. 주어진 맥락에서 공간·장소·시간은 인간 상호 작용의 특성이 발현될 수 있게도 하고 이를 제약하기도 한다(Edwards and Brehm

2015: 275). 공간·장소·시간의 성질은 끊임없이 변화하는데, 이것이 인간의 상호 작용에 영향을 미치는 것이다. 주어진 공간·장소·시간의 창발적 속성에 대한 이해 부족은 인간관계의 갈등을 초래할 수 있다. 요컨대, 인간의 상호 작용에서 허용되는 것과 허용되지 않는 것도 공간·장소·시간에 따라 변화한다. 이들은 구조·문화·행위자 간의 상호 작용을 고찰함으로써 가장 잘 이해할 수 있다(Archer 2010: 274). 한국 사회는 급격한 변화를 겪었지만 그래도 여전히 전통의 억압적 특성과 현대의 특성이 공존하는 이중 체계 아래에 있어서 지배 권력을 가진 이들은 종종 현상 유지와 인간 상호 작용의 변화 사이의 긴장에 직면할 것이다(Edwards and Brehm 2015: 287). 행위자들의 일상적인 직업 활동은 일반적으로 주어진 공간과 시간의 맥락에서 개인의 창발적 속성들을 적절하게 조정하는 일을 수반하며, 마거릿 아처(Margaret Archer)는 이러한 조정 과정을 '성찰'(reflexivity)이라 부른다.

개인이 상호 작용을 적절하게 수행하지 못하거나 사회적 규범, 특히 구조적·문화적 맥락에서 벗어나게 되면 치러야 할 대가가 막대할 수도 있으며, 그 개인의 창발적 속성(즉, 그들이 취할 수 있는 행동)은 사회적 맥락으로 환원될 수 없다(Wimalasena 2017: 398). 아처가 말하는 구조·문화·사람의 창발적 속성 개념을 사용해 나는 사회경제적 환경과 노동시장(구조), 정부의 통제를 받는 관련 규제와 행정 프로토콜, 그리고 각 기업의 관련 정책과 대응(문화), 그리고 일차 행위자와 활동가 관련 뉴스 보도를 분석할 것이다.

4. 조사 방법

뉴스 기사나 동영상 보도는 시사와 관련된 경우가 많아 귀중한 자료가 된다. 뉴스가 될 만한 사건인가 아닌가는 편집자와 기자에 의해 결정되지만 대중 혹은 풀뿌리 시민의 관심과 이해 또한 상당히 대변한다. 따라서 미디어 내러티브에 대한 분석은 구조와 문화, 그리고 구성원들의 창발적 속성을 많은 부분 보여 준다. 독자들의 뉴스 보도에 대한 논평 역시 보도 중인 현상과 사건에 대한 풀뿌리 시민의 반응을 나타낸다. 그러나 이들 논평은 대부분 보도에 동의하거나 동의하지 않는 정도에 그쳐 그 시야가 상대적으로 제한적이다.

이 장에서는 미디어 보도를 분석하여 형태발생론적 전제조건으로서의 지배적인 사회적 맥락과, 한국 사회 구성원들에게 힘을 주면서 동시에 이들을 제약하는 현재의 맥락을 보여 주는 구조와 문화의 창발적 속성을 조사하였다. 나는 또한 직장에서 괴롭힘 유발자와 피해자들의 상호 작용에서 드러나는 이들 개개인의 창발적 속성들도 분석하였다. 한국에서 직장 내 괴롭힘은 2000년대가 되어서야 공개적으로 드러났다. 직장 내 괴롭힘에 대한 우려가 커지면서 최근 연합뉴스TV는 "우리를 분노하게 했던 (다섯 가지) '갑질' 사건들"이라는 제목의 기사를 보도하였다.[2] 이 장에서는 그 다섯 건의 괴롭힘 사건 외에 특별히 기억에 생생히 남아 있는 두 사건을 추가하여 다루도록 하겠다. 선정된 사건들은 한국 언론 전반에 걸쳐 비중 있게 보도되었다. 보도된 사실에 있어서는 이 다양한 매체들 사이에 거의 차이가

2 「우리를 분노하게 했던 '갑질' 사건들」, 연합뉴스TV, 2020년 5월 2일자.

없다. 나는 보도의 출처를 다양화하기 위해 여러 언론사를 참고하였고, 직장 내 괴롭힘의 관점에서 각 사건을 가장 잘 나타낸 기사들을 선정하였다.

5. 연구 결과

우선 직장 내 괴롭힘 사례 일곱 건에 관해 무슨 일이 벌어졌는지 설명하고 각각의 사례를 연관된 구조·문화 및 행위자의 창발적 속성들에 기반하여 분석한 후, 현대 한국 사회의 직장 내 괴롭힘에서 공통적으로 보이는 특성에 대해 논의할 것이다. 분석 대상인 일곱 건의 사례는 2014년에서 2020년 사이에 발생하였다. 다음의 경험석 사례를 분석하는 것은 괴롭힘의 공통적인 특성을 보여 주기 위해서일 뿐만 아니라, 더 중요하게는 이러한 경험에 대한 피해자의 반응을 보여 주는 것이다. 이들은 침묵하기보다 점점 더 거리낌 없이 목소리를 내고 있다. 이러한 사례는 레거시 미디어와 페이스북, 유튜브 및 인터넷 카페를 포함한 다양한 유형의 소셜미디어를 통해 널리 보도되었다. 이론적으로 이 사례들은 구조와 문화, 그리고 개별 행위자의 속성들 사이의 얽히고설킨 관계를 보여 줄 것이다. 일곱 건의 사례에 대한 설명과 분석에 이어 직장 내 괴롭힘에 반대하는 풀뿌리 운동의 사례로 '직장갑질119'도 소개할 것이다.

1) 사례 1: 남양유업 갑질 사건[3]

2013년 1월 남양유업의 많은 유통 대리점주들이 남양유업이 비인기 제품을 대리점에 억지로 떠넘기고 있다고 주장하였다. 유통기한이 얼마 남지 않거나 수요가 적은 제품들을 떠넘겼다는 것이다. 회사 측은 혐의를 부인하며 대리점주들을 고소하였다. 그런데 2013년 5월 남양유업의 영업사원이 또다시 원치 않는 제품을 유통 대리점에 대량으로 떠넘기는 일이 발생하였다. 대리점주는 이를 받아들이지 않았고, 영업사원이 폭언하는 내용을 녹취하여 공개하였다. 그 내용은 다음과 같다.

> 물건 못 받는다고? 그딴 소리 하지 말고 알아서 해. 죽여버린다. 진짜. 그럼 빨리 넘기던가. 잔인하게 해 줄게, 내가. 핸드폰 꺼져 있거나 하면 알아서 해. 망하라고요.[4]

공정거래위원회가 남양유업을 조사한 결과, 남양유업이 자사 유통 대리점의 모든 매장에 원치 않는 제품을 강제로 떠넘긴 혐의를 인정하였다. 며칠 후 회사의 또 다른 영업사원이 대리점으로부터 뇌물을 받은 것이 적발되었는데, 이는 녹취된 메시지와 송금 내역으로 입증되었다. 회사 임원들은 곧 기자회견을 열어 대국민 사과를 하였다. 이뿐만이 아니다. 이 회사의 정규직 여직원들은 결혼과 동시에 계약직으로 전환되어 임금이 10%

---

3 「남양유업의 '슈퍼 갑질' 연대기」, DealSite경제TV, 2018년 1월 9일자.
4 「남양유업의 '슈퍼 갑질' 연대기」, DealSite경제TV, 2018년 1월 9일자.

삭감되고 각종 수당도 받지 못하였다. 임신을 하면 이마저도 안되고 직장을 그만두어야 하였다. 가급적 직장을 오래 다니고 싶어 임신 시기를 미루는 여성도 있었다. 취재가 시작되어서야 남양유업은 그때까지 일상적으로 박탈당하였던 여성 노동자들의 권리를 위해 대책을 내놓았다. YTN 뉴스는 남양유업이 분유 업계 1위 기업으로 '어머니의 마음과 함께 한다'는 캐치프레이즈를 내걸었지만 정작 미래의 어머니가 될 여직원들에게는 횡포를 부리고 있다고 보도하였다.[5]

여기에 더해, 남양유업의 유통 대리점 중 한 곳이 제품 배달 아르바이트생에게 '갑질'을 하였다. 이 아르바이트생(대학생)은 여든 가구에 우유를 배달해 월 32만 원을 벌었다. 이후 한 기업에서 인턴 기회를 얻어 대리점에 그만두겠다고 하자, 점주는 후임자를 찾지 않으면 400만 원(즉, 가구당 5만 원씩)의 배상금을 내야 한다고 요구하였다. 이 대학생은 간신히 후임자를 구해 배상금을 물지 않았다. 이에 대한 국민적 분노가 일었고 수많은 소비자가 남양유업 불매 운동을 벌였다. 남양유업의 브랜드 가치가 훼손되었고 주가도 하락하여 2013년 5월 3일 117만 5,000원을 정점으로 주가가 하락하였고, 2020년 10월 5일 25만 9,000원까지 지속적으로 하락하였다.[6]

남양유업의 사례는 회사와 대리점 운영 시스템 안에서 일어나는 갑질의 연속성을 보여 준다. 본사 직원들은 권한과 경제력이 우위에 있으므로 대리점을 운영하는 사람들을 괴롭힐 힘이 있다고 생각하는 것 같다. 대리점주는 이어서 자기 직원을 부당하게 괴롭혔다. 뉴스 보도는 괴롭힘 과정

5 「'임신하면 퇴사'… 남양유업 횡포」, YTN, 2013년 6월 27일자.
6 「남양유업의 '슈퍼 갑질' 연대기」, DealSite경제TV, 2018년 1월 9일자.

에 등장하는 하나의 요소로 뇌물을 지적하였다. 회사의 여성 노동자에 부당한 대우는 구시대적이며 갑질에 못지않았다. 실제로 한국의 직장에는 여성에 대한 부당 대우가 깊이 자리 잡고 있다(김민길·조민효 2017). 여성 노동자들은 덜 안정적인 신분으로 재분류되어 손쉬운 해고에 노출되었다(윤자영 2020). 착취 관계가 경제 구조와 고용-피고용 관계에 기초하는 위계 사슬 전체에 걸쳐 고질적(비이행적)이고 공통적이라는 사실은 명백하다. 착취 문화는 오래 지속되었을 것이고, 위계질서에서 '더 높은' 사람들은 변화를 꺼렸다. 그러나 일부 행위자들은 더 이상 인내하지 않았고, 소비자들 역시 자신이 목격한 갑질을 용납하지 않았다.

사회의 창발적 분위기는 점점 더 갑질에 반대하게 되었고, 갑질에 대한 행위자들의 적극적인 항의가 변화를 일으키기 시작하였다. 여성의 기회균등 역시 갈 길이 멀지만 서서히 변화하고 있다. 새로운 창발적 구조와 문화가 직장의 구성원들에 의해 점점 뚜렷하게 드러나기 시작하였다. 즉, 잠재적 피해자와 사회 활동가들은 직장에서의 부당한 대우에 적극적으로 맞서며 비우호적인 구조와 문화에 수정을 시도하고 있다.

2) 사례 2: CEO의 직원 휴대전화 해킹과 폭행

한국미래기술은 160명의 노동자를 고용하여 산업용 로봇을 개발하는 유망기업이다.[7] 그런데 이 회사 대표 양진호가 2020년 11월 현재 법정 소송 중인 여러 혐의 중에는 2012-2013년 직원들의 휴대전화를 해킹해 사

7 한국미래기술 기업정보 웹사이트(2020. 10. 5 접속).

적인 메시지 6만 건을 열람한 혐의도 있다. 직원들은 휴대전화에 '하이톡'을 설치하라는 지시를 받았고, 이 맞춤형 앱을 통해 회사 대표는 직원들의 휴대전화에서 사진, 통화기록, 문자, 실시간 위치, 금융 거래 내역 등의 사생활 정보에 접근할 수 있었다. 이 회사 대표는 자신이 직원들의 개인정보를 알고 있다는 사실을 과시하며 이들의 사생활에 개입하기도 하였다.[8] 또한 퇴사한 전 직원이 회사 게시판에 올린 비판적인 댓글 5개를 우연히 발견하고 그를 회사의 넓은 공용 사무실로 불러들여 그의 얼굴에 무차별 폭행을 가하였다. 폭행 동영상이 공개되자 이 사건은 전국에 공분을 불러일으켰다.[9]

『세계일보』는 다른 많은 기업에서도 명백한 권위와 경제력을 지닌 회장이 직원들에게 폭행을 가한 사건들이 있었다고 보도하였다. 예를 들어, 한 CEO는 다른 사람들이 보는 앞에서 야구 방망이로 1인 시위자를 수십 대나 때린 일도 있었다. 『세계일보』는 윤상철 교수의 말을 인용해 이들 CEO가 "현실과 동떨어진 삶을 살며 누린 특혜를 '당연한 것'이라고 여기는 점, 자기 위주의 폐쇄적인 공간에서 살아온 점" 등이 이러한 폭행의 이유인 것으로 보인다고 전하였다. 윤 교수는 또 이들 CEO의 폭행이 "타인을 복종시키고 그 위에 군림하려는 심리가 돈과 만나 표출된 현상"이라고 주장하였다.[10] 따라서 경제 구조가 주를 이루는 인간관계는 착취 문화를 재생산하여 갑질로 이어진다. 윤 교수의 분석은 양진호의 경우에도 적용

---

8 「양진호, 직원 전체 휴대전화 해킹… 여직원에 "어제 클럽에서 잘 놀던데?"」, 『스포츠경향』, 2018년 11월 9일자.

9 「'갑질폭행' 양진호, 징역 7년 불복… 항소 제기」, 『동아일보』, 2020년 6월 2일자; 「한국미래기술 양진호 회장, 전직 직원 무차별 폭행」, 연합뉴스, 유튜브(2018. 10. 30 게시).

10 「돈·권력으로 갑질·군림… '法도 있는 자 편' 처벌 약해」, 『세계일보』, 2018년 11월 4일자.

된다. 더욱이 장유유서를 중요하게 여기는 유교 문화는 젊은이들을 취약한 상황에 빠뜨리는 경우가 많다. 명령하고 복종하는 군대 문화 역시 한국 남성들에게 체화되어 직장 내 괴롭힘과 권위주의에 기여한다(Janelli 1993; Graham 1991 참조).[11]

3) 사례 3: 한 육군 장성 부부의 권한 남용

대한민국 육군 박찬주 장군은 아내 전성숙과 아들과 함께 정부가 제공하는 단독 주택에 거주하였고, 이 공관에는 가사 업무를 보조하는 두 명의 군인이 있었다. 최근 몇 년 사이에 이 부부, 특히 박씨의 아내 전성숙의 악명이 높아졌다.[12] 이들 부부는 공관에서 근무하는 병사들에 대한 수많은 학대 혐의로 기소되어 많은 언론의 관심을 끌었고 국민의 공분을 샀다. 먼저, 박찬주 장군의 주거지는 2층짜리 주택(529m²)인데, 각 층에 호출용 벨이 있어 벨 조작 시 공관병이 착용한 전자 팔찌에 신호가 전달되는 방식으로 병사를 호출하였다. 이 벨은 '물 한 잔 가져오라'와 같은 잡일을 시킬 때도 사용되었다. 전성숙은 호출 시 공관병이 늦게 오면 벨을 병사에게 집어던지거나 영창에 보내겠다고 협박하였다. 둘째, 공관에 근무하던 조리병은 밤늦게까지 대기하고 있다가 박찬주의 장남이 집에 돌아오면 야식을 챙겨주어야 하였다. 공군에 복무 중이던 차남이 휴가를 받아 집에 오면 박찬주 가족을 위한 바비큐 파티를 준비해야 하였다.[13] 셋째, 차남이 휴가로

11 「직장에서도 법대로 합시다… 권위주의 갑질 '그만'」, 『연합뉴스』, 2018년 1월 1일자.
12 「박찬주 육군 대장 부부 갑질 사건」, 나무위키(2020. 10. 6 접속).
13 「'박찬주 대장 부부, 전자팔찌 채워 수시로 호출' 추가 제보 쏟아져」, 『한겨레』, 2017년 8

집에 있는 동안 공관병은 그의 속옷까지 빨아야 하였다.

넷째, 전성숙이 차남에게 간식으로 챙겨 주라고 공관병에게 지시하였는데, 공관병이 이를 깜빡 잊었다고 하자 그 병사 얼굴에 전을 집어 던졌다. 박찬주 부부의 아들이 공군에서 복무하고 있었던 것과 마찬가지로 폭행당한 군인 역시 군 복무 중이었다. 그 군인은 한 가정의 소중한 아들이기도 하다. 그는 종이 아니므로 박찬주 일가의 '사적'인 업무를 맡아서는 안된다. 다섯째, 박찬주 대장의 공관에서 조리병이나 공관병으로 복무한 군인들은 불교를 비롯한 다양한 종교를 지니고 있었다. 그러나 전성숙은 일요일이 되면 이들을 모두 교회로 데려가 강제로 예배에 참석하게 하였다. 여섯째, 어느 날 공관병이 전성숙의 갑질을 견디지 못하고 공관 밖으로 뛰쳐나갔다. 박찬주는 이 사실을 알고 공관병에게 "관사 밖을 나서면 달영"이라며 "내 아내는 여단장급인데, 네가 예의를 갖춰야지 이게 뭐하는 짓이냐"고 비난하였다. 군 복무는 모든 한국 남성에게 의무이며 모든 한국 가정의 관심사이다. 따라서 이 군대 갑실은 전 국민의 관심을 끌었다.

한국 남자들의 의무인 군 복무는, 군 복무하는 이들과 국가 양측 모두 상당한 비용을 지불해야 하지만 국가 안보를 위해 꼭 필요하다. 군인들의 관리는 지난 수년간 민주화되어 왔다. 군인들에게 계급은 특히 중요하며, 상급자와 하급자를 결정하는 유일한 기준이다. 과거에는 권력 남용의 문화가 흔하였다. 불행하게도, 특히 일부 고위 장교들은 군모에 표시된 병사들의 계급은 볼 수 있어도, 모든 병사의 인간으로서의 진짜 가치는 보지 못하였다. 이 경우 군 공동체에서는 위계 서열이 인간관계를 지배하게

월 2일자.

되는데 박찬주 장군의 집 안에서 벌어진 일이 바로 그러한 일이다. 계층적 서열은 인류 역사 전 시기에 공통적으로 나타난다. 그러나 보조병을 종 부리듯 해서는 안되며 공정하게 대우해야 한다. 박찬주 부부는 문화의 창발적 속성을 무시하여 비싼 대가를 치렀다. 이 사건의 언론 보도가 가능하였던 것은 부분적으로 육군 내부에서 발생한 구조와 문화의 창발적 속성과 피해자들이 학대를 용인하지 않으려 한 점(개인의 창발적 속성) 때문이었다.

4) 사례 4: 대한항공 회장 가족의 '땅콩 회항' 사건

2014년 12월 5일 오전 0시 50분 대한항공 KE086편이 JFK공항 활주로로 향하던 중이었다. 비행기는 이륙하는 대신 방향을 틀어 터미널로 돌아왔고, 멈추어 선 비행기에서는 박창진 사무장이 내렸다. 무슨 일이 있었던 것일까? 당시 일등석에 탑승하였던 조현아 대한항공 부사장은 기내서비스로 마카다미아 한 봉지를 받았다. 조 씨는 승무원이 견과류 서비스 매뉴얼을 지키지 않았다고 비난하고, 박창진 사무장을 불러 따졌지만 사무장은 간식을 서빙하는 방식에 실수가 없었다고 주장하였다. 조 씨는 물러서지 않고 승무원과 사무장을 바닥에 무릎 꿇렸다. 조 씨는 박 씨를 향해 "비행기 당장 세워. 나 이 비행기 안 띄울 거야!"라고 소리쳤다. 이에 박 씨는 "비행기가 이미 활주로에 들어섰기 때문에 세울 수 없습니다"라고 대답하였다. 그러나 조 씨는 "얻다 대고 말대꾸야! 비행기 세워!"라면서 서빙 매뉴얼 파일철로 박 씨의 손등을 때리고 어깨를 밀치기도 하였다.[14] 이동하

---

14 「재벌 딸 갑질로 시작된 '땅콩 회항' 사건 전말 169일」, 『연합뉴스』, 2015년 5월 22일자.

는 비행기를 터미널로 돌려보낸 것도 안전과 관련해 논란이 컸다. 조 씨는 사건 발생 3년 4개월 만에 대한항공이 속한 한진그룹 내 호텔 대표이사를 맡으며 복귀하였지만, 박 씨는 이 사건으로 극심한 스트레스를 받아 생긴 머리 종양 제거 수술을 받았다.[15]

재벌가의 갑질로 악명 높은 또 한 사람은 조현아의 어머니이자 한진그룹 회장의 배우자인 이명희 씨였다. 이 씨의 끝없는 폭행과 폭언 목록 중 몇 가지를 살펴보면 다음과 같다. 운전기사를 대동하고 약속 장소로 가던 중 약속 시각에 늦게 되자 이 씨는 기사의 얼굴에 침을 뱉고 차를 세우라고 소리쳤다. 또 다른 상황에서는 이 씨가 기사에게 속도를 내라고 하였지만 기사는 이에 응할 수 없었다. 그러자 이 씨는 물이 담긴 플라스틱 컵을 기사의 머리를 향해 던졌다. 또 기사가 급정거를 해야 하는 상황이 발생하자 이 씨는 운전석 뒷자리를 발로 차며 "누굴 죽이려고 하냐"며 욕설을 퍼부었다. 이 씨는 또한 책, 자, 스카치테이프 디스펜서, 가위, 열쇠 뭉치, 화분 등 다른 위험한 물건들을 자택에서 일하는 직원들에게 던진 혐의도 받았다. 한 직원이 3m 높이 사다리 위에 올라 작업을 하고 있는데 작업이 마음에 들지 않는다며 사다리를 걷어차 직원이 땅에 떨어진 적도 있었다고 한다.[16]

조현아가 일등석으로 여행하는 특권을 가진 것은 주어진 특권이라고 할 수 있지만, 그가 한 일은 다른 사람들이 용인할 수 있다고 생각하는 것

---

15 「조현아 복귀, 박창진은 종양 수술… '땅콩 회항' 엇갈린 삶」, JTBC뉴스, 2018년 3월 29일자.

16 「얼굴에 침 뱉고 물컵 던지고… 한진그룹 이명희 '갑질폭행' 실상」, 『한겨레』, 2019년 1월 30일자.

을 훨씬 뛰어넘었다. 복잡한 활주로에서 움직이는 비행기를 되돌리는 것은 위험한 일이었지만 강행되었고, 이는 당시 조 씨의 명령보다 더 위에 있는 것은 없었다는 사실을 암시한다. 조 씨가 다른 사람들과 가장 다른 점은 대기업 총수의 딸로서 경제적 부를 쌓았다는 점이다. 그렇다고 그가 근면한 노동자들을 괴롭힐 자격이 있는 것일까? 조 씨의 어머니 이명희 씨는 직원들에 대한 완전히 황당하고 폭력적인 행동으로 언론의 주목을 받았다. 사실, 조 씨의 여동생인 진에어 전 부대표도 하청업체 2곳을 상대로 폭력행위를 한 혐의로 기소되었다. 대중은 조씨 일가를 곱지 않은 눈으로 보기 시작하였다. 조씨 일가의 입장에서는 경제적으로 착취적인 권력을 지닌 자신들의 유리한 위치 때문에 노동자에 대한 그들의 갑질이 정당하다고 생각할지도 모른다. 하지만 국민은 이제 점점 다르게 생각하고, 직간접적으로 괴롭힘을 용인하려 하지 않는다.

5) 사례 5: 우이동 아파트 경비원 사건

1960년대 이후 도시화·산업화와 함께 농촌 인구가 대거 도시로 이주하였다. 1980년대 '아파트 숲' 조성이 본격화된 수도권에는 대한민국 인구의 4분의 1 이상, 즉 1,000만 명 이상이 살고 있다. 아파트 건물 여러 동이 외부인 출입 제한 주택 단지를 형성하는 것이 일반적이며, 이를 위해 경비원을 고용하고 있다. 아파트 경비원 자격을 얻기 위해서는 3일간의 전문 직업 교육이 필요하며, 경비 업무는 주민에 대한 전반적인 보안과 서비스를 수반한다. 경비직은 50대, 60대에게 인기가 있으며 한국에서 상대적으로 낮은 임금인 월 200만 원 정도를 수령한다.[17] 2020년 5월 10일 서울

우이동의 한 아파트에서 경비원 최희석 씨가 아파트 주민의 괴롭힘에 시달리다 스스로 목숨을 끊었다. 피해자는 '억울하다'는 내용의 유서를 남겼다.[18] 괴롭힘은 2020년 4월 21일 최 씨가 주민(심모 씨)의 이중주차 차량을 이동시키면서 시작되었다. 혼잡한 주차장을 다른 차량이 드나들 수 있도록 이중주차 차량을 이동시키는 것은 아파트 경비원들이 평소에 하는 관행이었다. 며칠 뒤인 4월 27일 심 씨는 이 일을 핑계로 최 씨를 경비실에 딸린 화장실에 데려가 폭행하였고, 최 씨는 코뼈가 부러지는 등 전치 3주의 상해를 입었다. 최 씨가 폭행당한 일을 알게 된 일부 주민들이 긴급회의를 열어 지원에 나섰다. 최 씨는 심 씨를 상대로 폭행에 대한 소송을 제기하였다. 심 씨는 곧 최 씨를 명예훼손 혐의로 맞고소하며 압박하였고, 진단서를 제출하였으나 이후 사건과 무관한 것으로 판명되었다. 심 씨의 비행은 언론에 널리 보도되었고 국민의 엄청난 공분을 샀다. 2020년 5월 19일 기준 40만 명 이상이 이 사건을 제대로 해결해달라는 청원에 서명하였다. 심 씨는 2020년 5월 22일 수감되었고, 2020년 10월 13일 현재 법원은 여전히 이 사건을 심리 중이었다.[19] 2021년 대법원은 피의자에게 징역 5년을 선고하였고 심 씨는 2025년 5월 19일 석방된다. 이 사건 이후 이 아파트에는 더 많은 주차 공간이 생겼고, 경비원 휴게실도 마련되었다.[20] 2021년 1월부터는 경비원 괴롭힘 방지법이 시행되고 있다.

언론에 보도된 심 씨의 다른 행패와 갑질 말고도 아파트 주민의 경비

---

17 「아파트 경비원에 대해서 알아보자」, KBS경비교육원, 네이버 블로그(2019. 11. 29 게시).
18 「우이동 아파트 경비원 갑질 사망 사건」, 나무위키(2020. 10. 23 접속).
19 「우이동 아파트 경비원 갑질 사망 사건」, 나무위키(2020. 10. 23 접속).
20 「경비노동자 죽음 내몬 주민 징역 5년 확정, 그리고…」, JTBC뉴스, 2021년 8월 29일자.

원에 대한 갑질은 드문 일이 아니다. 최 씨의 사망 이후 서울경찰청은 아파트 경비원 갑질 피해에 대한 특별 신고 기간을 운영하였다. 2020년 5월 한 달 동안 33건의 사건이 접수되었으며, 이 중 14건은 검찰에 넘겨졌고 16건은 아직 수사 중이다.[21] 아파트 입주민들은 상당한 공간과 시설을 공유한다. 대다수 주민이 경비원보다 부유할 수도 있는데, 소수의 사람에게는 이것이 경비원들을 경시하고 학대해도 되는 정당한 이유이다. 여기서 분석하고 있는 사례와 같은 일은 몇 안 되는 드문 일이 아니라 많은 비슷한 사건 중 하나일 뿐이다. 이러한 경비원에 대한 갑질 문화는 물질주의적인 한국 사회에서 여전히 만연한, 끈질기게 지속되는 구조적 속성에 의해 뒷받침되는데, 일부 한국 학자들은 이를, 세계적으로 인기를 얻은 TV 시리즈인 「오징어 게임」에서 나타난 것처럼, 세계에서 가장 신자유주의적이라고 생각하기도 한다.[22] 그럼에도 많은 아파트 주민들이 그 괴롭힘을 용납할 수 없다고 생각하였고, 이 문제와 가해자에 대해 널리 알리며 우려를 제기하였다.

6) 사례 6: VIP 고객과 백화점 주차관리 아르바이트생

2014년 12월 27일 부천시 현대백화점 주차장에서 VIP 고객 2명(모녀)과 주차요원 3명 사이에서 갑질 사건이 발생하였다. 12월 말의 백화점과

21 「청원 답변」, 청와대 청원게시판(2020. 10. 13 접속).

22 「오징어 게임」의 국제적인 인기는 한국 경제에 대한 전 세계적인 관심 때문이 아니라 전 세계를 휩쓸고 있는 착취적인 경제와의 유사성 때문이다. 에피소드들은 신자유주의 경제의 공통된 특징을 뛰어나게 묘사하였다.

주차장은 항상 복잡하다. 한 VIP 고객이 1대가 아닌 2대의 주차 공간을 차지하고 있었고, 주차요원이 고객에게 차량 이동을 요청하였다. 고객은 딸이 아직 도착하지 않았으며 "딸이 도착하면 차를 옮길 것"이라고 대답하였다. 다른 운전자들을 안내하기 위해 몸을 돌린 주차요원은 권투선수처럼 팔을 휘둘렀는데, 이는 이 청년이 몸을 움직여 날이 추워 몸을 풀려고 그랬던 것 같다. 하지만 고객은 이 동작을 위협으로 받아들였는지 시비가 붙었고 이내 갑질로 이어졌다.[23] 고객은 주차요원을 바닥에 무릎을 꿇게 하였다. 다른 요원 세 명이 와서 무릎을 꿇은 수행원을 일으키려 하였다. 그런데 이 고객은 이 세 명의 주차요원(대학생)마저 차가운 주차장 바닥에 강제로 무릎을 꿇게 하였는데, 그 장면이 사진으로 공개되었다. 젊은 주차요원들은 1시간 이상, 2시간 가까이 무릎을 꿇고 있어야 하였다.[24] 이 VIP 고객은 이후 백화점을 방문해 억울함을 호소하였다고 한다. 급기야 사무실 바닥에 드러누워 "내 돈 쓰고 내가 왜 주차요원에게 모욕을 받아야 하냐. 왜 이런 대우를 받아야 하냐"며 소리쳤다는 것이다. 결국 이 고객은 구급차를 타고 병원으로 실려 갔다. 해당 주차요원은 대학 등록금을 어떻게 마련할지 걱정이 되어 고객에게 무릎을 꿇을 수밖에 없었다고 한다. 이후 한 목격자는 이 VIP 고객이 주차요원을 향해 "이 차 보이냐, 이 차가 똥차로 보이냐? 더 높은 사람들도 나한테 무릎을 꿇는다. 내 남편 한마디면 다 잘린다"고 말했다고 증언하였다.[25]

---

23 「갑과 을」, 나무위키(2020. 10. 14 접속).
24 「백화점 갑질 모녀, 알바생 3명 2시간 동안 무릎 꿇려」, 『한겨레』, 2015년 1월 25일자.
25 「'그것이 알고 싶다' 백화점 모녀 '을의 횡포… 마녀사냥이다' 주장」, 『마이데일리』, 2015년 1월 11일자.

논란이 된 것은 무릎 꿇는다는 것이 한국의 문화에서는 심각한 굴종의 형태이며 특히 자존심 강한 젊은 세대에게는 더 이상 흔하지 않다는 것이다. 대중은 "이 일이 저 자존심 강한 청년들이 무릎을 꿇게 할 만큼 심각한 문제인가"라는 의문을 제기하였다. 갑질의 당사자는 "때릴 수 없기 때문에 무릎을 꿇릴 수 있고, 사회 정의를 위해 그렇게 했다"고 주장하였다.[26] 사건에 대한 상세한 정보를 다룬 한 TV 토론에서는 이 갑질 고객이 사건 당일 백화점에서 600만 원 정도를 지출했다고 언급하였다.[27] 언론평론가 최창렬 교수는 백화점에서 비슷한 사례가 반복되는 것은 한국 사회가 돈이 지배하는 사회가 되었음을 보여 주는 것이라고 주장하였다.[28] 즉, 인간관계가 자본 권력을 중심으로 이루어진다는 것이다. 소비주의 사회에서, 백화점에서 거액을 소비한다는 것은 '가진 자'가 힘을 과시하는 것임이 틀림없다. 갑질 고객은 변변찮은 벌이를 가진 주차요원에게는 어떤 상황에서도 부유한 고객에게 굴욕감을 줄 권리가 없다고 생각하는 것 같다. 하지만 고급 차가 노동자의 인권보다 더 가치 있을까? 박찬주 대장 가족과 마찬가지로, 갑질 고객은 돈 많고 힘 있는 배우자를 등에 업고 다른 사람들을 무릎 꿇게 한 이력을 자랑한다. 자신의 경제적·구조적 속성에 매몰되어 있는 이 갑질 고객의 '사회 정의'는, 변화하는 문화와 개인의 창발적 속성에 점점 더 많이 노출되고 이를 더 많이 의식하게 되는 대다수 사람의 정의와는 다르다. 실로, 더 많은 한국인이 이제 문화의 창발적 속성들에 의해 힘

---

26 「'그것이 알고 싶다' 백화점 모녀 '을의 횡포… 마녀사냥이다' 주장」, 『마이데일리』, 2015년 1월 11일자.
27 「백화점 모녀 갑질 사건의 진실은? 주차요원 인터뷰 공개」, 채널A뉴스, 2015년 1월 8일자.
28 「백화점 모녀 갑질 사건의 진실은? 주차요원 인터뷰 공개」, 채널A뉴스, 2015년 1월 8일자.

을 얻어서 기꺼이 불의에 맞서고 있다.

7) 사례 7: 한 검사의 허무한 죽음

신입 검사 김홍영(33세)은 2016년 6월 19일 직속 부장검사(김대현)의 폭언과 공개 망신으로 인한 심리적 고통을 장기간 겪다 자택에서 스스로 목숨을 끊었다. 피해자의 아버지는 부장검사가 아들의 죽음에 책임이 있다고 주장하였다. 피해자의 동료들도 부장검사가 많은 후배들에게 신체적·언어적 폭력을 가했다고 증언하였다.[29] 이후 이 부장검사가 피해자에게 단체로 조용히 술 마실 장소를 찾아 예약하라고 지시하였지만 이를 못하자 화를 낸 사실도 드러났다. 피해자가 가족 문제로 개인 휴가를 신청하였을 때도 부장검사는 이를 거부하였다. 결국 김대현 부장검사는 과거 17차례에 걸친 비위 행위가 드러나 해임되었다. 김대현은 이 결정에 불복해 항소하였으나 2019년 3월 결국 패소하였다. 그리고 부장검사에서 해임된 지 3년 만에 변호사 등록을 신청하였다. 김홍영 검사의 죽음은 한국 법조계에 어느 정도 자성의 계기가 되었지만 그럼에도 법조계의 갑질 문화는 성행해 왔고 지금도 여전한 것으로 알려져 있다.[30]

검찰은 일제 강점기 이래 한국에서 가장 잘나가는 엘리트 전문가 집단이었다. 이들은 엄격한 위계 구조를 지닌 집단을 이루었고, 그 인맥은 검찰청 안팎에서 작동한다. 이들의 위계는 군대와도 유사하다. 평검사가 사

29 「아들, 부장검사 폭언에 힘들어했다」, 『중앙일보』, 2016년 6월 27일자.

30 「검사(법조인)/사건사고」, 나무위키(2020. 10. 14 접속); 「'30대 검사 자살'에 법조계 자성의 목소리」, YTN, 2016년 6월 28일자.

법고시에 먼저 합격한 선배의 직급을 뛰어넘으면 선배는 자리에서 물러나는 경우가 많다. 따라서 간부가 되면 직업적으로나 개인적으로 평검사들에 대한 지배력을 가지게 된다. 검사는 기본적으로 정의와 공정성을 지켜야 할 주체이지만, 이들 사이의 인간관계가 직업 내에서 어떻게 작동하는지는 별개의 문제로 보인다(이연주 2020). 16년간 검사 생활을 해온 임은정 씨는 여러 부장검사들의 폭언과 갑질을 경험하였으며, 검찰 내 괴롭힘 문화가 실제로 존재한다고 확인해 주었다(이연주 2020 참조). 임은정 씨는 "후배 검사의 죽음이 허무하다"고 말한다.[31] 검사들의 괴롭힘과 관련하여 잘 알려진 문제점은 검사들이 동료들의 비행에 책임이 있고 혐의자들이 거의 사법처리되지 않는다는 점이다.[32] 그러나 구조의 특권적 속성은 검사를 지망하는 대학생들이 추구하는 목표가 되고, 그들의 직업적·문화적 속성은 집합 행위자로서의 검사들의 삶 속에 고착되게 된다(Veblen 2016; 김상준 2021: 241). 수십 년 동안 이들에게 수많은 물질적 혜택을 제공해 온 그들의 직업 문화를 현 상태 그대로 유지하려 할 가능성이 높기 때문이다. 검찰은 2017년 이후 문재인 정권의 적폐 청산 리스트에도 올랐다. 하지만 국민은 검찰이 현재의 구조를 개혁하고 새로운 구조와 문화를 만들 준비가 되어 있지 않다는 것을 알게 되었다. 전반적으로 검찰청은 스스로 개혁할 준비도 안되어 있고 변화를 위한 외부 개입을 받아들일 의사도 없는

---

31 「임은정 검사 '남부지검 검사 허무한 죽음, 연판장 돌려야'」, 『경향신문』, 2016년 6월 27일자.

32 현재 관련된 노력 중 하나는 이러한 부당함을 해결하기 위해 검찰 권한을 축소하는 것이다. 한국 검찰의 권한은 어느 기준으로 보아도 비정상적으로 많은데, 검찰은 문재인 정부(2017-2022년) 동안 다른 선진국 수준으로 권한을 축소하라는 국민적 요구에 강력히 저항하고 있다.

데, 이는 한국 사회의 구조 및 문화의 창발적 맥락을 거스르는 일이다. 이러한 수구적 태도는 한국의 민주화와 경제발전의 지속적인 과정을 중단시키는 행위이다.

6. 직장 내 괴롭힘에 대항하는 풀뿌리 시민 운동: '직장갑질119'

위에서 설명하고 간략하게 분석한 일곱 건의 경험적 사례는 앞서 논의한 '업무 관련 괴롭힘, 인격적 괴롭힘, 신체적·위협적 괴롭힘'의 세 가지 괴롭힘 유형과 밀접하게 관련된다(Bartlett and Bartlett 2011: 72). 게다가, 다양한 사회에서 확인된 직장 내 괴롭힘의 일반적인 원인은 한국의 직장 내 괴롭힘에도 적용된다. 즉, 특정 개인과 직장, 그리고 넓은 사회문화적·경제적 맥락에 의해 발생하는 것이다(문강분 외 2017). 현대 한국에서 직장 내 괴롭힘에 대항하는 풀뿌리 시민 운동과 이를 가능하게 하는 시민 의식에 특별한 관심을 가진 나는, 직장 내 괴롭힘에 대한 노동자들의 거부감 증가 그리고 이와 관련된 지원 기관들에 관한 연구가 직장 내 괴롭힘에 대한 반응의 변화, 즉 개인의 창발적 속성을 이해하는 데 중요하다고 생각한다.

'직장갑질119'는 2017년 11월 1일 공익 목적으로 설립된 비영리 시민단체이다. 이 단체는 시민, 공인노무사, 변호사, 노동 전문가 등 241명의 자원봉사자에 의해 운영된다. 카카오톡 오픈 채팅, 페이스북, 블로그, 유튜브 등 소셜미디어를 통해 지원과 상담이 가능하다. 누구나 직장에서의 부당한 대우나 괴롭힘에 대해 이야기하고 조언을 얻을 수 있다. 탐사보도 매체인 뉴스타파는 이 단체의 활동을 다음과 같이 보도하였다. 카카오톡 오픈채팅방을 개설한 지 1주일 만에 1,055명이 참여하여 직장 내 괴롭힘 사례에 대한 조언을 구하였다. 유사한 목적의 과거 시도들이 실패하였던 것과 달리, 카카오톡은 접근이 쉽고 전문가들의 조언을 실시간으로 얻을 수 있어 성공적일 수 있었던 것이다. 직장갑질119는 고용 불안정과 이에 대한 보호 장치가 거의 없는 중소기업의 계약직 직원들에게 특히 많은 관심을 기울여 왔다.[33]

직장갑질119의 스태프인 박점규 씨는 2016년 12월의 어느 토요일 밤 촛불집회에서 20-30대 노동자들이 토요일까지 야근하고 오후 9-10시가 되어서야 촛불을 들고 집회에 달려오는 모습을 보고 이 단체를 설립하게 되었다고 회고하였다. 청년 노동자들이 '잘못된' 정권을 뒤집고자 하는 열정을 갖고 있다면, 그 열정으로 직장 내 괴롭힘을 포함해 부적절한 것은 없애고 훨씬 나은 조건과 고용 안정성으로 직장을 개선할 수도 있지 않을까 생각하였던 것이다.

2017년 11월 1일부터 11월 30일까지 카카오톡 오픈채팅방에는 5,634명이 입장하였고, 채팅과 이메일을 통해 2,021건의 갑질 사례가 보고되었다. 임금 체불, 괴롭힘과 따돌림, 야근 및 휴일 근무 강요, 부당 징계 및 해고 등이 이에 해당하였다. 고용노동부의 2016년 통계에 따르면, 100명 미만의 노동자를 고용하고 있는 기업 중 노동조합이 있는 기업은 3.5%에 불과하였다. 100명 미만 고용 기업의 50%는 보수가 '공정한' 정규직이었고,

---

33 「뉴스타파 목격자들: 직장갑질119 (1부): 5,634명 눈물의 오픈채팅」, 뉴스타파, 유튜브 (2017. 12. 12 게시).

나머지 50%는 고용 안정이 거의 없는 계약직이었다. 이러한 환경에서 노동자들은 쉽게 해고될 가능성에 노출된다. 직장갑질119를 통해 도움을 요청하는 사람들을 위한 활동에 참여하기 전, 박점규 씨는 자신이 직장 내 괴롭힘에 대해 전반적으로 잘 알고 있다고 생각하였다. 그러나 그는 노동자들이 실제로 당하는 부적절한 처우와 괴롭힘이 자신의 이해를 훨씬 뛰어넘는 정도였으며, 이러한 사례들을 직접 듣고 충격을 받았다고 한다. 직장갑질119의 총괄 스태프인 오진호 씨는 많은 갑질 행동이 당연시되었기 때문에 카카오톡 오픈채팅방을 통해 노동자들이 자신도 모르는 사이에 괴롭힘을 당하였다는 것을 깨닫도록 돕는 것도 성과 중 하나라고 언급하였다.

한 여성 노동자가 장기간 언어폭력과 성희롱에 시달리다 퇴사를 고민한 사례가 있었다. 회사는 또한 그녀의 건강 보험료를 전용하였고, 이 때문에 그녀는 보험 혜택을 받지 못하였다. 이 노동자는 전문적인 조언을 구하기 위해 직장갑질119에 연락하였다. 그리고 법률 조언을 받은 후 전 사업주에게 돌아가 불만을 제기하였다. 이에 회사 부사장은 진심으로 사과하였고, 해당 노동자는 사과를 받아들여 다시 복직하였다고 한다. 박점규 씨는 많은 노동자들이 경제적 손실은 감당할 수 있지만 인격이 짓밟히는 직장 내 괴롭힘은 참기 힘들어하는, 수많은 유사 사례가 있었다고 증언하였다.[34] 직장 내 괴롭힘 피해자들이 문제를 알리고 도움을 요청하기 위해 고용노동부보다 직장갑질119를 선호하는 이유는 무엇일까? 직장갑질119의 설문조사 결과에 따르면, 참여자들(351명)은 표 8-1에 제시된 바와 같

34 「뉴스타파 목격자들: 직장갑질119 (1부): 5,634명 눈물의 오픈채팅」, 뉴스타파, 유튜브 (2017. 12. 12 게시).

표 8-1 고용노동부를 신뢰하지 않는 이유(직장갑질119의 설문조사)[35] (단위: 명, %)

구분	많이 도움 된다	약간 도움 된다	별로 도움되지 않는다	전혀 도움되지 않는다	오히려 불안감을 주거나 불이익을 당했다	문제를 더욱 악화시킨다
응답자	36	43	133	66	70	3
비율	10.3	12.3	38.0	18.9	20	0.6

주: 백분위는 언론에 공개된 수치이다. 참여 인원(351명) 및 문항별 응답자 수는 공개된 수치를 바탕으로 추정한 것으로, 공개된 자료에 의하면 272명이 참여자의 77.5%에 해당한다.

이 응답하였다.

직장갑질119에 따르면, 고용노동부가 제공하는 직장 내 괴롭힘 피해자 지원 서비스의 핵심 문제 중 하나는 익명성을 보장하지 못한다는 것이다. 사업주가 신고 사실을 알게 되면 해고의 위험에 처하게 되기 때문이다. 게다가 272명의 설문 참여자(77.5%, 표 8-1 참조)가 고용노동부에 신고하는 것이 "도움 되지 않는다"고 응답한 것으로 보아, 고용노동부는 직장 내 괴롭힘의 심각성에 대한 이해나 관심이 거의 없는 것으로 보인다. 이는 직장 내 괴롭힘이 직장의 구조와 문화에 깊이 뿌리내리고 있으며, 정부 조직이 이 문제를 해결할 만큼 적극적이지 못하였음을 시사하는 것일 수 있다. 갑질을 부르는 지배적인 구조는 갑질 문화를 널리 퍼지도록 만들어 잠재적인 가해자와 피해자가 잠재적인 갑질 행동을 당연하게 받아들이도록 하였고, 최근에서야 이런 행위가 부적절하다고 인식하기 시작한 것이다. 특히 직장갑질119의 등장에 이어 한 달 만에 2,021건의 괴롭힘 사례가 보

35 「뉴스타파 목격자들: 직장갑질119 (1부): 5,634명 눈물의 오픈채팅」, 뉴스타파, 유튜브 (2017. 12. 12 게시).

고된 것은 사람들이 직장 내 괴롭힘의 만연한 구조와 문화를 더 이상 받아들이지 않고 있음을 시사한다. 그들은 이제 "피해자들이 연대하면, 갑질하는 회사에 항의할 수 있다"는 것을 알게 되었다.[36] 직장갑질119 덕분에 기업 내 노동자들이나 유사 직종에 종사하는 노동자들이 자체적으로 소셜미디어 플랫폼을 구축하여 서로 실질적인 지원을 하고 있다. 박점규 씨는 노동자들이 서로 정보를 공유하고 연대하면 힘이 생기고 직장 내 괴롭힘에 대해 더 큰 보호를 얻을 수 있다는 점을 지적한다.[37] 직장갑질119의 소셜미디어 활동은 피해자들에게 자신이 속해 있는 고용 구조와 문화의 종류를 효과적으로 인식시키고, 자신이 원하는 새로운 구조와 문화를 숙고해 보는 기회가 되었다. 이는 새로운 구조를 만들기 위한 운동을 자극하는 개인의 창발적 속성이며, 그 결과로 생겨나는 새로운 구조는 이후 새로운 직장 문화로 이어질 것이다. 직장갑질119는 노동자들의 상호 지원의 촉진제가 되어, 그들을 사회를 변화시키는 활동가로 변모시켰다. 또한 구조를 변화시키는 과정에서 이들의 참여는 이중의 형태발생을 가능하게 하였다.

7. 토론 및 맺음말

포스트포디즘과 신자유주의가 만연한 한국의 상황은 고용 안정성을

36 「뉴스타파 목격자들: 직장갑질119 (1부): 5,634명 눈물의 오픈채팅」, 뉴스타파, 유튜브 (2017. 12. 12 게시).
37 「뉴스타파 목격자들: 직장갑질119 (1부): 5,634명 눈물의 오픈채팅」, 뉴스타파, 유튜브 (2017. 12. 12 게시).

현저하게 감소시켰고, 노동자들은 직장에서 어떤 갈등을 겪는다 해도 쉽사리 직장을 떠나 다른 일자리를 찾아볼 수 없게 되었다. 그러다 보니 직장 내 괴롭힘에 항의하는 것도 꺼리게 된 것이다(조계원 2019: 280). 그러나 최근 몇 년간 직장 내 괴롭힘은 한국에서도 수면으로 올라왔고 이에 대한 논의가 상당히 활발해졌다. 전문가들은 갑질 문화가 한국 사회에 뿌리 깊게 자리한 만성적인 문제라고 주장한다.[38] 비판 실재론의 관점에서 갑질은 상대적으로 변하지 않는(즉, 비이행적) 현상이며, 보통 불균등한 권력관계나 경제 구조에서 비롯된다. 그러나 문화의 창발적 속성이라는 맥락에서는 갑질에 대한 사람들의 인식과 생각은 변화에 열려 있고 따라서 이행적이다. 이것이 과거에는 더 쉽게 받아들였어질 갑질에 대항하는 계기가 된다. 사회적 주체의 행위는 주어진 구조적·문화적 맥락에 의해 제한되지만, 문화의 창발적 속성이 구조에 변화를 불러오는 개혁적 행동을 가능하게 하고 이를 촉발한다.

경험적 사례를 분석해 보면 우리나라를 비롯한 여러 나라의 사업장에서 괴롭힘이 발생하는 이유와 방식에 공통점이 있음을 알 수 있다. 비판 실재론의 관점에서 볼 때, 1970년대와 1980년대의 급속한 도시화와 산업화 과정과 같이, 괴롭힘에 유리한 환경을 뒷받침하는 특정한 구조적·문화적 속성들이 존재하였다. 한국은 수십 년간 사회경제적 발전을 이룩하는 과정에서 특정한 발전단계를 거쳤는데, 이는 국내 제조업 부문을 발판 삼아 광범위한 국제무역을 이용하는 것이었다. 착취적 자본주의의 논리와 한국 전통문화의 일부 특징(예를 들어, 노인 공경)은 직장 내 인간관계를 형

38 「직장에서도 법대로 합시다… 권위주의 갑질 '그만'」, 연합뉴스, 2018년 1월 1일자.

성하는 영향력 있는 요인이었다. 성장 중심 경제의 맥락에서 성차별, 부당해고, 착취 등 직장 내 괴롭힘 유형이 뚜렷하게 나타났다(구미영 외 2015; 김민길·조민효 2017; 서유정·이지은 2016a). 나는 새로운 정보통신기술(ICT)이 등장함에 따라 직원들에게 쉽게 연락하거나 욕설 문자를 보내는 등 직장 갑질의 새로운 형태가 추가될 것이라고 생각한다. 하지만 이 기술은 또한 갑질 문제를 해결할 수 있는 통로 역시 제공하여 사람들이 문제의 심각성을 느끼고 새로운 방식으로 도움을 구할 수 있게 해 준다. 현대 한국에서 갑질을 악화시키고 특징지을 수 있는 잠재적 요인을 다음과 같이 제시할 수 있다. 첫째, 선배를 공경하는 것과 같은 유교적 가치는 수십 년 전까지만 해도 훨씬 더 중요하게 여겨졌다. 그러한 가치관이 이제는 사업장에서는 중시되는 것은 아니며, 어느 정도의 고충을 야기하고 갈등의 원인으로 작용하여 직장 내 괴롭힘으로 이어질 수도 있다. 위에서 살펴본 검사의 사망도 이러한 현상과 관련이 있다. 젊은 노동자들은 나이가 많다는 이유로 직장에서 갑질을 하는 사람들에게 점점 더 반대하고 있다.

둘째, 한국 남성의 군 복무 의무는 관공서나 법조계, 민간 부문을 막론하고 직장과 일상적인 상호 작용에서의 경직된 위계질서를 강화하는 영향을 미칠 가능성이 높다.[39]

셋째, 일상에서 경직된 위계를 따르는 한국 문화가 직장에서의 위계관계에도 작동한다(조계원 2019: 278). 위계 의식은 인간관계 속에 깊이 자리 잡고 있어 한 사람의 어느 정도 특권화된 배경(예: 출생, 지역, 학력)이 직장 내 동료들과의 관계뿐만 아니라 그 사람의 삶의 기회에도 영향을 미친

39 「직장 내 괴롭힘 금지법 시행 1년, 병원 내 괴롭힘 여전」, 『청년의사』, 2020년 7월 16일자.

다. 이는 직장 내 괴롭힘을 가중시키는 차별 문화로 작동할 수 있다(Han 2016b). 이와 유사하게 송재룡 교수는 한국인들이 계층적으로 조직된 한국 사회의 영향 속에서 사고 과정과 행동을 문화화한다고 언급한 바 있다. 조직 단위에서 개인은 서로 다른 역할을 맡고 있지만 이것이 차별이나 괴롭힘의 근거가 되어서는 안되는데, 이는 가족 단위에서 가르치고 익혀야 할 원칙이라고 그는 주장한다.[40]

넷째, 갑질 문화에 가장 큰 영향을 미친 요인은 1997년 아시아 경제위기 당시 IMF의 구조조정 이후 한국 경제를 휩쓴 신자유주의적 맥락이다. '정규직' 일자리의 상당 부분이 대우가 열악한 '비정규직·계약직'으로 전환되어 사업주가 노동자를 쉽게 해고할 수 있게 되었다. 노동의 가치를 낮게 평가하는 것이 문화의 창발적 속성이 되었고 모든 노동자가 취약한 위치에 놓이게 되었다. 50대가 되면 자발적으로 퇴직하는 것이 일반적인 일이 되었고, 많은 이들이 시간제 근무를 하면서 정규직 일자리를 구하고 있다. 이러한 구조의 창발적 속성은 많은 노동자들을 취약한 조건으로 몰아넣어 직장 갑질이 발생할 가능성을 증가시킨다.

다섯째, 한국 사회는 급격한 변화를 겪었고 여러 세대가, 특히 청년기에, 서로 다른 구조적·문화적 맥락에 노출되었다. 따라서 갑질에 대한 견해에 있어서 세대 차이가 있을 수 있음을 예상할 수 있지만, 그렇다고 한국 사회가 갑질 없는 사회로 꾸준히 나아가고 있음을 의미하는 것은 아니다.

표면적으로는 직장 갑질과 관련하여 구조와 문화에 일어나고 있는 변

40 「'돈이면 다냐?' 갑갑한 대한민국… 갑질 공통점 살펴보니」, 『쿠키뉴스』, 2016년 4월 5일자.

화는 상대적으로 제한적인 것으로 보인다. 노동자들의 노동조건 등 구조적 맥락 역시 계속 진화하고 있음은 물론이다. 그러나 시장 주도적 맥락에서 직장 갑질을 감소시키는 방향으로 근로조건이 개선되는지 여부는 명확하지 않다. 이러한 점에서 일반적으로 권력을 쥐고 있는 고용주나 잠재적 가해자들이 갑질 문화를 점점 더 거부하고 있는지도 분명하지 않다. 그러나 행위자의 창발적 속성에는 명백한 변화가 있었던 것으로 보인다. 앞서 언급한 바와 같이 2000년대 이후 직장 내 괴롭힘에 대한 국민적 우려가 크게 증가한 것은 주로 괴롭힘에 대한 국민의 항의와 갑질 사건 신고의 증가에 기인하며, 이는 결국 2019년 직장 내 괴롭힘 금지법의 입법을 가져왔다. 직장 내 괴롭힘을 방지하기 위한 이 법안은 괄목할 만한 성과를 거두었나. 최근 8개 병원에 근무하는 간호사 1,183명을 대상으로 실시한 설문조사에 따르면, 2019년 법 제정 이후 12개월 동안 "변화가 없었다"고 응답한 비율은 39%였으며, 나머지는 "긍정적으로 변화했다"고 응답하였다.[41] 이 조사는 이 법안 덕분에 일부 변화가 일어나고 있음을 시사한다. 강경화 간호학과 교수는 병원 내 괴롭힘을 예방하기 위해서는 경영자와 관리자가 갑질 방지의 명확한 의지를 가지고 업무 수행에 필요한 인적·물적 자원을 확보하고 합리적으로 운영해야 한다고 주장하였다(조계원 2019: 281).[42] 조직의 합리적 운영은 노동자에 대한 적절한 보수와 회사 내의 절차적 공정성으로 이어져 직무만족을 끌어낸다(Cropanzano and Greenberg 1997; 이철기·이동진 2012; 류형서·류기상 2018). 신뢰와 존중, 공정성에 기반한 구조와 문

41 「직장 내 괴롭힘 금지법 시행 1년, 병원 내 괴롭힘 여전」, 『청년의사』, 2020년 7월 16일자.

42 「직장 내 괴롭힘 금지법 시행 1년, 병원 내 괴롭힘 여전」, 『청년의사』, 2020년 7월 16일자.

화는 갑질을 방지하는 특정 프로토콜을 도입하는 것보다 훨씬 효과적이다(Levering 2000; Pate and Beaumont 2010; 유계숙 2015: 251에서 재인용).

타인에 대한 새로운 형태의 통제와 괴롭힘은 계속 생겨나고, 이는 괴롭힘을 예방하기 위한 새로운 규칙을 요구한다(조계원 2019: 288). 그러나 신뢰와 존중, 공정성의 문화는 애당초 괴롭힘을 효과적으로 억제하거나 감소시킬 가능성이 높다. 직장 내 구조와 문화는 매우 다양하지만, 기업주와 경영진이 갑질을 최소화할 수 있는 일터를 건설하는 방향으로 변화를 일으킬 수 있다. 지금까지 살펴본 한국 사회 특유의 사회문화적 요인과는 별개로 직장 내 괴롭힘에 대한 대중의 인식을 높이는 데 있어 널리 사용되는 미디어의 역할은 아무리 강조해도 지나치지 않다. 이 장에서 논의한 경험 사례들 모두 한국 내에서 인쇄 매체뿐만 아니라 온라인 뉴스 보도, 라디오, TV, 유튜브, 블로그 등을 통해 광범위하게 보도되었다.

갑질의 가해자와 피해자는 모두 한국 사회의 구성원이다. 가해자는 지배적인 구조와 문화에 의존하는 경향이 있는 반면, 잠재적인 피해자는 현재의 구조와 문화를 통제하는 지배적인 집단으로부터 공정한 대우를 받기를 희망한다(조계원 2019: 282). 잠재적 피해자가 갑질을 피하기 위해 힘과 권위를 가진 지위에 오르기를 바랄 수도 있다. 전상진 교수는 한국에는 "상하 관계가 명확하고, 위에서 명령을 내리면 밑에서는 수단과 방법을 가리지 않고 따라야 한다는 권위주의적 문화가 있다"고 주장하였다. 그는 이어서 "권력을 거의 독점한 지도층이 이익은 사유화하고 책임은 아래로 전가한다"며, 이로 인해 평범한 사람들도 지배적인 지위로 올라가기를 바라게 된다고 주장하였다.[43]

직장 갑질의 신고 건수가 크게 증가하였다고 해서 반드시 최근 몇 년간 갑질이 급증한 것은 아닐 수도 있지만, 구조와 문화의 창발적 속성이 피해자의 주장에 힘을 실어 주는 상황에서 피해자들은 더는 직장 내 괴롭힘을 용납하지 않으려 한다. 구성원, 즉 노동자들이 직장을 절실하게 필요로 한다는 점은 과거와 다르지 않다. 노동자가 일자리를 잃었을 때 그 기회비용은 고용주보다 더 크다(Bowles et al. 2009: 385; 조계원 2019: 280). 그러나 현대의 노동자는 대체로 교육 수준이 높고, 경제적으로 풍요로운 한국 사회에서 고용주와 피고용인의 관계가 착취적이어서는 안된다고 기대한다. 노동자는 직장에서 더 나은 대우를 받기를 기대하고 부당한 대우를 받아들이지 않으려 한다. 그런 일이 발생한다면 '직장갑질119'의 사례에서처럼 전문적인 조언을 구한다. 이는 모든 형태의 근거 없는 차별과 불의한 행동에 맞서려는 보다 큰 추세의 일부이나(예를 들면, 김지혜 2019; 김상준 2021: 857; 조남주 2016).

43 「직장에서도 법대로 합시다… 권위주의 갑질 '그만'」, 연합뉴스, 2018년 1월 1일자.

제9장

맺음말

한국은 한국전쟁 이후 압축적인 성장을 거듭하면서 10년마다 중대한 갈림길에 섰다. 한국은 제2차 세계대전 이후 민주주의와 경제발전을 동시에 달성한 몇 안 되는 국가 중 하나로 알려져 있다(Lee 2018). 2020년 기준 한국은 세계 10위권의 경제 대국이었다. 그러나 한국 사회에서 가장 눈에 띄는 특징은 국민이 이념적·정치적·경제적으로 분열되어 있다는 점이다. 정치 지도자 못지않게 더 나은 국민 국가를 만들기 위해 노력해 온 것은 풀뿌리 시민들이다. 한국인의 국가 정체성에 대한 인식은 여전히 형성 중이다. 이 책은 특정 시점에서 포착한 스냅숏을 분석하려는 시도이다. 정치 및 경제 민주화를 위해서는 아직도 해야 할 일이 많다. 국민 국가로서의 대한민국과 한국 국민의 정신은 식민지였던 과거사에 국내외적으로 발목이 잡혀 있다.[1] 식민지 역사 및 한국전쟁의 유산과 화해하지 못하고 있는 것이다.

게다가 정치 및 경제 엘리트들은 자신들이 섬겨야 할 사람들을 착취해 왔다. 하향식 민족주의가 지속되었고 이 때문에 상향식 민족주의가 성숙할 기회를 잃었다(Storm 2018: 116). 한국의 엘리트들이 "응집력 있는 공동체"를 만들기 위해 "국가 구성원들의 연대 강화"(Storm 2018: 116)를 추구하였다는 점은 의심할 여지가 없으며 이는 분명 한국이라는 국민 국가의 통합에 도움이 되었다. 그러나 하향식 민족주의만으로는 강하고 건설적인 민족주의를 길러 내기에 충분하지 않다. 상향식 민족주의가 국민의 지지를 받으며 성공할 때도 있었지만, 전체적으로 보았을 때, 수십 년 동

1 「미국 학자 '일본이 과거사 속죄 않는 것이 세계경제 위협'」, 『경향신문』, 2019년 8월 12일자; 「'누가 대한민국을 만들었는가?' 미국의 역사학자가 쓴 미국의 대한민국 만들기의 역사」, 『에큐메니안』, 2013년 3월 7일자.

안 널리 이어진 풀뿌리 사회 운동의 시도에도 불구하고 완전히 성장하지는 못하였다.

이 책 프로젝트의 암묵적이지만 개인적으로 중요한 목적은 이념적·사회경제적 배경이 다른 한국인들이 소통하는 방식을 찾고 분석하는 것이었는데, 그 소통 방식은 지난 100년 동안 국민 내부의 분열을 초래한 것으로 보인다(장우영 2018b: 359). 모든 국민 국가는 다원적인 특성에도 불구하고 국민의 단결이 지속되도록 노력해야 하며, 이는 모든 나라가 직면한 고유의 과제이다. 이 과제는 각 나라가 지니는 고유한 역사와 현대 사회경제적 맥락에 따라 다양한 형태를 띤다. 한국은 비교적 새롭게 산업화한 국민 국가이며, 국민들은 이념적·경제적으로 분열되어 있다. 가진 자와 없는 자, 세대 간의 경제력 차이가 심각하다. 신자유주의적 맥락은, 종종 같은 일을 하더라도, 안정적인 일자리를 가진 사람들과 불안정한 직장에 낮은 임금을 받는 사람들을 가른다. 언론은 여전히 지속되는 이러한 문제와 신자유주의 정신이 국제적으로 인기 있는 TV 시리즈인 「오징어 게임」뿐만 아니라 특히 젊은 층의 높은 자살률에 반영되어 있다고 보도한다.[2] 이러한 구조적·문화적 속성을 지닌 현대 한국에서 이러한 사회경제적 요소들이 국민 국가로서의 한국에 대한 인식, 현재의 국가 정체성, 나아가 사람들이 바라는 국가의 미래라는 측면에서 풀뿌리 시민의 생각에 어떤 영향을 미치고 있는가?

이 책에서 나는 아래에서 위로 향하는 상향식 민족주의를 이해하는 방

2 "Squid Game, the Most Popular Show on Netflix, Was Inspired by South Korea's Crippling Debt Crisis," *ABC News*, 2021년 10월 16일자. 「오징어 게임」의 인기는 한국도 그 일부인 신자유주의 세계의 부정적인 측면을 반영한다.

법으로 다양한 소셜 미디어에 저장된 뉴스 보도와 데이터를 수집하였는데, 여기에는 중요한 사회 운동과 사건에 대한 풍부한 정보가 포함되어 있다. 나는 한국의 국가적 차원에서 중요한 사회 운동을 촉발한 영향력 있는 주요 사건, 관심사 및 현상 여섯 가지를 선정하였다. 풀뿌리 시민들의 목소리에 대한 언론 보도와 미디어 표현을 분석하면서 나는 선정된 관심사와 현상에서 작동하는 창발적인 구조적·문화적 속성들을 확인하려고 하였다. 더 나아가 행위자들이 자신들의 정치적·경제적 권리를 확인하는 방법으로 펼치는 적극적인 대응 노력도 살펴보았다. 그 노력에는 그들이 국가의 미래에 대해 바라는 방향이 반영되어 있다. 나는 대체로 비판 실재론의 전통을 따라, 특히 마가렛 아처(Margaret Archer)의 형태발생론적 접근법을 전개해 각 현상의 구조적·문화적 맥락을 파악하고 개별 행위자가 자기들이 바라는 구조와 문화를 어떻게 표명하고 재구성하는지를 추적하였는데, 이것이 가치 있는 일임을 확신한다.

제3장에서 논의한 일본군 '위안부' 피해자들은 제2차 세계대전 전후에 일본 제국주의가 강제로 성노예로 모집한 여성들과 소녀들이었다. 일본 제국주의의 세계 정복 야욕 때문에 극도로 비인간적이고 충격적인 인권 침해를 당한 피해자가 자신이 겪은 일을 설명할 때 그 이야기를 듣는 것은 지극히 심란한 일이다. 종전 후 많은 '위안부'들이 죽거나 전장에 버려졌다. 전쟁 전후로 너무나 무력하기만 하였던 고국으로 돌아온 이 피해자들은 반세기 동안 목소리를 내지 못한 채 살아왔다. 한국의 경제력과 국제사회에서의 위상이 커지고 창발적인 문화적 속성들이 새롭게 나타나면서 피해자들이 목소리를 낼 수 있는 계기가 마련되었다. 그들은 너무나 많은 삶의 기회를 잃었지만, 가장 기본적인 인간 존엄성을 되찾기 위한 방법으

로 일본 정부로부터 공식적인 사과를 듣고 싶어 하였다. 남녀노소를 불문하고 한국인 상당수가 피해자들의 존엄성 회복을 돕기 위한 전국적인 운동에 참여해 왔다. 이 과정에서 많은 한국인들이 일차 행위자에서 집합 행위자로의 변화를 경험하게 되었고, 집합 활동가들은 구조의 변화에 관여하게 되었다. 즉, 한국 내부만이 아니라 그 경계 너머서까지 이중의 형태 발생이 이루어진 것이다. 많은 피해자와 한국인 활동가 들은 '위안부' 문제가 단순히 한국 역사 속의 한 사건이 아니라, 세계 곳곳에서 벌어진 전쟁과 분쟁 속에서 많은 소녀와 여성들에게 일어났던 일이라는 것을 이해하고 있다. 피해자이자 활동가인 김복동은 다른 나라의 비슷한 피해자들로 이 사회 운동을 확장하였다. 실제로, 많은 피해자가 비슷한 충격적인 삶의 경험을 겪은 사람들을 돌보는 활동가이자 평화주의자로 바뀌는 놀라운 변화를 보여 주었다. 한국의 활동가들은 국내적으로 또 국제적으로 이러한 인권운동을 주도해 왔다. 평화의 소녀상은 이 운동의 상징이 되었으며, 시드니와 멜버른 등 한국 밖에도 12개의 소녀상이 세워졌다. 한국의 활동가들은 목소리를 높여 일본의 사과를 요구하고 있다. 한국의 경제력과 영향력이 계속 커짐에 따라 일본이 계속 사과를 거부할 수만은 없지 않을까 하는 희망도 있다. 만약 그렇게 된다면 인권에 대한 인식과 존중에 있어 중요하고 주목할 만한 순간이 될 것이다.

제4장에서 살펴본 바와 같이, 한국의 일부 산업은 아베 총리가 주도한 일본의 무역 도발에 예기치 않게 직면하였고 이 사건은 온 국민의 이목을 집중시켰다. 박근혜 정부 때인 2015년 12월 28일, 한일 양국 간의 일본군 '위안부' 문제 협상이 타결되었다. 25만 명 이상의 여성에 대한 일본의 중대한 전쟁 범죄인 성노예 문제가 이렇게 합의된 데에 많은 한국인들이 분

노하였다. 문재인 정부는 일제 강점기 강제 징용 피해자들의 존엄성을 회복하기 위한 조치를 하였다. 아베 일본 총리는 이 역사적 문제를 국제 무역에 끌어들여 한국에 대한 무역 도발을 일으켰는데, 이는 사실상 무역을 통한 정치적 불만의 표출이었다. 이 무역 도발에 일본이 갑작스럽게 말려들게 됨에 따라 일부 일본 기업들이 전자기기를 생산하는 한국 기업에 핵심 화학 제품을 공급하는 것이 매우 어려워졌다. 이것은 비즈니스 세계에서는 이해할 수 없는 현명하지 못한 비즈니스 전략이었으며, 비즈니스 윤리에 노골적으로 위배되는 것이었다. 한국의 모든 풀뿌리 시민들이, 자기가 할 수 있는 모든 방법을 동원해 '노 재팬, 노 아베' 운동에 자발적으로 참여하였다.[3] 코로나19로 인한 무역 부진은 일본 산업에 부정적인 영향을 미치는 주가 부담이 되었다.

불매 운동이 어떻게 전개될지는 예측하기 어려웠다. 그러나 아베 총리는 한국 정부와 관련 업계를 무릎 꿇려 사과하게 할 수 있다고, 그렇게 되면 일본 화학 제품은 평소처럼 판매를 재개할 수 있을 것이라고 자신하였다. 이 불매 운동은 한일 양국 간의 긴장 때문에 과거 다른 불매 운동과 비교해 한일 양국 어느 쪽도 예상치 못한 방향으로 전개되었다. 일제 식민지에서 벗어난 이래 한국 대통령들은 한일 양국 간의 정치적·경제적 갈등과 관련하여 일본 지도자에 대항한 적이 거의 없었다. 이번에 문재인 대통령은 일본에 맞섰다.

한국 산업계는 정부의 지원을 받아 필요한 산업 자원을 수입할 수 있

3 "South Korea's 'No Japan' boycott is new. But the wounds are old," *The World*, 2019년 8월 11일자.

는 새로운 공급원을 신속하게 파악하고, 공급이 부족한 제품을 생산할 수 있는 기술을 구현하였다. 수많은 일본 기업이 한국 풀뿌리 시민들의 일본 제품 및 일본 여행 보이콧 때문에 심각한 차질을 겪었다. 한 정통한 경제학자이자 평론가는 집단적 대중이 한국 정치인들보다 훨씬 더 애국적이고 효과적이었다고 지적하기도 하였다.[4] 한일 무역전쟁이 끝나갈 무렵, 한국인들은 놀랍게도 그리고 뜻밖에도 국제 사회에서 자기 나라의 지위와 힘이 향상되었다는 사실을 알게 되었다. 어색하게도 일부 친일 성향의 한국인들은 일본과의 외교 관계 유지의 중요성을 강조하면서, 인권을 침해당한 후 기본적인 인간 존엄성의 회복을 추구해 온 강제 징용 및 일본군 '위안부' 피해자에 대한 정부의 지원을 강하게 비판하였다. 한국의 이 극우 활동가들은 아베 총리에게 한국 정부의 '잘못'을 사과하기까지 하였는데, 이는 많은 평범한 한국인들을 아연실색하게 만들었다.[5]

일본의 무역 도발은 수십 년 동안 극우로 치닫던 아베 내각이 국내 정치용으로, 그리고 다시 군사 무장의 명분을 찾기 위해 기획한 것임이 틀림없다. 보수당의 장기 통치가 현재 일본의 정치를 형성하였다. 한국과 일본은 인접 국가로서 역사의 유산을 사회경제적·문화적 협력과 분리해야 하며, 그것이 서로에게 유익할 것이다. 물론 이것은 말이 쉽지 두 나라 사이의 복잡한 역사 때문에 실천하기 쉬운 일은 아니다. 나치 체제의 피해

4 「최배근 '日불매 50일, 정치인보다 국민이 낫다는 증거'」, CBS 김현정의 뉴스쇼, 유튜브 (2019. 8. 23 게시).

5 「베트남 전쟁: '성폭행범 군복을 봤어요. 한국의 백마부대였죠'」, *BBC News Korea*, 2019년 1월 19일자. 베트남 전쟁(1955-1975년) 당시 한국군이 수백 명의 베트남 여성을 성폭행하였고 그들 사이에 태어난 자식들이 차별 대우를 받았다는 믿을 만한 보고가 있었다. 한국의 김대중·노무현·문재인 대통령은 유감을 표명하였다.

자들 문제와 관련해 유럽이 취하였던 많은 조치에서 일본이 보고 배울 점이 많이 있을 것이다. 일본이 강제 징용 피해자에 대해 어떠한 사과도 하지 않는 것은 한일 외교 관계를 계속 긴장시킬 것이다. 나는 일본 사람들 사이에서 창발적인 속성들, 즉 능동적인 행위성을 기대하고 있다. 그들은 지금까지 인권에 대해 거의 관심을 보이지 않았지만, 앞서 언급하였듯이 일본군 '위안부'와 동아시아 평화를 위한 일본의 역할에 관하여 보편적 가치를 계속 주장하는 일본인들도 많이 있다. 일본 사람들의 창발적 속성들은 일본의 주어진 구조와 문화 아래에서 크게 억눌릴 수도 있는데, 이는 우선 일본인을 위해서도 불행한 일이다. 다른 학자들도 이 중요한 질문들을 천착해 왔다.

제5장에서 살펴본 바와 같이 통일은 남한 모든 사람의 오랜 염원이었고 그들은「우리의 소원은 통일」이라는 노래를 만들어 부르기까지 하였다. 한국전쟁 이후 처음 몇십 년 동안에는 모든 한국인이 통일에 대한 강한 열망을 가지고 있었다. 당시 독재자들은 국가 안보를 위해, 군사 정부를 정당화하기 위해 북한 정권과 북한 사람들을 악마화하였고, 한국 경제는 최근 수십 년에 비해 상대적으로 빈곤하였다. 수많은 이산가족은 당연히 통일을 바랐겠지만, 이 밖에도 남한 사람들의 동족 민족주의가 북한 사람이나 남한 사람이나 모두 같은 조상을 가진 같은 민족이라는 동질감으로 그들을 강하게 결속시켰을 것이다. 그러나 동족 민족주의는 쇠락해 왔고 경제적 풍요, 민주화 및 신자유주의의 맥락에서 개인주의가 부상하고 있다. 계산적 민족주의가 만연해 있으므로 이제는 개인이 국가의 지원과 보호 아래 어떻게 이익을 얻는가가 특히 중요해졌다.

통일의 가능성에 대한 뉴스 보도를 분석해 보면, 남한의 통일 인식은 동족 민족주의(즉, 북한 사람과 같은 조상을 가진 한민족이라는 것)를 의심 없이 옹호하기보다는 통일의 비용 및 이익과 밀접하게 관련되어 있다. 강원택(2011: 26)은 이러한 현상이 오랫동안의 분단으로 남북한의 문화적 차이가 벌어진 탓이기도 하지만 그것보다 더 중요한 요인은 남한 사람들이 남한의 선진 정치 체제를 훨씬 더 자랑스럽게 여기게 되어 이 체제에 대한 소속감·충성심·유대감이 향상되었기 때문이라고 주장한다. 신자유주의적 경제가 삶의 모든 측면을 휩쓸고 있는 상황 속에서 젊은이들 대다수가 극단적인 형태의 계산적 민족주의에 사로잡혀 통일의 필요성에 무관심해졌다. 젊은 세대는 통일이 이루어진다면 실질적인 혜택을 보고 싶어 한다. 일부 기성세대는 여전히 동족 민족주의와 친밀감을 느끼며 가까운 장래에 통일이 이루어지기를 바란다.

그럼에도 비용편익적 민족주의 또는 계산적 민족주의는 현재 많은 한국 사람이 보유한, 근본적으로 새로운 형태의 민족주의이다. 통일과 관련해, 구조적 속성들은 항상 한국 민족주의의 근간이었다고 말하는 것이 타당할 것이다. 통일을 통해 경제적으로 얻을 것이 많아야 모든 한국인이 향유하고 감상할 수 있는 창발적인 문화적 속성들이 나타나 비로소 한반도 전체 구성원들의 삶의 질을 풍요롭게 할 수 있는 것이다.

제7장에서 제시한 태극기 부대 분석에서는 한국의 극우파가 친일·반민족주의·반북 성향이라는 서중석(2004)의 주장이 재확인된다. 그들은 사대주의자로 미국과 일본의 힘에 크게 의지한다. 이것이 극우파인 태극기 부대가 미국과 일본의 국기를 들고 다니는 이유이다. 이러한 성향은 2019년 자유한국당(현 국민의힘)이 한미일 삼자 방위조약, 즉 GSOMIA(군사정보보호협정, General Security of Military Information Agreement)와 관련해 한국의 이

익보다 미국과 일본의 이익을 우선시하였을 때도 뚜렷하게 나타났다. 문제는 아베 일본 총리가 한국이 전자기기 등 특정 제품을 수입할 때 공정한 대우를 받을 수 있도록 한다며 일본의 화이트리스트(수출 절차 간소화 대상국 명단)에서 한국을 삭제하면서 불거졌다. 한국 정부는 일본에 대한 신뢰를 잃었고 일본에 GSOMIA가 갱신되지 않을 수도 있다고 경고하였다. 한국이 GSOMIA로부터 얻은 것이 거의 없었음에도 불구하고, 자유한국당 당원들과 극우파들은 문재인 정부의 결정에 반대하는 캠페인을 벌였고 분명하게 일본의 이익을 대변하는 목소리를 냈다. 이 때문에 자유한국당은 '토착 왜구당'이라고 불리기도 하였다.

이 장은 (필경 일제 강점기나 전문직 엘리트 집단, 또는 특정 종교 집단에서 유래하였을) 기득권 집단의 유산을 예증한다. 때때로 이러저러한 이익 집단은 일반적으로 밀접하게 얽혀 있는 경제적 이점이나 문화적 엘리트주의를 유지하기 위해 서로 통합된다. 한국의 몇몇 정권은 결연한 지도자 아래 부패 등 오랜 사회악을 극복하고 모두의 삶의 질을 개선하며 모두가 공영할 수 있는 방법을 찾기 위해 대규모 개혁을 강력하게 추진해 왔다. 이것은 서로 다른 시기에 다른 특성으로 작동하는 구조적 속성들을 자기들만의 이익을 위해 계속 갱신하는 기득권 집단에 대한 투쟁이다. 지배적인 구조적 속성들의 사회적 해악이나 함정으로부터 수혜를 취하는 다양한 이익 집단들은 자신들의 안전한 수익을 방해하는 어떠한 변화에도 계속 저항한다. 일부 개별 행위자는 자기들이 확보한 구조적 수혜를 맹목적으로 추구할 수 있고, 또 일부는 자기중심적인 문화적 속성들 때문에 그럴 수도 있다. 그들이 개인적 이익을 위해 공동선을 무시한다면 투명성·상호 존중과 지지의 공동체를 건설하기 위한 진보의 과정을 방해하는 것이 된다. 그 결과는 진보가 아니라 퇴보인 것이다. 그렇다면 딜레마는 진보가 무엇이고 어떻게 추구될 것인지를 결정할 권리가 누구에게 있는가 하는 문제이다. 아니면 공동선과 같은 것이 있을까? 나는 내 자신의 답을 가지고 있지만, 다른 사람들은 내 의견에 동의하지 않을 권리가 있다. 이 물음들은 단순하지만, 한국 사회에서 계속해서 자유롭게 논의되어야 할 중요한 질문들이다. 이것은 자유로운 의사소통에 관한 것이며, 이에 대해서는 언론의 역할이 매우 중요하다. 이러한 토론이 공개적으로 이루어지도록 보장하는 것이 민주주의의 확실하고 필수적인 기능이어야 한다(Dobson 2014). 이 점에서 한국의 전통 뉴스 미디어는 안타깝게도 대단히 불신을 받고 있다.[6]

제8장에서는 직장 내 괴롭힘의 몇 가지 사례를 논의하였다. 사용자와 피사용자 사이의 비인간적인 관계가 그 특징인 이러한 사례들이 군대, 비행기, 아파트, 백화점, 검찰 등 한국 사회 곳곳에서 관찰된다. 1960년대 들어 한국은 여러 차례의 5개년 경제·사회 개발 계획을 시행하였다. 첫 사업이 1962년에 시작된 이래 계속되어 1996년에 제7차 계획까지 완료되었다. 이에 동반해 한국 사회도 1960년대 이후 급속히 도시화하고 산업화하였다. 농촌 인구의 상당 부분은 농사를 포기하고 도시로 이주하였다. 도시 생활에 적응하고 생계를 찾아야 하였던 이주민 또는 도시 빈민들이 1970년대와 1980년대 수출 지향적 경제발전의 노동력 공급원이 되었다. 그러니 공장에는 노동자의 권리가 들어설 여지가 거의 없었다. 헌법은 노동자의 권리를 보장하고 있지만 실제는 완전히 딴판이었다. 작업장은 고용주

6 「한선의 미디어 전망대: 언론의 신뢰회복을 위한 두 가지 요건」, 『한겨레』, 2021년 4월 6일자.

에게 매우 유리한 환경이었고 노동자에 대한 심한 착취가 일반적이었다(이에 관해서는 조용래[1983] 참조).

수십 년 동안 자신들의 권리를 찾고 경제적 민주화를 이루려고 한 노동 운동은 구조적·문화적 정교화를 위한 노력이었다. 국가 경제의 발전과 1인당 GDP의 상승이 꾸준히 이어졌지만, 직장 내 괴롭힘은 거의 개선되지 않았다. 특히 1997년 아시아 경제위기로 인한 IMF의 구조조정 개입, 그리고 이명박·박근혜 두 보수 정권의 옹호 아래 신자유주의 경제 환경이 조성된 이후에는 상황이 더 나빠졌다. 그러나 한국 경제의 국제적 위상이 꾸준히 향상됨에 따라 국민은 경제적 번영에서 자신의 몫을 찾고 있다(박태웅 2021). 이것들은 창발적인 문화적 속성인바, 일단 이러한 문화적 속성들이 등장하면 개별 행위자들로 하여금 그들의 (사람으로서의) 창발적 속성을 동원하도록 더욱 자극한다(Archer 2007). 직장 내 괴롭힘이나 노동자에 대한 부당한 대우에 맞서는 것은 서서히 새로운 문화 트렌드로 자리 잡고 있으며 앞으로도 계속될 것으로 보인다. '직장갑질119' 같은 단체의 출현은 특히 유비쿼터스 미디어 시대에 풀뿌리 시민들의 좌절과 욕구를 대변한다.

1. 주요 연구 성과

현대 한국의 많은 사회 운동의 관심사는 특히 평범한 사람들의 삶의 질에 직간접적으로 영향을 미치는 정치적·경제적 민주화를 따라잡고 표준을 높이는 데 있다. 이러한 운동은 산업화와 도시화가 시작된 이래 줄

곧 진행되어 왔으며, 이는 박정희 독재하의 경제개발계획에 의해 동원되었다. 국가 발전 계획에 대한 박정희의 공약은 생활 수준을 높이는 것이었고, 다른 한편으로 그것은 '자연스럽게' 그의 리더십을 정당화하는 데 도움이 되었다고 할 수 있다(Han and Sharp 1997). 그의 수출 지향적 경제 개발은 국제 무역에 유리하였던 1970년대와 1980년대의 맥락에서 대체로 성공적이었다(Lie 1998). 그러나 그 개발은 성장에 지나치게 집중되어 있었고 노동자의 보수와 복지는 심각하게 떨어졌다. 가진 자와 못 가진 자 사이의 계속되는 격차는 오랫동안 못 가진 자들의 관심사였다. 미래의 삶의 기회에 대한 전망이 제한된 수많은 젊은이와 '산업화 세대'인 그들의 부모들이 좌절하고 있고 그 비율은 점점 더 증가하고 있다. 이러한 맥락에서 고등교육을 받은 한국 노동력은 자신들의 가난이 적절한 경제 및 복지 정책의 부재, 정치적 의지 결핍, 산업계과 임금 체계에 만연한 경제적 불평등으로 인해 발생한다는 것을 잘 알고 있다. 이러한 문제들은 지방선거와 국회의원 선거 때마다 계속 등장하는 단골 주제들이지만, 선거가 끝나면 문제의 시급성은 희미해져 버린다. 조국(2022)에 따르면, 한국이 선진국 지위를 획득하는 것은 이러한 흠결들을 대가로 미리 이루어진 것임에도 불구하고 이 흠결들은 여전히 무시되고 있다.

2020년 민주주의 지수 보고서에 따르면 한국은 세계에서 20위, 2021년 보고서에서는 16위의 민주주의 국가로 평가받았다.[7] 그러나 여느 민주주의 국가와 마찬가지로, 특히 국민의 삶의 질을 향상시킬 모든 분야의 정

7 "Ranking of Countries by Quality of Democracy," democracy matrix 웹사이트; "Democracy Index 2021," Jargan Josh 웹사이트(2022. 5. 3 게시).

책 입법과 관련해서는 국회의 운영 등 개선할 여지가 많다. 곤란은 정치적 보수성을 가진 정당들과 한국 국민 대다수의 보수적 성향에도 기인한다. 비교적 역사가 짧은 민주주의 국가인 한국의 보수 및 진보 정당들은 서구의 다른 민주주의 정당들과는 확연히 다른 정치적 성향을 가지고 있다. 한국의 보수 정당(즉, 2022년의 국민의힘)은 극우적인 경향이 있고, 진보 정당(즉, 2022년의 민주당)은 서구 민주주의에 비해 꽤 보수적이다. 한국 대중도 민주당의 일부 의원들이 정치 이념 측면에서는 매우 보수적인 것을 알고 있고 이는 대중 매체를 통해 자주 공개되는 사실이다. 이러한 맥락에서는 중하층 또는 취약 계층의 삶의 질 향상을 목표로 하는 법안의 도입이나 개혁이 어렵다.

앞 장에서 논의한 바와 같이 일제 강점기와 한국전쟁의 유산은 한국 정치에 큰 영향을 미쳤다. 많은 친일파와 그 후손들이 상당한 부를 누리고 있다. 그리고 극우 정치인들과 보수 기독교인들은 진보적 개혁 법안과 진보적 정치인들을 표적으로 삼아 '빨갱이'라는 낙인을 찍었다. 설상가상으로 지난 수십 년 동안, 정치적으로 중립적이어야 할 검찰이 일부 국회의원들, 특히 과거 검찰에서 일하였던 사람들과 협력해 왔다. 군사정권하에서 정부와 정보기관은 마치 한몸처럼 움직였고, 국가정보원(NIS) 같은 정보기관은 그 임무를 수행하면서 무소불위의 권력을 휘둘렀다. 이는 특히 한반도가 엄밀히 말하면 전쟁 중이고, 국정원이 군부와 보수 정권을 정당화하기 위해 많은 민간인을 범죄자로 만드는 데 가담해 왔기 때문에 가능하였다. 국정원이 최근 수십 년 동안 주요 역할을 재구성하는 과정에 있는 동안 검찰은 한국 사회의 다양한 분야에서 보수 지도자 및 관료들과 협력하여 영향력 있는 기득권 집단으로 성장하였다. 이런 부패 집단의 한 축인 일부 극우주의자들은 일제 강점기와 한국전쟁 같은 국가적 불행의 수혜자가 되어 왔다.

한국 언론에 자주 보도되는 바와 같이, 일부 검사들은 업무상 비리 행위로 유죄 판결을 받았고 검찰 간부들 상당수가 이러한 불법 행위를 지원해 왔다. 물론 대다수의 검사, 극우·보수 유권자, 국회의원 등은 이런 불법이나 일본 식민주의의 유산과 아무런 관련이 없다. 그러나 수많은 친일 협력자와 그 후손들이 존재한다(그들 중에는 식민지 시절 동포를 희생시키면서 자신들의 사적 이익을 적극적으로 추구하였던 사람들도 있고, 생존을 위해 다소 '순진하게' 그랬던 사람들도 있다). 1945년 독립을 계기로 친일 반역사를 청산하기 위한 국가적 노력이 시작되었으나 성공하지는 못하였다. 이 노력의 실패는 한국의 정치적·경제적 민주화에 매우 부정적인 영향을 끼쳤다(강정구 1993; 이강수 2004). 북한의 기독교 박해를 피해 월남한 보수 기독교인들은 군부와 보수 정치에 흡수 통합되었다. 그들은 진보 정권이 최전선에 서서 남한을 공산화하려 하고 있다고 믿는다. 종교적 박해 경험은 그들로 하여금 진보 정치에 등을 돌리게 하였는데, 그 이유는 진보주의자들이 북한 정권과 기꺼이 대화할 용의가 있기 때문이다. 이것들은 역사의 유산이며, 더 넓은 범위의 한국인의 민주적·정치적 해방을 위한 지속적인 노력에 찬물을 끼얹고 있다.

어느 사회의 구성원들이나 각자 매우 다른 범위의 궁극적인 목표를 드러낸다(Archer 2007). 개별 행위자들은 살아가면서 다양한 목표 가운데 자신의 목표를 선택하고 삶의 기회를 최대한 활용하기 위해 노력하면서 끊임없는 긴장과 갈등을 겪을 수 있다. 또한 특정 시기에 국가가 처한 정치적·경제적 어려움을 이용할 사람들도 있기 마련이다. 또 어떤 사람들은 자신의 이익을 위해 주어진 사회경제적 맥락의 현상 유지를 추구하면서 필요한 개혁과 정치적·경제적 민주화를 지연시킬 수도 있다. 이러한 예들은 지난 수십 년 동안 한국 사회가 모든 분야에서 전례 없는 급격한 변화를 겪으면서 생생하게 드러났다.

국회 내부의 이념적 분열을 반영하듯 한국 유권자들도 크게 보아 보수와 진보로 갈려졌다. 그러나 국회의원이든 유권자든 간에 다양한 정치 이념이 존재하며, 연구자들이 보고 싶어 하는 것처럼 몇 가지 범주로 간단히 분류할 수 없다는 점에 유의해야 한다. 나는 한국의 풀뿌리 시민 상당수가 오랫동안 크게 관심을 가져왔던 문제들을 각 장의 주제로 선정하였다. 그러나 분석된 자료에 대한 이론적 접근과 해석이 반드시 대다수 한국인의 견해를 대변하는 것은 아니며, 대체로 진보주의자들의 견해를 대변하는 것일 수도 있을 듯하다. 나 또한 진보 진영에 편향되어 있는지도 모를 일이다. 나는 유명한 보수 집단 중 하나를 독자들에게 소개하기 위해 의식적으로 노력하였는데, 태극기 부대의 사회 운동을 포함해 분석한 것은 그런 의도 때문이다. 태극기 부대는 명확한 정치적 이데올로기와 공약을 가진 동질적인 집단이 아니다. 태극기 부대의 핵심 구성원은 우리공화당 지지자들로 이루어져 있는데, 그들이 내세우는 공약 중 하나가 박근혜 전 대통령의 석방이었다.[8] 그러나 태극기 부대가 집회를 열면 주요 야당이자 보수 정당인 국민의힘 지지자도 수천 명이 모였다. 즉, 그들은 민주당에 맞서 싸우기 위해 연대하였던 것이다. 촛불 시위 참가자들과 태극기 시위 참가자들에 대한 제6장과 제7장에서 시사하였듯이, 나로서는 완

8 문재인 대통령은 2021년 12월 박근혜를 특별 사면한 뒤 석방하였다.

전히 객관적인 분석을 하기가 어려웠다. 그렇지만 나 말고도 다른 학자들도 촛불 시위는 문화적으로 풍부한 레퍼토리를 가진 반면, 태극기 시위는 문화적으로 빈곤하고 경직되어 있으며 과거 지향적이라고 주장한다(이정엽 2017: 47). 이런 점들은 서로 다른 시위 집단들의 목표를 반영하는 것으로, 태극기 부대는 과거에 대한 향수에 빠져 문화적·이데올로기적으로 구시대적인 신념에 마음을 쏟았다.

일제 강점기, 그리고 해방 후에도 국민 국가와 국민의 삶에 자유·정의·평화를 되찾기 위한 노력이 계속 이어졌다(Baker 2019). 그러나 그러한 가치를 옹호해 온 사람들은 수십 년 동안 외면받았다(김봉흠 2016: 7). 오히려 일제 강점기 친일 반역자들과 같은 반민족주의자들이 국가의 엘리트로서 기득권의 위치를 집요하게 유지해 왔다. 촛불혁명은 수십 년 동안 지속되어 온 그러한 집단들과 사회역사적 적폐에 대항하는 운동이었다. 박근혜 대통령의 국정 농단 사태는 엘리트의 권력 남용, 그리고 섬김을 받아야 할 국민을 희생시켜 엘리트가 이득을 취해온 적폐를 단적으로 드러낸 것이었고, 2016년 겨울의 촛불집회는 이에 대한 시민들의 외침을 직접적으로 표현한 것이었다. 촛불혁명을 통해 보수 대통령은 진보적인 대통령으로 교체되었는데, 이 정권 교체에는 평범한 사람들의 삶이 빠르게 개선되기 시작할 것이라는 바람이 깃들어 있었다. 2022년 3월 9일에는 또 다른 대통령 선거가 있었고, 진보 성향의 유권자 중 상당수는 보수 정당 대통령 당선인에게 패배한 것에 환멸을 느꼈다. 대통령 당선인과 대통령직 인수위원회가 선거 후 8주 동안 추진해 온 일들을 볼 때 향후 5년 동안은 추가적인 정치적·경제적 민주화가 중단되거나 둔화할 것이다. 진보적인 풀뿌리 시민들은 자기네 삶의 질에서 주목할 만한 변화가 아직은 멀었을지도 모른다는 것을 예감하고 있다(김용흠 2016: 11).

박식하기로 정평이 난 평론가이자 언론인인 정관용은 이념적으로 다른 정당을 지지하는 한국인들은 깊이 분열되어 있고 서로의 말을 듣기를 꺼린다고 주장한다(정관용 2009; Dobson 2014). 그가 주장하듯 이런 '듣지 않는' 문화는 바뀌어야 한다. 서로의 말에 귀를 기울일 준비가 되어 있어야 그나마 구조와 문화의 복잡한 창발적 속성들을 극복하려는 시도라도 해볼 수 있을 것이다. 이러한 복잡한 경제적·문화적 속성들은 일제의 유산과 분단된 한반도를 둘러싼 얽히고설킨 문제들로 인해 당분간 우세를 유지할 것으로 보인다. 그럼에도 2020년과 2021년 민주주의 지수가 시사하듯 한국은 더욱 민주화되고 있으며, 피사용자나 사회적 약자 등 평범한 사람들도 과거보다 훨씬 더 공개적으로 자신의 고민과 고충을 털어놓을 수 있게 되었다. 이는 작은 변화가 아니라 공동체에서 원활한 의사소통을 확립하기 위해서는 분명 개선된 사항이다. 각 장에서 논의한 바와 같이, 풀뿌리 민족주의의 잠재력은 자유·평등·정의·평화·형제애와 같은 높은 가치를 지속적으로 증진하고 이를 통해 한국과 그 너머에서 더 나은 시민사회를 건설하는 데 기여할 것이라는 점이다.

이 책은 국민 국가로서의 현대 한국에 대한 풀뿌리 시민들의 인식을 조사한 것이다. 아울러 한반도 통일에 대한 열망, 일본군 '위안부', 그리고 기타 한국인의 삶의 질에 영향을 미친 문제 등의 역사의 유산을 그들이 어떻게 극복하고 있는지도 다루었다. 2018년부터 2022년까지 진행된 이 프로젝트 기간의 한국 사회는 '적폐' 청산과 검찰 개혁을 최우선 과제로 내세운 진보 정권이 집권해 있었다. 검찰 개혁은 검찰이 직무를 수행할 때 인권을 준수하고 정치적 중립을 지키게끔 하려는 것이었다. 단적으로 말해 검찰이 수사와 기소를 독점하는 것은 시대에 뒤떨어진 것이다. 이런 독점으로 인해 형사소송 절차는 불공정과 부패에 노출되는데, 이는 검찰의 대선 및 총선 개입에서 예증된다. 검찰 개혁의 목표는 2022년 5월 문재인 정부 말기에 부분적으로 달성되었지만 여전히 미완의 과제로 진행 중이다. 앞서 언급하였듯이 이러한 개혁은 검사 출신의 윤석열 대통령이 이끄는 보수당 정부 밑에서 중단될 수도 있다.

한국은 경제발전, 한반도 평화를 위한 북한과의 대화, 국제 관계, 코로나19 대응 등에서 괄목할 만한 진전을 이루었다. 방탄소년단(BTS)과 아카데미상을 수상한 영화 「기생충」 등 한국의 문화 상품 및 산업의 명성이 높아지고 있고, 문재인 대통령이 2021년 영국 G7 정상회의에 초청받는 등 외교적 성과도 거두었다. 실제로 한국인의 국민적 자부심을 고취한 계기는 수없이 많았다. 그러나 온라인 뉴스·라디오·텔레비전을 막론하고 모든 보수 언론이 국가적 성과를 최소한으로 보도하거나 심지어 부정적으로 보도함으로써 사실상 뉴스를 왜곡하고 결과적으로 청중의 눈을 멀게 하고 귀를 막았다. 태극기 부대와 같이 보수 진영에 속한 사람들은 이 문제를 완전히 다르게 볼 것이다. 그럼에도 일부 진보 언론 매체에서는 다음과 같은 예들이 새롭게 관찰된 현상으로 논의된다.

한국 사회의 구조와 문화, 국제 사회에서 한국의 힘과 영향력에서 꾸준하고도 지속적인 변화가 일어나고 있으며, 대내외적으로 대한민국에 대한 행위 주체들의 인식도 동반해서 점점 더 긍정적으로 변하였다(강원택 2011). 이 점은 코로나19 발발과 맞물린 이 책의 프로젝트 전 기간을 통해 명백해졌다. 한국 정부와 의료계가 국경을 폐쇄하지 않고 코로나19에 체계적으로 대처한 방식에 대한 국제 언론의 관심이 증명하듯 한국은 완전한 선진국으로의 전환기에 있는 것으로 보인다.[9] 해외 언론들이 먼저 한국의 선진적이고 전문적인 감염병 대처에 대해 긍정적으로 보도하였고, 그 후 소수의 몇몇 국내 언론 매체들이 이를 재생산하여 한국인들을 놀라게 하였다. 이것이 놀라웠던 이유는, 문재인 정권 이전부터 한국이 여러 분야에서 국제적 명성을 얻었음에도 불구하고 한국인들은 여전히 열등감 혹은 평범 증후군을 안고 살아왔기 때문이다. 즉, 그들은 한국이 경제적·정치적·문화적으로 빠르게 발전하고는 있지만 가장 잘나가는 나라 중 하나로 평가된 적이 거의 없다고 알고 있었다. 한국인들은 일본, 미국, 캐나다, 호주, 북유럽 국가들을 본받아야 할 모범 국가로 꼽아 왔다. 그러나 한국인들은 코로나19와 싸우기 위한 이들 국가의 고군분투에 대해 잘 알게 되었다. 예를 들어, 미국과 일본에서는 많은 수의 코로나19 환자들이 적절한 의료 서비스를 받지 못하고 있었다. 한국인들은 높은 생활 수준과 잘 확립된 복지 정책을 가진 선진 민주주의 국가들에 대한 동경을 계속 유지할 것이다. 그러나 그들은 국제 사회에서 더 잘 알려진 자국의 높아진 위상에 대해 국내 언론이 제한적이고 편향된 보도를 해왔다는 사실을 점점 더 많이 인식하고 있다. 이러한 인식은 국민 국가에 대한 그들의 인식에도 분명한 영향을 미치고 나아가 현재와 미래의 국민 정체성, 즉 풀뿌리 민족주의에도 영향을 미칠 것으로 보인다.

나는 수많은 사회 현상 중에서도 일본군 '위안부' 등 강제 징용 피해자에 대한 진심 어린 사과를 거부하는 일본의 태도를 이해하기 어렵다. 일본

9 "South Korea: From Early COVID Success to Fears Over Ferocious Spread of Virus," *The Guardian*, 2020년 12월 15일자.

은 사과하는 대신 엉뚱하게도 한국과 한국의 전자 기업들에 대해 무역 도발을 일으켰다. 그 도발은 역사와 인간성에 완전히 반하는 것이었다. 심각한 인권 범죄가 시정되지 않는 한 유사한 문제가 반복될 가능성이 높다. 상당수 일본 시민들도 일본 정부가 과거의 실수를 바로잡는 조치를 취할 것을 요구하고 있다. 그러나 그들의 울부짖음은 묵살되었다. 다시 말하지만, 많은 한국인들은 아베 신조, 스가 요시히데, 기시다 후미오 같은 총리가 이끄는 일본 정부를 맹목적으로 옹호하는 다른 한국인들과 극우 정치인들을 이해하는 데 어려움을 겪고 있다. 이들은 미래에 더 많은 반인류적 범죄를 키우고 양국 간의 적대감을 악화시킬 뿐이다.

계산적 민족주의는 동족 민족주의(단일민족 민족주의)의 반대말이 아니다. 한반도 통일 전망과 관련해 논의한 바와 같이, 과거에는 대부분의 한국인들이 동족 민족주의를 받아들였다. 그리고 남북한 간의 경제적 격차가 상대적으로 크지 않았던 1970년대와 1980년대에는 남한이 북한과의 통일을 추진하는 것만으로도 충분하였다. 당시의 남한 사회에는 사회경제적 지위가 낮은 사람들, 즉 통일이 되어도 딱히 잃을 것이 없는 사람들이 다수였고 그들보다 훨씬 형편이 나은 사람들은 비교적 소수였다. 이런 점에서 1970년대와 1980년대에는 계산적 민족주의와 동족 민족주의 둘 다 사람들 사이에서(각자의 사회경제적 배경이 달랐을지라도) 널리 퍼져 있었을 것이다. 물론 당시에는 동족 민족주의가 계산적 민족주의보다 사회적으로 바람직한 것으로 여겨졌던 것 같다. 비슷한 맥락에서, 게마인샤프트(Gemeinschaft)가 어촌과 농촌에 널리 퍼진 공동체 형태였다. 그렇다고 해서 해당 공동체의 모든 구성원이 게젤샤프트(이익사회)가 아닌 게마인샤프트(공동사회)를 지향한다는 뜻은 아니다. 그것은 공동체의 구조적 속성으로, 이것이 인접한 문화적 속성들을 산출한다. 이어 개별 행위자들은 그러한 문화적 속성들 안에서 공동체를 재생산하거나 변형시킨다. 재생산이냐 변형이냐는 해당 공동체가 어떤 외부 요소들에 노출되느냐, 그리고 개별 행위자는 이에 어떻게 반응하느냐에 달려 있다.

계산적 민족주의는 한국에서 민족주의가 발전하는 과정에서 자연스럽게 나타난, 지금 이 시점의 뚜렷한 특징으로 보인다. 그것에 어떤 도덕적 판단을 덧붙이는 것은 적절하지 않을 수도 있다. 어찌 되었든, 다양한 분야에서 일하는 노동자의 지속적인 노고를 인정하는 것이 공정한 처사이고 국가의 부를 상대적 특권층에게 집중하기보다는 노동자들에게 돌려주고 분배하는 것이 적절하다. 게다가, 유시민(2021)이 한국 현대사를 만든 힘은 대중의 욕망이었다고 하였듯이, 노동자들에게는 자기 몫의 부를 요구할 권리가 있다. 그러나 계산적 민족주의의 가장 좋은 형태는 개별 행위자가 개인적 이익만을 추구하는 것이 아니라 그들이 공동선을 개인이 욕망 추구 속에 통합하기 위해, 혹은 반대로 개인의 욕망을 공동선의 추구 속에 통합하려고 노력하는 것일 테다. 이러한 집단적 노력은 해당 공동체의 구조적·문화적 속성들의 지속적인 개혁에도 긍정적으로 되돌려질 것이다.

2. 이론적 함의

21세기로 접어들 무렵 세계화에 대한 새로운 논의들에 따르면 민족주의가 점차 영향력을 잃을 것으로 예측되었다. 울리히 벡(Beck 2006)에 따르면, 세계화는 개인주의·소비주의·세계주의를 촉진하는 맥락을 제공하였다. 지그문트 바우만(Bauman 2002: 84)은 신자유주의가 개인을 특정 국민 국가의 시민이기보다는 개인주의적 소비자로 촉진한다고 지적하였다(Malešević 2018: 553 참조). 그러나 비머와 글리크 실러(Wimmer and Glick Schiller 2002: 301)가 제대로 짚었듯이 "국민 국가와 민족주의는 세계화와 양립할 수 있다". 즉, "전 지구적 상호 연결이 증가하는 와중에 동유럽에서는 민족주의가 싹을 틔우고 민족에 따라 다양한 신생 국가들로 재편되는 현상이 전면적으로 나타나고 있다"는 것이다. 한국의 풀뿌리 민족주의를 분석해 보면 세계화, 개인주의, 민족주의의 관계가 예상하였던 것만큼 단순하지 않다는 것을 알 수 있다. 한국의 민족주의 사례는 개인주의가 강화되었음에도 독자적 국민 국가라는 국가 정체감은 높아졌음을 보여 준다.

더욱이 새로운 형태의 민족주의가 등장하고 있는데, 한국의 '계산적 민족주의'도 그중 하나이다. 그 속성은 개인주의와 (본질적으로 집단적인) 민족주의를 모두 포괄하는 것으로 보인다(Cichocka and Cislak 2020). 민족주의가 강렬하게 고조되는 맥락, 즉 자기 나라에 대한 국제적 인정이 필요한 상황에서는 근대 국민 국가의 사람들도 국제적 인정에 유리한 민족주의를 계속해서 옹호한다. 이것이 한 나라의 국민들이 민족주의에 매달리는 이유이지만, 그들은 그들의 국민 국가나 민족주의가 국내외적으로 자신들에게 제공할 수 있는 개인적 차원의 이익을 조심스럽게 계산한다.

한국 사회의 많은 분야와 개인은 종종 형태정체(morphostasis)와 형태발생(morphogenesis)의 잠재적 결과로 인한 긴장(Edwards and Brehm 2015: 287), 즉 변화할 것인가 변하지 않을 것인가, 새로운 행동 원리를 채택할 것인가 현상 유지를 추구할 것인가 하는 문제로 인한 긴장을 경험한다. 촛불집회에서는 크게 보아 한 묶음의 행위자 또는 사회 활동가들이 있었다. 그들은 모두 주어진 구조와 문화를 바꾸어 더 공정한 공동체를 만들고 가능한 한 많은 인간 해방으로 이끌려고 노력하였다. 태극기 집회에서는 행위자들이 사회적으로 바람직하지 않은 많은 악폐, 부패 및 기득권 집단의 특권을 포함하는 지배적 구조와 문화를 유지하려고 애썼다. 직장 내 괴롭힘 사건들의 경우 가해자는 주어진 구조와 문화를 고수하는 반면, 권력과 권한이 별로 없는 잠재적 피해자는 구조·문화·행위성을 더 잘 통제할 수 있는 기득권 집단으로부터 최상의 대우를 받기를 바란다. 그렇게 되지 않을 때라면 잠재적 피해자는 결국 더 많은 권력과 권한을 가진 위치를 차지하여 괴롭힘을 더 잘 피할 수 있기를 바라게 된다.

3. 경험적 함의

분열된 국민을 어떻게 하나로 통합하느냐는 현대 한국에서 중요한 정치적·경제적 과제이다. 정치적·경제적 민주화는 이를 효과적으로 달성하기 위한 한 방법이다. 아울러 차이를 알고 포용하는 것이 핵심 과제로 반드시 수반되어야 하고, 또 "일련의 윤리적·정치적 가치에 대한 공통 인식"(Jacka 2003: 183)을 받아들이는 법을 배우는 것도 중요하다. 나는 이것이 개별 행위자가 주어진 구조적 속성들에서 키워 낼 수 있는 문화적 속성들의 일부라고 생각한다. 아처(Archer 1995: 323)가 지적하듯 구조적 변화와 문화적 변화는 상호 강화한다. 예를 들어, 이 과정에서 개별 행위자들의 사회적 상호 작용은 구조적 정교화, 즉 구조의 수정을 가능하게 한다. 마찬가지로 개별 행위자의 사회문화적 상호 작용은 문화적 정교화, 즉 문화의 수정을 가능하게 한다. 물론 이 과정이 일반적으로 느리게 진행된다는 점은 의심의 여지가 없다. 그럼에도 모든 사회적 행동에는 "오류 개연성"(Archer 2007; Wimalasena 2017: 399)이라는 특징이 있다는 점, 즉 사회 운동의 어떤 측면은 성공으로 이어지겠지만 어떤 측면은 달성되지 않을 수도 있다는 점은 기억해 둘 필요가 있다.

현대 한국에서는 개인이 자신의 개인적 열망과 욕구를 추구하고 이를 위해 가용한 모든 구조적·문화적 사산을 최대한 활용하는 데 대한 관심이 매우 높다(유시민 2021). 이를 통해 계산적 민족주의가 자연스럽게 나타난 창발적 속성이 되었으며, 이는 민주주의와 경제발전이라는 풍요로운 현대 한국의 맥락에서 더욱 득세하게 되었다. 개인의 욕망 추구는 국민의 권리이지만 권위주의 정부와 한국 사회의 기득권 집단에 의해 억눌려 왔다. 더 많은 개인의 권리를 옹호하고 지지해야 하며, 기득권 집단이 사회에서 생산된 정치적·경제적 이익을 공유하도록 권장하거나 강요할 수 있게 되어야 한다.

이 책의 내용 대부분은 2016-2017년 촛불혁명 당시의 평범한 한국인들의 주체적인 창발적 속성에 관한 것이다. 경제적·정치적 민주화의 길을 닦기 위한 투쟁이었던 1960년 4.19혁명과 1987년 6월 항쟁의 연장선에 있는 촛불혁명은 아직 끝나지 않았고, 그 혁명이 얼마나 오래 지속될지도 모른다. 박정희·전두환·노태우의 독재 시기 한국인의 상당수는 개혁을 추구하는 집합 행위자였기보다는 사회 개혁의 필요성에 대해 수동적인 태도를 가진 일차 행위자로 남아 있었던 것으로 보인다. 중요한 것은, 그 시기에는 구조적·문화적 창발적 속성이 인구의 대다수가 변화를 위한 힘을 발휘할 수 있을 만큼 충분히 비옥하지 않았다는 점이다. 구조적·문화적 조건 형성이 사람들의 구조적·문화적 정교화 욕구를 흡수할 준비가 되어 있지 않았던 것이다.

달리 말하자면, 당시는 한국 인구 대다수가 사회 변화에 참여할 만큼의 경제적·문화적 여건이 조성되어 있지 않아 그들의 적극적인 행위성을 계속 억제하였던 상황이었다. 1988년 서울 올림픽 이후 점점 더 많은 한국인들이 일차 행위자에서 집합 행위자로, 그리고 결국에는 집합 활동가로 이내 변신해 왔는데, 이 과정은 계산적 민족주의의 등장과 맞물렸다. 성공적인 경제 성장과 유비쿼터스 미디어 환경은 이러한 과정에서 영향력 있는 요인이었다. 민주주의의 개선, 경제적 민주화, 인권 증진의 과정은 현재 진행형이며, 한국인들은 자신의 삶을 영위하며 개선의 필요성을 인시하고 구체적인 상황에서 변화를 위한 주체성(행위성)을 발휘하고 있다.

4. 한국은 선진국인가?

한국은 1996년에 OECD 회원국이 되었다. 그 후 한국은 정치적으로나 경제적으로 계속 발전해 왔다. 국제 사회에서도 그 힘과 영향력이 많이 커졌다. 그럼에도 한국이 OECD 회원국으로서 충분한 자격을 갖추었는지에 대한 논란은 특히 복지와 관련하여 계속되고 있다. 한국의 인구 통계에서 중하층이 상당한 비율을 차지하는 점이 특히 부각된다. 또한 문화와 언어가 다른 이주자 및 기타 소수자는 공정한 삶의 기회를 얻는 데 많은 어려움을 겪고 있다. 또 한국은 기대보다 상대적으로 적은 수의 난민만 받아들였다.[10] 차별금지법 제정도 아직 이루어지지 않았다. 온 나라를 괴롭힐 것 같은 악몽은 매우 어려운 사회경제적 조건을 반영하는, 낮은 출산율이다. 이러한 것들은 참으로 실망스러운 요소들이다.

반대로, 한국이 이미 일본이나 미국 같은 다른 선진국에 비해 여러 면에서 더 발전된 민주주의와 사회경제적 우위를 달성하였다는 주장도 마찬가지로 강력하다. 이는 특히 코로나19 팬데믹 기간에 국경 봉쇄 없이 감염자를 돌보고 전 국민을 지탱한 한국의 의료 시스템에서 분명하게 드러났다. 한국은 코로나19와의 싸움에서 가장 좋은 모범 사례 중 하나로 종종 언급되었다.[11] 사실, 더 이상의 개선의 여지가 없는 완전한 선진국은 없다. 많은 언론인들과 방송인들은 한국이 선진국에 기대되는 수준 면에서 최근 몇 년 동안 가장 높은 성과를 거두었다는 생각을 피력해 왔다. 예를 들어, 2021년 7월 초 유엔무역개발회의(UNCTAD)는 한국을 선진국 분류인 B그룹으로 분류하였는데, 이는 A그룹(아시아·아프리카)은 한국이 B그룹에 소속됨으로써 A그룹의 필요를 더 잘 대변할 수 있도록 한국을 지지하였고, B그룹은 한국과 협력의 필요성을 인식하였다는 뜻이다. 한국의 이러한 위상 변화는 한국의 경제적 성취와 국제 무역 성과가 없었다면 일어나지 않았을 것이다. 박태웅은 그의 저서 『눈 떠보니 선진국』(박태웅 2021)에서 한국의 성취를 잘 설명하고 있다. 그는 한국이 그 자체로 모범적인 모델이며, 더 이상 모방할 모델을 찾을 필요가 없다고 주장한다.[12] 실제로 외

---

10 "South Korea Takes in 164 Asylum Seekers from Nearly 6,000 Applicants," *Reuters*, 2020년 11월 2일자.

11 "The COVID Resilience Ranking: The Best and Worst Places to Be as Winter Meets Omicron," *Bloomberg*, 2021년 11월 30일자.

12 「'눈 떠보니 선진국' 한빛미디어 의장 박태웅」, TBS 김어준의 뉴스공장, 2021년 1월 20일자.

국 기자들도 이미 한국을 선진적이고 세련된 민주주의 국가로 인식할 준비가 되어 있는 것 같고 아마도 점점 더 그렇게 될 것이다.[13] 그러나 박태웅 의장은 한국이 "이미 선진국임에도 아직은 아니다"라고 지적한다. 압축적인 발전을 이룬 과정에서 나온 많은 부산물을 시정해야 한다는 것이다.

5. 프로젝트의 특수성과 보편성

이 책의 프로젝트는 주로 진보적 풀뿌리 시민의 관점에서 한국의 정치적·경제적 민주화에 초점을 맞추었다. 그러나 내가 염두에 두고 있는 핵심 이념과 가치는 자유, 평등, 박애, 정의와 같은 보편적인 것이다. 이러한 가치들이 상대적이라는 것을 부정할 필요는 없다. 그러나 이 지면은 상대성을 논할 자리는 아니다. 이 글을 쓰는 시점에서 세계는 아동 노동, 아동을 위한 초등 교육의 부재, 인권 침해, 극단적 독재에 시달리는 국가, 종교적 극단주의, 러시아-우크라이나 전쟁(2022년), 기후 변화와 같은 인간적 고통으로 가득 차 있다. 불행히도 세상은 이러한 문제와 불행으로 고통받는 동료 인간들에게 매우 무관심해졌다.

마지막으로 나는 정치적·경제적 민주화가 하나의 과정이라는 점을 다시 한 번 강조한다. 한국은 지난 반세기 동안 이와 관련하여 상당한 성과를 거두었다. 그러나 가진 자와 못 가진 자, 많이 배운 자와 못 배운 자, 그

13 「우리나라를 오랫동안 취재했던 3명의 외신기자들이 보는 대한민국은?」, KTV국민방송, 2020년 5월 31일자.

리고 지역 간의 실질적인 불평등은 여전히 존재한다. 불평등의 수준은 용인할 수 있는 수준을 훨씬 넘어서고 있으며 매년 계속 높아지고 있다. 풀뿌리 시민들은 근면 성실하게 일해 왔지만, 노동의 혜택을 온전히 누리지 못하였다. 민주주의가 제대로 작동하고 있지 않기 때문에, 즉 적절한 정치적 민주화가 이루어지지 않고 있기 때문이다. 경제적 불평등이 높은 민주주의는 국민 국가의 국민에게 제한된 가치만을 지닌다. 매우 불평등한 사회에서는 개인의 방종이 사회를 점점 더 나쁘게 만들 것이다(George 1932). 우리는 완벽한 날이 언젠가 올 것이라고 기대하지는 않지만, 그날을 향해 좋은 진전을 이루어 가고 있다고 생각하고 싶다. 풀뿌리 시민들은 자신들의 노동에 대한 대가에 대해 상식이 지배하고, 부가 더 공정하게 공유되며, (누구나 피고인이 될 수 있으므로 모든 사람에게) 훨씬 더 공정한 사법 체계가 있는 국민 국가에서 살고 싶어 한다. 그들은 북한의 침략 가능성으로부터 자유로워지기를 바란다. 노동에 대한 적절한 보상을 받지 못하고, 일상생활에서 겪는 불공평한 대우에 지쳐 나자빠지는 사람들이 여전히 너무나 많다. 아직도 너무나 많은 사람이 일터에서 죽고 있다. 또한 자신의 정체성 때문에 차별받는 다양한 소수자들이 있다.[14] 이제 한국 국민을 위한 수많은 지침과 교훈—나는 노무현 전 대통령의 『진보의 미래』(노무현 2019)와 제러미 리프킨의 『유러피언 드림』(Rifkin 2004; 김상준[2009]도 참고하라)을 추천한다—을 이해하고 진지하게 실행에 옮겨야 할 때이다.

나는 줄곧 민족주의의 창발적 형태, 즉 계산적 민족주의 편에 서서 주장해 왔다. 중요한 점은 과거에도 계산된 국가주의가 전혀(또는 거의) 없었

14 「동물 취급하고 때리고… 한국 선원은 악마였다」, MBC뉴스, 2020년 6월 8일자.

던 것이 아니라는 점을 인식하는 것이다. 풀뿌리 시민들은 그들의 일상생활에서 항상 상당한 정도의 계산적 민족주의를 가지고 있었음이 틀림없으며, 그것을 부정하는 것은 터무니없는 일이다. 한국의 풀뿌리 시민들은 그들의 국민 국가가 번영하는 것을 보고 싶어 할 뿐만 아니라 개인적으로도 만족스러운 삶을 추구한다. 이러한 소망은 단순하지만, 지금까지는 이루기에 어려웠다. 과거에도 상대적으로 높은 수준의 계산적이고 개인적인 민족주의가 있었지만, 풀뿌리 시민들 또는 평범한 사람들은 집단주의와 한국이라는 상상된 공동체의 집단적 국가 정체성을 살펴야 할 상당한 여지를 가지고 있었다는 것이 핵심적인 차이점이다. 즉, 계산적이고 개인적인 민족주의가 집단적 민족주의보다 훨씬 더 득세하게 된 데는 사회의 지배적인 구조적·문화적 속성들의 변화가 반영되어 있다. 어떤 민족주의는 좋고 다른 민족주의는 나쁘다는 식의 문제가 아니다. 게마인샤프트가 게젤샤프트보다 꼭 더 좋은 것은 아니며, 둘은 서로 다른 것일 뿐이다. 각각은 그 사회 구성원의 삶과 국가 정체성에 대한 인식에 어떤 영향을 미치느냐는 점에서 각자 고유한 구조적·문화적 속성들을 가지고 있다.

6. 에필로그

이 책의 기획과 출판은 2016-2017년 촛불혁명 이후 출범한 문재인 정부의 5년 임기(2017-2022년)와 맞물렸다. 촛불혁명은 박근혜의 직권남용과 수십 년간 국민의 삶의 기회를 축소시켰던 엘리트들의 오랜 부패에 대한 한국 풀뿌리 시민들의 우려를 전면에 제기한 사건이었다. 나는 한국의 정치·경제 민주화를 위해 중요하다고 생각하는 6개의 주제를 선정하였다. 2016-2017년 촛불혁명은 부분적으로는 정치·경제 민주화를 위한 노력의 일환이었으며, 1968년 프랑스의 68혁명과 그 목적이 같았다. 나는 이 책에서 한국의 사회 운동이 권위주의 정권 아래에서는 꽃 피울 수 없었다는 점에 주목한다. 문재인 정부와 더불어민주당은 언론과 검찰 개혁, 부동산 정책 등 다양한 입법을 통해 사회·정치적 변화를 촉진하고자 하였다. 하지만 문재인 정권의 성과는 풀뿌리 시민의 기대에 크게 못 미쳤고, 이로 인해 2022년 대선에서 보수 정당에 패하고 말았다. 이 패배는 한편으로는 한국 현대사에서 정의·박애·평등을 추구하고 공동체의 약자를 대변하기보다는 언론과 엘리트 집단 및 재계의 촘촘한 카르텔을 대변해 왔던 기득권 집단의 귀환을 의미한다. 특히 한국의 언론이 제4부로서의 역할을 제대로 하지 못하고 있다는 점은 매우 우려스럽다. 사실, 언론은 현대 한국에서 가장 시대에 뒤떨어지고 실적이 나쁜 기관이며 개혁이 시급하다. 이 문제가 빨리 해결되지 않으면 한국의 민주주의와 경제의 미래가 위협받을 것이다.

나는 윤석열 정부가 풀뿌리 민족주의를 지속적으로 존중할 것을 기대하는데, 풀뿌리 민족주의는 일반 시민들의 민족의식과 국가 정체성, 그리고 그들이 바라는 대한민국의 미래상과 밀접한 관련이 있기 때문이다. 그러나 윤석열 정부가 북한 정권과 어떤 관계를 맺을지, 일본과의 외교 관계 등을 어떻게 처리할지는 미지수이다. 선거운동 기간과 선거 직후, 윤석열은 한국 국민에게 자신이 잘할 것이라는 확신을 심어 준 적이 없다. 그는 선거에서 0.73%포인트(247,077표) 차이로 승리하였다. 그의 승리는 특히 서울 지역 유권자들의 부동산 가치 상승에 대한 기대에 크게 기반한 것으로 분석되었다. 게다가 전통적인 남성의 특권적 지위에 도전하는, 직장 내 여성의 지위 상승에 대한 젊은 남성들의 분노도 등에 업은 것이었다. 윤석열이 속한 보수 정당은 정치적 이익을 위해 젠더정치를 펼치면서 국민을 결집시키기보다는 분열시켰다. 이러한 행위는 파괴적이고 극단적인 형태의 계산적 민족주의의 표현이다.

2022년 대선은 후보자들이 국가와 개인의 안녕에 영향을 미치는 정치·경제 정책에 대해 향후 방향을 제시하였다는 점에서 한국을 비롯한 여타 민주주의 국가의 다른 선거와 다를 바 없었다. 그럼에도 불구하고 문재인 정부가 치솟는 주택 가격과 주택 부족 문제를 해결하지 못한 것이 풀뿌리 시민의 불만을 증폭시키는 데 중심적인 역할을 하였다고 생각한다. 유권자들은 “정부가 나한테 해 준 일이 무엇인가”라고 자문하였다. 이 질문 역시 일반인들의 마음속에 자리하고 있는 계산적 민족주의를 반영한다. 대선 후보들은 이 점을 잘 이해하고 있었다. 이재명 더불어민주당 후보가 선택한 선거 구호는 “나를 위해 이재명”이었다. 국민의힘 윤석열 당선인은 문재인 정권의 실패라고 주장되는 점을 이용해 풀뿌리 시민의 복지와 주거 정책 개선, 코로나19로 인한 재정적 손실 보상을 위해 정권을 교체해야 한다고 외쳤다. 이러한 선거 공약 역시 전형적으로 국민의 계산적 민족주의를 반영한다.

윤석열 후보가 속한 국민의힘의 과거 행적을 볼 때, 새로 선출된 정부가 한국의 정치 및 경제 민주화에 크게 기여하지는 않겠지만, 그렇다고 크게 방해할 수도 없을 것이다. 2016-2017년 촛불혁명은 그 속도가 느려질지언정 지속될 것이며, 어떤 미래 정권도 혁명의 진행을 완전히 멈출 수 없을 것이다. 한국 민주주의가 충분히 성숙하고 풀뿌리 시민이 민주주의와 경제 민주화를 지킬 각오가 충분히 되어 있기를 바란다. 시간이 증명해 줄 것이다. 인권, 존엄, 희망, 박애, 모든 대한민국 국민의 상생을 위해 촛불의 정신이 계속 타오르길!

참고문헌

강우창(2020), 「한국인의 이념 정체성과 민주주의에 대한 태도」, EAI 워킹페이퍼, 동아시아연구원.

강원택(2006), 「한국인의 국가정체성과 민족정체성: 대한민국 민족주의」, 강원택 편, 『한국인의 국가정체성과 한국의 정치』, 나남.

______(2011), 「한국사회의 국가정체성과 민족정체성의 변화」, 강원택·이내영 편, 『한국인, 우리는 누구인가? 여론조사를 통해 본 한국인의 정체성』, 동아시아연구원, 11-31.

강정구(1993), 「친일파 청산의 좌절: 그 원인과 민족사적 교훈」, 『한국사회학』, 27(겨울호), 271-294.

강제상·고대유(2014), 「공공조직 내 침묵현상이 이직의도에 미치는 영향에 대한 경험적 연구: 해양경찰조직을 중심으로」, 『한국행정연구』, 23(2), 243-274.

강주현(2013), 「노무현·이명박 정부시기 남북관계 및 교류와 대북지원 여론 분석」, 『21세기정치학회보』, 23(3), 83-110.

강준만(2017), 『매매춘, 한국을 벗기다: 국가와 권력은 어떻게 성을 거래해왔는가』, 인물과사상사.

______(2019), 「왜 태극기 부대는 민주주의의 공로자인가?」, 『인물과사상』, 253, 51-86.

강태중(2019), 「일본 브랜드 불매운동에 대한 태도 및 참여의도에 영향을 미치는 요인에 관한 연구」, 『일본근대학연구』, 66, 195-212.

곽진영(2006), 「동아시아 거버넌스와 NGO연대: 일본군 위안부 문제 해결을 위한 초국적 연대사례를 중심으로」, 『국제지역연구』, 15(3), 31-62.

곽천·권영철(2015), 「중국 소비자의 자민족중심주의가 외국브랜드 구매의도에 미치는 영향에 관한 연구: 브랜드 글로벌성과 사회적 책임성의 조절효과를 중심으로」, 『무역학회지』, 40(4), 1-20.

구미영 외(2015), 『여성근로자에 대한 직장 내 괴롭힘의 실태와 보호방안』, 한국여성정책연구원, 연구보고 2015-28.

권혁범(1994), 「민족주의, 국가, 애국심과 보편적 이성」, 『녹색평론』, 19, 14-39.

김귀옥(2009), 「세계화 시대의 열린 민족주의: 한국의 민족문제와 민족주의를 둘러싼 성찰과 전망」, 『탈경계 인문학』, 2(1), 41-75.

김도경(2019), 「통일편익/비용과 통일인식의 관계 연구: 부산지역 대학생 여론조사를 중심으로」, 22(3), 105-124.

김동희 외(2013), 「인권은 미래 세대에 물려줘야 할 약속: 전쟁과여성인권박물관 & 군인권센터」, 『우리교육』, 가을, 182-193.

김명희(2018), 「일본군 위안부운동과 시인(recognition)의 정치: 한국의 사회적 기억 공간을 중심으로」, 『한국여성학』, 34(3), 113-146.

김민길·조민효(2017), 「한국의 남녀임금격차 추세 및 원인 분석: 여성의 경력단절로 인한 차별을 중심으로」, 『한국행정논집』, 29(4), 659-692.

김상덕(2019), 「통일 및 남북관계에 대한 개신교인의 인식」, 『기독교 사상』, 731, 60-72.

김상준(2005), 「기억의 정치학: 야스쿠니 vs. 히로시마」, 『한국정치학회보』, 39(5), 215-236.

_____(2009), 『미지의 민주주의: 신자유주의 이후의 사회를 구상하다』, 아카넷.

_____(2017), 「2016-2017년 촛불혁명의 역사적 위상과 목표: '독재의 순환고리 끊기'와 '한반도 양국체제 정립'」, 『사회와이론』, 31, 63-90.

_____(2019), 『코리아 양국체제: 촛불을 평화적 혁명으로 완성하는 길』, 아카넷.

_____(2021), 『붕새의 날개 문명의 진로: 팽창문명에서 내장문명으로』, 이키넷.

김수아(2000), 「일본군 '위안부' 담론구성에 관한 연구」, 서울대학교 언론정보학 석사학위논문.

김영명(2011), 『단일 사회 한국: 그 빛과 그림자』, 한국학술정보

_____(2016), 「한국 민족주의의 쟁점: 개념과 과제」, 『한국정치외교사논총』, 38(1), 217-247.

김왕배(2017), 「언어, 감정, 집합행동: 탄핵반대 '태극기' 집회의 사례를 중심으로」, 『문화와 사회』, 25, 7-59.

김용흠(2016), 「2016년 촛불혁명과 문명의 전환」, 『내일을 여는 역사』, 65, 4-11.

김우철·신영효(2016), 「통일세 도입에 대한 납세자의 수용성 분석」, 『재정학연구』, 9(2), 107-142.

김은경(2010), 「일본군 위안부 기념관의 '위안부' 재현과 기억정치」, 『한국학연구』, 35, 177-203.

김재한(2009), 「북한 및 미국 관련 남남갈등의 변화추세: 조선일보 및 한겨레 신문 사설 분석을 중심으로」, 『통일과 평화』, 2, 140-161.

김재홍(2003), 「김대중 정부의 대북 포용정책에 대한 언론논조와 국민 여론의 비교분석」, 『한국정치학회보』, 37(2), 197-218.

김정수(2010), 「이명박 정부의 통일세 제안 배경과 향후 추진과제」, 『통일연구논총』, 19(2), 1-26.

김지혜(2019), 『선량한 차별주의자』, 창비.

김진욱·허재영(2018), 「인정을 위한 저항: 태극기집회의 감정 동학」, 『한국정치학회보』, 52(2), 53-80.

김창남(2014), 「통일에 대한 젊은 세대의 인식 연구」, 『주관성 연구』, 29, 121-143.

김창록(2018), 「일본군위안부 문제, 지금 어디에 있는가?」, 『황해문화』, 99, 230-245.

김학량(2019), 「박근혜대통령탄핵 공감에 영향 미친 변수에 대한 연구」, 『인문사회21』, 10(2), 141-156.

김해영·신명환(2016), 「통일세 수용의 선행 요인과 메시지 유형별 설득 효과에 대한 연구」, 『한국콘텐츠학회논문지』, 16(9), 22-39.

김희범·우형진(2016), 「한국과 일본 신문의 일본군 위안부 보도 프레임 유형 특성 연구」, 『미디어, 젠더 & 문화』, 31(2), 81-123.

남상구(2014), 「고노담화 수정론에 대한 비판적 검토」, 『한일관계사연구』, 49, 443-473.

노무현(2019), 『진보의 미래』, 돌베개.
노치준(1998), 『한국 개신교 사회학: 한국 교회의 위기와 전망』, 한울아카데미.
도시환(2008), 「일본군 '위안부' 문제의 현황과 국제인권법적 재조명」, 『국제법학회논총』, 53(3), 41-46.
류형서·류기상(2018), 「외식업체 상사의 '갑질'이 결과변수에 미치는 영향: 조직공정성의 조절효과를 중심으로」, 『호텔경영학연구』, 27(1), 91-107.
문강분 외(2017), 『직장 내 괴롭힘 대책 마련을 위한 실태조사』, 고용노동부.
문승훈(2018), 「태극기 군중의 탄생에 대한 사회 병리학적 탐구」, 『사회와 철학』, 36, 1-30.
박경규·최항석(2007), 「직장 내 집단 따돌림(mobbing)의 선행요인과 결과에 관한 연구: 직장 내 집단 따돌림의 매개효과 검증을 중심으로」, 『경상논총』, 25(4), 43-70.
박광기(2012), 「한반도 통일비전과 통일교육의 재인식」, 『정치정보연구』, 15(1), 187-214.
박명호·장영혜(2012), 「소비자적개심이 일본산제품구매의도에 미치는 영향: 전반적국가이미지, 소비자자민족중심주의 및 제품판단의 매개적 역할」, 『소비문화연구』, 15(2), 19-38.
박명희(2014), 「일본 사회의 내셔널리즘과 트랜스내셔널리즘의 기회구조: 일본군 위안부 문제를 중심으로」, 『국제관계연구』, 19(2), 37-66.
박명희·최은봉(2019), 「일본사회 혐한의 확산-자정의 담론구조와 한일관계의 부침」, 『일본연구논총』, 50(1), 5-26.
박범종·서선영(2018), 「한반도 통일효과와 남북통일 인식 연구: 부산지역 대학생의 통일인식 설문조사를 중심으로」, 『한국민속문화』, 67(5), 435-462.
박상익(2011), 「통일에 대한 인식전환과 통일교육패러다임의 시프트」, 『한국동북아논총』, 16(2), 119-143.
박상현(2019), 「한국인의 삶의 질, 통계적 지표에 의한 현황과 개선 방향」, 『학술원논문집: 자연과학편』, 58(1), 89-109.
박석운·주제준(2018), 『촛불의 기록』, 박근혜정권퇴진비상국민행동 기록기념위원회.
박은아·박민지(2018), 「누가 불매운동에 참여하는가?: 기업의 비윤리적 사건에 대한 불매운동 참여의도 형성요인에 관한 구조모형 연구」, 『한국심리학회지: 소비자·광고』, 19(1), 121-138.
박정애(2013), 「일본군 '위안부' 제도를 말하는 또 하나의 역사퍼즐」, 『여성과 역사』, 19, 343-351.
_____(2014), 「정대협 운동사의 현재를 담다-전쟁과 여성인권 박물관」, 『역사비평』, 106, 229-262.
박종민 외(2020), 「대한민국은 지난 20년간 '북한'과 '통일'을 어떻게 보았는가? 언론 보도 빅데이터 분석 및 국민인식 종단연구」, 『한국언론학보』, 64(6), 161-201.
박종희(2013), 「진보와 보수, 그리고 통일: 통일의식조사를 통해 나타난 통일에 대한 인식과 국내정치의 이념적 대립구조의 관계」, 윤영관 편, 『한반도 통일』, 늘품플러스, 407-438.
박태웅(2021), 『눈 떠보니 선진국: 앞으로 나아갈 대한민국을 위한 제언』, 한빛비즈.

배덕만(2010), 『한국 개신교 근본주의』, 대장간.

배성인(2019), 「한일갈등의 정치경제학과 제국주의」, 『진보평론』, 81, 252-273.

서유정(2013), 「직장에서의 따돌림 실태」, *KRIVET Issue Brief*, 20.

_____(2016), 「기업 생산력을 떨어뜨리는 직장 괴롭힘」, *The HRD Review*, 6월호, 46-65.

서유정·이지은(2016a), 『국내 직장 괴롭힘의 실태 분석 및 대응방안 연구』, 기본연구 2016-38, 한국직업능력개발원.

_____(2016b), 「국내 15개 산업분야의 직장 괴롭힘 실태」, *KRIVET Issue Brief*, 109.

서중석(2004), 『배반당한 한국민족주의』, 성균관대학교출판부.

서현주(2016), 「2006~2016년간 일본군 '위안부' 연구의 성과와 전망 – 한국의 역사분야 연구성과를 중심으로」, 『동북아역사논총』, 53, 197-222.

서현진(2017), 「청소년기 통일교육과 세대 간 통일 인식 차이」, 『통일문제연구』, 29(1), 93-127.

손기웅(2009), 『독일통일 쟁점과 과제』, 2권, 늘품플러스.

손선홍(2016), 『독일 통일 한국 통일』, 푸른길.

손영미·조원일(2009), 「쉼터 생활을 중심으로 본 일본군 '위안부'의 삶에 관한 사례연구」, 『한국민족문화』, 34, 369-406.

손호철(2017a), 『촛불혁명과 2017년 체제: 박정희, 87년, 97년 체제를 넘어서』, 서강대학교출판부.

_____(2017b), 「6월항쟁과 '11월촛불혁명': 반복과 차이」, 『현대정치연구』, 10(2), 77-97.

송민수(2016), 「직장내 괴롭힘 영향요인: 피해자, 사업체, 근로환경 특성을 중심으로」, 『노동리뷰』, 139, 67-86.

송민수·김정우(2017), 「근로환경 특성이 직장 내 괴롭힘에 미치는 영향」, 『분쟁해결연구』, 15(2), 37-71.

심석무·박현춘(2013), 「통일비용조성의 인지도가 통일세 도입에 미치는 영향」, 『재무와 회계정보저널』, 13(1), 157-176.

안종석·곽의·황설빈(2014), 「일본에 대한 한국 및 중국 소비자의 적대감 효과에 관한 연구」, 『중국과 중국학』, 23, 27-66.

양계민(2019), 「남북통일의 사회적 부담 인식이 통일에 대한 지지도에 미치는 영향: 세대별 독일통일에 대한 인식의 조절효과를 중심으로」, 『현대북한연구』, 22(2), 47-86.

엄한진(2004), 「우경화와 종교의 정치화 – 2003년 '친미반북집회'를 중심으로」, 『경제와사회』, 62, 80-115.

오재록·윤향미(2015), 「통일의식 조사를 통한 사회통일교육 활성화 방안 연구: 전라북도 사례를 중심으로」, 『입법과 정책』, 7(1), 107-129.

요시미 요시아키(1993), 김정호 역, 『종군위안부자료집』, 서문당.

우경봉(2017), 「통일의식에 관한 연구」, 『통합인문학연구』, 9(2), 207-225.

유시민(2021), 『나의 한국현대사 1959-2020』, 돌베개.

윤건차(2000), 『현대 한국의 사상흐름』, 당대.

유계숙(2015), 「직장 내 집단따돌림에 영향을 미치는 조직문화와 반 따돌림 대처의 효과: 의료·교육·금융서비스업 종사자를 중심으로」, 『보건사회연구』, 35(4), 245-277.

윤대식(2013), 「한국 민족주의의 쟁점: 민족주의를 바라보는 양가적 시선에 대한 자존의 변명」, 『정신문화연구』, 36(2), 331-362.

윤덕룡(2011), 「독일통일 20년 구동독지역의 경제적 변화와 통일비용」, 황병덕 외, 『독일의 평화통일과 통일독일 20년 발전상』, 늘품플러스, 252-289.

윤미향(2013), 「일본군 '위안부' 문제의 진실, 정의, 배상실현과 재발방지를 위하여」, 『이화젠더법학』, 5(2), 35-52.

_____(2015), 『25년간의 수요일』, 웅진주니어.

윤성환(2014), 「한중 소비자들의 자국중심주의와 일본에 대한 국가이미지가 일본제품 구매의도에 미치는 영향에 관한 비교연구」, 『무역연구』, 10(2), 811-845.

윤자영(2020), 「여성 임금 근로자의 직장 내 성차별 인식에 관한 연구—기업 특성과 고용형태를 중심으로」, 『페미니즘 연구』, 20(1), 37-81.

윤정옥(1997), 「조선 식민정책의 일환으로서 일본군 '위안부'」, 한국정신대문제대책협의회 편, 『일본군 '위안부' 문제의 진상』, 역사비평사.

이강수(2004), 「미룰 수 없는 친일파 청산 2: 친일파 청산 왜 좌절되었나」, 『내일을 여는 역사』, 16, 36-53.

이기식(2008), 『독일 통일 15년의 작은 백서』, 고려대학교출판부.

이기홍(1994), 「행위, 행위주체 그리고 구조」, 『한국사회학』, 28(4), 4163-4194.

이나영(2017), 「일본군 '위안부'운동 다시보기—문화적 트라우마 극복과 공감된 청중의 확산」, 『사회와역사』, 115, 65-103.

이내영(2014), 「한국인의 통일의식의 결정요인: 새로운 분석모델의 모색」, 『평화연구』, 22(1), 167-206.

이동기(2016), 「공공역사: 개념, 역사, 전망」, 『독일연구—역사·사회·문화』, 31, 119-142.

이 석(2012), 「과연 무엇이 통일비용이고 통일편익인가?」, 『KDI북한경제리뷰』, 14(11), 23-29.

이연옥 외(2017), 「2016년 촛불 집회의 페이스북 댓글 데이터를 통해 본 하이브리드 미디어 현상」, *Journal of the Korean Data Analysis Society*, 19(2), 885-896.

이연주(2020), 『내가 검찰을 떠난 이유: 검찰 부패를 국민에게 고발하다』, 포르체.

이영훈 외(2019), 『반일 종족주의』, 미래사.

이완수·배재영(2019), 「미디어에 재현된 일본군 위안부 할머니의 삶과 죽음: 추모기사에 나타난 사회적 기억체계를 바탕으로」, 『한국방송학회 학술대회 논문집』.

이유민·민영(2011), 「사회운동과 언론의 프레임 정렬: 일본군 '위안부' 이슈에 대한 집합행위프레임을 중심으로」,

『미디어, 젠더 & 문화』, 19, 39-70.
이윤희(2005), 「대응사회운동의 사회적 역할: 한국의 "뉴라이트 운동" 사례를 중심으로」, 『담론201』, 8(1), 5-31.
이정엽(2017), 「문화 투쟁과 투쟁의 문화: '촛불'과 '태극기'의 문화정치」, 『내일을 여는 역사』, 67, 38-51.
이정희(2000), 「독일의 통일과 유럽 통합」, 임종대 외 편, 『시인과 사상가의 나라, 독일이야기』, 2권, 거름, 287-344.
이주천(2017), 「2017 체제, 태극이냐 촛불이냐」, 『미래한국』, 2월 7일.
이철기·이동진(2012), 「조직공정성과 이직의도 및 정서몰입의 관계: 직무소진의 조절효과」, 『대한경영학회지』, 25(8), 3375-3395.
이청호·이제홍(2020), 「일본의 수출규제 조치에 따른 한국의 대응방안에 관한 연구」, 『무역보험연구』, 21(2), 47-65.
이희행 외(2015), 「한국언론은 통일을 어떻게 바라보는가?: 정권, 미디어 유형, 개별 언론사별 통일보도 내용분석을 중심으로」, 『한국방송학보』, 29(2), 220-259.
임강택·이강우(2017), 『개성공단 운영실태와 발전방안: 개성공단 운영 11년(2005~2015)의 교훈』, 통일연구원.
장규식(2014), 「1950~1970년대 '사상계' 지식인의 분단인식과 민족주의론의 궤적」, 『한국사연구』, 167, 289-339.
장민수·김준석(2015), 「북한 주민에 대한 상충적 태도와 적극적 통일인식에의 영향: 순차적로짓분석과 이분산 프로빗분석의 적용」, 『한국정치연구』, 24(1), 111-140.
장우영(2018a), 「정보/미디어 선택과 편향 동원: 태극기집회를 사례로」, 『한국정치학회보』, 52(5), 87-113.
_____(2018b), 「정치참여와 사회통합: 태극기집회 참가자조사에 의거해서」, 『선거연구』, 1(9), 357-382.
_____(2018c), 「촛불집회의 지속과 변화: 역사적 제도주의의 시각에서」, 『한국정치연구』, 27(3), 109-144.
전상진(2017), 「인지부조화, 맞불 시민, 시간의 실향민」, 『현대정치 연구소 특별학술대회: 촛불과 태극기의 정치 자료집』.
전재호(2003), 「세계화 시대 한국과 일본의 민족주의: 지속성과 변화」, 『한국정치외교사논총』, 24(2), 33-62.
정경환(2014), 「통일교육과 한반도통일의 상관성에 관한 연구」, 『통일전략』, 14(3), 161-185.
정관용(2009), 『나는 당신의 말할 권리를 지지한다』, 위즈덤하우스.
정동준 외(2018), 『2018 통일의식조사』, 서울대학교 통일평화연구원.
정민아(2016), 「일본군 위안부 소재 다큐멘터리의 기억 기록과 담론 전개 방식: 〈낮은 목소리〉 3부작, 〈나의 마음은 지지 않았다〉, 〈레드마리아2〉를 중심으로」, 『영화연구』, 68(6), 153-186.
정병기(2017), 「68혁명운동과 비교한 2016/2017 촛불 집회의 비판 대상과 참가자 의식」, 『동향과 전망』, 101, 261-291.
정장식(2013), 「혐한의 이유」, 『인문과학논집』, 46, 337-362.

정재영 외(2021), 『태극기를 흔드는 그리스도인: 극우 개신교인 어떻게 형성됐나?』, IVP.
정태석(2005), 「'민주화' 이후의 시민사회: 시민은 어디에 있는가?」, 『황해문화』, 49, 132-148.
정희선(2013), 「소수자 저항의 공간적 실천과 재현의 정치-일본군 '위안부' 문제 해결을 위한 수요시위의 사례-」, 『한국도시지리학회지』, 16(3), 101-116.
정희진(2013), 『페미니즘의 도전』, 교양인.
조계원(2019), 「직장 내 괴롭힘 방지와 일터 민주주의: 공화주의적 시각」, 『민주주의와 인권』, 19(2), 265-294.
조 국(2022), 『가불 선진국: 연대와 공존, 사회권 선진국을 위한 제언』, 메디치미디어.
조남주(2016), 『82년생 김지영』, 민음사.
조용래(1983), 『전태일 평전』, 돌베개.
조은정·한태영(2019), 「직장 내 괴롭힘에 대한 팀 요인의 영향 및 팀 내 권력불균형의 상호작용효과」, 『한국심리학회지: 산업 및 조직』, 32(2), 241-263.
조진만·한정택(2014), 「남북한 젊은 세대의 통일의식 비교 분석: 민족적 당위와 현실적 이익의 문제를 중심으로」, 『동서연구』, 26(1), 149-177.
채장수(2018), 「태극기집회의 이념성」, 『마르크스주의 연구』, 15(4), 105-128.
천경효(2018), 「전쟁과 여성인권 박물관과 공공기억」, 『인문사회 21』, 9(1), 705-716.
천혜정(2017), 「IMF 외환위기 기억의 사회적 구성: 조선일보의 '금 모으기 운동' 기사를 중심으로」, 『사회과학연구논총』, 33(2), 359-395.
최우신 외(2016), 「통일인식 차이의 원인: 합리주의적 설명」, 『아세아연구』, 59(3), 84-112.
최장집(1996), 『한국민주주의의 조건과 전망』, 나남.
최종환·하진홍(2016), 「통일 관련 언론보도 논조 및 프레임 분석 연구: 김대중 및 박근혜 정부의 보수와 진보신문을 중심으로」, 『커뮤니케이션학 연구』, 24(2), 121-151.
최항석·박혜상(2010), 「심리적 작업환경과 직장 내 따돌림의 관계: 조직구성원의 불안정성의 조절효과를 중심으로」, 『서비스경영학회지』, 11(2), 209-233.
최현실(2005), 「글로벌거버넌스로서의 유엔과 한국의 일본군위안부 정책변화」, 『동북아연구』, 10, 131-164.
_____(2010), 「생애사를 통해 본 일본군 '위안부'의 삶과 기억의 재구성」, 『사회과학연구』, 26(3), 75-101.
통일교육원(2014), 『2014년 학교 통일교육 실태조사 보고서』, 통일부.
한국여성정책연구원(2016), 『일본군 '위안부' 피해자 문제 해결을 위한 종합연구』, 휴먼컬처아리랑.
한국정신대문제대책위(1996), 『강제로 끌려간 조선인 군위안부들 1-증언집-』, 한울.
_____(2004), 「한국정신대문제대책협의회 소식」.
한석지(2016), 「통일대박의 조건과 전망: 국민적 통일의식 증진을 중심으로」, 『세계지역연구논총』, 34(2), 129-154.

한운석(2015), 「독일 통일에 대한 한국에서의 인식」, 『내일을 여는 역사』, 58(3), 333-355.

허준기·윤세라(2018), 「2016-17년 촛불혁명의 정치적 기회구조와 시민사회운동 확장에 관한 연구」, 『시민과세계』, 12, 141-172.

홍성민(2017), 「감정구조와 촛불혁명: 2008년과 2016년」, 『시민사회와 NGO』, 15(1), 79-110.

Adams, James F., Samuel Merrill, and Bernard Grofman(2005), *A Unified Theory of Party Competition: A Cross-National Analysis Integrating Spatial and Behavioral Factors*, Cambridge University Press.

Althusser, Louis(2000), "Ideology Interpellates Individuals as Subjects," in Paul du Gay, Jessica Evans, and Peter Redman, eds., *Identity: A Reader*, Sage, 31-38.

Amin, Samir(1980), Susan Kaplov, trans., *Class and Nation*, Monthly Review Press.

An, Jinsoo(2018), *Parameters of Disavowal: Colonial Representation in South Korean Cinema*, University of California Press.

Anderson, Benedict R.(2006), *Imagined Communities: Reflections on the Origin and Spread of Nationalism,* Revised edition, Verso.

Ang, Swee Hoon et al.(2004), "Animosity towards Economic Giants: What the Little Guys Think," *Journal of Consumer Marketing*, 21(3), 190-207.

Antonsich, Marco(2016), "The 'Everyday' of Banal Nationalism—Ordinary People's Views on Italy and Italian," *Political Geography*, 54, 32-42.

Archer, Margaret S.(1989), *Culture and Agency: The Place of Culture in Social Theory*, Revised edition, Cambridge University Press.

_____(1995), *Realist Social Theory: The Morphogenetic Approach*, Cambridge University Press.

_____(1996), *Culture and Agency: The Place of Culture in Social Theory*, Revised edition, Cambridge University Press.

_____(1998), "Introduction: Realism in the Social Sciences," in Margaret S. Archer, Roy Bhaskar, Andrew Collier, Tony Lawson, and Alan Norrie, eds., *Critical Realism: Essential Readings,* Routledge, 189-205.

_____(2000), *Being Human: The Problem of Agency*, Cambridge University Press.

_____(2003), *Structure, Agency, and the Internal Conversation*, Cambridge University Press.

_____(2007), *Making Our Way through the World: Human Reflexivity and Social Mobility*, Cambridge University Press.

_____(2010), "Routine, Reflexivity and Realism," *Sociological Theory*, 28(3), 272-303.

Ayoko, Olurem B., Victor J. Callan, and Charmine E. J. Hartel(2003), "Workplace Conflict, Bullying, and Counterproductive Behaviors," *International Journal of Organizational Analysis*, 11, 283-301.

Baker, Donald(2010), "Exacerbated Politics: The Legacy of Political Trauma in South Korea," in Mikyoung Kim and Barry Schwartz, eds., *Northeast Asia's Difficult Past*, Palgrave Macmillan, 193-212.

_____(2019), "Peace-Building, Spirituality and Korea's Candlelight Revolution: A Light to the World," *Religions of Korea,* 45(2), 250-272.

Barnes, Barry(2001), "The Macro/Micro Problem and the Problem of Structure and Agency," in George Ritzer and Barry Smart, eds., *Handbook of Social Theory*, Sage.

Bartlett, James E. and Michelle E. Bartlett(2011), "Workplace Bullying: An Integrative Literature Review," *Advances in Developing Human Resources*, 13(1), 69-84.

Baruah, Sanjib(1994), "'Ethnic' Conflict as State-Society Struggle: The Poetics and Politics of Assamese Micro-Nationalism," *Modern Asian Studies*, 28(3), 649-671.

Bauman, Zygmunt(2002), *Society under Siege*, Polity.

Beck, Ulrich(2006), *Cosmopolitan Vision*, Polity.

Benford, Robert D. and David A. Snow(2000), "Framing Processes and Social Movements: An Overview and Assessment," *Annual Review of Sociology*, 26, 611-639.

Berger, Stefan and Christoph Conrad(2015), *The Past as History: National Identity and Historical Consciousness in Modern Europe*, Palgrave Macmillan.

Bhaskar, Roy(1979), *The Possibility of Naturalism: A Philosophical Critique of the Contemporary Human Sciences*, Harvester Press.

Billig, Michael(1995), *Banal Nationalism*, Sage.

Bishop, Ryan and Lillian S. Robinson(1998), *Night Market: Sexual Cultures and the Thai Economic Miracle*, Routledge.

Bjorkqvist, Kaj, Karin Osterman, and Kirsti M. J. Lagerspetz(1994), "Sex Differences in Covert Aggression among Adults," *Aggressive Behavior*, 20(1), 27-33.

Bowles, Samuel, Richard Edwards, and Frank Roosevelt(2009), *Understanding Capitalism: Competition, Command, and Change*(최정규·최민식·이강국 역, 『자본주의 이해하기』, 후마니타스).

Bowling, A. Nathan and Terry Beehr(2006), "Workplace Harassment from the Victim's Perspective: A Theoretical Model and Meta-Analysis," *Journal of Applied Psychology*, 91(5), 998-1012.

Braunsberger, Karin and Brian Buckler(2011), "What Motivates Consumers to Participate in Boycotts: Lessons from the Ongoing Canadian Seafood Boycott," *Journal of Business Research*, 64, 96-102.

Breuilly, John(1982), *Nationalism and the State*, Manchester University Press.

Brubaker, Rogers and Frederick Cooper(2000) "Beyond Identity," *Theory and Society*, 29(1), 1-47.

Brubaker, Rogers et al.(2006), *Nationalist Politics and Everyday Ethnicity in a Transylvanian Town*, Princeton University Press.

Bryman, Alan(2016), *Social Research Methods*, Oxford University Press.

Butler, Judith(2006), *Gender Trouble: Feminism and the Subversion of Identity*, Routledge.

Campbell, Emma(2015), "The End of Ethnic Nationalism? Changing Conceptions of National Identity and Belonging among Young South Koreans," *Nations and Nationalism*, 21(3), 483-502.

_____(2016), *South Korea's New Nationalism: The End of "One Korea"?*, First Forum Press.

Capoccia, Giovanni(2002), "Anti-System Parties: A Conceptual Reassessment," *Journal of Theoretical Politics,* 14(1), 9-35.

Chan, Tsang Sing, Kenny K. Chan, and Lai-Cheung Leung(2010), "How Consumer Ethnocentrism and Animosity Impair the Economic Recovery of Emerging Markets," *Journal of Global Marketing*, 23(3), 208-225.

Chang, Kyung-Sup(2010), *South Korea under Compressed Modernity: Familial Political Economy in Transition*, Routledge.

Cho, Younghan(2008), "The National Crisis and De/Reconstructing Nationalism in South Korea during the IMF intervention," *Inter-Asia Cultural Studies*, 9(1), 82-96.

_____(2020), *Global Sports Fandom in South Korea*, Springer.

Choi, Jin-Wook(2018), "Corruption Control and Prevention in the Korean Government," *Asian Education and Development Studies*, 7(3), 303-314.

Chung, Chien-peng(2003), "Democratization in South Korea and Inter-Korean Relations," *Pacific Affairs,* 76(1), 9-35.

Cichocka, Aleksandra and Aleksandra Cislak(2020), "Nationalism as Collective Narcissism," *Current Opinion in Behavioral Sciences*, 34, 69-74.

Clegg, Sue(2016), "Agency and Ontology within Intersectional Analysis: A Critical Realist Contribution," *Journal of Critical Realism*, 15(5), 494-510.

Cohen, Anthony P.(1994), *Self Consciousness: An Alternative Anthropology of Identity*, Routledge.

_____(1996), "Personal Nationalism: A Scottish View of Some Rites, Rights, and Wrongs," *American Ethnologist*, 23(4), 802-815.

Condor, Susan(2010), "Pride and Prejudice: Identity Management in English People's Talk about 'This Country'," *Discourse and Society*, 11(2), 175-205.

Connor, Walker(1973), "The Politics of Ethnonationalism," *Journal of International Affairs*, 27(1), 1-21.

_____(1994), *Ethnonationalism: The Quest for Understanding*, Princeton University Press.

Cooper, Alice H.(2002), "Media Framing and Social Movement Mobilization: German Peace Protest against INF Missiles, the Gulf War, and NATO Peace Enforcement in Bosnia," *European Journal of Political Research*, 41, 37-80.

Cooper, Cary L. and Roy Payne(1978), *Stress at Work*, John Wiley & Sons.

Craib, Ian(1998), *Experiencing Identity*, Sage.

Creswell, John W. and Cheryl N. Poth(2017), *Qualitative Inquiry and Research Design: Choosing among Five Approaches,* Fourth edition, Sage.

Cropanzano, Russell and Jerald Greenberg(1997), "Progress in Organizational Justice: Tunneling through the Maze," *International Review of Industrial & Organizational Psychology*, 12, 317-372.

Damousi, Joy(2003), "Review: Japan's Comfort Women: Sexual Slavery and Prostitution during World War II and the U.S. Occupation," *American Historical Review*, 108(4), 1122-1123.

de Cillia, Rudolf, Martin Reisigl, and Ruth Wodak(1999), "The Discursive Construction of National Identities," *Discourse and Society*, 10(2), 149-173.

de Groot, Jorome(2009), *Consuming History: Historians and Heritage in Contemporary Popular Culture*, Routledge.

de Souza, Denise E.(2014), "Culture, Context and Society—The Underexplored Potential of Critical Realism as a Philosophical Framework for Theory and Practice," *Asian Journal of Social Psychology*, 17(2), 141-151.

Deloye, Yves(2013), "National Identity and Everyday Life," in John Breuilly, ed., *The Oxford Handbook of the History of Nationalism*, Oxford University Press, 615-634.

Delury, John(2017), "The Candlelight Revolution," *Dissent*, 64(2), 98-101.

Dempsey, Kara E.(2020), "Fostering Grassroots Civic Nationalism in an Ethno-Nationally Divided Community in Northern Ireland," *Geopolitics*, 27(1), 292-308.

Djurkovic, Nikola, Darcy McCormack, and Gian Casimir(2008), "Workplace Bullying and Intention to Leave: The Moderating Effect of Perceived Organisational Support," *Human Resource Management Journal*, 18(4), 405-422.

Dobson, Andrew(2014), *Listening for Democracy*, Oxford University Press.

Donati, Pierpaolo(2016), "On the Social Morphogenesis of Citizenship: A Relational Approach," *Societa Mutamento Politica*, 7(13), 41-66.

Donati, Pierpaolo and Margaret Archer(2015), *The Relational Subject*, Cambridge University Press.

Downs, Anthony(1957), *An Economic Theory of Democracy*, Harper and Row.

Edensor, Tim(2002), *National Identity, Popular Culture and Everyday Life*, Berg.

Edwards, D. Brent and William C. Brehm(2015), "The Emergence of Cambodian Civil Society within Global Educational Governance: A Morphogenetic Approach to Agency and Structure," *Journal of Education Policy*, 30(2), 275-293.

Einarsen, Stale and Bjørn Inge Raknes(1997), "Harassment in the Workplace and the Victimization of Men," *Violence and Victims*, 12(3), 247-263.

Einarsen, Stale Valvatne, Helge Hoel, Dieter Zapf, and Cary L. Cooper, eds.(2011), *Bullying and Harassment in the Workplace: Developments in Theory, Research, and Practice*, Second edition, CRC Press.

Einarsen, Stale Valvatne, and Eva Gemzoe Mikkelsen(2003), "Individual Effects of Exposure to Bullying at Work," in Stale Einarsen, Helge Hoel, and Cary Cooper, eds., *Bullying and Emotional Abuse in the Workplace: International Perspectives in Research and Practice*, Taylor & Francis, 127-144.

Eriksen, Thomas(2007), "Nationalism and the Internet," *Nations and Nationalism*, 13(1), 1-17.

Etterson, Richard and Jill G. Klein(2005), "The Fallout from French Nuclear Testing in the South Pacific: A Longitudinal Study of Consumer Boycotts," *International Marketing Review*, 22(2), 194-224.

Felson, Richard B. and James T. Tedeschi, eds.(1993), *Aggression and Violence: Social Interactionist Perspectives,* American Psychological Association.

Festinger, Leon(1957), *A Theory of Cognitive Dissonance*, Stanford University Press.

Fox, Jon E. and Cynthia Miller-Idriss(2008), "Everyday Nationhood," *Ethnicities*, 8(4), 536-563.

Fox, Suzy and Paul E. Spector, eds.(2004), *Counterproductive Work Behavior*, American Psychological Association.

Gamson, William A.(2007), "Bystanders, Public Opinion, and the Media," in David A. Snow, Sarah A. Soule, and Hanspeter Kriesi, eds., *The Blackwell Companion to Social Movements*, Blackwell Publishing, 242-261.

Gattinara, Pletro Castelli and Andrea L. P. Pirro(2019), "The Far Right as Social Movement," *European Societies*, 21(4), 447-462.

Gellner, Ernest(1983), *Nations and Nationalism*, Cornell University Press.

_____(1987), *Culture, Identity and Politics*, Cambridge University Press.

George, Henry(1932), *Progress and Poverty: An Inquiry into the Cause of Industrial Depressions and of Increase of Want with Increase of Wealth*, Henry George Foundation of Australia.

Giddens, Anthony(1981), *A Contemporary Critique of Historical Materialism*, University of California Press.

_____(1984), *The Constitution of Society: Outline of the Theory of Structuration*, Polity.

_____(1991), *Modernity and Self-Identity: Self and Society in the Late Modern Age*, Polity.

Glaser, Barney G. and Anselm L. Strauss(1967), *The Discovery of Grounded Theory*, Weidenfeld.

Goodman, James(2017), "Nationalism as a Social Movement," in Robert A. Denemark and Renee Marlin-Bennett, eds., *The International Studies Encyclopedia*, Wiley-Blackwell.

Graham, Norman A.(1991), "The Role of the Military in the Political and Economic Development of the Republic of Korea," *Journal of Asian and African Studies*, 26(1-2), 114-131.

Haas, Ernst B.(1986), "Review: What Is Nationalism and Why Should We Study It?," *International Organization*, 40(3), 708-744.

Hall, Stuart(1996), "Introduction: Who Needs Identity?," in Stuart Hall, and Paul du Gay, eds., *Questions of Cultural Identity*, Sage, 1-17.

Hameleers, Michael and Toni G. L. A. van der Meer(2019), "Misinformation and Polarization in a High-Choice Media Environment: How Effective Are Political Fact-Checkers?," *Communication Research*, 47(2), 227-250.

Han, Gil-Soo(2000), *Health and Medicine under Capitalism: Korean Immigrants in Australia*, Fairleigh Dickinson University Press.

_____(2016a), "Funeral Capitalism: Commodification and Digital Marketing of Funeral Services in Contemporary Korea," *Korean Studies*, 40, 58-77.

_____(2016b), *Nouveau-Riche Nationalism and Multiculturalism in Korea: A Media Narrative Analysis*, Routledge.

_____(2018), "Time to Make Two Koreas One Again: Korean Christians' Self-Reflection and Diakonia Duties," *International Journal for the Study of the Christian Church*, 18(4), 296-314.

_____(2019), *Funeral Rites in Contemporary Korea: The Business of Death*, Springer.

Han, Gil-Soo and David Hundt(2021), "Nostalgic Nationalists in South Korea: The Flag-Carriers' Struggles," *Critical Asian Studies*, 53(3), 412-431.

Han, Gil-Soo and Rachel Sharp(1997), "Economic Development in South Korea: By-Product of Military Regimes," *Policy and Society*, 14(1), 23-39.

Hearn, Jonathan(2007), "National Identity: Banal, Personal and Embedded," *Nations and Nationalism*, 13(4), 657-674.

Hearn, Jonathan and Marco Antonsich(2018), "Theoretical and Methodological Considerations for the Study of Banal and Everyday Nationalism," *Nations and Nationalism*, 24(3), 594-605.

Heimans, Jeremy and Henry Timms(2018), *New Power: How Power Works in Our Hyperconnected World and How to Make It Work for You*, Doubleday.

Heisler, Martin O.(2008a), "Challenged Histories and Collective Self-Concepts: Politics in History, Memory and Time," *Annals of the American Academy of Political Science and Social Science*, 617, 199-211.

_____(2008b), "The Political Currency of the Past: History, Memory and Identity," *Annals of the American Academy of Political Science and Social Science*, 617, 14-24.

Herzfeld, Michael(1992), *The Social Production of Indifference: Exploring the Symbolic Roots of Western Bureaucracy*, Berg.

Heslop, Louise A., Irene R. R. Lu, and David Cray(2008), "Modeling Country Image Effects through an International Crisis," *International Marketing Review*, 25(4), 354-378.

_____(2009), "Australian Consumers' Attitudes toward France a Decade After Nuclear Testing: Evidence of Forgiveness," *Journal of Consumer Behaviour*, 8(4), 192-210.

Hicks, George(1995), *The Comfort Women: Japan's Brutal Regime of Enforced Prostitution in the Second World War*, W. W. Norton.

Hobsbawm, Eric J.(2012), *Nations and Nationalism since 1780: Programme, Myth, Reality*, Second edition, Cambridge University Press.

Hojdestrand, T.(2019), "Nationalism and Civicness in Contemporary Russia: Grass-roots Mobilization in Defense of Traditional Family Values," Center for Open Science(https://doi.org/10.31235/osf.io/zdtu8).

Honneth, Alex(1995), Joel Anderson, trans., *The Struggle for Recognition: The Moral Grammar of Social Conflicts*, MIT Press.

Horrocks, Ivan(2009), "Applying the Morphogenetic Approach: Outcomes and Issues from a Case Study of Information Systems Development and Organisational Change in British Local Government," *Journal of Critical Realism*, 8(1), 35-62.

Ichijo, Atsuko and Ronald Ranta(2016), *Food, National Identity and Nationalism: From Everyday to Global Politics*, Palgrave Macmillan.

Jacka, Elizabeth(2003), "'Democracy as Defeat': The Impotence of Argument for Public Service Broadcasting," *Television & New Media*, 4(2), 177-191.

Janelli, Roger(1993), *Making Capitalism: The Social and Cultural Construction of a South Korean Conglomerate*, Stanford University Press.

Janis, Irving(1982), *Groupthink*, Houghton Mifflin.

Jenkins, Richard(2004), *Social Identity*, Routledge.

Joas, Hans(1997), *The Creativity of Action*, University of Chicago Press.

Jones, Rhys and Peter Merriman(2009), "Hot, Banal and Everyday Nationalism: Bilingual Road Signs in Wales," *Political Geography*, 28(3), 164-173.

Kahn, Richard and Douglas Kellner(2004), "New Media and Internet Activism: From the 'Battle of Seattle' to blogging," *New Media & Society*, 6, 87-95.

Kahneman, Daniel and Amos Tversky(1979), "Prospect Theory: An Analysis of Decision Under Risk," *Econometrica*, 47(2), 263-292.

Kang, David C.(2002), "Bad Loans to Good Friends: Money Politics and the Developmental State in South Korea," *International Organization*, 56(1), 177-207.

Kaufmann, Eric(2017), "Complexity and Nationalism," *Nations and Nationalism*, 23(1), 6-25.

Keating, Michael(1985), "The Rise and Decline of Micronationalism in Mainland France," *Political Studies*, 33(1), 1-18.

Kim, Eun-Mee(2015), "Korea's Evolving Business-Government Relationship," WIDER Working Paper 2015/103, United Nations University World Institute for Development Economics Research.

Kim, Hyein(2017), "'Spoon Theory' and the Fall of a Populist Princess in Seoul," *Journal of Asian Studies*, 76(4), 839-849.

Kim, Jongyoung(2014), "The Networked Public, Multitentacled Participation and Collaborative Expertise: US Beef and the Korean Candlelight Protest," *East Asian Science, Technology and Society: An International Journal*, 8(2), 229-252.

Kim, Kyung-Ai(1996), "Nationalism: An Advocate of, or a Barrier to, Feminism in South Korea," *Women's Studies International Forum*, 19(1-2), 65-74.

Kim, Seung-kyung and Kyunghee Kim(2011), "Gender Mainstreaming and the Institutionalization of the Women's Movement in South Korea," *Women's Studies International Forum*, 34(5), 390-400.

Kim, Sungmoon(2018), "Candlelight for Our Country's Right Name: A Confucian Interpretation of South Korea's Candlelight Revolution," *Religions*, 9(11), 1-20.

Kim, Sunil and Jonson N. Porteux(2019), "Adapting Violence for State Survival and Legitimacy: The Resilience and Dynamism of Political Repression in a Democratizing South Korea," *Democratization*, 26, 730-750.

Klein, Jill G.(2002), "Us versus Them, or Us versus Everyone? Delineating Consumer Aversion to Foreign Goods," *Journal of International Business Studies*, 33(2), 345-363.

Klein, Jill G., N. Craig Smith, and Andrew John(2004), "Why We Boycott: Consumer Motivations for Boycott

Participation," *Journal of Marketing*, 68(3), 92-109.

Klein, Jill G., Richard Etterson, and Balaji Krishnan(2006), "Extending the Construct of Consumer Ethnocentrism: When Foreign Products are Preferred," *International Marketing Review*, 23(3), 304-321.

Klein, Jill G., Richard Ettenson, and Marlene D. Morris(1998), "The Animosity Model of Foreign Product Purchase: An Empirical Test in the People's Republic of China," *Journal of Marketing*, 62(1), 89-100.

Knott, Eleanor(2015), "Everyday Nationalism: A Review of the Literature," *Studies on National Movements*, 3(1), 1-16.

Kozinets, Robert V.(2002), "The Field Behind the Screen: Using Netnography for Marketing Research in Online Communities," *Journal of Marketing Research*, 39(1), 61-72.

Kozinets, Robert V. and Jay M. Handelman(1998), "Ensouling Consumption: A Netnographic Exploration Boycotting Behavior," in Joseph W. Alba and J. Wesley Hutchinson, eds., *Advances in Consumer Research*, Volume 25, Association for Consumer Research, 475-480.

Kwon, Sun-Yong and James A. Mangan(2018), "The Unclosed Door: South Korea's Postcolonial Sport as a Revanchist Reaction to Japanese Imperial Legacies," in James A. Mangan, Peter Horton, Tianwei Ren, and Gwang Ok, eds., *Japanese Imperialism: Politics and Sport in East Asia*, Springer, 71-109.

Lammers, Joris and Matt Baldwin(2018), "Past-Focused Temporal Communication Overcomes Conservatives' Resistance to Liberal Political Ideas," *Journal of Personality and Social Psychology*, 114, 599-619.

Layder, Derek(2006), *Understanding Social Theory*, Second Edition, Sage.

Le, Elisabeth(2010), *Editorials and the Power of Media: Interweaving of Socio-Cultural Identities*, John Benjamins Publishing Company.

Lee, Jung-Sil and Dennis P. Halpin, eds.(2020), *Comfort Women: A Movement for Justice and Women's Rights in the United States*, Hollym International Corporation.

Lee, Min-Jin(2017), *Pachinko*, Grand Central Publishing.

Lee, Richard and Kyung Tae Lee(2013), "The Longitudinal Effects of a Two-Dimensional Consumer Animosity," *Journal of Consumer Marketing*, 30(3), 273-282.

Lee, Yong-Shik(2018), "Law and Development: Lessons from South Korea," *Law and Development Review*, 11(2), 433-465.

Levering, Robert(2000), *A Great Place to Work: What Makes Some Employers So Good and Most So Bad*, Great Place to Work Institute.

Lie, John(1995), "The Transformation of Sexual Work in 20th-Century Korea," *Gender and Society*, 9(3),

310-327.

_____(1998), *Han Unbound: The Political Economy of South Korea*, Stanford University Press.

Ma, Eric(2007), "Grassroots Nationalism: Changing Identity in a Changing Context," *The China Review*, 7(2), 149-167.

MacIntosh, Judith(2005), "Experiences of Workplace Bullying in a Rural Area," *Issues in Mental Health Nursing*, 26, 893-910.

Macpherson, C. Brough(1962), *The Political Theory of Possessive Individualism: Hobbes to Locke*, Oxford University Press.

_____(1964), "Post-liberal Democracy," *Canadian Journal of Economics and Political Science*, 30, 485-498.

Maher, Amro A. and Sarah Mady(2010), "Animosity, Subjective Norms, and Anticipated Emotions during an International Crisis," *International Marketing Review*, 27(6), 630-651.

Malešević, Siniša(2018), "The Rise and Rise of Grounded Nationalisms," *Ethnopolitics*, 17(5), 553-557.

Mangan, James A., Kyongho Park, and Gwang Ok(2018), "Japanese Imperial Sport as Failed Cultural Conditioning: Korean 'Recalcitrance'," in James A. Mangan, Peter Horton, Tianwei Ren, and Kwang Ok, eds., *Japanese Imperialism: Politics and Sport in East Asia*, Springer, 43-70.

McCrone, David and Frank Bechhofer(2015), *Understanding National Identity*, Cambridge University Press.

Meguid, Bonnie M.(2005), "Competition between Unequals: The Role of Mainstream Party Strategy in Niche Party Success," *American Political Science Review*, 99(3), 347-359.

Mills, C. Wright(1959), *The Sociological Imagination*, Oxford University.

Min, Pyong Gap(2003), "Korean 'Comfort Women': The Intersection of Colonial Power, Gender, and Class," *Gender and Society*, 17(6), 938-957.

Min, Pyong Gap, Thomas Chung, and Se Jung Yim, eds.(2019), *Japanese Military Sexual Slavery: The Transnational Redress Movement*, De Gruyter Oldenbourg.

Mingers, John(2004), "Re-Establishing the Real: Critical Realism and Information Systems," in John Mingers, and Leslie Willcocks, eds., *Social Theory and Philosophy for Information Systems*, Wiley, 372-406.

Mitra, Subrata K.(2013), "The Ambivalent Moderation of Hindu Nationalism in India," *Australian Journal of Political Science*, 48(3), 269-285.

_____(2016), "Encapsulation without Integration? Electoral Democracy and the Ambivalent Moderation of Hindu Nationalism in India," *Studies in Indian Politics*, 4(1), 90-101.

Mitter, Rana(2013), "Nationalism in East Asia, 1839-1945," in John Breuilly, ed., *The Oxford Handbook of the History of Nationalism*, Oxford University Press.

Muller, Jerry(2008), "Us and Them: The Enduring Power of Ethnic Nationalism," *Foreign Affairs*, 87, 9-14.

Nairn, Tom(1977), *The Break-Up of Britain: Crisis and Neo-Nationalism*, New Left Books.

Namie, Gary(2003), "Workplace Bullying: Escalated Incivility," *Ivey Business Journal: Improving the Practice of Management*, 68(2), 1-6.

Neuman, Joel H. and Robert A. Baron(2003), "Social Antecedents of Bullying. A Social Interactionist Perspective," in Stale Einarsen, Helge Hoel, Dieter Zapf and Cary L. Cooper, eds., *Bullying and Emotional Abuse in the Workplace: International Perspectives in Research and Practice*, Taylor and Francis.

Nijssen, Edwin J. and Susan P. Douglas(2004), "Examining the Animosity Model in a Country with a High Level of Foreign Trade," *International Journal of Research in Marketing,* 21, 23-28.

Norma, Caroline(2019), *Comfort Women and Post-Occupation Corporate Japan*, Routledge.

Osterhammel, Jurgen(2013), "Nationalism and Globalization," in John Breuilly, ed., *The Oxford Handbook of the History of Nationalism*, Oxford University Press.

Parkins, Irina Sumajin, Harold D. Fishbein, and P. Neal Ritchey(2006), "The Influence of Personality on Workplace Bullying and Discrimination," *Journal of Applied Social Psychology*, 36, 2554-2577.

Pate, Judy and Phillip Beaumont(2010), "Bullying and Harassment: A Case of Success?," *Employee Relations*, 32(2), 171-183.

Porpora, Douglas V.(2007), "Social Structure," in Mervyn Hartwig, ed., *Dictionary of Critical Realism*, Routledge, 422-425.

_____(2013), "Morphogenesis and Social Change," in Margaret S. Archer, ed., *Social Morphogenesis*, Springer, 25-37.

_____(2015), *Restructuring Sociology: The Critical Realist Approach*, Cambridge University Press.

Pugliese, Giulio(2015), "The China Challenge, Abe Shinzo's Realism, and the Limits of Japanese Nationalism," *SAIS Review of International Affairs*, 35(2), 45-55.

Riefler, Petra and Adamantios Diamantopoulos(2007), "Consumer Animosity: A Literature Review and a Reconsideration of Its Measurement," *International Marketing Review,* 24(1), 87-119.

Rifkin, Jeremy(2004), *The European Dream: How Europe's Vision of the Future Is Quietly Eclipsing the American Dream*, TarcherPerigee.

Robinson, Michael(2007), *Korea's Twentieth-Century Odyssey: A Short History*, University of Hawai'i Press.

Rose, Nikolas(1996), "Identity, Genealogy, History," in Stuart Hall, and Paul du Gay, eds., *Questions of Cultural Identity*, Sage, 128-150.

Saalfeld, Jannis(2020), "Between Grassroots Contention and Elite Manoeuvring: Sub-Nationalism in Zanzibar and Coastal Kenya," *Journal of Eastern African Studies*, 14(3), 413-432.

Sayer, Andrew(1992), *Method in Social Science: A Realist Approach*, Routledge.

Sayer, Faye(2015), *Public History: A Practical Guide*, Bloomsbury.

Schmitt, Carl(2006), *The Nomos of the Earth*, Telos Press Publishing.

Shimp, Terence A. and Subhash Sharma(1987), "Consumer Ethnocentrism: Construction and Validation of the CETSCALE," *Journal of Marketing Research*, 24(3), 280-289.

Shin, Gi-Wook(2006), *Ethnic Nationalism in Korea: Genealogy, Politics, and Legacy*, Stanford University Press.

Shin, Mincheol(2001), "The Animosity Model of Foreign Product Purchase Revisited," *Journal of Empirical Generalisations in Marketing Science*, 6, 1-14.

Shoham, Aviv, Moshe Davidow, Jill G. Klein, and Ayalla Ruvio(2006), "Animosity on the Home Front: The Intifada in Israel and Its Impact on Consumer Behavior," *Journal of International Marketing*, 14(3), 92-114.

Skey, Michael(2011), *National Belonging and Everyday Life*, Palgrave Macmillan.

Slovic, Paul and Ellen Peters(2006), *Risk Perception and Affect, Current Directions in Psychological Science*, Sage.

Smith, Anthony D.(1998), *Nationalism and Modernism*, Routledge.

_____(2008), *The Cultural Foundations of Nations: Hierarchy, Covenant, and Republic*, Blackwell Pub.

_____(2009), *Ethno-Symbolism and Nationalism: A Cultural Approach*, Routledge.

_____(2010), *Nationalism: Theory, Ideology, History*, Second edition, Wiley-Blackwell.

Snow, David A.(2007), "Framing Processes, Ideology, and Discursive Fields," in David A. Snow, Sarah A. Soule, and Hanspeter Kriesi, eds., *The Blackwell Companion to Social Movements*, Blackwell Publishing.

Snow, David A. and Robert D. Benford(1992), "Master Frames and Cycles Of Protest," Aldon D. Morris and Carol M. Mueller, eds., *Frontiers in Social Movement Theory*, Yale University Press, 133-155.

Son, Elizabeth W.(2018), *Embodied Reckonings: "Comfort Women," Performance, and Transpacific Redress*, University of Michigan Press.

Spector, Paul E. and Suzy Fox(2010), "Theorizing about the Deviant Citizen: An Attributional Explanation of the Interplay of Organizational Citizenship and Counterproductive Work Behavior," *Human Resource Management Review*, 20(2), 132-143.

Sprenkels, Ralph(2019), "Ambivalent Moderation: The FMLN's Ideological Accommodation to Post-War Politics in El Salvador," *Government and Opposition*, 54(3), 536-558.

Stacey, Emily(2018), *Nationalism, Social Movements, and Activism in Contemporary Society: Emerging*

Research and Opportunities, IGI Global.

Storm, Eric(2018), "A New Dawn in Nationalism Studies? Some Fresh Incentives to Overcome Historiographical Nationalism," *European History Quarterly*, 48(1), 113-129.

Strauss, Anselm Leonard and Juliet Corbin(1990), *Basics of Qualitative Research: Grounded Theory Procedures and Techniques, Newbury Park*, Sage Publications.

_____(1994), "Grounded Theory Methodology: An Overview," in Norman K. Denzin and Yvonna S. Lincoln, eds., *Handbook of Qualitative Research*, Sage, 273-285.

Sunstein, Cass R.(2003), *Why Societies Need Dissent*, Harvard University Press.

_____(2009), *Going to Extremes: How Like Minds Unite and Divide*, Oxford University Press.

Tanaka, Yuki(2002), *Japan's Comfort Women: Sexual Slavery and Prostitution during World War II and the U.S. Occupation*, Routledge.

Tezcur, Gunes Murat(2010), "The Moderation Theory Revisited: The Case of Islamic Political Actors," *Party Politics*, 16(1), 69-88.

The Economist(2018), *Democracy Index 2017 Free Speech under Attack*.

Vartia, Maarit(1996), "The Sources of Bullying-Psychological Work Environment and Organizational Climate," *European Journal of Work and Organizational Psychology*, 5(2), 203-214.

Veblen, Thorstein(2016), *The Theory of the Leisure Class*, Open Road Media.

Volcic, Zala and Mark Andrejevic, eds.(2016), *Commercial Nationalism: Selling the Nation and Nationalizing the Sell*, Palgrave MacMillan.

Von Bergen, C. W., J. A. Zavaletta, and Barlow Soper(2006), "Legal Remedies for Workplace Bullying: Grabbing the Bully by the Horns," *Employee Relations Law Journal*, 32(3), 14-40.

Wallerstein, Immanuel Maurice(2004), *World-Systems Analysis: An Introduction*, Duke University Press.

Weber, Max(1958[1930]), *The Protestant Ethic and the Spirit of Capitalism*, Charles Scribner's Sons.

Wickham, Carrie Rosefsky(2004), "The Path to Moderation: Strategy and Learning in the Formation of Egypt's Wasat Party," *Comparative Politics*, 36(2), 205-228.

Wimalasena, Lakshman(2017), "Reflexivity and Women's Agency: A Critical Realist Morphogenetic Exploration of the Life Experience of Sri Lankan Women," *Journal of Critical Realism*, 16(4), 383-401.

Wimmer, Andreas and Nina Glick Schiller(2002), "Methodological Nationalism and Beyond: Nation-State Building, Migration and the Social Sciences," *Global Networks*, 2(4), 301-334.

Winter, Rachel and Anna Lavis(2020), "Looking, But Not Listening? Theorizing the Practice and Ethics of Online Ethnography," *Journal of Empirical Research on Human Research Ethics*, 15(1-2), 55-62.

Won, Chealin and Anne Huntington(2021), "What It Means to be Korean: National Identity in North and South Korean Elementary textbooks, 1960-2019," *Comparative Education*, 57(2), 267-289.

Yamada, David C.(2000), "The Phenomenon of Workplace Bullying and the Need for Status-Blind Hostile Work Environment Protection," *Georgetown Law Journal*, 88(3), 475-536.

Yang, Myungji(2018), *From Miracle to Mirage: The Making and Unmaking of the Korean Middle Class, 1960-2015*, Cornell University Press.

_____(2020), "Defending 'Liberal Democracy?' Why Older South Koreans Took to the Streets against the 2016-2017 Candlelight Protests," *Mobilization: An International Journal*, 25, 365-382.

Yecies, Brian and Ae-Gyung Shim(2021), *South Korea's Webtooniverse and the Digital Comic Revolution*, Rowman & Littlefield Publishers.

Yun, Ji-Whan(2017), "The Paradox of Inequality in South Korea: Minsaeng Kyŏngje and Reinvigorated Developmentalism," *Pacific Affairs*, 90(3), 481-504.

Zulianello, Mattia(2018), "Anti-System Parties Revisited: Concept Formation and Guidelines for Empirical Research," *Government And Opposition*, 53(4), 653-681.

[ㄱ]